KB155932

그린 스완

GREEN

존 엘킹턴 지음 ― 정윤미 옮김

회복과 재생을 촉진하는 새로운 경제

그린 스완

SWAN

THE NAN
더난콘텐츠

"존 엘킹턴은 나심 니콜라스 탈레브의 '블랙 스완'을 확장하면서, 지구적 도전에 대한 체계적인 해결책을 제공하는 '그린 스완'을 소개한다. 그는 민주주의와 지속가능성이 자본주의와 공존할 수 있는지 여부에 달려 있는 세계 경제의 위기를 예견한다."

_〈퍼블리셔스 위클리〉

"우리는 향후 10년간 도래할 기하급수적인 변화의 시기에 살고 있다. 존 엘킹턴은 '블랙 스완'이 가져올 붕괴보다 더욱 강력한 '그린 스완'이라는 돌파구를 제시한다. 이는 지속가능성과 새로운 자본주의 모델로 대변되는데, 이 책에는 설득력 있는 사례들이 차고 넘친다. 미래 인류를 위해, 우리 모두는 그린 스완이 전 세계의 기업 회의실에 빠르고 크게 울려 퍼지기를 간절히 바란다."

_〈블룸버그〉, 2020년 최고의 책 서평

"존 엘킹턴은 《그린 스완》을 통해 우리 시대의 위대한 사상가임을 다시 한 번 증명해냈다."

_ 폴 폴먼, 유니레버 CEO, 국제상공회의소 및 B팀 의장, 사이드경영대학원장

"존은 꼭 필요한 시기에 가장 적절한 표현을 사용해서 우리 주변에 어떤 일이 벌어지고 있는지 이해하게 도와준다. 이 책에 들어있는 그의 통찰과 분석은 정말 귀중한 보물과 같다. 다양한 소재를 전개하고 연결하는 과정을 지켜보니 이 세상에 중요한 공공재를 전달하기 위해 이런 기업이 존재하면 좋겠다고 내가 상상했던 것과 정확히 일치한다. 주변의 도움을 받아서 그런 기업을 만들어낸 것은 정말 칭찬할 만하다. 선구자는 남들보다 빨리 패턴을 파악하고, 그 패턴을 구체화할 용기도 가지고 있다. 물론 그렇게 하려면 순수한 열정이 필요하다. 그들의 노력이 너무 시기상조라서 예기치 못한 공격을 받을 때도 있다. 하지만 그들은 꿋꿋이 살아남을 것이다. 그리고 운이 따라줘서 성공할 수 있고, 불가능해 보이는 일도 실현될 수 있다는 걸 깨닫게 된다. 재생에너지가 보잘것없고 비용만 많이 든다고 생각한다면, 이 책을 잘 읽어보라. 기하급수적인 변화라는 개념에 금방 친숙해질 것이다."

_ 제임스 카메론, 해외개발협회(ODI) 회장, 기후변화캐피털(CCC) 창립자,
영국 총리 고문위원회 소속 위원

"최고의 리더는 더는 효과가 없는 것을 기꺼이 포기하며, 완전히 달라진 새로운 환경에서 성공하는 데 필요한 것을 찾아 집중한다. 존 엘킹턴도 그런 리더 중 한 사람이기에 '트리플 바텀 라인'이라는 혁신적인 개념에 대해 '리콜'을 선언한 것이다. 21세기의 요구에 부응하는 지도자가 되고자 한다면 이 책을 읽어보기 바란다."

_ 제이 코엔 길버트, 비코프 운동 주도 단체 비랩(B-Lab) 공동 설립자

"존 엘킹턴은 지속가능성 운동에서 가장 두드러진 선구자 중 하나다. 그는 기업의 역할에 대한 접근방식을 개선하는 데 크게 이바지했다. 이 책을 통해 그는 특유의 통찰력과 창의력을 활용해 우리가 직면한 도전과제에 대해 생각할 점을 제시할 뿐만 아니라, 해결방안과 독창적인 사고방식도 알려준다."

_ 데임 폴리 커티스, 케임브리지대학교 지속가능성 리더십 연구소장(CISL),
옥스퍼드대학교 지속가능성 리더십 박사학위 과정 담당자

"《그린 스완》은 탁월하면서도 도전적인 내용으로 독자를 사로잡는다. 존 엘킹턴은 많은 사람의 생각을 종합하고 이를 토대로 '빅 아이디어'를 구성하는 면에서 이미 탁월하다는 점을 수차례 입증했다. 이 책은 기업 경영진과 투자자들에게 시스템 수준에서 생각하고 행동하도록 촉구한다. 그는 자신의 경험을 호소력 넘치는 이야기로 풀어내면서 우리 모두를 '자격을 갖춘 낙관론자'로 만들어준다."

_ 로버트 G. 에클레스, 옥스퍼드대학교 사이드경영대학원 초빙 교수, 지속가능성 회계기준
협회(SASB) 설립자 및 대표, 국제통합보고위원회(IIRC) 창립자

"존 엘킹턴은 지속가능한 비즈니스 분야의 전설적 인물이라고 할 수 있다. 그는 지금 우리가 '벼랑 끝에 서 있는 것'과 다름없다고 지적한다. 《그린 스완》은 존 엘킹턴의 저서 중 가장 뛰어난 업적이라고 할 수 있다. 인간 역사에서 가장 어려운 문제를 해결하기 위해 저자가 온 영혼을 쏟아부으며 노력하는 것을 느낄 수 있다. 그것은 바로 어떻게 자본주의를 재생 가능한 경제 체제로 전환할 것인가라는 문제다. 이 책은 기업가의 필독서이며, '기하급수적 변화의 시대'를 눈앞에 두고 있는 우리 모두에게 새로운 희망을 보여줄 것이다."

_ 존 풀러튼, 전(前) JP모건 경영이사, 캐피탈 연구소 설립자, 《탄력적 자본주의》 저자

"《그린 스완》은 희망과 고뇌, 즐거움을 모두 맛보게 하는 책이다. 존 엘킹턴이 말하는 '기하급수적 시대'라고 할 수 있는 2020년대에 들어서면서 인류와 지구라는 행성은 예전에 찾아볼 수 없던 위기에 봉착했다. 이처럼 불안하면서도 희망적인 시기에 존 엘킹턴이 안정적인 가이드를 제시해 준 것에 대해 감사하다. 그는 자신의 지혜와 통찰 및 비전을 아주 솔직하게 제시하고 있다. 저자는 더 나은 세상을 만드는 기업의 역할이라는 측면에서 수십 년간 독보적인 리더 역할을 해왔다. 기업은 새로운 해결책을 개발하고 확장하는 면에서 중요한 역할을 할 뿐만 아니라 이해관계자 위주의 태도에서 벗어나 시스템 가치를 중시하는 방향으로 진보해야 한다. 이 책은 미래의 퓨처핏 기업의 청사진을 제공한다."

_ 니콜라스 한, 싱귤래리티대학교 교수

"이제 기업과 투자자는 더 넓은 범위의 이해관계자의 이익을 고려할 필요성을 인정하고 있으며, 이로 인해 자본주의는 새로운 국면에 접어들었다. 지속가능성 운동의 선구자인 존 엘킹턴은 이러한 변화에 대처할 수 있는 최상의 조언을 제공한다. 그의 비판은 명료하고 객관적이며, 그린 스완에 대한 낙관적인 전망을 통해 우리에게 희망을 심어준다."

_ 아디 이그네이셔스, 〈하버드 비즈니스 리뷰〉 편집장

"이 책은 또 다른 르네상스를 열어준다. 존 엘킹턴은 우리를 무책임하게 아무런 희망이 없는 악몽으로 몰아넣지 않고 오히려 기적을 믿게 도와준다. 그가 말하는 기적은 형이상학적인 현상이 아니다. 그가 말하는 기적이 불가능해 보이는 이유는 우리가 기업의 현상 유지에 초점을 맞춘 시각으로 문제를 보기 때문이다. 나도 존 엘킹턴처럼 낙관적인 편이다. '중립적인 태도를 견지하다 보면 결국 몰락하고 말 것이다.' 이 책을 계기로 전 세계 많은 기업이 새로운 관점을 통해 솔직한 대화를 시도하게 될 것이다. 우리가 현재 역사의 어디쯤 와 있는지, '퓨처핏 리더'가 되려면 어떤 절차를 거쳐야 하는지 논하게 된다. 이 책을 읽다 보면 전 세계적 목표를 달성하기 위해 어떤 혁신을 시도해야 하며 어떤 돌파구를 마련해야 하는지 깨닫게 될 것이다. 지금은 불가능해 보이지만 과감하게 시도해 보면 가능하다는 것을 알게 된다."

_ 리세 킹고, 세계 최대 규모의 지속가능한 비즈니스 플랫폼
유엔 글로벌 컴팩트 CEO 및 집행임원

"정부, 기업, 시민 사회는 힘을 합쳐 《그린 스완》이 제시하는 방향으로 나아가기 위해 노력해야 한다. 이 책은 패러다임을 바꾸는 혁신과 돌파구를 제시한다. 존 엘킹턴이 제시하는 방향을 따르면 더 밝은 미래를 열 수 있다."

_ 마리아나 마주카토, 유니버시티칼리지런던 혁신 및 공공가치 경제학 교수,
혁신 및 공공 목적 연구소(IIPP) 설립자, 《모든 것의 가치》 저자

"일본은 인구통계, 경제 및 환경 문제로 인해 지속가능성이 가장 부진한 선진국 중하나다. 존 엘킹턴은 일본과 같은 나라가 이제 그린 스완 솔루션을 만들어 변화와 재생을 주도해야 한다고 말한다. 일본은 처음부터 다시 시작하는 마음으로 지구라는 행성의 회복을 위해 어떤 중대한 역할을 해야 할지 배워야 한다. 이 책이 바로 우리에게 완벽한 안내서라고 생각한다."

_ 히로 모토키, 일본 이스퀘어 대표

"나는 2012년 《2052: 향후 40년에 관한 전 세계적 동향》이라는 책을 출간했다. 로마클럽에 제출할 보고 자료였다. 그때 지속가능성 분야에서 군(軍)의 미래 역할이라는 주제로 존 엘킹턴에게 글을 한 편 요청했다. 그는 원래 나보다 훨씬 낙관적인 사람인데, 《그린 스완》에서는 낙관론으로 치우치지 않고 향후 블랙 스완 문제에 대해 사실적으로 논했다. 물론 '그린 스완'을 통해 다시 빠르게 회복하고 발전할 가능성이 열려 있다는 점도 알려준다. 내가 쓴 책에서는 2052년을 매우 암울하게 예측하며 지금도 그 점은 변함이 없다. 하지만 존 엘킹턴의 예측도 옳다고 생각한다."

_ 요르겐 랜더스, 노르웨이 BI경영대학원 기후 전략 교수, 《성장의 한계》 공동저자

"《그린 스완》에서 존 엘킹턴은 재생 가능한 미래에 필요한 기업, 사회 및 환경적 변화가 무엇인지 알려준다. 저자의 지혜, 비전, 경험을 십분 활용하고 있다. 이보다 더 시급하게 필요한 책이 과연 있을까?"

_ 캐시 룬시맨, 아틀라스오브퓨처 공동 설립자, 전(前) 타임아웃인터내셔널 전무이사

"존 엘킹턴은 일생을 바쳐 환경 운동을 이끌었으며, 자본주의가 어떤 핵심적 역할을 하는지 예리하게 파악하고 있다. 그는 시대를 앞서가는 통찰력을 가지고 있다. 그가 만들어낸 개념과 용어는 우리 시대에 널리 사용된다. '트리플 바텀 라인'은 수많은 예시 중 하나에 불과하다. 저자는 자신의 지혜와 경험, 능력, 열정 등 모든 것이 정점에 달한 순간에 이 책을 출간했다. 그는 인간의 노력을 통해 양심이 살아있는 자본주의를 시행할 수 있다고 생각하며 평생을 바쳐 관찰하고 연구한 점을 우리에게 알려준다. 가장 중요한 것으로 바로 지금이야말로 우리 손으로 미래를 개척하는 것이 가능한 순간이라고 말한다. 지성인으로 가장하여 공허한 주장을 펼치는 게 아니라, 우리의 잠재력을 최대한 끌어내야 할 시점이라고 강력히 권고하는 것이다. 정말 중요한 내용이 이 책에 들어있다."

_ 팀 스밋, 에덴 프로젝트 설립자, 헬리간의 잃어버린 정원 공동 설립자

"지금처럼 존 엘킹턴의 낙관론과 통찰력이 필요한 때는 없었다. 이 책은 우리에게 자신을 변화시키고 지구의 미래를 위해 어떻게 해야 하는가에 관해 믿을 만하고 희망적인 대답을 제시한다. 이 책은 폭넓은 연구조사에 기반한 것으로서 모든 기업의 경영진이 반드시 읽어야 한다."

_ 타냐 스틸, 세계야생동물기금(WWF) CEO

존 엘킹턴(John Elkington)은 《그린 스완(Green Swans)》을 통해 우리 시대의 위대한 사상가임을 다시 한 번 증명해냈다. 이 책은 자본주의의 변화 과정과 녹색 경제의 발전이 이룩한 결과를 보여주면서, 인류와 지구의 미래가 청정 에너지와 탄소 없는 산업을 중심으로 긍정적인 모습을 갖출 것이라고 예견하고 있다.

그러나 변화는 파괴적이며 예측할 수 없다. 전통적인 상업과 시장 현실이 전복되고 이 세상은 새로운 순환 및 재생 성장 모델의 방향으로 변화하고 있다. 전 세계 인구가 곧 10억 명을 넘어서면 자연 자본에 대한 압력은 더욱 가중될 것이므로, 이러한 전환은 꼭 필요한 것이자 불가피한 것이다. 이미 지겹도록 들었겠지만 이 세상은 플라스틱, 삼림 벌채, 오염과 같은 문제가 너무 심각해져서 더는 '지속 불가능'한 상태가 되고 말았다.

다행히도 이렇게 손상된 지구를 되돌릴 방법이 있다. 그것은 바로 장기적으로 자본에 집중하고, 에너지 효율을 높이고, 재생가능한 에너지를 사용하며, 지속가능성을 더욱 강화한 식품 체계를 정립하는 것이다. 또한 사회기반 시설에 대한 스마트한 계획을 설립하고 소비 패턴을 바꾸고 기술을 더욱 올바로 사용해야 한다. 이렇게 하면 지구의 경계 내에서 계속 살아갈 수 있다. 주어진 기회를 온전히 받아들이기만 하면, 우리는 세계 경제에 기대 이상의 기하급수적 혁신을 가져올 역사적인 U자형 곡선 모양을 만들어낼 수 있다.

그런 전환점에 도달하려면 자본주의가 크게 손상되었다는 점을 이해해야 하며, 두려움이 없고 책임감이 강한 새로운 세대의 리더가 필요하다는 점이 자명해졌다. 이러한 이데올로기의 신뢰성이 크게 떨어진 이유는 지금까지 부정적인 결과만 산출했기 때문이다. 역대 최악의 세대 간 범죄인 기후 위기와 심각한 불평등 문제는 인류의 양심에 지우기 힘든 흉터를 남겼다.

21세기를 위해서 자본주의를 반드시 재정비해야 한다. 200년 전에 애덤 스미스가 공동선(common good)을 위해 자기 이익 추구(self-interest)를 선언한 이래로 자본주의는 줄곧 경제 발전을 주도해왔지만 이제는 무뎌진 반사 신경처럼 고장 난 시스템이므로 폐기해야 한다는 뜻이다. 유명한 '보이지 않는 손'은 이제 한계를 드러낸 것이다. 단 한 사람도 빼놓지 않고 소중히 여기는 새로운 사회 계약을 수립하려면 포용적인 자본주의를 정립해야 한다.

그뿐만 아니라 자본주의에 독창적인 협력 모델을 만들어주어야 한다. 이 협력 모델은 긴밀하고 유의미한 협력을 위해 타인과 힘을 합칠 때만 진정한 의미의 혁신적 변화를 대대적인 규모로 신속하게 이행해 최대의 효과를 산출할 수 있다. 기업, 정부, NGO, 시민단체, 학계 및 지역 조직 전반의 여러 부문이 서로 협력할 때 비로소 각자의 강점과 전문성을 활용하는 동시에 전체적으로 더 높은 수준의 목표를 추구할 수 있다. 누구도 단독으로 행동할 능력이 없으며 그렇게 할 자격도 없다고 할 수 있다.

하지만, 이 책에서 지적하듯이, 이 세상을 정상 궤도에 올려놓는 데 중대한 역할을 해낼 집단이 딱 하나 있다. 그것은 바로 비즈니스 커뮤니티다. 이들이 가진 자원과 혁신 덕분에 비즈니스 커뮤니티는 지속적인 인상을 남기기에 유리한 고지를 선점하고 있다. 게다가 이 세상을 정상 궤도에 올려놓으면 누구보다 기업이 가장 큰 이익을 얻게 된다. 시스템이 관련된 환경 및 사회 문제가 계속되는 세상에서는 기업도 장기적으로 성공하거나 번영할 수 없다. 사회가 실패하면 기업도 무너질 수밖에 없다. 사회는 기업에 생명력을 불어넣어 준 존재이므로, 이것이 무너지는 것을 기업이 수수방관해서는 안 된다.

실제로 전 세계적 지배구조는 퇴화하고 포퓰리즘과 국가주의가 더욱 확산되는 상황에서, 책임감이 있는 기업이라면 정치적 절차에 개입해 관련 위험을 완화하려 노력해야 한다. 우리 사회 및 경제 구조가 시대에 뒤떨어져 있으며 발전을 저해하는 존재로 전락한 것은 확실하며 이를 완전히 재정비하려면 자신감도 있어야 하고 적절한 권한도 갖춰야 한다. 기업이 개입해주지 않으면 정치인도 그러한 자신감이나 권한이 부족하다고 느낄 것이다.

존 엘킹턴은 미래의 '그린 스완'을 키우는 새로운 비즈니스 방식을 해결책으로 제시하고 있다. 우리 시대에 이보다 더 시기적절한 조언은 찾아보기 어려울 것이다. 사람들은 인류가 지구라는 행성에 돌이킬 수 없는 심각한 피해를 초래하는 최후의 심판날이 조만간 닥칠 거라고 말한다. 이 시나리오가 사실이라면 우리는 늦기 전에 서둘러 리셋 버튼을 눌러야 한다.

이제부터 향후 '10년간' 2030년 개발 의제를 완전히 시행하는 데 주력해야 한다. 우리가 개발 의제를 추진해야 할 도덕적인 이유는 차고 넘치는 상태이며, 경제적인 측면에서 보더라도 그렇게 할 이유가 충분하다. 아무것도 하지 않는다면, 무엇이라도 시도할 때보다 훨씬 무거운 대가를 치르게 될 것이다. 유엔의 지속가능한 개발 목표는 21세기 성장 스토리를 제시하고 있으며, 전 세계가 참여해야 할 대규모 비즈니스 계획이라고 말할 수 있다.

다행히 아직은 행동할 수 있는 기회의 여지가 남아 있다. 하지만 이 기회도 서서히 닫히는 중이라는 점을 명심해야 한다. 이처럼 중요한 변화를 지지하는 면에서 긍정적이고 건설적인 역할을 하고 싶다면, 이 책을 필독하기 바란다.

폴 폴먼

● 폴 폴먼은 유니레버의 CEO 출신이며, 현재 이매진의 공동창립자 겸 의장, 국제상공회의소와 B팀(The B Team) 의장 및 사이드경영대학원장을 맡고 있다.

자본주의의 전복
그린 스완의 탄생

그린 스완은 미래가 예상보다 훨씬 좋아질 가능성을 상징한다. 모든 사람을 위한 지속가능한 미래는 먼 미래에나 가능한 목표일지 모른다. 하지만 그린 스완은 급진적인 변화를 일으켜서 그 목표에 성큼 다가서게 도와줄 수 있다. 물론 큰 변화를 겪는 것이 말처럼 쉬운 일은 아니다. 혁신적인 변화의 시대는 시장 판도를 완전히 바꿔놓을 것이고 정계 우열도 뒤집을 것이며, 거기에서 파생된 정치적 충격은 수십 년 동안, 어쩌면 세대가 몇 번 바뀌더라도, 계속 이어질 것이다.

나의 20번째 저서인 이 책은 특별한 탄생 비화가 있다. 초반의 기획 아이디어에 비하면 최종본을 탈고할 때까지 얼마나 많은 변화를 거쳤는지 모른다. 이 책의 독자들은 전 세계를 돌며 새로운 것을 배우는 여정을 함께할 것이다. 그중에는 개인적인 경험도 있고, 먼 미래에 대한 통찰을 얻는 순간도 있다. 이 책에서는 확정적이고 통합된 현장 이론을 확립하는 것이 아니라 탐험과 조사 과정을 보여 주려고 한다. 대화로 치자면, 대화를 갈무리하는 것이 아니라 대화를 시작하려는 시도에 해당한다.

톰 행크스 주연의 영화 〈포레스트 검프(Forrest Gump)〉에서, 주인공 포레스트 검프는 남보다 이해가 느리지만 주요 문화 행사를 관람했으며 때로는 의도치 않게 직접 참여했다. 그처럼 나도 변화라는 주제가 만들어지기까지 크고 작은 도움을 준 여러 이니셔티브에 참여했다. 이런 말을 하는 이유는 포레스트 검프와 경쟁을 해보려는 것이 아니라, 내가 내린 결론이나 권고사항이 탁상공론의 산물이 아니라 현실 세계를 직접 발로 뛰어다니며 보고 듣고 느끼고 배운 점을 반영했음을 강조하려는 것이다.

물론 나에게 큰 가르침과 깊은 감동을 준 책도 있다. 특히 리스트 분석가이자 옵션 트레이더였던 레바논계 미국인 작가 나심 니콜라스 탈레브(Nassim Nicholas Taleb)의 저서를 빼놓을 수 없다. 2007년에 출간된 그의 저서 《블랙 스완(The Black Swan)》에서 '극도로 낮은 가능성의 충격'이라는 부분을 보면 매우 시기적절한 몇 가지 교훈을 찾을 수 있다.[1] 탈레브의 예상은 한 치의 오차도 없었다. 금융 붕괴를 예측한 사람은 손에 꼽을 정도로 적었지만, 바로 그해에 금융계가 무너지면서 전 세계 경제는 큰 충격에 빠졌다.

같은 책 초반부에서 저자는 "우리에게 수많은 생각 습관이 있지만 (…) 세상을 지배하는 것은 극단적인 것, 알려지지 않은 것, 그리고 (우리의 현재 지식에 비춰볼 때 있을 법하지 않은) 거의 불가능한 일인 것 같다. 그렇지만 우리는 이미 알려진 것과 반복되는 것에 정신이 팔린 채, 부

질없는 논의에 시간을 허비하고 있다"[2]고 말한다. 상당히 위험할 수 있는 발언이다. 앞으로 이 책에서 논할 '사악한' 문제와 '극도로 사악한' 문제보다 더 심각한 문제는 없기 때문이다.

이 책의 내용은 탈레브의 용어 정의나 방법론에 철저히 따르기보다는, '블랙 스완'이라는 탈레브의 은유를 가져와서, 주로 부정적인 기하급수적 요소에 의해 발생하며 예측불가능한 데다 추후 상황도 매번 다르게 전개되는 사건을 가리키는 용어로 사용한다. 세계에서 가장 인구가 많은 국가가 '중국의 특성을 가진 사회주의'를 자랑하듯이, 우리는 블랙 스완 또는 그린 스완의 특성을 반영하는 자본주의, 민주주의 및 지속가능성의 여러 가지 측면을 살펴볼 것이다. 이 중에는 두 가지 스완의 특성이 공존하는 경우도 있을 것이다. 사람들은 이제 '그레이 스완'도 논하기 시작했다. 그레이 스완은 예측가능하거나 예측되었을지 모르는 것으로서, 너무 오랫동안 무시하면 전 세계를 뒤흔들 정도의 충격을 발산하는 사건이라고 정의할 수 있다.[3]

가장 뚜렷한 그레이 스완의 예시로는 현대 사회의 고령화 추세를 꼽을 수 있다. 장수에는 많은 이점이 뒤따르지만 2020년이면 전 세계 65세 이상 인구가 인류 역사상 처음으로 5세 이하 아동보다 많아질 것이라는 추산이 있다. 물론 수명이 증가할 경우 축적된 경험을 잘 사용할 수 있다는 취지의 분석도 많지만, 카밀라 카벤디시(Camilla Cavendish)의 저서 《당신의 나이는 당신이 아니다(Extra Time)》에서는, 노령화 사회가 도래하면 수많은 체제상의 문제점이 발생할 텐데, 우리는 이제 겨우 그러한 문제점을 파악하기 시작했을 뿐이라고 지적한다.[4]

블랙 스완과 그레이 스완이라는 개념은 이제 합리적으로 정립되어 있다. 나는 거기에 '그린 스완(Green Swans)'이라는 새로운 개념을 추가하고 싶다. 그린 스완은 전 세계적 문제에 대한 체계적인 해결책이자, 긍정적이며 기하급수적인 변화를 가져오는 해결책이다. 우리를 좋은 방향이나 나쁜 방향으로 끌고 갈 수 있는 초기 단계의 혁신 또는 궤적의 시작 지점이라는 점에서 일종의 '미운 오리 새끼'라고 할 수 있다.

이 책이 출판되자, 덴마크 산업 연맹(Dansk Industri)이 주최한 코펜하겐의 주요 비즈니스 회담에서 그린 스완이라는 의제를 소프트 런칭했다. 그 회담에는 덴마크 신임 총리인 메테 프레데릭센(Mette Frederiksen), 덴마크와 스위스 왕실 관계자, 기업가, 주요 대기업 총수 등 도합 1,300명이 참석했다. 그 회담이 가장 적절한 기회라고 생각한 이유는《미운 오리 새끼》의 작가 한스 크리스찬 안데르센이 덴마크 출신이었기 때문이다. 하지만 그날 가장 놀라웠던 일은 덴마크 정부, 국내 주요 산업연맹, 기업 커뮤니티가 합심해 적극적으로 녹색 혁명을 주도하는 모습이었다.

그런 모습을 그린 스완 경제가 만들어지는 과정이라고 할 수 있을까? 물론이다. 일단 타이밍이 정말 기가 막혔다. 몇 년간 일본에서 일하면서 배운 점이 있다면, 성공적인 기업과 경제는 불황에 투자한다는 것이다. 그렇게 하면 경쟁업체보다 먼저 불황을 끝내고 다시 상승세를 탈 수 있기 때문이다. 이 책을 집필하면서 나는 이 세상이 역사적으로 볼 때 일종의 U자형 곡선을 그릴 것이라고 생각했다. 이는 한 번의 침체로 끝나는 것이 아니라, 건실해 보였던 매크로 경제와 정치 질서가

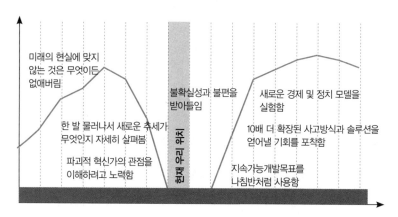

미래의 현실에 맞지 않는 것은 무엇이든 없애버림

한 발 물러나서 새로운 추세가 무엇인지 자세히 살펴봄

파괴적 혁신가의 관점을 이해하려고 노력함

불확실성과 불편을 받아들임

현재 우리 위치

새로운 경제 및 정치 모델을 실험함

10배 더 확장된 사고방식과 솔루션을 얻어낼 기회를 포착함

지속가능개발목표를 나침반처럼 사용함

출처: 볼란스, 2019년

무너져 내리고 새로운 경제와 정치가 등장하는 것을 말한다. U자형 곡선 최하단부에 다가갈수록 혼란과 불확실성도 가중되는데, 이 구간은 역사적으로 대규모 전쟁이 발생한 시기와 정확히 겹친다.

그 과정에서 자본주의, 민주주의, 지속가능성(내가 수십 년 전에 도움을 주어 만들어낸 개념)과 같은 기존 이데올로기와 사고방식이 심한 압박을 받고 있다. 이어지는 내용은 세 가지 이데올로기의 복잡한 상호 작용을 보여준다. 돌이켜보면, 나는 이 분야를 연구하는 데 수십 년을 바쳤지만, 아직도 어떤 면에서는 이제 막 배우기 시작한 것 같은 느낌이 든다.

자본주의, 민주주의, 지속가능성이라는 세 가지 개념 모두 치열한 경쟁 영역을 가리킨다. 나는 자본주의를 입에 올리지 말라는 말을 들었다. 자칫하면 매우 감정적이고 통제 불가능한 반응을 유발한다는 이유였다. 그런 반응이 터져 나오면 사람들이 엉뚱한 방향으로 눈을 돌리게 될 위험도 있다. 기후변화대응 운동가에게 자본주의 이야기를 꺼내면 그들이 뭐라고 응수할까? 아마 자본주의는 해만 끼칠 뿐, 이 사회에 전혀 도움이 안 된다고 말할 것이다. 하지만 미국인에게 같은 주제로 말을 걸면 다른 반응이 나올 수 있다. 미국이 가장 착취가 심한 자본주의 형태를 취하고 있으며 그로 인해 자국민들이 이용당하고 있지만, 대다수 미국인은 '자본주의' 체제에 대해 조금이라도 나쁘게 말하는 것을 절대 용납하지 않는다. 그렇게 자본주의를 옹호해봤자 자기들에게 이렇다 할 이득이 없는데 말이다.

증거보다 신념을 중시하는 그러한 태도는 흡사 종교인을 연상시킨다. 하지만 그러한 태도는 우리가 거대한 지뢰밭에 발을 들여놓았다는 적색 위험 신호다. 그래도 이 책에서는 자본주의, 민주주의, 지속가능성이 좋은 쪽으로든 나쁜 쪽으로든 어떻게 상호작용하는지 알아볼 것이다. 이런 문제를 논하기에 타이밍도 나쁘지 않다는 생각이 든다. 큰 영향력을 행사하는 자본가들 중에도 현행 자본주의 체제에 대해 갈수록 비판적인 태도를 보이고 있는 데다, 상당수의 민주주의 지도자들이 1930년대 이후로 민주주의가 현재 최대 위기에 봉착했다는 경고를 발하기 때문이다.

자본주의는 우리 경제에 근시안적 태도를 몰래 심어놓았기 때문에 일부 주목을 받고 있다. 이러한 관점은 전 세계 생물권을 무너뜨릴 정도로 심각한 위협을 가하고 있으며, 신자유주의를 통해 이 문제가 더욱 두드러지게 되었다. 그러나 신자유주의를 반영하든 안 하든 간에,

현재 우리 사회는 기본적으로 붕괴 가능성을 전혀 인정하지 않는다. 이 점은 젬 벤델(Jem Bendell) 교수가 이미 지적한 바 있다.[5] 하지만 고집스럽게 인정하지 않는다고 해서 기후 이상이 발생하고 생명의 그물 (web of life)이 와해되고, 해양이 산성화되고, 입이 떡 벌어질 정도로 빈부차가 크게 벌어지는 문제가 없는 일이 되지 않는다. 증거를 보면 이어지는 10년간, 즉 2020년대에는 이러한 문제들이 크게 불거지고 그와 동시에 기존의 과학적, 경제적 패러다임에도 변화의 소용돌이가 불어닥칠 것이다.

　미국식 자본주의가 거대한 빈부 격차를 초래하자, 이에 관한 심각한 우려와 비판이 쏟아졌다. 그러자 〈파이낸셜 타임스(Financial Times)〉는 '자본주의 CEO는 밤에 잠들지 않는다'[6]라는 제목으로 전면 기사를 게재했다. 미국 투자자 레이 달리오(Ray Dalio)를 한번 생각해보자. 〈블룸버그〉는 그의 순자산이 약 170억 달러라고 추산한다. 달리오는 12살에 이미 철이 들어서 자본주의를 이해했으며, 자신의 소셜 미디어를 통해 팔로워에게 다음과 같이 경고의 메시지를 전했다. "자본주의자인 내가 봐도 자본주의는 이제 무너진 것 같다."[7] 경제학자 어윈 스텔저 (Irwin Stelzer)는 〈선데이 타임즈(The Sunday Times)〉에 기고한 '자본주의자의 손아귀에서 자본주의를 구출하라'[8]는 기사에서 자본주의가 위기에 봉착했다고 지적했다.

　내가 보기에 당분간 이처럼 비관적인 상태가 지속될 것이다. 앞으로 종종 비관적인 예상을 내놓을 때도 있을 것이다. 하지만 장기적으로 보면 나는 누구보다 낙관적인 관점을 견지하는 사람이다. 인류는 진화

초기 단계로 후퇴할지 모르지만, 그마저도 최선의 노력을 기울여야만 가능한 것이다. 내가 낙관주의자로서 자격이 있다고 주장하는 것은, 인류가 스스로를 발전시키는 것은 당연한 과제이며, 더 나아가 자본주의도 민주주의도 발전시킬 책임이 있기 때문이다. 셋 중 어느 것도 결코 쉬운 일이 아니다.

그렇다면 내가 자본주의를 논하는 것은 어떤 의도일까? 글 쓰는 사람이라면 위키피디아를 인용하면 안 된다는 말을 들어봤을 것이다. 하지만 위키피디아는 반자본주의 비즈니스 모델을 기반으로 하는 것이라서, 원하는 자료는 무엇이든 찾을 수 있다. 그렇다고 해서 위키피디아 자료가 다 좋다는 것은 아니다. 내 이름을 검색하면 덴마크 출신의 아내가 있다고 한다. 나도 모르는 아내가 있다는 게 그저 우스울 뿐이다. 하지만 위키피디아가 많은 사람에게 알려진 사실에서 잘못된 점을 제대로 걸러내 줄 때도 많다.

위키피디아에 자본주의의 정의가 무엇인지 검색하면 어떤 결과가 나올까? 사유 재산, 자본 축적, 임금 노동, 자발적 교환, 가격제도, 경쟁 시장 등이 검색 결과에 포함된다.[9] 이 정도면 꽤 괜찮은 출발점이다. 물론 자본주의를 제대로 정의하려면 여기에 더 많은 개념을 추가해야 한다. 그 내용이 얼마나 많은가는 중요치 않다. 자본주의가 21세기를 살아남아서 '모두를 위한 더 나은 세상'이라는 선의의 약속을 지켜내려면, 지금까지 언급한 자본주의와 관련된 모든 요소가 엄청나게 빠른 속도로 발전해야 한다.

경제 주기를 오랫동안 연구한 사람으로서, 가장 가능성이 높은 미래의 모습은, 자본주의 핵심 요소가 불에 탄 것처럼 완전히 붕괴되고, 그 중 일부만 잿더미에서 다시 솟아오르는 것이다. 이런 일은 이미 과거에 자주 발생했다. 경제, 사회, 자연환경이 거의 다 무너져내릴 거라는 전망은 매우 비극적으로 들릴지 모른다. 특히 먼 미래를 생각할 때 자연환경의 훼손은 심각한 문제다. 그렇지만 모든 것이 무너져서 잿더미처럼 보이는 상황에서도 밝은 면과 어두운 면을 모두 가진 불사조가 모습을 드러낼 것으로 기대할 수 있다.

이런 전망을 제시한다고 해서 누군가를 자본주의 옹호자 또는 자본주의 반대자로 만들 수는 없을 것이다. 그보다는 자본주의가 실제로 어떤 결과를 낳는지, 어떻게 행동하는지, 더 넓은 세계에 어떤 영향을 주는지 지켜보게 만들 수는 있다. 자본주의도 자연환경처럼 활동적인 주기를 거치는데, 유명 경제학자들은 이를 가리켜 '호황'과 '불황'이라고 한다. 이는 우리 경제가 강한 흥분 상태에서 '비합리적인 과열(irrational exuberance)'로 바뀌는 시기를 가리킨다.

하이프 사이클(hype cycle)에 따라 오르내리는 새로운 혁신이 이러한 변화를 주도하며, 이 무렵에 투자와 성장에 대한 관심이 높아진다. 일반적으로 호황이 오면 그 뒤에는 여러 가지 모습의 불황이 뒤따르며, 이것이 해소되는 데에는 많은 시간과 노력이 소요된다. 그 후에 서서히 적응하게 되고, 상황이 잘 풀리면 (원상태로) 회복하는 것이다.

그러므로 자본주의에 대해 논한다는 것은 매우 격렬하고 극도로 불안정한 형태의 부의 창출과 파괴를 이야기하는 것이다. 나는 수십 년에 걸쳐 자본주의와 그에 대한 대안을 연구하면서 다양한 관점과 은유를 사용했는데, 그중에는 녹색 자본주의, 트리플 바텀 라인, 번데기 경제(chrysalis economy), 붕괴와 돌파구 등이 포함된다. 지금 돌이켜보면 최종 목표는 우리 세계에 존재하는 두 가지 궤적을 비교, 대조하는 것이었다. 하나는 (최악의 경우에) 혼돈과 심지어 멸종을 야기할 수 있는 블랙 스완 역학이고 다른 하나는 발전과 적응을 통해 더 나은 곳으로 우리를 이끌어 가는 그린 스완 역학이다.

F. 스콧 피츠제럴드(F. Scott Fitzgerald)는 "두 가지 상반된 생각을 동시에 하면서도 흔들리지 않는 능력이 있다면 최고의 지성을 가진 것이다"라고 말했다. 내가 얼마나 똑똑한지 또는 스트레스를 받는 상황에서 얼마나 머리가 잘 돌아가는지 증명하려는 것은 아니지만, 이 책은 두 가지 극도로 상반된 생각을 이해하기 위해 평생 노력했으며 지금도 그렇게 하고 있다는 증거다.

첫 번째 생각은 다음과 같다. 우리는 체제 붕괴라는 지옥을 향해 가고 있다. 기후, 생물권, 경제, 사회 등 핵심 요소가 매우 빠른 속도로 무너져 내릴 것이다. 스타트업 기업가는 '소진율'이라는 표현을 쓰는데, 스타트업 기업이 남의 돈을 얼마나 빨리 써버리는지 가리키는 표현이다. 산업화 이후의 호모 사피엔스의 하위종도 일종의 스타트업이라고 볼 수 있겠다. 일각에서는 호모 이코노미쿠스(Homo economicus)[10] 또는 호모 인더스트리알리스(Homo industrialis)라고 부른다. 아무튼 이 하위종은 지구의 자원을 아찔한 속도로 고갈시키고 있으며 이제는 이른바 '결과의 시대'[11]라는 전혀 다른 현실을 마주하고 있다. 이 현실을 가리켜 '인류세(The Anthropocene, 인류로 인해 지구 환경이 변화하고 수많은 종이 멸종되었음을 뜻하는, 새로운 지질학적 시대를 가리키는 용어—옮긴이)'라는 표현을 쓰기도 한다.

단일 종이 어마어마한 지질학적 힘처럼 전 세계에 영향을 미치게 될 미래는 지금까지 유례를 찾아볼 수 없는 모습이다. 이런 상황이 지속하면 세상은 나심 니콜라스 탈레브가 말한 블랙 스완의 사악한 무리, 다시 말해 기하급수적으로 악화하는 여러 가지 문제와 어려움에게 압도될 것이다. 그러나 우리 중 대다수는 해결책을 마련하기는커녕 문제가 무엇인지도 파악하지 못할 것이다.[12]

블랙 스완은 정상적인 기대 범위를 벗어난 외적 요소들이 큰 영향력을 행사하는 극적인 사건을 가리키며, "뒤늦게 알게 된 사실을 가지고 부적절하게 합리화"[13] 되는 경우가 종종 있다. 쉽게 말해서 실수를 통해 교훈을 얻어 발전하는 것이 아니라, 자기도 모르는 사이에 또 다른 재앙을 한바탕 겪게 될 것이다.

석유 자원이 풍부한 베네수엘라가 지금 얼마나 처참한 상태인가. 한때 남미의 스위스라고 불렸지만, 이 책을 집필하는 시기를 기준으로 베네수엘라 중앙은행이 발표한 통계자료를 보면, 마두로 대통령 집권 이후로 국가 경제 규모는 반토막이 났다. 건설 부문은 95퍼센트, 제조업은 75퍼센트나 감소했고 원유 생산은 1940년 이래 최저치를 기록한 반면, 공식 물가 상승률은 13만 60퍼센트였다.[14] 이런 인플레이션은 전무후무한 것이라 감히 설명하기 어려울 것 같다.

하지만 베네수엘라의 몰락이 진정한 블랙 스완의 사례라고 할 수 있을까? 표준 경제학의 관점에서 경제 관리가 그 정도로 허술했다면 그런 결과를 내다보는 것이 어렵지 않은 일이다. 그래서 일각에서는 베네수엘라 사태가 과연 예측불가능한 일이었는지 의문을 제기하고 있다. 그런 사람은 9/11 공격과 세계 무역 센터의 붕괴에 대해서도 같은 논리를 펼칠 것이다.[15] 더 나아가, 체르노빌 원전 사고도 진정한 블랙 스완은 아니라고 주장할지 모른다. 기술적 문제가 있어서 안전장치가 꺼져 있었으므로 원전 사고라는 결과를 미리 예측했어야 한다는 식이다.

이어지는 내용에서는 조금 부드러운 접근법을 사용해보겠다. 모든 사람은 아니더라도 많은 사람에게 존재의 위기를 느낄 정도로 큰 충격을 준 사건이라면 블랙 스완으로 분류하는 것이다.

일례로 제1차 세계 대전 직후에 독일은 극심한 인플레이션을 겪었고, 이는 나치주의로 이어졌다. 패전국에 징벌적 배상금을 부과한 자들이 미처 예상하지 못한 일종의 블랙 스완이라고 주장할 수도 있을 것이다. 당시에는 이런 방식의 배상이 기본적인 관행이었다. 독일인들이 가장 열성적으로 나서지 않았는가.[16] 하지만 장기적인 결과는 1919년에 배상금 부과에 합의한 나라들이 감히 상상조차 못 할 정도로 무시무시한 것이었다.[17]

같은 방식으로 보자면, 기후 변화는 이미 수십 년간 논의된 문제이므로 그레이 스완에 불과하다고 말하는 사람도 있을 것이다. 이와 대조적으로 기후 변화가 유발하는 사회적 붕괴는 온난화 임계치인 2도 상승을 넘는 순간 곧바로 현실화될 가능성이 있으므로 블랙 스완에 더 가까운 사건이 될 것이다. 경제, 사회, 자연환경은 보기와 달리 모래성처럼 연약한 데다, 일단 붕괴되기 시작하면 걷잡을 수 없이 빠른 속도로 무너져내릴 수 있다.

내 머릿속을 헤집고 다니는 또 다른 생각이 있다. 지금까지 제시한 예측과 180도 다른 낙관적인 생각이다. 이 세상에는 획기적인 미래를 향해 발전하고 있는 부분도 분명히 있다. 이들이 앞서 나가면 뒤를 따르는 이들도 점차 많아질 것이다. 이 세상은 놀라운 창의성, 혁신, 기업이 이룬 결과물이다.

많은 주요 기업이 환경 자원이나 천연자원 소비를 줄이고 있으며, 일부 경우에는 속도를 더 높이려 애쓰고 있다. 이런 변화는 밝은 미래에 대한 기대를 높여주고 있다. 그러한 미래의 가능성에는 그린 스완이 차지하는 부분이 적지 않을 것이다.

기후 문제가 초래한 금전적인 타격을 논하면서 최근에 이를 '그린 스완'이라고 말하는 경향이 있는데, 이는 잘못된 표현이다. 그런 문제는 '블랙 스완'이라고 해야 한다.[18] '그린 스완'의 정확한 의미는 다음과 같다.

> **그린 스완**은 중대한 시장 변화를 말한다. 일반적으로 블랙 스완이나 그레이 스완이 패러다임, 가치, 사고방식, 정치, 정책, 기술, 비즈니스 모델 및 기타 주요 요소의 변화와 겹쳐져서 그린 스완으로 이어진다. 그린 스완은 기하급수적인 진보를 가져오는데, 경제적, 사회적, 환경적 부를 창출하는 방식으로 나타난다. 최악의 경우라 할지라도 3차원적 안정성을 해치지 않으면서 2차원에서 기하급수적이라 할 만한 진보를 이루어낸다.[19] 1차

원 또는 여러 차원에서 다소 부진한 상황이 이어질 수도 있지만, 이는 일종의 적응 과정이라고 보면 된다. 최종 목표는 1차원부터 3차원까지 모든 면에서 통합적 돌파구를 제공하는 것이다.

그린 스완은 비범한 것이다. 평소와 다른 형태의 진보가 이루어지며, 그러한 진보가 양수 지수에 의해 형성, 주도된다는 점에서 비범하다는 뜻이다. 의외로 그린 스완은 블랙 스완이 남긴 잿더미에서 불사조처럼 등장하는 경우가 종종 있다. 실제로 대자연에서는 화산이 폭발하거나 파괴적인 어업 행위가 제거된 후에 놀랍게 회복해 번성하는 경우가 있다. 그렇긴 하지만 그린 스완은 오랜 기간에 걸쳐 신중하게 계획하고 밑작업을 해야 완성되는 것이지, 갑자기 등장해 우리를 놀라게 하는 경우는 드문 편이다.

블랙 스완 문제를 억누르는 방법과 그린 스완 솔루션을 함께 개발하는 방법에 대해 여러 가지 관점이 있다. 그런 주장이 새삼 놀라울 것도 없다. 그중 몇 가지 관점을 이해하고 연구하기 위해, 이 책을 준비할 때 아틀라스오브더퓨처(Atlas of the Future)와 공동으로 〈그린 스완: 미래 자본주의 선언문의 틀을 마련하다(Green Swans: Sketching a Manifesto for Tomorrow's Capitalism)〉[20]라는 20분짜리 동영상을 제작했다.

양측 의견을 조율하는 데에는 큰 문제가 없었다. 기대할 만한 것이라고는 점진적인 변화밖에 없는 세상에서 여태껏 살아왔는데, 자칫하면 기하급수적인 문제들에 대한 기하급수적인 해결책의 가능성이 폭발적으로 성장하는 미래에 잘못 발을 들일 위험에 직면한 것이다. 하지만 분명히 짚고 넘어가야 할 점은, 블랙 스완과 그린 스완의 궤적은 이분법적 시나리오가 아니라는 것이다. 이들은 이미 현실에 평행 상태로 공존할 수도 있다. 이미 모습을 드러냈거나 우리에게서 멀지 않은 곳에서 결판이 날 때까지 시합 중일지도 모른다. 어떤 블랙 스완은 녹색 깃털을 자랑하는 반면, 검은 깃털을 자랑하는 그린 스완도 있을 수 있다.

사람들은 누구나 서로 더 친절하게 대하면 좋겠다고 생각하지만, 현실은 큰 차이가 없다. 그처럼 경제의 흑색 부문과 녹색 부문의 갈등은 굉장히 심각한 상태다. 예전에도 그랬고 앞으로도 계속 그럴 것이다. 다윈이 말한 생존을 위한 투쟁이라고 생각하면 된다. 사람은 자기가 타고난 권리와 미래가 걸려 있다고 생각하는 문제에서는 싸워보지도 않고 포기하는 일이 거의 없다. 자신의 위협적인 행동이 다른 사람이나 다른 생물의 미래를 파멸시킬 수 있다고 해도 크게 달라지지 않는다.

이런 점을 고려할 때, 자연에 경쟁이 존재하는 이유가 진화에 도움이 되기 때문이라고 생각하는 것은 큰 오산이다. 사실 자연에는 협력과 공생이 더 많이 나타난다. 이어지는 내용에서는 경제, 사회, 자연환경의 연결 관계를 보여주는 공생의 사례를 다양하게 소개할 것이다. 그러한 사례야말로 모든 그린 스완 솔루션의 핵심이라고 할 수 있다.

이 세상이 하나의 커다란 압력솥이라면, 그 안에서 다양한 힘이 열기를 뿜고 있다고 할 수 있다. 어떤 이는 이제 압력솥이 폭발하는 일만 남아 있다고 생각한다. 그들은, 기후 문제로 인한 사회적 붕괴는 지구

공동체에 이미 프로그래밍된 것이라서 불가피한 일이며, 우리가 상상조차 못 한 방식으로 빠르게 진행될 것이라고 주장한다.[21] 그들이 생각하는 결말은 과학자들이 예견하듯이 기후로 인한 사회적 붕괴가 임박했으며, 가난한 나라와 부유한 나라가 똑같이 큰 타격을 입는 것이다. .

몇 년 전만 해도 이런 경고성 주장은 근거 없는 유언비어를 퍼트리는 행위에 불과하며, 공상과학 영화의 디스토피아에서나 어울리는 생각이라고 무시되었을 것이다. 하지만 이제는 기후로 인한 사회적 붕괴는 그저 공상과학 이야기가 아니라 일상생활의 현실로 급격하게 자리 바꿈했다. 허리케인 카트리나가 뉴올리언스를 집어삼킨 상황만 생각해봐도 쉽게 이해할 수 있다. 인도네시아는 기후 변화를 포함한 여러 가지 이유로 수도 자카르타가 물에 잠길 것이기 때문에, 수도를 이전해야 할 처지에 놓여 있다.[22] 이런 몇 가지 불편한 진실을 보면, 머지않아 '사악한' 문제(wicked problem)와 '극도로 사악한' 문제(super wicked problem)가 이 세상을 휩쓸 것이라는 말에 고개를 끄덕이게 된다.

마지막으로 생각의 폭을 조금만 더 넓혀보자. 본격적인 내용을 다루기 전에 블랙 스완, 그레이 스완, 그린 스완 외에도 한 가지 용어를 더 알아야 한다. 그것은 바로 '미운 오리 새끼'다. 미운 오리 새끼라는 동화에는 다른 아이들과 생김새가 너무 달라서 미움받는 새끼 백조가 등장한다. 그도 그럴 것이, 오리에 둘러싸여 있으니 자신과 비슷한 대상을 찾을 수 없는 것이다. 이와 비슷하게 우리의 미래도 처음 보는 순간에는 낯설게 다가올지 모른다. 이 책에서 말하는 미운 오리 새끼를 설명하자면 다음과 같다.

미운 오리 새끼는 (주로 '부정적' 지수가 주도하는) 블랙 스완이나 ('긍정적' 지수가 주도하는) 그린 스완으로 발전할 가능성이 있는 초기 단계의 개념, 사고방식, 기술 또는 도전을 뜻한다. 미운 오리 새끼가 장차 어떻게 발전할지 초반에 알아보기란 쉽지 않다. 미래에 획기적이라는 평가를 받는 솔루션은 처음에 너무 이상하다는 혹평을 받을 때가 많다. 그래서 마땅히 받아야 할 관심도 얻지 못하고 자원을 확보하는 데 어려움을 겪는다. 2030년 혹은 그보다 더 먼 미래에 지금을 회상하면서 그땐 왜 그렇게 야박하게 굴었을까 하고 후회할 수도 있다.

　우리는 미래를 혁신하려는 사람을 일단 미심쩍은 시선으로 보는 경향을 타고났을지 모른다. 적어도 초반에는 대부분 부정적인 시선을 내보이는 것 같다. 어떤 경우에는 그런 반응이 부정적 지수를 억제해 블랙 스완으로 성장할 가능성이 있는 미운 오리 새끼의 성장을 지연시킬 것이다. 그렇긴 하지만 기본적인 통계치를 보면, 새로운 그린 스완 솔루션이 등장하는 시점을 지연시키거나 심지어 방해할 가능성이 크다.

　이 문제는 새삼스러울 것이 없다. 고(故) 파멜라 하티건(Pamela Hartigan)과 공동으로 집필한 《세상을 바꾼 비이성적인 사람들의 힘(The Power of Unreasonable People)》[23]에서도 바로 이 문제를 강조했다. 2008년 다보스에서 열린 세계경제포럼(World Economic Forum) 정상회담에 참석한 3,000명 전원에게 이 책이 제공되었다.[24] 이 문제에 관해 내가 가장 좋아하는 관점 중 하나는 사실 10년 전 1997년 애플이 내놓은 독특한 광고에서 사용되었다. "미치광이, 사회 부적응자, 반항

아, 말썽꾸러기, 네모난 구멍에 박아 넣은 둥근 못"을 추켜세우는 광고
였다. 한 마디로 "남들과 다른 시선으로 사물을 보는" 사람들인데, 바
로 이런 사람이 '인류가 등을 떠밀어 앞으로 한 걸음 더 내딛게' 되는 것
이다. 그 광고에서 가장 인상적인 문구는 "자기가 세상을 바꿀 수 있다
고 생각할 정도로 미치지 않으면 세상을 바꿀 수 없어요."

　그렇다면 우리는 어떤 상태인가? 조만간 우리의 앞길을 가로막을 문
제들에 맞설 만큼 충분히 미쳤다고 할 수 있을까? 미래를 진심으로 걱
정한다면, 우리는 지금 지구를 대하는 방식을 완전히 바꿔야 한다. 곧
펼쳐질 새로운 인류세 시대에 어떻게 대처할 것인지 고민을 시작할 무
렵, 나는 한 가지 변화를 시도했다. 오랜 기다림 끝에 돌파구가 열린
것인지도 모르지만, 그런 직관과 반대로 행동한 것이다. 나는 인생을
바쳐 이룩한 업적의 핵심적인 부분을 시장에서 철회했다. 어쩌면 철회
하고 싶다는 의사를 내비쳤다고 말하는 것이 더 정확할지도 모르겠다.

　관리 개념을 만든 사람이 나중에 이를 철회하는 경우가 많을까? 사
실 그런 경우는 거의 없다. 비슷한 사례라고는 단 하나도 찾아볼 수 없
는 형편이다. 하지만 정상적인 시장에서 자동차와 같은 공산품이 팔리
지 않으면, 제조업체는 제품을 회수해 테스트한 후 필요한 부분을 재
정비할 것이다. 제조업체가 품질에 신경을 제대로 쓰지 않으면 정부가
나서서 규제를 시행하고 주기적으로 도로 안전 테스트를 시행해 공공
안전을 관리한다. 하지만 관리 개념은 규제가 제대로 되지 않는 환경,
즉 이사회나 임원진이 제품 하자를 쉽게 무시해버리는 일이 많은 환경
에 노출되어 있다. 관리를 소홀히 하면 하늘이나 바다, 도로나 병원 등

에서 인명 사고를 일으킬 위험이 커진다. 또한, 기업이나 해당 산업 전체 또는 경제 전반이 위기에 처할 수 있다.[25]

나는 이 점을 염두에 두고 〈하버드 비즈니스 리뷰(Harvard Business Review)〉에서 관리 개념 리콜을 선언했다. 1994년에 기업이 사회, 환경, 경제에 미치는 영향을 검토하는 지속가능성 프레임워크를 뜻하는 '트리플 바텀 라인(triple bottom line)'이라는 용어를 처음으로 소개했고, 2019년은 용어를 도입한 지 25년째 되는 해였는데, '재정비'를 위해 전략적 리콜을 선언한 것이다. 트리플 바텀 라인은 이렇게 취소시켰지만, 후에 내일의 자본주의 탐구(Tomorrow's Capitalism Inquiry)[26]를 거쳐 그린 스완이라는 개념을 정립했다. 중간 과정에서 얻은 교훈점도 그린 스완에 모두 반영되어 있다.

나는 이 세상이 블랙 스완이나 그레이 스완의 결과가 나오는 쪽으로 흘러가고 있는데도 트리플 바텀 라인 때문에 이를 깨닫지 못하고 지금 가는 방향이 옳다고 착각할지 모른다는 우려를 떨칠 수 없었다. 궁극적으로 생각해볼 질문은 다음과 같다. 그린 스완의 징후가 계속 늘어날 경우, 트리플 바텀 라인은 미래에 어떤 모습을 갖추게 될까? 아마도 시간이 흐를수록 각 차원은 더욱 통합될 것이고 1~3차원 모두 경제, 사회, 생물권(생물이 살 수 있는 대기권과 지구 표면을 총칭하는 말—옮긴이)의 개혁(regeneration)을 가리키지 않을까?

내가 의도한 것은 아니지만 리콜 덕분에 총알은 피한 셈이었다. 몇 달 후에 아난드 기리다라다스(Anand Giridharadas)가 《엘리트 독식 사회(Winners Take All)》[27]라는 의미심장한 저서를 출간했다. 그는 원래 극소수 재벌을 저격하기로 유명한데, 이 책에서는 부자들이 박애주의를 앞세워 자기들이 세상을 바꾸는 척하지만, 사실은 현상 유지에 급급하다고 꼬집었다. 그는 새클러 가문이 부를 축적한 주된 방편이 아편 위기를 유발한 약품이었다고 지적한다. 강력한 진통제 중독인 아편계 사용 장애로 고통받는 미국인은 200만 명으로 추산된다.[28] 제 이득 챙기기에만 급급한 아편계 진통제 제약사는 2006년부터 2012년 사이에만 미국 전역에 760억 알을 뿌리다시피 했다.[29] 이 정도면 미국 내 모든 성인과 아동에게 매년 36알이나 공급할 수 있는데, 사실 열흘 치 공급량만으로도 다섯 명 중 한 명은 아편계 진통제에 중독될 수 있다.

윤리적 '신조'를 중시하는 것으로 유명한 존슨앤존슨마저 아편 위기를 초래한 책임이 있다는 이유로 5억 7,200만 달러의 소송을 당했다.[30] 식품의약국(FDA) 전 국장이 "현대 의학이 일으킨 최대 실수 중 하나"라고 할 정도로 짙은 색의 그레이 스완이었다.[31] 도대체 왜 이런 일이 일어난 걸까?

새클러와 같은 재벌이 사치품에 눈을 돌리는 것보다는 좋은 일에 부의 일부를 사용하는 것이 낫다고 말하는 사람도 있겠지만 기리다라다스는 단호하게 아니라고 말한다. "차라리 부자들이 요트를 산다면 언론인, 규제 당국, 범죄 수사관들이 훨씬 신속하게 그들을 법의 심판대 앞에 끌고 갔을 겁니다."[32] 블랙록(BlackRock)의 CEO 래리 핑크(Larry Fink)가 좋은 의도로 주주들에게 윤리, 사회, 환경 문제에 더 적극적으로 참여해 달라는 서신을 보낸 것은 인정할 수 있다. 하지만 엑슨모빌(ExxonMobil)처럼 기후를 불안정하게 만드는 기업 주식을 보유하면서 이러한 서신을 보내는 것은 일종의 회피 전략으로 봐야 할 것이다. 기리다라다스는 내가 트리플 바텀 라인을 리콜한 사실을 인용하면서 이 개념을 논할 시간이 없었을 것이다.

마찬가지로, 현대 자본주의의 몰락이라는 문제는 그저 관련 공급업체와 거래하는 개별 기업이 해결할 수 없는 것이며, 다른 기업과 손잡고 최선의 노력을 기울인다 해도 이 문제가 해결되지 않는다는 인식이 점차 커지고 있으며, 이러한 인식이 '내일의 자본주의 탐구(Tomorrow's Capitalism Inquiry)'를 주도하고 있다. 이러한 접근방식은 가능성의 한계를 탐구하고 지구가 당면한 문제에 대한 해결책을 함께 강구하는 데 꼭 필요하다. 하지만 궁극적으로 지금 우리가 직면한 문제는 정치적인 성향이 강하다.

미국 주요 기업의 CEO들로 구성된 로비 집단인 비즈니스 라운드테이블(Business Roundtable)에서 더는 주주를 최우선으로 고려하지 않겠다고 발표한 것이 뉴스에 보도되었다. 그러자 〈패스트컴퍼니(Fast Company)〉에서 내 말을 인용한 기사를 내줘서 기분이 좋았다. 이제 주주 우선주의는 옛일이 된 것이다. 릭 워츠먼(Rick Wartzman)은 이렇게 설명한다. "미국을 이끄는 주요 기업의 CEO로 구성된 로비 집단인 비즈니스 라운드테이블은 회원들이 '모든 이해관계자는 '한 사람 한 사람이 소중한 존재'이며 이들과 근본적인 약속을 공유한다'고 발표했습니다. 또한 '기업, 지역사회 및 국가의 성공적인 미래를 위해 모두에게 가치를 창출할 것'이라고 약속했습니다."[33]

"'기업의 목적에 대한 성명서'에서 라운드테이블은 '고객의 기대에 부응하거나 이를 뛰어넘어야 할' 필요성을 다시 확증했습니다. 그리고 '직원에 대한 투자', 즉 '직원에게 공정한 보상을 지급하고 중요한 혜택을 제공'하며 각종 교육을 마련해 직원들이 '빠르게 변하는 세상에서 새로운 기술을 습득하도록 도와줘야 한다'고 선언했습니다. 또한 '공급업체를 공정하고 윤리적으로 대하고, 기업이 몸담은 지역사회를 후원'하며 '이해관계자에게 장기적인 가치를 창출할 것'을 약속했지요."

JP모건 체이스의 CEO이자 라운드테이블의 의장이었던 제이미 디먼(Jamie Dimon)은, 이 선언이 "기업 리더십의 새로운 기준을 정립하는 데 도움이 되기를" 희망하며, "이를 실천하는 것은 만만치 않은 작업입니다"라고 덧붙여 말했다. 나는 주요 기업이 "필요한 시스템 변화를 늦추거나 지연시키기 위해 로비를 하는 무역 및 산업 기관, 단체 및 기업과 손절하게 될 것"이라고 생각한다. 그렇게 하면 로비를 하던 이들도 "어쩔 수 없이 입장을 바꾸어 탄소에 대한 의미 있는 가격을 책정하고 독과점을 해체하기 위해 공개적으로 로비활동을 하게 될" 것이다.

이런 주변 상황에 더해, 많은 동료와 다양한 이해관계자의 격려에 힘입어 트리플 바텀 라인을 철회하지 않기로 -아니, 오히려 더 강경하게 주장하기로- 결정하게 되었다. 세월이 지나면서 트리플 바텀 라인의 의미가 조금 희석되었을지 모른다. 하지만 이 책을 통해 2020년대에 맞추어 그 의미를 업데이트하고자 한다. 실제로 이 세상은 점점 더 혼란이 가중되고 있으므로, 트리플 바텀 라인과 같은 다차원적 사고방식과 도구가 그 어느 때보다 절실히 필요하다고 말할 수 있다.

미 경제학자 어윈 스텔저(Irwin Stelzer)는 "자본주의가 위협받고 있다"고 지적한다. 체계적인 변화가 필요하다는 요구가 빗발치고 있으나, 자본가들은 이것이 "사형수 호송차가 다가오는 소리"[34]처럼 묵직한 경고라는 것을 깨닫지 못하고 묵살해 버린다고 한다. 23세~38세 미국인의 절반 이상은 "사회주의(46퍼센트)나 공산주의(6퍼센트) 국가에 사는 편이 차라리 더 나을 것으로 생각한다."

자본가들은 부의 근간을 이루는 시스템에 대한 위협이 나날이 악화되는 것을 보면서도 스텔처가 말하는 '도덕성을 과시(virtue-signaling)'하는 수준에서 벗어나지 못하고 있다. 이를테면 세금 부담을 더 인상해도 괜찮다고 말한다든가 박애주의 활동을 더욱 확대하는 행보를 보이는 것이다. 상속세, 이민, 자유무역 규칙, 임원 보상, 모든 직원에 대한 평균 급여, 탄소와 같은 것들의 가격 조정 등, 근본적인 변화가 필요한 부문은 한둘이 아니다. 그야말로 체제 전반을 제대로 개선해야 한다. 그렇게 하지 않으면 자본주의라는 기차는 탈선하고 말 것이다.

흥미롭게도, 세일즈포스(Salesforce)의 회장 겸 공동 CEO 마크 베니오프(Marc Benioff)를 포함해, 다수의 기업가가 이를 공개적으로 인정하고 있다. 베니오프는 "나 같은 고소득자에 대한 세금을 전국적으로 인상하면 수십조의 세수익을 얻을 수 있으므로, 교육과 의료를 개선하고 기후 변화에 대처하는 데 도움이 될 것"이라고 말했다.[35]

이런 변화를 추구하려면 지속가능하면서도 과감한 정치 행보가 필요하다. 나는 시스템의 변화가 불가능하지 않으며, 사실 불가피하다고 생각한다. 거의 50여 년간, 자본주의의 이면에 놓인 사고방식을 파악해 새롭고 지속가능한 방향으로 이를 이끌어보려고 노력했다. 1987

년에《녹색 자본주의자(The Green Capitalists)》[36]를 출간했는데, 그때는 베를린 장벽이 무너지기 2년 전이었다. 그 책의 주제는 자본주의가 우리의 미래이긴 하지만, 목적에 맞지 않으므로 자본주의를 다시 설계하고 변화시켜야 한다는 것이었다. 지금도 이 생각에는 변함이 없다.

그 과정에서 사회 운동의 성장 과정을 선두에서 이끄는 특권을 누렸고 관련 의제를 비즈니스 세계로 가져오는 데 도움을 주었다. 특히 기업 이사회와 경영진의 관심을 환기하는 데 주력했다. 그 과정에서 반대 세력, 말썽을 피우는 기업이나 사람, 그리고 누가 봐도 제정신이 아닌 기업과 사람도 만났다. 내가 해온 일이 언제나 가능한 일은 아니며, 가능한 경우에도 반드시 성공적으로 끝나는 것도 아니다.

하지만 상당한 진전을 이룬 것은 분명하다. 이것만 보더라도 요즘은 정상적인 시대가 아니라고 할 수 있다. 지금의 자본주의가 기존 형태를 유지한다면 결코 살아남지 못할 것이므로, 반드시 뒤집어야 한다. 주변을 둘러보면 미래의 자본주의가 등장을 예고하는 꿈틀거림을 느낄 수 있다. 우리는 그중에서 가장 나은 것을 선택해 앞으로 진보할 수 있도록 힘을 보태야 한다.

이어지는 내용은 독자에게 보내는 초대장이라고 생각하면 된다. 내이메일주소는 john@volans.com이다. 운명을 시험하려는 의도는 없지만, 향후 10년은 나의 커리어에서 가장 흥미진진하면서도 힘들고, 때로는 위험한 기간이 될 것 같다. 자본주의가 머리끝부터 발끝까지 변화되면, 임팩트, 가치, 부의 창출과 같은 개념도 새로 정립될 것이고, 자본주의가 아예 다른 것으로 대체될 수도 있다. 우리가 2030년까지 어떤 형태의 부의 창출을 이룩하든 간에, 그 결과가 자연환경 및 우리의 경제와 사회를 적극적으로 회복, 재생시킬 능력의 여부가 궁극적인 시험 대상이 될 것이다.

그것이 앞으로 10년 뒤에 제안된 일종의 그린 뉴딜과 놀라울 정도로 비슷해 보인다 해도 결코 우연은 아니다. 최초의 뉴딜 정책을 설계한 프랭클린 루스벨트 대통령은 기회와 위험에 관해 이렇게 말했다.

"경제적, 정치적 발전을 추진하는 과정에서 우리는 모두 성공과 실패를 맛보게 된다."

이를 조금 더 확장해보면 블랙 스완에 발목이 잡혀 아래로 추락할 수도 있고, 그린 스완 역학을 잘 활용해서 요즘 사람들이 볼 가능성이 거의 없거나 아예 불가능한 부의 형태를 창출할 수도 있다. 후자를 추구하는 사람들에게는, 아직 구체적인 로드맵이 없고 일종의 선언문만 있을 뿐이다. 로드맵은 곧 등장할 것이다. 당신이 어떤 길로 갈지 정했든 간에, 그 로드맵은 이미 윤곽이 드러나고 있다. 이 책의 결론 부분(제8장)에서 스탠퍼드 대학이 73조 달러를 투자해 2050년까지 전 세계 143개국을 100퍼센트 재생에너지로 전환할 계획이 있음을 강조했다. 그런 계획이라면 그린 스완이라는 이름에 걸맞은 시도라고 할 수 있다.

존 엘킹턴

제1부 블랙 스완 블루스

제2부 블랙과 그린의 대결

제3부 새로운 서열

미래로 뛰어들다

> 블랙 스완, 그레이 스완, 그린 스완 〈

백조는 오랫동안 아름다움, 우아함, 여유로움의 상징으로 여겨졌다. 이처럼 특별하고 고귀한 이미지 외에, 변화 가능성 또는 혁신의 상징으로 사용되기도 한다. 2020년대는 혁신적인 변화와 재생에 대한 압박이 극도로 증가할 것이므로 한 마디로 '기하급수적인 2020년대'가 될 것이다.

나심 니콜라스 탈레브(Nassim Nicholas Taleb)의 저서 중 가장 유명한 《블랙 스완》은 퇴행적인 변화에 자주 초점을 맞춘다. 이 작가에게 블랙 스완이란, 극단적인 파급력, 그리고 (예측하는 것이 아니라) 다 지난 후에 돌이켜 보면서 그제야 예측가능했다고 생각하게 되는 상황을 말한다. 물론 이런 상황은 매우 드물게 발생한다. 블랙 스완이 휩쓸고 지나간 후에는 흔히 다음과 같은 질문이 제기된다.

"우리는 왜 이 사건이 코앞에 닥칠 때까지도 알아차리지 못한 걸까?"

2007~2008년에 발생한 세계금융위기나 2011년 일본 후쿠시마 원자력 발전소 사고도 예외가 아니었다.

괴짜 경제학자 하이먼 P. 민스키가 현대 경제에서 "안정성이라는 개념 자체가 불안정해지고 있다"[1]고 했듯이, 제아무리 짙은 색의 블랙 스완이라도 이를 예견할 수 있는 사람이 한 명 정도는 있지 않을까? 정확히 꿰뚫어 보는 것이 아니라 두루뭉술하게 예견하더라도 말이다. 영국 수상 고든 브라운(Gordon Brown)이 자국 경제의 안정성을 자축하며

'호황과 불황'이 반복되는 주기는 이제 끝났다고 했을 때, 해박한 지식을 갖춘 투자자라면 얼른 발을 빼고 달아났어야 했다.[2] 하지만 그들은 꿈쩍도 하지 않았다. 아마 그들 중 대부분은 (1996년에 세상을 떠난) 민스키가 했던 말이나 경고를 들은 적이 있겠지만, 이미 다 잊어버렸을 것이다.

탈레브에 따르면, 블랙 스완은 전혀 반갑지 않은 부정적인 파급력을 미치는데, 가장 큰 특징은 그 파급력이 체계적이라는 것이다. 블랙 스완과 비슷하지만 조금 다른 것으로 그레이 스완도 있다. 그레이 스완은 블랙 스완과 닮은 점이 많지만, 어느 정도는 예상할 수 있다는 면에서 블랙 스완과 차이가 있다. 인구연구소(Population Institute)의 대표 로버트 J. 워커(Robert J. Walker)의 말을 빌리자면, 그레이 스완은 "예측 가능성과 발생 가능성이 모두 낮다"[3]는 특징이 있다. 가까이 다가올수록 이를 알아차릴 가능성은 커지지만, 실제로 발생하기 전에는 그레이 스완의 잠재적인 파급력과 결과를 온전히 이해하기란 매우 어려운 일이다.

워커는 "기후 변화, 인구 증가, 부채, 식량과 에너지 및 물에 대한 수요가 전 세계적으로 증가하는 현상 등으로 인해 세계의 전반적인 위험 수준이 크게 치솟는다"고 주장했다. 블랙 스완과 그레이 스완이 둘 다 심각한 수준으로 치닫고 있으며, 자본주의와 민주주의의 존재에 큰 위협이 가해지고 있다고 말할 수 있겠다.

이제 색의 스펙트럼에서 반대쪽 끝으로 눈을 돌려보면 '화이트 스완'을 발견하게 된다. 화이트 스완이란, 파멸을 초래할 수도 있고 돌파구를 열어줄 수도 있는 여러 가지 기하급수적 역학 요소를 모두 모아놓은 것이다. 화이트보드처럼 화이트 스완은 일종의 탬플릿과 같은 것으로서, 좋은 의도를 가진 사람과 나쁜 의도, 사악한 의도를 가진 사람들 모두 여기에 자신의 아이디어를 펼쳐놓을 수 있다.

이제 우리 이야기에 어울리는 '그린 스완'도 찾아야 한다. 어떻게 보면 그레이 스완과 블랙 스완은 그린 스완에서 크게 퇴행해버린 것이지만, 세 가지 스완의 특징과 역학에는 비슷한 점이 많다. 그린 스완도 기하급수적 특징이 있는 데다 예전에는 불가능하다고 여겨졌던 결과를 산출하기 때문에 전 세계를 깜짝 놀라게 만든다. 하지만 블랙 스완이나 그레이 스완이 퇴행적 결과를 산출하는 것과 달리, 그린 스완은 재생을 촉진한다. 사실 재생은 우리에게 매우 중대한 과제다. 경제, 사회, 자연환경은 물론이고 정치 부문에서도 재생이 꼭 필요하다. 우리의 집단적 노력이 적절한 속도를 유지하고 올바른 방향으로 진행하며 최종적으로 성공을 거두려면 정치인, 정부 및 공공 정책이 중요한 역할을 해줘야 한다.

종종 그린 스완은 초기 블랙 스완이나 그레이 스완에 대한 대응책으로서 등장한다. 최악의 블랙 스완도 녹색 깃털, 즉 긍정적인 측면을 몇 가지를 내보이며 우리를 현혹할 수 있다. 마찬가지로 가장 바람직한 그린 스완도 약간의 검은 털을 가지고 있을지 모른다. 어떤 경우에는 양쪽 날개가 모두 검은색이라서 블랙 스완처럼 보일 수도 있다는 점을 명심해야 한다.

자동차 업계에서 요즘 가장 많은 관심을 받는 그린 스완 중 하나인 전기차를 잠깐 생각해보자. 전기차는 대부분 배터리 방식이므로, 코발트와 같은 재료가 중요하다. 바로 여기에서 그린 스완이 변색되고 갈수록 색이 짙어지는 것이다. 전 세계 코발트 생산량의 70퍼센트가 콩고민주공화국에 의존하는데, 이 나라는 전 세계에서 가장 가난하고 부정부패가 심한 데다 폭력이 난무하는 곳이다.[4]

다르게 생각하기

지금부터 살펴볼 내용에 따르면 가장 중요한 문제는 블랙 스완과 그레이 스완을 조기에 발견해 대처할 수 있으며 더 크고 더 많은 우수한 그린 스완을 지원하고 장려할 수 있는 시장이나 정책, 지배구조 및 문화적 여건을 만드는 것이다. 이러한 방식을 뉴노멀로 자리 잡게 하려면 많은 변화가 필요하다.

자기가 이해하지 못한 것은 무시해버리는 것이 인간의 본성이다. 특히 현실에 대한 우리의 감각, 어렵게 찾은 확실성, 정체성을 위협하는 사람이나 개념을 접하면 특히 그러한 본성이 작용하게 된다. 현실에 대한 우리의 생각이나 감각을 거스르는 아이디어나 정보는 말이 안 된다며 무시되는 경우가 있다. 비즈니스와 금융 시장에서는 물론이고 일상생활에서도 그런 사례를 많이 찾아볼 수 있다. 많은 사람은 블랙 스완을 파악하는 것이 어렵다고 생각하는데, 그린 스완은 블랙 스완보다 더 이해하기 힘든 대상이다. 이것은 거의 기적의 영역을 넘나드는 것처럼 보이기 때문이다.

요즘 세상에서 기적을 어떻게 정의할 것인가에 대해 예일대 찰스 아이젠슈타인(Charles Eisenstein)의 설명[5]이 개인적으로 가장 마음에 든다. 그는 우리가 지금 필요로 하는 변화가 곧 기적이라고 했다. 그런데 기적의 정의에 대한 관점은 꽤 독특한 편이다. 과거의 세계관(옛이야기)으로 볼 때는 불가능해 보였지만 확장된 새로운 이야기의 관점에서는 명백하게 가능해지는 일이라면 기적이라고 봐야 한다는 것이다.[6] 아이젠슈타인은 현대판 기적을 다음과 같이 정의한다.

신적인 존재가 물질계에 개입하거나 우주의 법칙을 거스르는 일도 아니다. 기적은 현실과 진리에 대해 지금 우리가 이해하는 것으로는 설명할 수 없지만, 새로운 이해를 얻은 후에는 가능하다고 인정하게 되는 일이다.

기적은 일회성 이벤트가 아니라 특별한 초대를 받는 쪽에 더 가깝다. "우주는 당신이 생각한 것보다 훨씬 크다"는 말이 있다. 기적은 새로운 가능성이 풍부한 더 큰 세계로 우리를 초대하고 있다. 기적을 받아들이는 순간, 지금 우리가 사는 세상은 아무것도 아닌 것이 되어버린다. 물론 우리가 매 순간 기적을 인정하고 받아들이는 것은 아니다. 어떤 경우에는 '괴이한 일', 살다 보면 겪게 되는 희한한 일이라고 생각하며 기적을 무시해

버린다. 상식을 파괴하는 사건, 상식으로 설명할 수 없는 일을 대면할 때, 우리는 상식을 지키려고 그런 일을 외면해버리고 만다.

    이렇다 보니 대다수 사람과 전혀 반대되는 정신구조를 가진 사람은 주변으로부터 강한 의혹의 눈길을 받을 때가 많다. 앞서 애플의 '다르게 생각하라(Think Different)' 광고를 언급한 적이 있는데, 아직도 이 멋진 광고를 놓고 미친 사람이 만들었다고 말하는 사람도 있고 천재가 만든 작품이라고 말하는 사람도 있다.[7] 같은 것을 보고도 어떤 이는 '부적응자, 말썽꾸러기, 네모난 구멍에 둥근 못을 끼우려는 멍청이'라고 손가락질하지만, 그 집단에서 현재와 미래의 세상에서 정말 중요한 역할을 해낼 사람이 나올지도 모른다.

    이 책에서는 기존에 주변인으로 여겨지거나 아예 무관한 사람으로 취급받던 이들이 어떻게 미래의 새로운 부의 형태를 창출하고 있는지 살펴볼 것이다. 궁극적으로 자본주의의 천재성은 애덤 스미스가 말한 '보이지 않는 손'과 연결된다. 기업가는 개인 이득을 추구하는데, 그것이 결국 잠재적으로 다수의 이익에 도움이 되는 혁신 및 생산을 주도하기 때문이다. 주변부에서 시작된 아이디어는 주류로 밀고 들어오거나 주류에 흡수될 수 있다. 실패한 실험은 그대로 죽는 것이 허용된다. 실제로 가장 생산성이 높은 자본주의 경제에서는 일정 수준의 실패가 허용되고 있다.

    하지만 이는 어디까지나 이론적인 것이고, 현실은 전혀 다를 수 있다. 이 책은 볼란스에서, 그리고 그전에 환경데이터서비스(ENDS) 및 서스테인어빌리티에서 전 세계 최대 규모를 자랑하며 가장 성공적인 기업 및 브랜드와 손잡고 사반세기에 가까운 세월을 바쳐 일한 과정을 고스란히 담고 있다. 아비바 인베스터스에서 주크 캐피털에 이르기까지 웬만한 기업과 금융 기관은 거의 다 내 손을 거쳤다고 해도 과언이 아니다.

물론 다른 기업 고문가도 비슷한 주장을 할지 모른다. 하지만 긴 세월을 통해 나의 접근방식이 남다르다는 점이 증명된 이유는 따로 있다. 나는 근본적으로 다른 미래, 즉 잠재적으로 매우 혁신적인 미래를 기업 이사회 및 고위 경영진에게 알리는 데 주력했다. 그 과정에서 이른바 자본주의의 '보이지 않는 팔꿈치'에 찔린 적도 많았다. 달리 말하자면, 의도하지 않았지만 경제 구조상 불가피하게 고통스럽거나 심지어 재앙에 가까운 결과가 나오는 경우도 많았다.

기업자문을 맡은 사람은 전문적, 객관적, 중립적인 태도를 견지한다. 업무의 특성을 고려할 때 매우 당연한 일이다. 하지만 나는 아주 오래전부터 고객들에게 우리 팀의 목표는 객관적으로 향후 10년에서 15년의 변화를 내다보는 것이라고 누누이 말했다. 기업가는 현재 상태를 기준으로 수익 증대를 도모하는 데 관심이 많지만 나는 그들에게 코앞의 현실만 보지 말고 혁신이라는 큰 그림을 보라고 조언한다. 현재에 비해 기하급수적으로 달라질 '미래의 상태'를 받아들이려면 장기적인 안목을 가져야 한다. 그러한 미래가 현실이 되면, 기업이 지금 가지고 있는 비즈니스 모델, 기업 문화, 팀 구성, 정신 태도는 무용지물이 될 것이다.

지난 수십 년간, 변화를 주도하는 핵심 인사 여러 명을 비즈니스의 제어 센터로 데려다 놓았다. 트러블메이커라고 손가락질하는 사람도 있었지만 그들은 개의치 않았다. 앰네스티, 그린피스, 옥스팜(Oxfam, 국제구호개발기구–옮긴이)을 시작으로 해서 사회혁신가, 기업가에게 함께 일해보자는 제안을 꾸준히 보내고 있다. 임팩트 투자자(impact investor, 재무 수익만 추구하는 것이 아니라 예측가능한 사회, 환경 문제를 해결하고자 노력하는 기업, 단체, 펀드에 투자하는 것–옮긴이)와 "10퍼센트가 아니라 10배"의 변화를 추구하는 기하급수 혁신가에게도 손을 내밀었다.

　중대한 고비가 닥치면 우리는 기업주가 아니라 이른바 트러블메이커라고 불리는 사람들의 편에 설 것이라고 나는 여러 차례 경고한 바 있다. 기업 소유주의 입장에서는 쉽게 받아들이거나 이해하기 어려웠을 것이다. 기존의 자본주의를 비판하는 사람 중 일부는 기업이 본래 병적인 집착을 보인다고 주장한다. 2004년 10월 25일 월요일에 〈기업: 이윤과 권력에 대한 병적인 집착(The Corporation: The Pathological Pursuit of Profit and Power)〉[8]이라는 다큐멘터리 영화가 런던에서 개봉했는데, 내가 첫 시사회 사회를 맡았다. 원서를 집필한 조엘 바칸(Joel Bakan)과 영화감독 제니퍼 애봇(Jennifer Abbott)도 그 자리에 와 있었다.

　수십 개의 상을 휩쓴 이 영화는 한 가지 의미심장한 질문을 남겼다. 법적 관점에서 기업은 '법인'으로 인정되는데, 기업을 정신과 의사 상담실에 데리고 가면 어떤 일이 벌어질까? 기업은 과연 어떤 진단을 받을 것인가? 직원 한 사람이 나서서 밀턴 프리드먼(Milton Friedman, 1976년 노벨 경제학상을 수상한 미국 경제학자—옮긴이), 노암 촘스키(Noam Chomsky, 언어학 혁신의 아버지라고 불리는 미국 언어학자—옮긴이), 반다나 시바(Vandana Shiva, 인도 출신의 환경운동가—옮긴이), 나오미 클레인(Naomi Klein, 캐나다 출신의 세계적인 언론인, 베스트셀러 작가 겸 사회운동가—옮긴이), 마이클 무어(베스트셀러 작가 겸 다큐멘터리 감독—옮긴이) 등, 관계자와 비평가 약 50여 명을 인터뷰한 자료가 있다. 인터뷰 대상자들은, 적어도 미국 국내법에 따르면, 기업은 사이코패스에 해당한다는 결론을 내렸다.

조엘 바칸의 원서에도 등장하는 주주 행동주의자 밥 몽크스(Bob Monks)의 표현을 빌리자면, "상어가 살인 기계인 것처럼" 기업도 "외면화 기계와 같다." 기업이 사악하다는 말이 아니라 기업은 원래 그렇게 만들어진 것이라는 뜻이다. 기업은 상업적 이윤을 추구하면서 사회에 경제적, 사회적, 환경적 비용을 초래할 수밖에 없는 존재다. 더 쉽게 설명하자면, 기업 운영 시장의 규칙을 보더라도 기업이 사회에 여러 가지 비용을 초래하는 것이 허용되는 구조다.

내 경험을 돌이켜 보면, 기업을 운영하는 사람이 의도적으로 비만과 만성 질환 유발을 조장하거나 플라스틱 쓰레기를 바다에 유기하거나 기후를 불안정하게 만드는 경우는 거의 없다. 오히려 자신의 행동이 초래한 결과가 스포트라이트를 받아서 모든 사람이 보게 되면 잔뜩 겁을 먹으며, 일부는 수치스러운 일이라고 생각한다.

지금까지 나는 세계적인 규모의 주요 대기업이 더 투명하고 책임감 있고 신뢰할 만하며, 적어도 그들의 주장으로는, 지속가능한 상태가 되도록 돕는 일에 주로 참여했다. 하지만 이어지는 내용에서는 1976년에 개봉한 영화 〈모두가 대통령의 사람들(All the President's Men)〉의 한 장면처럼 '돈을 따라가라'는 조언을 받아들일 것이다. 개인 기업가나 일개 회사가 사람들에게 더 잘해주고 이 세상을 더 나은 곳으로 바꾸기를 간절히 원한다 해도, 정작 그들이 몸담고 있는 시장은 다른 것을 더 중요하게 여길 때가 많다.

볼란스에서 설명했듯이, 기업이라는 물고기를 데려다 깨끗이 씻긴 후에 시장이라는 더러운 물에 다시 풀어준다면 무슨 소용이 있겠는가. 수익은 예나 지금이나 시장과 기업 활동에서 가장 큰 원동력이다. 하지만 현재 수익을 정의하는 방식이 경제학자, 회계사, 많은 투자자에게 도움을 주긴 해도, 인류세의 목적에 맞지 않는다는 점이 명확해졌다. 우리 시대에 관한 지질학적 기록은 핵 낙진, 플라스틱, 넘쳐나는 닭뼈와 같은 것이 주요 특징을 이룰 것이라는 점은 매우 놀라운 사실이다. 지금 살아있는 닭이 무려 230억 마리나 되며, 이를 모두 합친 질량값이 지금까지 지구에 존재했던 다른 모든 새를 합친 것보다 더 크다는 점을 누가 알았을까?[9] 나 또한 이런 사실에 적잖이 놀랐다. 우리가 사는 현 세상은 진화를 통해 만들어진 현실의 모습과는 조금도 닮은 구석이 없다. 도널드 호프만(Donald Hoffman)의 유명한 저서 《현실에 반대되는 사례(The Case against Reality: How Evolution Hid the Truth from Our Eyes)》[10]도 바로 이 점을 지적하고 있다. 이 책의 부제는 '진화가 우리 눈이 진실을 보지 못하게 숨긴 방법'이다.

하지만 결과적으로 말해서 이윤만 추구하는 기업 운영 방식은 지구의 장기적인 건강을 전혀 고려하지 않는 것이며 이 지구를 올바로 사용하는 방식이라고 할 수 없다. 한 가지 간단한 예를 생각해보자. 자연자원은 가격을 매길 수 없을 정도로 귀중한 것이다. 하지만 전 세계 시장을 장악하는 글로벌 대기업이 이를 사용할 때마다 돈을 내야 했다면 아마 지금과 같은 규모로 성장하기는커녕, 수익조차 내지 못했을 것이다.[11] 그러나 긍정적 측면을 보자면 우리는 수익, 임팩트, 가치와 부에 대한 이해의 측면에서 또 다른 르네상스의 초기 단계에 와 있다고 생각한다. 최초의 르네상스처럼, 이번 르네상스도 실존주의적 변화를 가져올 것이다.

불타버린
파라다이스

우리는 대부분 앞서 말한 바와 같은 새로운 현실을 감지하지만, 그렇다고 해서 그 현실이 편안하게 느껴지는 것은 아니다. 최근 전 세계적 규모의 여론 조사를 보면, 참가자의 79퍼센트가 이 세상이 "너무 빨리 변한다"고 응답했다. 그리고 "이 세상이 갈수록 위험해진다"고 응답한 사람도 82퍼센트였다.[12] 캘리포니아 파라다이스라는 도시가 최근 유례없는 산불로 인해 숯덩이로 변하고 말았다. 그 참사만 보더라도 이러한 여론 조사 결과에 충분히 공감할 수 있다.

한때 역사에 길이 남을 위대한 성공이라고 여겨졌던 일들이 코앞에 닥친 재앙으로 돌변하고 있다. 환경과학자 조나단 폴리(Jonathan Foley)는 다음과 같이 설명한다.

잠시만 생각해보세요. 지난 50년간 전 세계 인구는 2배로 늘었고 경제 활동은 8배나 성장했습니다. 그리고 전 세계 자원 사용량도 예전보다 2~3배나 증가했습니다. 쉽게 말해서 지난 50년간 우리 사회는 역사성 그 어느 때보다 많은 변화를 이뤄냈죠. 더 놀라운 사실은, **인간이 존재한 시간을 모두 합친 기간보다 최근 50년간 더 많은 변화가 일어났다는 것입니다.**[13]

'우리 모두는 앞으로 어떻게 될까?'에 대해, 어떤 사람은 상업적인 성공을 등에 업고 매우 낙관적으로 전망하는 것 같다. 스티븐 핑커(Steven Pinker)나 고(故) 한스 로슬링(Hans Rosling)은, 통계적으로 지금이 역사상 가장 평화로운 시기라고 주장한다. 지난 100년 사이에 인간의 평균 수명은 거의 두 배로 늘어났다. 하지만 그런 것은 영구적인 것이 아니다.[14] 인류세 시대의 위협 요소는 인류가 한두 세대에 걸쳐 자신의 기대 수명과 생활 조건을 개선하고, 그 성과에 심취한 나머지 자연과 문명의 근간이 되는 더 넓은 세계를 혼란에 빠뜨릴 수 있다는 것이다.

현재 많은 과학자가 인류세 시대의 출발점이 1950년으로 거슬러 올라간다고 주장한다. 그해에 스톡홀름복원력센터(Stockholm Resilience Centre)의 '지구위험한계선(Planetary Boundaries)'[15]이나 국제지도생물권계획(International Geosphere-Biosphere Programme)의 '위대한 가속도(Great Acceleration)'[16]와 같이 다양한 기하급수적 궤도가 형성되어 큰 폭으로 상승궤도를 그렸다. 하지만 두 명의 과학자는 전혀 다른 날짜를 인류세의 출발점으로 지목하면서, 최근 수 세기 동안 인류가 지구라는 서식지와 얼마나 밀접한 관련을 맺고 있는지 강조한다. 유니버시티칼리지런던(University College London)의 교수 사이먼 루이스(Simon Lewis)와 마크 매슬린(Mark Maslin)은 공동집필 저서인 《사피엔스가 장악한 행성(The Human Planet: How We Created the Anthropocene)》에서 유럽이 '신대륙'을 식민지화했던 16세기에 인류세가 시작되었다고 주장한다.[17]

그렇게 주장하는 근거는 무엇일까? 현재 추산으로는 당시 이민자로 인해 신대륙에 질병이 퍼졌고, 설상가상으로 당시 최첨단 기술을 대량 학살에 사용하는 바람에 아메리카 대륙 원주민 약 5천만에서 8천만 명이 목숨을 잃었다. 원주민 입장에서는 자신들의 세계가 산산조각난 것이므로 이보다 더 심한 블랙 스완은 없다고 할 정도였다. 이렇게 원주민이 급감하자 나무가 무성하게 자라서 숲이 회복되었다. 대기의 이산화탄소가 무성해진 숲으로 흡수되자 대기 중 이산화탄소 농도가 눈에 띄게 감소해 1610년에 최저치를 기록했다.

사람이 자연에 이렇게 큰 영향을 줄 수 있다는 것을 누가 알았을까? 이런 변화가 아무리 중대한 것이라도, 우리가 지금 실행하는 변화는 그것과 비교도 되지 않을 강도의 위협을 가할 수 있다.

그렇다면 오늘날 시장의 현실과 가설을 다시 생각하려면 어떻게 해야 할까? 이전에 생각할 수 없었던 것들을 생각하는 방법을 어떻게 배워야 할까? 과거에는 아예 불가능하다고 단정했던 일들을 지금 해내려면 어떻게 해야 할까? 우리는 이러한 질문 외에도 여러 가지 질문에 대해 시급하게 답을 찾아야 한다.

트리플
바텀 라인을
리콜하다

이러한 질문을 고심하던 끝에 나는 한 가지 직관적인 것을 시도하게
되었다. 물론 다른 사람들의 눈에는 직관적인 것과 거리가 멀어 보일
수 있다. 1994년에 내가 창시한 용어인 트리플 바텀 라인의 25주년에
맞춰서 《그린 스완》을 출판할 생각이었다. 그 생각을 입 밖으로 낸 것
은 1997년 《포크를 든 야만인(Cannibals with Forks)》을 출간한 직후였
다. 그 책의 부제는 '21세기 비즈니스의 트리플 바텀 라인'이었다. 트리
플 바텀 라인은 지속가능한 비즈니스에 성공하기 위한 일종의 주문이
되었다.

그런데 오늘날 자본주의를 통제하는 '소프트웨어'는 금방 생겼다가
금방 사라지고 잊히는 수백 가지 알고리즘이 포함될 뿐만 아니라, 여

러 세대에 걸친 경제학자들의 가치관과 가설도 포함되어 있다. 이러한 알고리즘은 다른 어떤 것보다 재정적 가치를 중시하므로 자본주의의 주도적 위치에 있는 사람들은 엄청난 이득을 얻었지만, 그 과정에서 천연자원, 사회 자본 및 인적 자본을 비양심적이라고 할 정도로 많이 태워버렸다.

이것이 바로 트리플 바텀 라인이 문제시한 현실이다. 이 개념이 생소한 사람도 있을 것이다. 간단히 설명하자면 트리플 바텀 라인은 기업이 사회, 환경, 경제에 미치는 영향을 조사할 목적으로 마련된 관리용 프레임워크다. 1995년에는 이를 단순화해 '사람, 지구, 이익'으로 정리했다. 이는 최근 25년간 비즈니스 어휘집에 새로 등록된 용어 중에 가장 주목받았다고 해도 과언이 아니다. 이 표현을 재차 언급하는 이유는 1990년대 이후로 지속가능성 부문이 전 세계적으로 연간 수익이 10억 달러에서 20억 달러 사이를 오갈 정도로 빠르게 성장했으나, 거대한 성과라고 보기 어렵기 때문이다.[18]

시장 조사에 따르면 미래의 제품 및 서비스 시장 규모는 매우 커질 것으로 보인다. 유엔 지속가능발전목표(UN Sustainable Development Goals)는 2030년까지 연 12조 달러가 넘는 시장 기회가 창출될 것으로 전망한다. 이 수치는 매우 보수적인 관점을 반영한 것이다.[19] 문제는 이렇게 막대한 부가 새로 형성되면 누가 그것을 차지할지 알 수 없다는 점이다. 동시에 지속가능한 목표의 성패는 단순히 손익만으로 측정할 수 없고, 수십억 인구의 웰빙과 지구 환경 상태가 어떠한지도 고려해야 한다. 지속가능성 부문의 기록을 보면, 이러한 목표에 가까워지고 있는지 아닌지 한 마디로 단정하기 어렵다. 의문의 여지가 없는 확실한 성공 사례도 있지만, 기후, 수자원, 해양, 숲, 토양, 생물 다양성 등 모든 것에 대해 갈수록 위협이 커지고 있다.

지금은 한 발 더 앞으로 나가거나 아예 접어야 한다. 트리플 바텀 라인은 TBL, 3BL이라는 약어를 사용하거나 사람, 지구, 이익에 해당하는 영단어 첫 글자를 따서 3P라고도 한다. 아무튼 트리플 바텀 라인은 지속가능성이라는 주제의 내재적 요인 중 매우 강력한 요소다. 10년 전에 〈이코노미스트(The Economist)〉는 트리플 바텀 라인이 정식 비즈니스 용어로 자리 잡았다고 하면서,[20] "일정 기간 기업의 재무, 사회 및 환경적 성과를 측정하는 것을 목표로 하므로, 비즈니스 진행에 관련된 모든 비용을 고려하는 것은 TBL을 생산하는 기업밖에 없다"고 설명했다.

하지만 원래 의도한 뜻은 이보다 훨씬 넓은 개념으로서, 기업이 증가시켰거나 망쳐버린 (재정적 가치만 뜻하는 것이 아니라) 경제적, 사회적, 환경적 가치를 추적, 관리하도록 권장하는 것을 포함한다. 이 개념을 시작으로 해서 글로벌 리포팅 이니셔티브(Global Reporting Initiative), 다우존스 지속가능성 지수와 같은 플랫폼이 마련되어 기업 회계, 이해관계자 참여, 더 나아가 전략에도 영향을 주었다.

그런데 한 가지 중요한 점은, 트리플 바텀 라인은 그저 회계 도구로 쓰려고 만든 것은 절대 아니다. 초기에 이 용어를 사용한 사람의 의도는 자본주의와 자본주의의 미래에 대해 더 깊이 생각하도록 촉구하는 것이었다. 물론 초기에 이 개념을 받아들인 사람들은 균형을 잡는 절차를 가리키는 말로 이해한 것 같다. 재무 요소가 가장 지배적이고 사회적이며 환경과 관련되는 것처럼 보였기 때문에 그렇게 생각할 만하다.

루카 파치올리(Luca Paccioli)가 싱글 바텀 라인(singgle bottom line), 즉 경제적 성과에 대한 초석과 같은 복식부기라는 개념을 정립한 지 정확하게 500년이 지난 후에 트리플 바텀 라인이 등장했다. 이제는 트리플 바텀 라인의 등장이 중대한 분기점과 같았다고 말할 수 있다. 트리플 바텀 라인에 영감을 받아 다양한 개념이 쏟아져나왔다. 더블 바텀 라인(Double Bottom Line), 쿼드러플 바텀 라인(Quadruple Bottom Line), 다중 자본 모형, 완전 원가 회계, ESG(투자자 및 재무 분석가가 환경, 사회 및 지배구조에 집중하게 만드는 프레임워크)가 등장했다. 그뿐만 아니라 트루코스트, 푸마(PUMA), 케링(Kering, 프랑스 명품 브랜드─옮긴이)이 주도한 환경 손익 접근법, 넷포지티브(Net Positive), 혼합가치 및 공유가치, 통합 보고, 임팩트투자와 BCG(경영전략 건설팅 업체─옮긴이)의 사회적 영향(Total Societal Impact)이라는 전매 프레임워크도 만들어졌다. 이 모든 것이 탄소 생산성, 공유 경제, 순환 경제, 생체모방과 같은 차세대 개념이 등장하기도 전에 나타난 것이다.

이와 같은 실험은 분명 필수적이며, 잠재적인 솔루션의 확산을 촉진할 수 있다. 하지만 지금까지 우리가 쌓아 올린 이 바벨탑은 선택의 폭이 너무 넓어서, 기업이 무응답으로 일관할 또 다른 알리바이를 제공하는 결과를 낳는 경우가 많다. 설상가상으로 실제 잠재력, 영향력 및 실적을 기반으로 이러한 옵션의 전반적인 진행 상황을 벤치마킹하는 것은 적나라하게 실패하고 말았다. 이러한 옵션을 개선하고 그중에서 좋은 것을 선별하려면 벤치마킹을 시급하게 진행해야 한다.

비즈니스, 금융, 시장에는 근본적인 문화적 문제점이 있다. CEO, CFO, 기업 책임자는 이익 목표를 달성하기 위해 수단과 방법을 가리지 않지만, 직원이나 지구 환경에 관한 목표를 위해서는 그렇게 애쓰지 않는다. 따라서 트리플 바텀 라인이 경제적 성과만 중시하는 싱글 바텀 라인의 패러다임을 제거하는 데 실패하고 말았다.

하지만 한 가지 심오한 패러다임의 변화가 현재 진행되고 있다. 이 변화의 목표는 지구 전체를 하나로 보는 글로벌 마인드를 양성하는 것이다. 이 패러다임의 영향은 2020년대와 2030년대에 점차 분명해질 것이다. 향후 10여 년간 환경, 경제, 사회, 인적 자원에 관한 어려움과 가장 중요한 것으로 환경에 관한 문제는 역사상 그 어느 때보다 심각한 상황으로 치달을 것이다. 하지만 그러한 문제에 대한 실행 가능한 해결책을 제시하는 사람에게는 전례 없는 규모의 성공을 거머쥘 기회가 있다. 그들이 창출하는 새로운 형태의 부유함이란, 공상과학영화와는 비교가 되지 않을 것이다. 아니, 지금으로는 그 누구도 감히 상상조차 하기 힘든 수준의 부가 창출될 것이다.

1990년대 초반 이후의 진보만으로도 충분히 고무적이다. 수천 개의 비코프 인증(B Corporation, 기업 원리를 바탕으로 사회에 공헌하려는 기업 중에서 세계적 수준의 엄격한 평가 기준에 도달한 기업에만 부여하는 자격-옮긴이) 기업이 트리플 바텀 라인을 받아들여 준 것은 개인적으로 매우 뿌듯하고 기쁜 일이다. 그중에 내가 공동창립한 서스테인어빌리티(SustainAbility)와 볼란스(Volans)라는 기업도 있다. 하지만 이 세상 모든 개념이 그렇듯이 완벽한 것은 없고, 한때 주문처럼 여겨졌던 것도 시간이 흐르면 빛이 바래기 마련이다.

그래서 2018년에 최초로 경영 관리 개념에 대해 '제품 리콜'을 시행하게 되었다.[21] 아이러니한 것은 〈하버드 비즈니스 리뷰〉에 리콜을 발표했다는 것이다. 불과 몇 년 전에 이 잡지에서 최신 CEO 순위를 발표했는데, 당시 노보 노디스크(Novo Nordisk)의 CEO를 세계 최고의 비즈니스 리더라고 내세운 것이 바로 아이러니의 핵심이다. 노보 노디스크는 대기업 중에서 세계 최초로 트리플 바텀 라인을 중심으로 공식적으로 기업 전체를 개편했다.

자본주의의 상당 부분이 생산 단위 또는 이윤 단위에 대한 책임을 높이고 파괴적인 영향은 줄이고 있다. 하지만 이제는 자본주의가 경제적으로 더 포괄적이 되어야 하며, 사회적으로 더 정의로워져야 하고, 가장 중요하게는 환경 회복에 앞장서야 한다. 달리 표현하자면 수익 및 수익성에 대한 기존의 사고방식을 재정립해야 한다는 뜻이다. 대다수 기업가는 예상치 못한 위기가 발생해 기업환경의 거품이 가라앉거나 개인적으로 심오한 깨달음을 얻거나 혁신적인 가르침을 얻는 일련의 과정을 경험하거나, 부정한 이익을 얻기 위해 하루가 멀다고 치열하게 경쟁하는 일상에서 은퇴한 후에야 비로소 근본적인 변화의 필요성을 인정하는 것 같다. 이런 현실은 자본주의를 개선하는 데 있어서 적잖은 걸림돌이 된다.

이 문제는 지금까지 어떤 기업가가 처리한 문제와도 비교할 수 없을 정도로 어렵고 거대한 사안이다. 일각에서는 우리가 제시하는 해결책이 문자 그대로 불가능하다고 반박할 것이다. 하지만 우리는 분명 실행 가능하며 더 나아가 이 해결책 외에는 다른 방도가 없다고 생각한다. 우리는 이미 존재하는 것 중에는 불가능한 것이 거의 없다고 본다.

내가 개인적으로 좋아하는 공상과학 작가 윌리엄 깁슨(William Gibson)의 명언 중에 이런 말이 있다. "미래는 이미 와 있다. 단지 널리 퍼져있지 않을 뿐이다." 획기적인 부를 창출하는 초기 실험이 꼭 필요한 것이며 흥미로운 것이긴 하지만, 적절한 속도 및 규모에 따라 전개될 것이라는 보장은 없다. 적절한 속도와 규모에 따라 전개되려면 정부와 대중, 그리고 가장 중요한 대상인 투자자가 능동적이고 지능적이며 지속가능한 방식으로 함께 참여해야 한다.

서로 다른 방향이나 암울한 방향을 가리키는 증거가 많으면 이 또한 문제가 될 수 있다. 기존의 정치 및 규제 방식이 실패할 수밖에 없다는 것은 명확해졌다. 암이 사람의 인생에서 폭도와 같은 존재이듯이, 플라스틱에 오염된 바다, 비열하기 짝이 없는 부의 분배, 민주주의의 붕괴, 기후 위기로 인해 가속화되는 사회 붕괴는 현행 자본주의가 폭도처럼 날뛰고 있다는 증거일 것이다. 좋든 싫든 간에, 자본주의를 억제하고 근본적으로 재정비하는 것은 우리 세대의 과업이자 반드시 해결해야 할 큰 문제다.

핵분열 과정이 주변에 영향을 주지 않도록 차단하거나 자기장에 대한 핵융합 반응을 차단할 때 콘크리트나 납을 여러 겹으로 둘러싸듯이, 자본주의의 파괴적인 힘도 효과적인 법률, 널리 인정되는 표준, 뿌리 깊은 가치를 통해 제어하고 차단할 수 있다. 그렇게 하지 않으면 자본주의의 파괴력이 우리 코앞까지 닥쳐올지 모른다.

기하급수적
한계를
탐험하다

이 방향으로 밀고 나가는 사람들을 응원하기 위해 볼란스와 PA 컨설팅은 몇 년 전에 세계 최대 규모의 지속가능 비즈니스 플랫폼인 유엔 글로벌 컴팩트(Global Compact)와 협력해 프로젝트 돌파구(Project Breakthrough)를 설립했다.[22] 당시 볼란스는 위험과 기회가 공존하는 상황을 지도화하고자 '돌파구 나침반(Breakthrough Compass)'을 개발했다(도표 2. 돌파구 나침반).

나침반의 가로축('임팩트')은 매우 부정적인 것에서 매우 긍정적인 것에 이르기까지 비즈니스에서 생성된 결과의 스펙트럼을 폭넓게 추적한다. 부정적이든 긍정적이든 간에 수십억 인구에게 임팩트가 미치는 규모라는 점이 터무니없는 것처럼 보일지 모른다. 하지만 수년간 알고

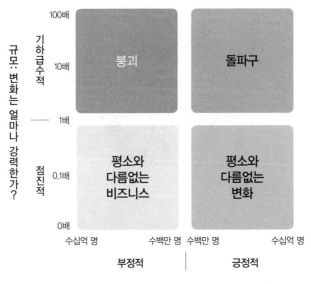

출처: 볼란스, 〈하버드 비즈니스 리뷰〉

지낸 두 형제가 이때 전반적인 한계를 정하도록 도와주었다. 구글 래리 페이지(Larry Page)는 최대 10억 명을 도울 수 있는 솔루션에 투자하고, (인류세 연구소에 근무하는) 그의 형인 칼(Carl Page)은 최대 10억 명에게 불리하거나 심지어 목숨을 앗아갈 수도 있는 문제에 초점을 맞추는 편이다.

그런가 하면 세로축('규모')의 아래는 점진적 변화를 나타내고 위 방향은 시간이 흐를수록 더욱 기하급수적이 되는 결과를 가리킨다. 기후변화의 현실은 물론이고 인류는 여러 가지 방식으로 지구의 경계를 넘어서고 있다. 이러한 상황에 대처하려면 현재의 사고방식, 기술, 비즈니스 모델을 왼쪽에서 오른쪽으로, 그리고 아래에서 위쪽으로 이동시켜야 한다. 그렇게 하면 우리 경제에서 돌파구와 같은 혁신을 뜻하는 우측 상단 사분면에서 활동하는 요소가 더 많아질 것이다.

감사의 말에 언급한 것처럼, 우측 상단 사분면으로 이동하려고 결심한 기업과 CEO는 계속 늘어나고 있으며, 이들과 협력해 일하는 것은 우리에게 매우 큰 특권이라고 생각한다. 일례로 2020년 초반에 마드리드에 있으면서 나는 전 세계 악시오나(Acciona) 직원들과 함께 '기하급수적 지속가능성 달성 전략'을 수립한 적이 있다. 악시오나는 에너지 인프라 기업이며 당시 호세 마누엘 엔트레카날레스 도메트(José Manuel Entrecanales Domecq)라는 훌륭한 기업가가 CEO를 맡고 있었다. 지금은 호세 루이스 블라스코(José Luis Blasco)가 기업 운영을 맡고 있다. 이 회사는 재생에너지 전환을 강력하게 추진한 덕분에 몇 년 전에 탄소중립 기업이 되었다. 향후 수십 년간 많은 기업이 악시오나의 좋은 선례를 뒤따를 것이다.

'붕괴(Breakdown)' 영역은 한 마디로 블랙 스완과 그레이 스완의 소굴이다. 그곳에서는 부정적 지수가 쌓이고 쌓여 시스템 붕괴로 이어진다. 한편 '돌파구' 구역에서는 점점 더 많은 그린 스완이 알을 까고 나와서 깃털이 돋아나고 마침내 하늘로 날아오르는 것을 볼 수 있다. 다른 세 가지 영역에서는 '미운 오리 새끼'로 시작했을지 모르지만, 종국에는 수백만 아니 수십억 인류에게 유익을 가져다줄 잠재력이 있다.

프로젝트 돌파구를 진행하던 중에 엑스프라이즈 재단, 구글 엑스,

싱귤래리티대학교 등을 방문했다. 이들은 모두 기하급수적 사고에서 선두 주자를 자청하는 단체 또는 기업이다. 이들과 교류하는 과정에서 전 세계적인 문제는 1퍼센트(아니 10퍼센트라 해도)를 달성한다고 해서 해결할 수 없으며, 기업이 전반적으로 '10배' 확장된 사고를 수용해야 한다는 말, 즉 적어도 10배 발전하는 것을 목표로 삼아야 한다는 말을 귀에 못이 박히도록 들었다. 우리는 지속가능성에서 실질적인 진보를 거두려면 지금 이런 태도가 필요하다는 결론을 내리게 되었다. 단순하게 점진적인 목표를 추구할 것이 아니라, 100만 명에서 10억 명에게 10배 또는 100배의 영향을 줄 수 있는 목표를 설정하고 추진해야 한다.

돌이켜 보니, 한동안 기하급수적 사고의 경계를 연구한 적도 있다. 예를 들어 2005년에 캘리포니아에 있는 〈와이어드(Wired)〉의 창립 편집자 케빈 켈리(Kevin Kelly)의 집을 방문했다. 사실 나는 《통제 불능(Out of Control)》, 《디지털 경제를 지배하는 10가지 법칙(New Rules for the New Economy)》을 읽고 미래에 대한 비전이 달라졌다. 미래에는 모든 것이 부족할 거라고 생각했지만, 켈리의 책을 읽은 후에는 풍요로운 미래를 그릴 수 있게 되었다. 적어도 특정 분야에서는 풍요로움이라는 특징이 두드러질 것이라고 말이다. 나날이 갈수록 수익이 줄어들고 성장을 저해하는 요소가 증가하는 세상이지만, 작가는 새로운 디지털 기술은 분명 수익을 늘려 줄 것이라고, 아니 기하급수적으로 증가하는 수익을 가져다줄 거라고 주장한다.

하지만 기하급수적 사고방식으로 전환하는 것은 결코 쉬운 일이 아

니다. 그로부터 몇 년 후에 켈리는 이 난제에 대해 흥미로운 글을 블로그에 남겼다.[23]

> 진보는 기하급수 곡선을 따라 이동하지만 개개인의 삶은 직선 형태로 진행된다. 우리는 하루하루 살아가는 것이다. (…) 미래의 어느 날도 오늘만큼 소중하지 않을 것이다. 미래는 항상 보장되지 않기 때문이다. 문명이라는 것도 마찬가지다. 시간을 일직선상에 놓고 보면 미래는 일종의 손실과 같다. 하지만 인간의 정신과 사회는 세월이 흐를수록 많은 것들을 개선하며, 선순환을 통해 개선사항이 하나로 뭉치게 된다. 이런 식으로 생각한다면 미래는 (손실이 아니라) 이득이라고 할 수 있다. 따라서 장기적인 사고는 직선과 기하급수가 교차하는 지점을 포함하는 것이다.

기하급수적 사고방식으로 전환하는 것은 결코 쉽지 않다. 켈리가 말한 이유도 있고 다른 이유도 더 있다. 기하급수적 사고가 자연스러운 사람은 거의 없을 것이다. 하지만 지금은 이런 문제를 어떻게든 극복해야 한다. 나와 같은 캘리포니아 출신이자 엑스프라이즈 재단과 싱귤래리티대학교의 공동 설립자인 피터 다이아만디스는 기술이 '풍요의 시대'[24]를 유도하는 데 도움이 된다고 주장한다. 그의 주장에 의하면, 이 세상에 물, 에너지 등의 자원이 풍부한데도 우리가 그런 자원에 효율적으로 접근하지 못해서 어려움을 겪는 것이다. 그는 궁극적으로 "기술은 자원을 해방시키는 힘이 있다"고 말한다. 기술을 적절히 사용하면 자원 제약 문제를 해결할 수 있다는 것이다. 이 점에 대해서는 추후에 살펴보기로 한다.

나는 합리적 근거를 따르는 낙관론자다. 고생 끝에 낙이 온다는 옛말도 있지 않은가. 인류는 종종 막다른 골목에 다다르거나 마지막 순간을 직면해야만 비로소 최선을 다하는 것 같다. 우리는 지금 '벼랑 끝'에 서 있다고 할 수 있다. 큰 그림을 봐도 다를 게 없다. 이게 적나라한 현실이다. 한두 단계 정도 아래로 내려와 보면 전 세계 경제가 '도표 1. U자형 곡선'처럼 역사적인 U자 곡선 모양을 따라간다는 점이 명확해진다.

U자 곡선과 오토 샤머(Otto Scharmer)의 《U 이론(Theory U)》의 관련성을 생각해보았다. 이 책은 그린 스완을 증진, 확장하려는 미래의 노력에 관한 교과서라고 할 수 있다.[25] 오토 샤머는 "문제가 만들어진 수준에 머물러서 생각해서는 그 문제를 해결할 수 없다"는 아인슈타인의 격언을 중점적으로 다루는 것을 목표로 삼고 있다.

미래에 참여하다

　주변을 돌아보면 기존 질서는 서서히 무너져가고 새로운 질서가 제 살길을 찾느라 고군분투하는 것을 볼 수 있다. 약 20년 전인 2001년에, 나는 이러한 현상에 '번데기 경제'[26]라는 이름을 붙여주었다. 기성세대는 자신과 함께 성장해온 전 세계 경제의 모습을 당연하게 여길지 모르나, 실체는 매우 파괴적이라서 전 세계를 갉아먹는 거대한 애벌레라고 할 수 있다. 이제 과학계에서는 세계 경제가 자원 및 환경 제약 때문에 일종의 경제적, 정치적 누에고치로 압축되어야 한다고 말한다. 애벌레가 나비로 바뀌는 것처럼 중대한 변화를 거쳐야 한다는 말이다.

　평범한 번데기 안에서 한때 만족할 줄 모르던 애벌레가 녹아서 양분 덩어리처럼 변하는 것을 발견했다. 그런 다음 이른바 상상 세포—살아있는 청사진-에 의해 다시 모양을 갖추어 마침내 나비가 되는 것이다. 그래서 나는 번데기 경제도 이와 다를 바 없다는 결론을 내리게 되었다. 혁신가, 기업가, 시장과 같은 사람이 상상 세포의 역할을 해주는 것이다. 그리고 증거를 살펴보면, 적어도 일부 지역에서는, 경제의 번데기가 슬슬 누에고치를 뚫고 나오려는 모양새를 취하고 있다. 일단 누에고치가 벌어지기 시작하면 그 후 과정은 눈 깜짝할 사이에 진행될 것이다.

| 패널 1: 세 가지 지평과 두 가지 시나리오, 2000~2100년 |

우리는 국제미래포럼(International Futures Forum)의 빌 샤프(Bill Sharpe)에게 다음과 같이 질문했다. 미래에 뛰어드는 방법은 무엇인가? 그리고 블랙 스완과 그레이 스완이 가득한 세상에서 점차 그린 스완이 증가하는 세상으로 전환하는 과정을 추적하고 이에 박차를 가하는 방법은 무엇인가? 빌 샤프는 리더가 세 가지 뚜렷한 지평이라는 측면에서 미래에 참여하도록 도와줄 수 있다. 그는 세 가지 지평이 모두 현재 존재하는 것이라고 했다. 우리는 그가 알려준 프레임워크를 내일의 자본주의 탐구(Tomorrow's Capitalism Inquiry)[27] 및 그린 스완 이니셔티브 개발에 사용했다.

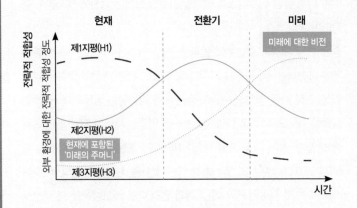

도표 3. 3가지 지평

현재   **전환기**   **미래**

전략적 적합성

외부 환경에 대한 전략적 적합성 정도

제1지평(H1)

미래에 대한 비전

제2지평(H2)
현재에 포함된
'미래의 주머니'

제3지평(H3)

시간

출처 : 커리와 허드슨(2008), '여러 가지 지평에서 바라본 모습: 미래와 전략의 연결',
〈미래학 학술지〉, 1~20쪽

첫 번째 지평인 H1(2000~2020년)은 현재를 가리키며, "평소와 다름없는 비즈니스(business as usual)"를 나타낸다. 세상은 변하고 있으므로 H1의 사고방식과 관행은 갈수록 삐걱거리며, 목적에 부적합한 것처럼 보이게 된다. 결국 이 지평은 새로운 일 처리 방식에 밀려날 것이다. H1 시스템의 약점이 명확히 드러날수록 혁신에 박차를 가하게 되지만, 혁신의 대부분은 합병과 인수 등의 절차를 통해 기존 체제에 다시 흡수될 가능성이 크다.

이러한 변화는 두 번째 지평, 즉 H2의 등장으로 이어진다. 종국에는 새로운 혁신적인 방식이 기존의 체제보다 훨씬 더 효과적으로 드러나며, 이로 인해 변곡점, 즉 변화의 지점이 형성된다. 클레이튼 크리스텐슨(Clayton Christensen)은 이를 가리켜 '혁신가의 딜레마'가 시작되는 지점이라고 말한다. 즉, 위험에 처한 핵심 비즈니스를 보호할 것인지 아니면 마치 핵심 비즈니스를 대체할 것처럼 보이는 혁신에 투자할지 결정해야 한다.

종종 현행 체제의 주변부에 돌파구 혁신—기하급수적 그린 스완 솔루션을 포함하는—이 모습을 드러낸다. 이것이 바로 애플이 말하는 부적합성, 미친 행동, 사각형 구멍에 둥근 못을 박아넣는 행동이다. H1의 현상태를 기준으로 보자면 H3 사고방식은 억겁의 세월이 지난 후의 일처럼 보일 수 있다. 그도 그럴 듯이 H1과 H3는 출발점이 전혀 다르기 때문이다. 그래서 무시하거나 별것 아닌 것처럼 치부하기 쉽다. 이것이 바로 세 번째 지평인 H3인데, 기존과 전혀 다른 사고방식과 행동 방식을 뜻한다. 하지만 이를 대수롭지 않게 생각하면 자신에게 큰 손해와 위험을 초래한다는 점을 기억하기 바란다.

빌 샤프에 의하면, 제1지평은 관리자의 세계, 제2지평은 기업가의 세계, 제3지평은 선견지명을 가진 사람의 세계다. 각 지평은 저마다의 장점 및 더 나은 미래로 전환하는 데 필요한 기술이 있다. 하지만 트리플 바텀 라인을 포함해, 오늘날 제1지평의 현실을 구성하는 많은 요소는 21세기를 돌이켜 볼 때 제3세계에 속하는 아이디어였을 것이다.

이어지는 제1지평(현재)과 제2지평(2021~2030년)은 '미운 오리 새끼'가 사방에서 툭 튀어나오는 기간이다. 반면에 제3지평(2031~2100년)에는 본격적으로 날갯짓하는 그린 스완 솔루션이 점차 증가해 전반적인 시스템을 변화시킬 것이다. 그러한 변화는 더 나은 결과를 가져올 것이다.

반대로 그러한 변화가 상황을 악화시킬 가능성도 있다. 한마디로 블랙 스완 시나리오가 펼쳐지는 것이다. 만약 블랙 스완이 닥치면, 예상치 못한 전환점에서 기하급수적인 하향 나선형이 유발되는 시점이 올 때까지 숨죽여 기다려야 할 것이다. 그 과정은 붕괴의 시대이자 혼란이 가중되는 시기일 것이다. 과거에 흑사병이 유행하고 종교적 갈등이 악화하고 세계 대전이 발발하던 시기와 비슷할 것이다.

그린 스완 시나리오는 우리를 완전히 다른 방향으로 안내할지 모른다. 물론 양측 시나리오의 요소를 통합한 미래도 상상해볼 수 있다. 우리에게는 선택권이 없고, 미래에 어떤 시나리오가 실행되든 간에 무조건 그 안으로 뛰어들어야 한다. 그린 스완을 만들어가는 모든 과정에서 우리는 "끝까지 해보기 전까지는 언제나 불가능해 보일 것이다"[28]라는 격언을 명심해야 한다. 많은 사람이 이 격언을 들으면 넬슨 만델라를 떠올리지만, 실은 로마 동식물 연구가 플리니 1세(Pliny the Elder)가 남긴 말이다.

제1장

주문형 기적

〉불가능을 필연으로 만드는 기적〈

"충분히 발달한 기술은 마법과 구분할 수 없다." SF 문학계의 거장 아서 C. 클라크(Arthur C. Clarke)가 남긴 유명한 말이다. 오랫동안 해결되지 않은 심각한 경제적, 사회적 난제나 환경 문제가 단번에 해결되면, 어떤 사람은 '기적'이 일어났다고 한다. 다소 과장된 표현이라고 생각하는 사람도 있지만, 사실 기적이라는 말이 꼭 들어맞을 때도 있다.

요즘 사람들은 기적을 잘 믿지 않는다. 하지만 인간이 지구 환경의 한계에 부딪히는 일이 늘어나고 있는 인류세 시대에 살고 있기에, 우리에게는 기적이 절실하다. 찰스 아이젠슈타인(Charles Eisenstein)[1]이라는 작가는 기적에 대해 다음과 같이 몇 가지 흥미로운 아이디어를 제시했다. 우리가 이 세상을 어떻게 이해해야 하는가에 관한 중요한 시사점이 있으니 유의해서 보기 바란다.[2]

- 우리가 할 일은 지구에서 기적을 만들어내는 것이다.[3]
- (현대의 기적은) 현실에 대한 기존 이해 방식으로는 설명할 수 없으나, 현실에 대한 새로운 이해 방식으로는 충분히 설명할 수 있는 것이다.[4]
- 세상 모든 일이 그러하듯이 이야기에도 수명이 있다. 이야기가 만들어진 지 얼마 되지 않았을 때는 면역력이 좋다고 말할 수 있다. 하지만 세월이 흐를수록 반대되는 증거와 경험이 쌓이면서 점차 약해지고 만다.[5]

- 이야기를 쓴다는 것은 두 가지 작업을 의미한다. 하나는 기존 사상을 파괴하는 것, 쉽게 말해서 "당신이 현실이라고 생각해온 것이 착각에 불과하다"고 일깨워주는 것이다. 다른 하나는 "새로운" 세상을 보여주는 것인데, "지금까지 당신이 알고 있던 것보다 현실은 더 크고 웅장하다. 당신이 생각하던 가능성도 폭을 넓혀야 한다." 첫 번째 단계에서는 위기감을 느끼고 기존의 사고가 와해하는 것을 경험하고, 두 번째 단계에서는 기적이라고 표현할 만한 경험을 맛보게 된다.[6]
- 그게 바로 기적이다. 알 수 없는 세계에 속한 신적인 존재가 세상사에 개입해 물리 법칙에 반하는 일을 벌이는 것이 아니다. 이 세상을 설명하는 기존의 이야기로는 절대 설명할 수 없지만, 새로운 관점으로 보면 가능한 것이다.[7]
- 기적은 자세히 들여다볼 수 없는 미지의 대상이지만, 반드시 일어나게 되어 있는 것이다.[8]

개인적으로는 종교적인 사고방식을 별로 좋아하지 않는다. 하지만 기적에 대한 이러한 표현들은 마음에 와닿았다. 물건을 사는 것처럼 원하는 기적을 주문하면 손에 넣을 수 있는 새로운 세상이 있으니 그곳으로 함께 가 보자는 말이 아니다. 토마스 쿤(Thomas Kuhn)은 '세상'을 바라보는 기존 '관점'을 가리켜 과학, 사회, 경제 운영과 발전의 근간이 되는 지배적인 패러다임이라고 했다. 내 말의 요지는, 현재 이러한 지배적인 패러다임 자체가 바뀌고 있다는 것이다.

패러다임이 바뀌면 새로운 미래를 잠깐 엿볼 수 있다. 그때가 되면 중요한 패러다임이 더는 블랙 스완(black swan, 발생 확률이 매우 낮아서 예측하거나 대비하는 것이 상당히 어려우며 일단 발생해버리면 경제와 사회에 큰 파장을 일으키는 사건−옮긴이)이나 그레이 스완(gray swan, 반복적으로 발생하는 문제나 위기 상황에 대해 적절한 대안이나 해결책을 찾지 못해서 그러한 문제가 지속하는 상황−옮긴이)과 같은 퇴화 상태를 초래하지 않는다. 오히려 전환 과정에서 그린 스완이라는 재생이 이루어질 확률이 커진다. 마법처럼 '한 번에 완벽하게 자유로워지는' 방식이 아니라, 여러 가지 심리적, 문화적, 정치적, 경제적 상황에 대한 진지한 의구심을 유발하고 그 결과로 폭발적인 진보를 이룰 가능성이 매우 크다.

그래도 여전히 고개를 갸우뚱하는 사람이 많을 것이다. 하지만 이전에도 이런 변화가 있었다는 걸 생각해보라. 요즘은 어느 사회를 보더라도 역사에 관한 관심이 정말 부족한 것 같다. 이렇게 역사를 등한시하는 분위기는 민주주의에 심각한 위협이 될 수 있다.[9] 몇 가지 역사적 사례를 살펴보겠다. 경제 부문에서는 지금까지 블랙 스완이 몇 차례 발생했다. 1929년과 2007~2008년에 발생한 시장 붕괴는 큰 타격을 초래했고 그 여파로 인해 많은 사람이 오랫동안 힘든 시간을 보냈다. 사회 부문의 블랙 스완으로는 홀로코스트(holocaust, 제2차 세계 대전 중에 나치 독일이 벌인 유대인 대학살−옮긴이)를 빼놓을 수 없다. 물론 홀로코스트를 예견한 사람이 전혀 없었던 것은 아니다. 그리고 HIV 바이러스(에이즈를 유발하는 인간면역결핍 바이러스)의 심각한 영향도 블랙 스완이라고 할 수 있다. 환경 측면에서 보자면 곤충들이 죽어가는 현상이 재앙 수준에 도달한 것을 꼽을 수 있다. 어떤 이들은 이를 가리켜 '인섹

타겟돈(insectageddon, 곤충 멸종 사태-옮긴이)'이라고 부른다. 그리고 작은 플라스틱 조각으로 인해 전 세계 해양이 심각하게 오염되는 문제도 있다.

이제 그린 스완을 생각해보자. 경제 부문에서 그린 스완이라고 할 만한 최근 변화 중에는 휴대전화 기술과 인터넷이 매우 빠른 속도로 보급되는 현상을 들 수 있다. 덕분에 우리는 이전에 생각지도 못한 방식으로 다양한 사람들 및 매체와 연결할 수 있다. 그리고 자기 힘으로 새로운 것을 습득할 수 있는 무한한 가능성을 누리게 되었다. 태양열과 풍력 발전이 가져온 천문학적인 비용 절감 효과도 무시할 수 없는 큰 변화다. 그뿐만 아니라 전기 자동차가 놀라운 속도로 보급되고 있다. 배터리 기술 부문의 눈부신 발전과 자율주행 자동차의 디지털화, 사물인터넷, 공유 경제가 합쳐진 결과다.

사회 부문에서도 그린 스완의 궤도가 나타난다. 대부분 국가에서 의무 교육이 시행되고 백신 기술이 발전했으며 환경보호, 사회적 기업, 성장 투자를 중시하는 사회 운동이 확산하였는데, 이를 그린 스완의 출발점이라고 할 수 있다.

환경 문제는 어떠한가? 급속한 경제 발전의 이면에는 석면, DDT, 납, CFC 등 수많은 오염물질이 있다. 물론 지속가능한 발전, 순환 경제, 생체 모방(biomimicry)과 같은 신개념도 등장했고 생태계 회복 프로젝트가 놀라운 성과를 거두었다. 사담 후세인 정권이 파괴한 이라크의 습지 생태계가 서서히 회복되고 있으며 중국 문명의 발상지의 황토고원도 점차 푸른 빛이 짙어지고 있다.[10] 한때 황무지와 같았던 지역이 대대적으로 되살아나는 것을 직접 보면 기적 같은 일이라고 인정할 수밖에 없다. 지구 되살리기라는 중대한 과제의 장기적 전망을 감안할 때 매우 고무적인 변화다. 한편으로는 지구 생태계가 또다시 심각하게 파괴되는 일이 없도록 확실히 예방 조처를 마련해야 한다. 이제는 '환경학살(ecocide)'을 전쟁범죄처럼 중범죄로 다뤄야 한다.

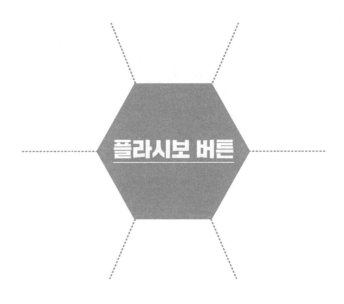

플라시보 버튼

중요한 돌파구—또는 큰 실패—가 만들어지면 부의 창출과 파괴의 모든 측면에 영향을 줄 수밖에 없다. 색깔이 무엇이든 간에 일단 스완이 발생하면, 스완의 영향을 받지 않은 부분을 찾기 어려운 상태가 된다. 한 가지 부정적인 사례를 소개하겠다. 이미 언급했듯이 유럽이 미 대륙을 식민지화하는 과정에서 5,000만에서 8,000만 명의 원주민이 목숨을 잃었고 곳곳의 문명이 완전히 파괴되었다. 농지가 자연 상태로 되돌아가고 숲이 늘어나면서 대기 중 이산화탄소가 급격히 소모되자 마침내 유럽 전역에 소빙하기가 시작되었다.[11]

주요 도시라면 오염이 심각하고 여러 가지 질병이 발견되기 마련이다. 이러한 블랙 스완 현상의 대응책으로 등장한 그린 스완도 있다. 깨끗한 물을 공급해주는 상수도 시설, 위생 시설, 하수도 처리 시설과 같은 각종 인프라가 도시 전역에 보급되어 있다는 것이 대표적인 그린 스완의 예시다. 우리 회사의 런던 지점은 템스강이 내려다보이는 서머싯 하우스(Somerset House, 런던에 있는 세계적으로 유명한 미술관—옮긴이) 내에 자리 잡고 있어서 임뱅크먼트(Embankment)와 가깝다. 임뱅크먼트는 템스강 주변의 습지대를 되살리기 위한 대규모 프로젝트를 통해 건설되었다. 이 프로젝트 덕분에 템스강 주변에는 고급 건물이 자리 잡게 되었다. 또 한 가지 중요한 변화는 1860년대 이후로 이곳에 대규모 하수도 시설이 마련되었다는 점이다. 그전에는 모든 종류의 쓰레기가 다 강에 버려져서 강은 생물이 전혀 살 수 없는 상태였다. 그러나 프로젝트가 시행된 후에는, 깨끗한 물에만 서식하는 것으로 알려진 연어가 헤엄치는 것을 보았다는 사람이 있을 정도로 강이 말끔히 회복되었다.

기술 발전에 더불어 그린 스완의 주요 특징, 속도, 범위 역시 대대적으로 확장되었다. 가장 대표적인 사례는 푸른 행성 효과(blue planet effect)일 것이다. 데이비드 에튼버러(David Attenborough)의 〈블루 플래닛(The Blue Planet)〉 시리즈가 BBC에 방영되자, 많은 시청자가 플라스틱 쓰레기에 목숨을 빼앗기는 야생 동물의 실태에 큰 충격을 받았다. 그 즉시 플라스틱 오염을 막아야 한다는 논의가 일어났고 전 세계 플라스틱 산업은 심각한 타격을 입었다.

다큐멘터리의 줄거리는 변화가 너무 부족하고 발생 시기 또한 너무 뒤늦은 감이 있다는 것인데, 이처럼 빠르고 폭발적인 반응이 나타난 것이므로 매우 예외적인 사례라고 해야 한다. 하지만 내가 트리플 바텀 라인(triple bottom line, 경제적 이익을 추구하는 기업의 주요 목적에 더해 사회적, 환경적 측면에 대한 기업의 역할도 고려해야 함을 뜻하는 용어—옮긴이)이라는 개념에 대해 제품 리콜을 선언하게 된 한 가지 중대한 이유가 있다. 적어도 요즘 세상을 뒤덮고 있는 이른바 사악한 문제와 극도로 사악한 문제를 고려할 때, 이 용어는 우리가 흔히 플라시보 효과라고 부르는 것에서 비롯되는 고통을 가리키는 것이라는 결론을 내렸기 때문이다. 이 점에 대해 자세히 설명해보겠다.

살다 보면 머릿속을 맴돌던 생각이 명확해지는 순간이 있다. 나는 CNN 기사 하나를 내려받으면서 그런 느낌을 받았다. 그 기사는 건널목에서 보행자용 버튼을 누를 때 이 버튼이 정말 작동하는지 의심해본 적이 있는가[12]라는 질문을 던졌다. 나는 거의 매번 의심했던 것 같다. 무엇보다도 내가 보행자 전용 구역 계획에 참여한 적이 있기 때문이었다. 그 기사는 "우리는 허울뿐인 버튼이 가득한 세상에 살고 있다"는 말로 결론을 시작했다. 나 역시 그런 생각을 자주 했기에 공감할 수 있었다. 기사는 다음과 같이 마무리되었다.

이처럼 허울뿐인 것을 '플라시보 버튼'이라고 한다. 기계적 측면의 하자가 없고 잘 눌러지지만 실제로 아무 기능이 없는 버튼이다. 하지만 하버드대 심리학자 엘렌 랭거(Ellen Langer)는 속임약이 그렇듯이 플라시보 버튼도 쓰임이 있다고 한다. 랭거는 이를 '통제의 환상(illusion of control)'이라고 이름 붙였다.

랑거는 "아무것도 안 하는 것보다 뭔가를 할 때 기분이 조금 더 낫다"고 설명한다. 그렇지만 지금까지 이 세상을 더 나은 곳으로 만들기 위해 기업가에게 권고한 것이 사실상 플라시보 버튼에 불과한 것은 아닐까 하는 생각이 들었다. 문제해결은커녕 문제가 무엇인지 제대로 파악하지 못한 채, 그저 우리 마음이 편한 방법을 택한 것은 아닐까? 그렇다면 그 문제는 여전히 남아 있을 것이다. 아니, 이미 통제 불능 상태로 접어들었을 가능성도 있다.

1970년대 후반부터 기업 자문을 맡게 되었다. 그동안 많은 기업 총수에게 우선순위를 재정비하고 마음가짐을 달리 해보라고 권했는데, 어쩌면 그 모든 노력이 플라시보 버튼에 불과하다고 생각하니 온몸에 소름이 돋았다. 변화 산업에 종사하는 사람들은 더 넓은 세상에 자신들이 미치는 영향에 대한 논의를 더 자주 하게 된다. 하지만 우리는 그저 정부 부처와 관료들, 기업의 이사회 또는 최고 경영진에게 손쉽게 누를 수 있는 플라시보 버튼을 잔뜩 가져다준 것은 아닐까? 내 생각에는 '그렇다', '아직은 대답하기 이른 감이 있다', '아니다'와 같이 여러 갈래로 답이 나뉠 것 같다.

CDC 그룹의 CEO 닉 오도노후(Nick O'Donohoe)는 "요즘에는 90퍼센트 이상의 주요 기업이 기업의 사회적 책임(Corporate Social Responsibility, CSR)을 이행하기 위해 구체적인 전담 프로그램을 마련하고 있다. CEO라면 누구나 모든 기회를 활용해 자사의 박애주의 활동, 직원 참여 활동 및 기타 자선 활동에 폭넓게 관여하고 있다는 점을 적극적으로 알릴 것"[13]이라고 말했다.

여기까지는 문제가 없어 보인다. 하지만 빌 & 멜린다 게이츠 재단의 자문을 맡은 투자자인 오도노후가 어떤 결론을 내렸는지 주목하기 바란다.

"CSR이 기본적으로 이타적인 동기에 따른 활동이라고 생각한다면, CSR을 핵심 비즈니스로 간주하는 일은 없을 것이다. 그렇다면 심각한 사회 현안에 대한 지속적인 해결책을 마련하거나 그러한 해결책을 확대할 가능성도 없다고 봐야 한다."

이 말이 바로 플라시보 효과를 가리키는 것이다. 물론 다르게 생각하면 플라시보 효과가 아니라고도 할 수 있는데, 적어도 내가 이 분야에 처음 발을 들여놓은 시절에 비하면 그동안 눈부신 발전이 이루어졌기 때문이다. 그 시절에는 기업이 외부인에게 윤리적, 사회적 문제나 환경 문제에 대해 입을 열게 만드는 것이 거의 불가능했다. 1978년에 환경데이터서비스(Environmental Data Services, ENDS)를 설립할 때도 첫 번째 기업의 내부를 파고드는 데 9개월이나 걸렸다. ENDS의 모기업이 노사 부문에서는 꽤 존경받는 회사였는데도 그랬다. 요즘에는 분위기가 많이 달라져서 변화관리자(change agent)가 주요 기업의 이사회나 최고 경영진에게 접근하는 것을 당연한 일이라고 생각한다.

그런데, 마지막으로 중간 옵션이 아직 남아 있다. 중간 옵션이란 "말을 꺼내기에는 아직 너무 이른 걸까?"라는 질문이다. 하지만 이제는 사람들이 상황을 이해하기 시작한 것 같다. 공공 부문이나 민간 부문, 시민 단체 등의 책임자들이 오래전에 예측했던 문제가 일상생활에서 현실로 나타나는 것을 자주 관찰하게 된 것이다. 변화에 가장 둔감했던 기업도 이제는 사회 문제나 환경 문제가 주도하는 혁신적 변화에 대해 자주 언급하는 것 같다. 그리고 기업이 관련 문제를 대규모로 처리하는 것을 지원하려고 개설한 기업 간 플랫폼의 스펙트럼을 확장하는 데 주력하는 기업도 많이 볼 수 있다. 그렇다면 아직도 이런 변화를 못 본 척하는 사람이 있을까?

이미 언급했듯이, 기업이라는 큰 물고기를 처리하느라 너무 바빠 움직이다 보면, 몇몇 큰 고기가 진흙탕 속으로 다시 숨어드는 것을 놓칠 수 있다. 그러므로 이런 질문을 생각해볼 필요가 있다. 혹시 분석 대상의 단위를 잘못 설정한 것은 아닐까? 만약 그런 실수를 범했다면, 기업이 운영되는 시장 환경은 계속 변화, 확장하는데 어디서부터 시작해야 하는 걸까? 혹시 기업의 CEO나 조직의 최고책임자와 같은 사람에 너무 집중한 나머지, 기업의 생각, 우선순위, 행동을 좌우하는 기업 운영 규칙은 제대로 살피지 못한 것이 아닐까? 이런 문제에서 기업의 운영진이 가장 중요한 변수지만, 나는 이런 실수가 벌어졌을 가능성이 크다고 생각한다.

변화를 읽는
비즈니스 용어
10가지

그렇다면 오늘날 기업 책임자는 어떤 생각을 하고 있을까? 첨단 지식은 그들을 어디로 이끌고 있을까? 그들이 알아야 하는데도 아직 놓치고 있는 것은 무엇일까? 더 지체하지 말고 지배적인 비즈니스 사고 방식부터 살펴보자. 비즈니스 용어 중에는 오랫동안 널리 사용되었으나, 새로 등장한 변화라는 주제에 따라 크게 달라지는 것이 있다. 그렇게 변화하는 용어를 통해 10가지 렌즈를 확보할 수 있으므로 이를 사용해서 비즈니스 사고방식을 파악할 수 있다.

지금부터 비즈니스에 대한 심리분석을 시작할 것이다. 나에게 지난 50여 년간 무슨 일을 했는지 묻는다면, 기업을 대상으로 일종의 정신과 의사 역할을 해왔다고 대답할 것이다. 이해를 돕기 위해 쉽게 설명한 것이다. 환자를 소파에 편안하게 앉혀 놓고 환자의 고민에 귀를 기울이는 의사를 생각하면 된다. 한때 많은 기업가가 이 세상이 조금씩 미쳐가는 것 같다고 말한 적이 있다. 그도 그럴 것이, 이 세상은 미래 후손의 인권을 보장하고 온실가스 배출량을 줄이라고 압박을 가하지만, 기업으로서는 거의 불가능한 요구였기 때문이다. 지금까지 MBA 과정을 수료하고 업계에서 고속 승진을 거쳐온 것은 심리학자들이 '거짓 구조'라고 부르는 이 세상에 맞설 준비를 한 것이었다. '거짓 구조'란 진실이 아니거나 매우 심각하게 왜곡된 현실을 가리키는 말이다. 내가 할 일은 기업가들에게 그 점을 다시 일깨워주는 것이었다.

정신과 의사는 단어 연상을 통해 환자의 심리를 들여다본다고 한다. 나 역시 기업을 이끌어가는 사람이, 특히 사석에서 비즈니스를 논할 때 어떤 표현을 사용하는지 주의 깊이 관찰한다. 짧고 간단하지만 그런 표현에서 많은 정보를 얻어낼 수 있다.

그러면 10가지 비즈니스 용어를 본격적으로 알아보자. 각 용어의 기본 의미를 파악하기 위해 〈파이낸셜 타임스〉의 온라인 비즈니스 사전인 렉시콘(FT Lexicon)[14]을 인용할 것이다. 〈파이낸셜 타임스〉에서는 관련 용어 목록이라는 부가서비스를 제공한다. 이러한 자료를 통해 비즈니스 용어가 어떻게 발전하고 있는지 실시간으로 확인할 수 있다.

이 책에서 중점적으로 살펴볼 10가지 용어는 목적, 비즈니스 모델, 수익, 성장, 가치, 임팩트, 책임, 중대성, 지배구조, 좌초자산이다. 이 중에서 어느 것도 시장 기적을 일으키는 것과 뚜렷한 연관성이 없는 것처럼 보일지 모른다. 하지만 10가지 요소를 통합하면 자본주의, 시장, 비즈니스 업계에서 일어나고 있는 중대한 몇 가지 변화를 다양한 관점에서 볼 수 있다. 10가지 용어의 제시 순서는 다음 내용을 이해하는 데 도움이 되도록 배열한 것이다.

새로운 기업의 **목적**은 그 기업이 사용할 **비즈니스 모델**을 결정하고 운영하는 데 도움이 된다. 물론 세월이 흐르면 오히려 비즈니스 모델이 목적을 결정하거나 좌우우지하는 때도 있다. 의도치 않았던 블랙 스완이 가는 길에서 방향을 돌려, 보다 의도성이 높은 그린 스완의 길로 간다면, 비즈니스 모델의 성능은 여전히 **수익**, 또는 경제적 수익 대비 성능이라는 개념으로 측정할 수 있다. 하지만 지금은 이 계산에 여러 가지 형태의 가치와 부의 창출을 모두 포함해야 한다.

그러면 (총 매출과 총 수익을 측정하는) 최상위 부분을 통해 **성장**이라는 영역으로 넘어가게 된다. 시장 기반의 기업이라면 누구나 성장을 추구한다. 최소한 성장, 그리고 핵심적으로 미래 성장 가능성은 비즈니스의 **가치**를 좌우하는 데 도움이 되기 때문이다.

그 과정에서 기업 등은 다양한 형태의 **임팩트**를 창출한다. 의도된 임팩트도 있고 그렇지 않은 것도 있다. 경제학자는 '경제적 외부 효과'를 논하지만 요즘 사람들은 '의도치 않은 결과'에 관해 더 많이 논하는 경향이 있다. 이런 현상은 긍정적일 수도 있고 아닐 수도 있다. 구체적으로 말해서 대중이나 경제적 요소, 지구에 대한 문제를 일으키는 등, 부정적인 결과를 초래할 수도 있다.

이런 문제들은 다양한 형태의 **책임**을 유발하며, 해당 기업 또는 시장의 향후 가능성에 치명타를 입힌다. 이와 같은 위험을 더 정확히 이해하기 위해, 기업 **지배구조** 절차에 **중대성** 테스트를 포함하는 기업이 점점 늘어나고 있다.

좌초자산은 10가지 용어 중에서 유일하게 〈파이낸셜 타임스〉의 렉시콘에 나오지 않는다. 좌초자산을 가장 마지막에 언급한 이유는 극도로 사악한 문제들이라는 주제와 자연스럽게 연결되기 때문이다. **목적**을 처음에 언급한 것도 그게 가장 자연스럽다고 생각했기 때문이다.

1. 목적

영화 〈제임스 본드(007)〉에 나오는 악당이 아닌 이상, 고의로 블랙 스완 또는 그레이 스완 효과를 유도하는 사람은 없을 것이다. 하지만 자기도 모르는 사이에 그렇게 행동할 가능성은 있다. 나는 그런 일을 직접 보고 들은 적이 있다. 리먼 브러더스가 2008년에 파산하기 불과 일주일 전의 일이다. 당시 나는 런던 카나리워프(Canary Wharf, 런던 금융의 중심 지역—옮긴이)에 자리 잡은 리먼 브러더스 이사회실 창밖으로 템스강을 감상하며 사진을 찍고 있었다. 그때만 해도 블랙 스완의 낌새조차 느껴지지 않았다. 적어도 내 기억에는 아무것도 없었다. 하지만 등 뒤의 이사회실에는 블랙 스완의 그림자가 짙게 드리우고 있었다.

그리고 나서 사무실에 돌아오자마자 리먼 측 보안 담당자에게 전화가 왔다. 담당자는 즉시 웹사이트에 올린 사진을 삭제하지 않으면 법적 대응을 하겠다며 으름장을 놓았다. 처음에는 그들이 갑자기 위협적으로 구는 이유를 전혀 몰랐지만, 며칠 후에 리먼 브러더스가 파산했다는 뉴스를 듣고 모든 상황이 이해되기 시작했다.

10년 후, 이탈리아 극작가 스테파노 마시니(Stefano Massini)는 이 사건의 극적 요소를 사용해 〈리먼 트릴로지(Lehman Trilogy)〉[15]라는 연극을 완성했다. 바이에른계 유대인 삼형제가 앨라배마 몽고메리에 자리 잡은 후에 포목점을 열었고, 상품 거래를 거쳐 금융 기업으로 사업을 확장했는데, 그 과정에서 삼형제의 원래 목적이 어떻게 변질되는지 보여주는 작품이었다. 안타깝게도 성장 과정에서 기업은 창립자의 통제를 벗어나고 말았다. 처음의 목표는 고객에게 봉사하는 것이었지만 점차 추상적인 금융 거래를 더 중시하게 되었고 한때 세계적인 규모를 자랑하던 투자금융사는 결국 무너져내렸다.

드라마의 줄거리는 다음과 같은 질문에서 시작한다. 한때 상상도 할 수 없던 블랙 스완 결과가 어떻게 현실로 나타난 것일까? 이 질문은 리먼 브러더스처럼 실패한 기업뿐만 아니라 자본주의 전체에 지금 적용할 필요가 있다. 그와 같은 과잉 현상을 이해하고 억제하려는 정부의 노력은 전반적으로 느슨해지고 있으므로, 어쩔 수 없이 기업을 주도하는 요인과 기업의 목적에 파고드는 방향으로 스포트라이트를 옮기게 되었다.

지나간 것들

〈파이낸셜 타임스〉의 렉시콘에서는 목적을 그저 '임무 진술(mission statement)의 또 다른 표현'이라고 정의한다. 하지만 최근 목적에 대한 논의가 폭발적으로 증가한 것을 감안할 때 이러한 정의는 뭔가 빠져 있고 겉도는 느낌이 든다. 임무 진술의 뜻을 다시 찾아보면, '고객, 직원, 이해관계자 등에게 기업의 목표를 알리기 위해 기업이 작성한 간단한 서술문'이다.

하지만 밀턴 프리드먼의 사상은 반세기에 걸쳐 기업 목적에 지대한 영향을 주었다. 프리드먼은 "기업의 본분은 돈을 버는 것이다"라든가 "기업의 사회적 책임은 딱 하나뿐이다. 그것은 바로, 게임의 규칙을 어기지 않으면서, 즉 속임수를 쓰거나 사기를 치지 않고 공개적이고 자유롭게 하는 범위 내에서, 자원을 사용하고 수익을 늘리는 활동에 참여하는 것이다"와 같은 명언을 남겼다.

그는 정부를 절대적으로 옹호하는 사람도 아니고, 정부 자금 확보를 위해 세금을 인상해야 한다고 주장한 적도 없다. 오히려 "연방 정부에게 사하라 사막을 맡기면 5년 이내에 모래가 부족해질 것이다"라는 말을 남겼다고 한다. 물론 과장된 표현이긴 하지만, 밀턴 프리드먼의 사상을 일목요연하게 보여주고 있다.[16] 세금에 관해 그는 이렇게 말했다. "나는 어떤 상황에서든지 이유를 막론하고 가능하다면 세금을 줄여야 한다고 생각한다."

다가올 것들

옥스퍼드대 사이드경영대학원(Saïd Business School) 콜린 메이어(Colin Mayer) 교수의 신작 《번영(Prosperity)》에 대해, 〈파이낸셜 타임스〉 경제 부문 편집장 마틴 울프(Martin Wolf)는 다음과 같이 평론을 마무리했다.

"수익 그 자체가 비즈니스의 목적이라고 할 수 없다. 수익은 목적을 이루는 조건이자 결과이다. 자동차를 제조하고 제품을 배달하고 정보를 배포하는 것 등이 목적에 해당한다. 기업이 이런 것을 외면하고 돈이라는 목적에만 몰두하면 결국 목적도 돈도 모두 잃게 될 것이다."[17]

최근에 목적에 대한 논의가 활발하게 이루어지고 있다. 하지만 울프도 지적했듯이 "자본주의가 무너졌다"는 사실을 전제로 목적에 대한 논의를 이어가야 한다. 긍정적인 면을 보자면, 비코프 인증과 같은 새로운 개념을 중심으로 움직임이 일어나고 있다. 수익추구형 기업이 비코프 인증을 받으려면 '검증된 사회 및 환경 활동, 기업 투명성, 수익과 기업 목적을 균형 있게 추구해야 할 법적 의무 등의 엄격하고 높은 기준에 도달해야 한다.' 비코프 운동을 이끄는 사회단체 비랩(B Lab)의 설립자는 "비코프가 전 세계 문화의 변화에 가속도를 더해 비즈니스의 성공이 갖는 의미를 재정립하고 더욱 포용적이고 지속가능한 경제를 구축하는 방향으로 이끌어 준다"[18]고 주장한다.

나는 영국 최초의 비코프 기업 두 곳을 공동 설립했다. 그래서 이와 같은 움직임이 매우 반갑게 느껴진다. 전 세계 여러 곳에 수천 개의 비코프 인증 기업이 있지만, 리먼 트릴로지에 묘사된 시장 역학을 효과적으로 대처하기에 이들은 아직 갈 길이 멀다. 그 점에 잘 대처하지 못하면 크고 무시무시한 블랙 스완의 몸에 녹색 깃털이 돋아날 위험이 있다. 이런 상황에서 비즈니스 라운드테이블이 더는 주주를 최우선시하지 않기로 선언한 것은, 드디어 프리드먼의 정점에 도착했다는 반가운 신호라고 할 수 있다.

2. 비즈니스 모델

최근 몇 년 사이 비즈니스 언어에서 한 가지 두드러진 변화가 나타났다. 비즈니스 사례라는 용어가 예전처럼 많이 사용되지 않고 (예시 : "윤리적, 사회적, 환경 관련 문제를 해결하기 위한 (도덕적 사례가 아니라) 비즈니스 사례는 어떤 것이 있을까요?") 비즈니스 모델이라는 표현으로 차츰 대체되고 있다. 나는 이러한 변화가 비즈니스 사고의 무게 중심에 일어나는 더 큰 변화를 알리는 신호라고 생각한다. 예전에는 방어적인 태도로 비즈니스 행동의 이유를 보여주려 했다면, '이제 해낼 수 있다' 또는 '할 수 있게 도와주십시오'라는 접근방식을 선호한다.

하지만 비즈니스 종사자에게 회사의 비즈니스 모델을 냅킨에 간단히 그려서 설명해보라고 하면, 아마 대부분 진땀만 뻘뻘 흘릴 것이다.

가장 큰 이유는 그들이 따르는 비즈니스 모델은 자신이 아니라 다른 사람이 만들어 놓은 것이기 때문이다. 즉, 비즈니스 모델의 기본 디자인은 기업 내부가 아니라 다른 곳에서 완성된 것이다. 또 다른 이유는 아마 혁신적인 변화를 주구하는 비즈니스 사례가 조금 취약한 편이라고 해도 민간 부문에 고용된 사람은 이를 당연히 여기는 경향과 관련이 있는 것 같다. 그렇게 생각하는 사람은 당연히 비즈니스 모델을 고치려고 애쓰지 않을 것이다.

지나간 것들

렉시콘에서는 비즈니스 모델을 '기업이 비즈니스를 통해 가치를 획득하는 방법이나 방식'이라고 정의한다. 제품의 생산, 배분, 가격 산정, 광고 방식 등 기업의 여러 가지 측면을 바탕으로 한다. 구체적으로 설명하자면 '비즈니스 모델은 기업이 (자본, 원자재, 노동력 등의) 투입 자원을 (생산된 제품의 가치 총량) 어떻게 생산으로 전환하며, 자본 기회비용보다 더 많은 수익을 산출해 투자자에게 되돌려주는지 보여주는 것이다. 즉 비즈니스 모델의 성공은 이해관계자와 채권자가 투자한 자본 (기회) 비용보다 더 큰 수익을 낼 수 있는 능력에 달려 있다.'

최근에는 주로 캘리포니아, 특히 실리콘밸리에서 비즈니스 모델에 큰 관심을 보이는 것 같다. 실리콘밸리와 같은 곳에서 나오는 사고의 한 가지 특징은, 가장 성공적인 비즈니스 모델 중에서 몇 가지 모델은 초반부에 바람직하거나 실행 가능하다고 생각했던 것보다 훨씬 더 오랜 기간 현금을 탕진했다는 것이다.

가장 두드러진 예시는 바로 아마존일 것이다. 아마존의 CEO 제프 베조스(Jeff Bezos)는 오래전부터 미래 성장에 투자하는 것이 분기별 수익 목표를 달성하는 것보다 훨씬 더 중요하다고 주장해 월스트리트의 수많은 전통주의자를 경악하게 만들었다. 이제 분명히 고심해야 할 문제는, 비즈니스 모델이 망가지지 않는 범위 내에서 이것을 최대한 구부릴 수 있다면 미래의 돌파구, 그리고 '미래에 더욱 적합한' 비즈니스 모델을 어떻게 설계, 운영할 것인가, 그리고 더 중요한 것으로, 어떻게 그러한 비즈니스 모델을 투자자에게 판매할 것인가이다.

다가올 것들

앞으로 비즈니스를 이끌어갈 인재는 갈수록 더 많은 기업과 시장에서 지속가능한 개발이 주류를 결정하는 우선순위가 되고 있다는 점을 이해할 것이다. 이것은 더 이상 기업 평판과 신뢰의 문제에 불과한 것이 아니라, 장기적인 생존, 보안, 경쟁력과도 밀접한 관련이 있다는 것을 이들도 느끼는 것이다. 더 나아가 비즈니스 모델 혁신도 생각하지 않을 수 없다. 지속가능개발위원회(Business and Sustainable Development Commission, 지구 환경보호 실천계획 '의제 21'의 이행 여부를 점검, 평가하고자 설치된 유엔 환경개발위원회 산하 기구—옮긴이)[19] 의 차세대 비즈니스 모델을 검토할 때, 적어도 최신 모델은 4가지 주요 분야에서의 기하급수적 진보를 목표로 한다는 결론에 도달했다.

1. **사회적**: 현재와 미래에 사람들에게 긍정적인 임팩트를 통해 금융 가치와 금융 이외의 가치[20]를 모두 제공한다.

2. **비용 감축**: 물리적 자본, 금전적 자본에서 인적 자본, 지적, 사회적, 자연적 형태에 이르기까지 모든 형태의 자본 사용을 최적화한다.

3. **통합적**: 경제, 사회, 환경 시스템 전반에 걸쳐 금융 가치와 금융 이외의 가치 창출을 관리하면서 점차 통합된다.

4. **순환적**: 시간이 점차 흐르면 기술적 주기와 생물학적 주기 양측에서 입력과 출력을 최고 수준의 가치로 유지하면서, 점점 더 순환적으로 바뀔 가능성을 갖춰야 한다.

| 그린 스완의 특성을 반영하는 비즈니스 모델 |

어떤 기업의 목적이 시스템 전반의 변화를 수용할 경우, 다른 사람에게 부정적인 사회, 환경 문제를 초래하지 않는 방식으로 가치를 창출하도록 비즈니스 모델을 설계해야 한다. 그린 스완 결과 도출을 지원하고자 한다면, 전체적인 영향이 어디까지 미치는지, 그리고 기하급수적 확장 및 복제 가능성은 어떠한지 염두에 두고 비즈니스 모델을 구상해야 할 것이다.

---

3. 수익

밀턴 프리드먼은 기업의 사회적 책임은 수익을 늘리는 것이라고 말했다. 페이스북의 경우, 분기당 이익이 약 50억 달러라면 꽤 잘하고 있다고 생각할 수 있다. 하지만 최근 소셜 미디어 기업이 다방면으로 공격받고 있다. 2018년 후반부에 〈와이어드〉는 페이스북 CEO인 마크 저커버그(Mark Zuckerberg)를 '2018년 인터넷에서 가장 위험한 사람'[21]에 포함했다. 그리하여 러시아 대통령 블라디미르 푸틴과 미얀마 군부의 민 아웅 흘라잉(Min Aung Hlaing) 같은 사람들과 저커버그의 얼굴이 나란히 놓여 있었다.

민 아웅 흘라잉은 소셜 미디어로 증오성 발언을 부추겼고 그로 인해 로힝야족을 향한 학살 전쟁에 불이 붙었다. 그래서 위와 같은 사람들 사이에 포함된 것이다. 미얀마 군부는 페이스북에 425페이지에 달하는 자료, 17개 페이스북 그룹 및 135개 페이스북 계정을 운영하고 있으며, 인스타그램 계정도 15개나 된다. 〈뉴욕 타임스(New York Times)〉의 표현을 빌리자면, 민 아웅 흘라잉의 추종자들은 '소셜 네트워크를 인종 청소 도구로 전락'[22]시켰다. 과거에 나치 선전부 관장이었던 요제프 괴벨스(Joseph Goebbels)도 라디오를 통해 같은 전술을 펼쳤고, 제2차 세계 대전의 도화선을 제공했다. 하지만 그전에 이미 이러한 상황 전개에 대한 경고가 있었으므로, 이는 그레이 스완 정도로 봐야 할 것 같다.

지나간 것들

플라시보 버튼에 대해 기업은 "사람들은 거의 다 착해서 우리가 의도한 대로 서비스를 사용합니다. 문제가 있으면 관련 당국에 문의하세요"라는 식으로 반응할지 모른다. 일례로 총기 제조업체가 이런 식의 논리를 내세울 가능성이 매우 크다. 미국에서 총기 난사 사건이 연이어 발생하면서 총기 산업에 대한 질타가 쏟아지고 있으나 이들은 눈 하나 깜짝하지 않았다. 많은 국가에서 총기업체들을 가리켜 일말의 양심도 없다고 비난하고 있다. 외국에서만 그렇게 생각하는 것이 아니라 미국인도 대부분 그들을 부정적으로 생각한다.

그러나 어떤 기업이든 생존력(viability)을 가늠할 때 가장 중요한 요소는 경제적 수익이다. 이를 가리켜 렉시콘에서는 '모든 수입, 비용, 세금 및 기타 요소를 계산한 후에 손익계산서의 가장 마지막 줄을 차지하는 것, 즉 순수익 또는 순손실'이라고 설명한다. 하지만 이것으로 끝이 아니다. 렉시콘은 다음과 같이 덧붙인다. '비즈니스 지속가능성은 기업이 재무, 사회 및 환경에 관련된 위험, 의무, 기회를 관리하는 절차, 즉 트리플 바텀 라인을 관리하는 것이라고 정의할 수 있다. 흔히 이 3요소를 이익, 사람, 지구라고 한다.' 내가 처음으로 트리플 바텀 라인이라는 개념을 제시할 때는 돈 문제를 가장 뒤에 언급했으므로 '사람, 지구, 이익'이라고 표현했다.

다가올 것들

이전에 출간한 《획기적인 도전(Breakthrough Challenge)》은 스포츠웨어 회사 푸마의 최고 주주이자 CEO인 요헨 자이츠(Jochen Zeitz)와 공동 집필한 것이다.[23] 푸마는 트루코스트(Trucost)와 합작해 최초로 환경손익분석(Environmental Profit and Loss, EP&L)을 산출했다. 자이츠는 환경손익분석이 본격적인 트리플 바텀 라인 회계로 이어지는 디딤돌이 될 거라고 생각했다. 푸마의 최초 EP&L 보고서에 따르면, 2010년 회계연도에 푸마의 자체 운영 및 공급망 운영이 가져온 금전적 영향은 총 1억 4,500만 유로인 데 반해, 순이익은 2억 220만 유로였다. 따라서 총비용까지 계산해보면, 푸마의 이익은 거의 70퍼센트 감소한 것이었다.

수자원 사용과 온실가스 배출에서 부정적 임팩트가 가장 크게 나타났는데, 각 부문의 영향을 금액으로 환산하면 4,700만 유로였다. 가죽, 면, 고무와 같은 주요 원자재를 얻기 위해 농업용 토지를 전환한 것이 세 번째로 큰 영향을 미친 것이었으며 금액으로 환산하면 3,700만 유로였다. 하지만 흥미로운 사실은 푸마의 자체 운영에서 발생한 비용은 겨우 6퍼센트(800만 유로)였고, 1단계 직접 공급업체에서 발생한 비용도 9퍼센트(1,300만 유로)에 불과했다. 달리 표현하자면, 푸마의 직접적인 통제나 영향이 미치지 않는 부문에서 발생한 충격이 전체의 85퍼센트를 차지한 것이다.[24]

세상은 점차 투명성을 강조하고 있는데, 회사 수익이 아무리 중요하다 해도 기업 총수라면 이렇게 막대하고 부정적인 타격을 계속 나 몰라라 할 수 있을까? 더 중요한 것으로 그들은, 경제학자와 회계전문가처럼, 시장 가격 책정 및 그 밖의 인센티브가 부정적인 임팩트의 감소와 긍정적인 임팩트의 생성을 모두 보상할 만큼 진정한 가치에 대한 이해를 발전시킬 수 있을 것인가? 이 질문에 대한 답에 미래의 매출과 수익에 대한 성과가 달려 있다. 기업, 시장, 도시, 국가가 어디까지 발전하고 성장할 수 있는가라는 질문도 마찬가지다.

> ## | 그린 스완의 특성을 반영하는 수익성 |
>
> 비즈니스 모델은 기업의 목적을 최대한 실현하는 데 주안점을 둔다. 그렇지만 민간 부문에서는 수익을 내는 비즈니스 모델만 살아남게 된다. 미래에 적합한 방식으로 이를 끌고 가려면, 기업의 수익성을 계산할 때 기업 활동에서 발생하는 (긍정적인 그리고) 부정적인 외부 효과와 그로 인한 영향을 하나도 빠짐없이 고려해야 한다.

4. 성장

1972년에 발표된 '성장의 한계'[25]라는 보고서를 시작으로 스톡홀름 복원센터(Stockholm Resilience Centre)가 제시한 지구 환경 한계에 관한 방법에 이르기까지 성장의 제약에 관한 논쟁이 오랫동안 이어지고 있다.[26] 달걀 몇 개를 깨지 않고는 오믈렛을 만들 수 없다는 논리로 이를 반박하는 사람이 있을지 모른다. 하지만 그 결과로 궁극적인 블랙 스완, 즉 생물권의 균열과 지구의 붕괴가 초래된다면 어떻게 할 것인가?

지나간 것들

정부와 금융 시장은 여전히 경제성장률과 GDP에 대한 집착을 버리지 못한다. GDP를 계산하는 것이 그들에게 너무나 중요하고 익숙한 일이 되었을 뿐만 아니라, 이렇게 측정한 성장률이 둔화하거나 성장과 반대 방향으로 돌아서면 시장과 경제에 큰 타격을 주므로, 정부와 금융 시장의 입장도 어느 정도는 이해할 수 있다. 하지만 여기서 정말 중요한 것은 뭘까? 경제 성장을 정의하는 것은 그리 어려운 일이 아니다. 렉시콘에서는 '한 국가 또는 지역에서 생산되는 재화 및 서비스의 가치가 증가하는 것'이라고 알려준다. 이 개념을 더 확장해보면, 경제 성장률이란 '통상적으로 국민총생산(GNP) 또는 국내총생산(GDP)의 변동을 통해 측정 가능한 연간 경제성장률'이다.

수십 년간 사회운동가들은 무한한 기하급수적 성장에 대한 잠재적 한계에 관심이 쏠려 있었다. 《성장 없는 번영(Prosperity without Growth)》[27]의 저자 팀 잭슨(Tim Jackson)을 위시한 몇몇 전문가는 심지어 '역성장(degrowth)' 전략을 주장했다.[28] 전 세계 인구가 감소하고 그 과정에 기업가가 필요치 않았다면, 그 전략이 지금보다 훨씬 더 큰 관심을 끌었을지 모른다. 하지만 아직 인구 감소는 발생하지 않았고 기업가는 그 어느 때보다 필요한 존재로 여겨진다.

다가올 것들

최근 몇 년 사이에 전 세계 인구가 폭발적으로 증가함에 따라, 여러 가지 변화 의제에 관련된 잠재적인 성장 시장에 대한 관심도 급격히 커졌다. 요즘에는 어떻게 해야 2030년까지 연간 수십조 달러의 시장 기회를 창출할 수 있는가라는 질문을 가장 자주 듣는다. 한 가지 방법은 유엔의 지속가능발전목표(Sustainable Development Goal)에 도달하는 것이다. 이는 17개 주목표와 169개 세부목표로 구성되어 있다. 사실, 최초의 크라우드 소싱 세계 시장 연구조사라고 할 수 있다.

그중에서도 고무적인 것은, 전문가들이 60개 부문 중에서 4개 부문(식품, 농업, 도시와 자재, 건강과 웰빙)에서만 목표를 달성하면 2030년 초반까지 연간 최대 12조 달러 규모의 시장 기회를 창출할 수 있다고 예측하는 것이다.[29]

그렇지만 4개 부문 목표를 달성하려면 볼란스가 말한 '평소와 다름없는 변화(change-as-usual)', 즉 점진적 변화의 영역에서 벗어나야 한다. 점증주의도 물론 쓰임새가 있긴 할 것이다. 하지만 헌신적인 기업가들마저도 이러한 목표를 점진적인 변화 의제라고 생각하는 것을 보면 걱정이 앞선다. 그들은 지금까지 해온 대로 노력하되, 속도를 높이고 실수만 줄이면 2030년에 정해둔 날짜까지 목표 전부는 아니더라도 목표 대부분은 달성할 수 있을 것으로 생각한다. 하지만 이런 생각은 정말 심각하고 위험한 착각이다.[30]

오히려 급진적으로 더 미래에 적합한 경제로의 전환이 잘 조직된 부문은 기하급수적 성장을 달성하고 다른 부문은 퇴화하거나 아예 사라지는 상황을 요구한다. 마이클 리이브리히(Michael Liebreich, 블룸버그 뉴에너지 파이낸스 CEO-옮긴이)는 이 점을 어떻게 생각할까? 그가 10년에 걸쳐 만들어낸 지속가능한 에너지 자유무역지대(Sustainable Energy Free Trade Area)라는 개념은 결국 무너졌지만, 지금 우리에게 지나치다 싶을 정도의 낙관주의와 할 수 있다는 자신감이 필요하다는 점은 부인하기 어렵다. 리이브리히는 자기 생각을 이렇게 설명했다.

"지난 10년간 에너지 효율, 풍력, 태양열, 배터리, 전기 자동차와 같은 저탄소 기술이 비약적으로 발전했다. 지구상의 마지막 10억 명에게 현대 에너지 서비스는 저렴한 가격에 공급되고 있다. 하지만 기술 발전은 에너지와 운송 부문에서 발생하는 방대한 온실가스를 향후 수십 년에 걸쳐 제거할 수 있으며, 그렇게 하는 데 비용이 많이 들지 않거나 전혀 비용을 들지 않는다는 점을 시사한다."[31]

이런 가능성이라면 에너지 부문의 궁극적인 그린 스완이라고 할 수 있지 않을까?

| 그린 스완의 특성을 반영하는 성장 |

성장/역성장 논란은 양자택일에 집착하는 한, 올바른 결론에 도달할 수 없다. 그러므로 예리한 판단력을 키워야 한다. 블랙 스완이 성장하면 가차 없이 예측 불가능한 재앙을 낳을 것이다. 그렇다고 해서 우리가 너무 성급하게 행동하면 또 다른 위기가 발생할 수 있다. 너무 늦게 대처해도 결과는 비슷할 것이다. 지금으로서는 그린 스완 성장이 우리에게 긴급히 필요하며 미래 세대에게도 마찬가지다. 퇴행적인 형태의 자본주의는 전혀 쓸모가 없다. 그보다는 회복력과 재생력을 갖춘 자본주의의 필요성이 기하급수적으로 커지고 있다.

5. 가치

오스카 와일드(Oscar Wilde) 덕분에 우리는 '만물의 가치'를 아는 동시에 '아무것도 가지지 않은 것의 가치'도 이해할 수 있다. 렉시콘에서는 가치를 '금전적으로 또는 다른 측면에서 가치를 매길 수 있는 것'이라고 정의한다. 그런데 우리는 '다른 측면에서'를 너무나 쉽게 간과한다. 이 점에 주목하는 것은 우리의 경제, 사회 및 자연환경이 무너지지 않고 21세기를 버틸 것인지 결정하는 중요한 요소가 될 것이다.

지나간 것들

'실제' 가치 또는 '진정한' 가치를 계산하는 실험은 매우 다양하다. 예전에 도시 계획을 공부한 적이 있는데, 곧 시공될 고속도로를 가로막고 있는 노르만 양식의 교회가 어느 정도의 가치가 있는지 생각해보라는 과제를 받았다. 즉, 천 년의 역사와 지역사회의 생활 모습을 간직하고 있는 건물에 과연 어떻게 가격을 매길 것인가라는 문제였다. 많은 추억거리나 문화적 정체성에 가격을 매길 수 있는 것일까? 나중에는 그랜드 캐니언(Grand Canyon)과 같은 유명한 자연경관에 경제학자들이 '존재 가치(existence value)'를 매기려 한다는 점도 배우게 되었다. 그랜드 캐니언에 한 번도 가보지 못한 (그리고 앞으로도 그곳을 방문할 가능성이 거의 없는) 사람에게 그랜드 캐니언을 원래 모습대로 유지하는 비용으로 얼마를 들일 가치가 있다고 생각하는지 물어보는 실험을 했다고 한다.

또 다른 접근방식으로서 공정 가치 회계가 있다. 이는 시간의 흐름에 따라 자산과 부채의 가치 변화를 파악하는 것이다. 국제회계기준위원회(International Accounting Standards Board)는 공정 가치를 '독립적이고 대등한 당사자 간 거래에서 충분한 지식과 거래 의지를 가진 당사자 간에 이루어질 수 있는 자산 교환 금액'이라고 정의한다.

자산과 부채는 가치 변동을 반영하기 위해 주기적으로 재측정한다. 여기서 발생하는 변화는 해당 기간의 순수익이나 기타 수익에 영향을 준다. 이러한 결과를 모두 정리한 것이 대차대조표인데, 여기에는 자산과 부채의 현재 가치가 가장 정확히 드러난다. 하지만 공정 가치의 변화로 인해 보고된 성과의 가변성이 더욱 커지는 것은 단점이라고 할 수 있다.

다가올 것들

가장 최근에 등장한 '공유 가치(shared value)'는, 원래 네슬레에서 '공유 가치 창출(Creating Shared Value)' 이니셔티브의 일환으로 제시한 것이었으나, 후에 마이클 포터(Michael Porter, 하버드경영대학원 교수—옮긴이)와 마크 크레이머(Mark Kramer, FSG 공동창업자—옮긴이)를 통해 개발, 확장되었다. 렉시콘은 공유 가치를 이렇게 설명한다.

> 공유 가치 창출(CSV)은 기업과 사회 양측을 위한 경제적 가치를 창출해야만 그 기업이 장기적으로 성공할 수 있다는 의미를 내포하고 있다. 사회에서 기업의 역할에 대한 CSV의 정의는 장기적인 사고 그리고 사회와 이해관계자 양측 이익의 균형에 분명하게 초점을 맞추고 있다. CSV는 사

회와 기업의 필요가 단절되는 것은 매우 심각하고 부정적인 문제이며, 이를 해결하려면 기업이 이해관계자를 위한 가치를 창출하는 동시에 사회를 위한 가치도 창출해야 하며, 그렇게 할 때만 기업이 장기적으로 성공할 수 있다는 개념을 내포한다.

모든 것이 다 좋았다. 그렇지만 사실 스위스의 식품 대기업인 네슬레 안에서 나와 포터, 크레이머는 서로를 대할 때 항상 예의를 갖추면서도 1년 가까이 의견차를 좁히지 못했다. 당시 우리는 모두 네슬레의 공유 가치 창출 자문위원회(Creating Shared Value Advisory Council)에 속해 있었다. 콜롬비아, 인도네시아, 코트디부아르와 같은 곳에서 서로 마주치곤 했는데, 공유 가치가 지속가능성을 확실히 능가할 수 있다는 포터의 주장과 공유 가치가 그 자체로 지속가능한 개발이라는 큰 그림의 일부라고 봐야 하는가에 대해 열띤 토론을 벌였다.

아무도 알아주지 않는 승리였지만, 공유 가치와 지속가능한 개발에 관해 네슬레는 결국 내 주장에 따라주었다. 공유 가치를 옹호하는 사람들이 추구하는 윈윈(win-win) 결과는 시스템 변화 과정의 단면을 보여줄 뿐이라는 것이 내가 얻은 결론이다. 둘 중 한쪽만 만족하거나 양측 다 불만으로 끝난 경우도 많을 것이다. 요즘은 개인과 기업의 임팩트를 측정, 보고하도록 권유하는 시대다. 하지만 나는 네슬레의 사명 및 목적의 정의에서 '및'이라는 글자의 임팩트나 가치는 과연 어떻게 측정하면 좋을지 전혀 감이 오지 않는다. 그린 스완과 같은 대단한 발전은 아닐 것이고, 체계상의 문제를 해결하는 방법에 대한 점진적인 사고를 탈피한 단순하고 유용한 방법일 것이다.

미래의 그린 스완 솔루션의 잠재력을 온전히 받아들이려면, 자본주의의 핵심 부문인 경제학부터 21세기에 적합한 모습을 갖추게 해야 한다. 아마 케이트 레이워스(Kate Raworth, 영국의 경제학자—옮긴이)에 관해 들어본 적이 없는 사람은 없을 것이다.[32] 프리드먼의 뒤를 잇는 경제학자로는 마리아나 마추카토, 토마 피케티, 조지프 스티글리츠 등이 있지만, 그중에서 레이워스를 빼놓을 수 없다.

2019년 초반에 나는 두 번째 모교인 유니버시티칼리지런던(University College London, 이하 UCL)으로 돌아갔다. 그곳에서 마추카토 교수[33]와 지속가능성 의제에 부합하는 혁신을 잘 유도하는 방법에 대해 토론했다. 솔직히 말해서, 1968년에 경제학을 중도 포기했던 나로서는 그처럼 중대한 문제에 대해 할 말이 거의 없어서 마치 사기꾼과 대화하는 것처럼 끌려다녔다.

마추카토 교수와 나는 각자 속마음이 어떠하든 간에 매우 만족스럽게 토론을 끝냈다. 교수는 민간 부문이 핵심 동인이라고 주장했고, 나는 교수에게 공공 부문이 핵심이라고 말해주었다. 어쨌든 그날 민간 부문과 공공 부문, 그리고 시민이 똘똘 뭉쳐서 시작부터 적극적, 창의적, 생산적으로 참여할 때만 절대다수를 위해 진정한 의미에서 지속가능하고 포괄적인 가치를 생산할 수 있다는 결론에 도달하기까지는 얼마 걸리지 않았다.

마추카토 교수가 유럽위원회(European Commission)에 제출한 유럽 연합의 미션 지향적 연구와 혁신(Mission-Oriented Research and

Innovation in the European Union)[34]이라는 보고서는 꼭 시간을 내서 읽어보기 바란다. 이 보고서는 기후 변화, 암, 비만, 치매 치료와 같은 분야에서 혁신 주도형 지속가능한 성장을 주도하는 것을 유럽연합 차원의 미션으로 보고 진행해야 한다고 주장한다. 실질적인 블랙 스완과 잠재적인 블랙 스완 양측에 모두 대처해야 한다는 것이다. 더 나아가 여러 학제 및 부문에 걸쳐 대담하고 영감을 주고 사회적으로 관련이 있으며, 목표가 정해져 있고 측정 가능하며 시간제한이 있는 임무가 필요하다고 강조하면서 상향식 솔루션을 촉진한다. 이러한 내용을 보면, 기하급수적 발전을 겨냥하되, 보다 일반적인 화이트 스완 탬플릿을 제시하는 것이라는 생각이 든다.

| 그린 스완의 특성을 반영하는 가치 |

블랙 스완의 가치 계산과 그레이 스완의 가치 계산은 둘 다 오해를 일으킬 우려가 있다. 둘 다 장기적으로 나타날 가치 및 가치 평가의 임팩트를 대폭 축소하는 경향이 있기 때문이다. 그린 스완 가치도 계산하기 어려운 것은 마찬가지이나, 긍정적인 혁신에 대한 비전 또는 그러한 목표를 수용하는 사회나 경제에서는 그린 스완 가치의 현실성이 더 커진다. 그리고 그린 스완 특성을 유의하지 않으면 앞으로 많은 자산가가 큰 타격을 입을지 모른다.

6. 임팩트

비즈니스를 하는 사람에게 요즘 임팩트를 거론하지 못하게 하는 것은 아예 영어를 쓰지 못하게 하는 것과 같다. 영어가 요즘 가장 널리 쓰이는 언어라는 점을 고려하면 상당히 불공평한 처사일 것이다. 하지만 임팩트라는 주제도 그만한 영향력이 있다는 뜻이다. 1970년대 초일을 시작할 무렵, 임팩트라는 주제와 관련해서 내 머릿속은 이집트와 싱가포르에서 진행 중인 주요 개발 프로젝트에 대한 환경 영향 평가에 관한 생각뿐이었다. 교통 혼잡, 오염, 폭발 위험, 자연 서식지의 파괴 및 손실 등 부정적인 임팩트, 즉 나쁜 결과만 두드러지게 나타났다. 그 후로 상황이 많이 달라지긴 했다.

지나간 것들

지금 임팩트라는 말을 사용하면 사람들은 긍정적인 임팩트를 가리킨다고 생각할 것이다. 그러므로 이제는 좋은 영향을 주었던 프로세스를 어떻게 '복제'하고 '확장'할 것인가에 초점을 맞춰야 한다. 일례로 스위스의 대형 제약업체인 노바티스(Novartis)와 손잡고, 우리는 트리플 바텀 라인의 영향을 정량화하고 그 가치를 평가하는 데 주력한 적이 있다. 2018년 노바티스 인 소사이어티 보고서(novartis in society report)에는 이렇게 설명되어 있다.[35]

노바티스의 금융, 환경, 사회(FES) 영향 평가의 목적은 우리 기업의 활동이 경제적 가치에 더해 우리 사회에 어떤 사회적, 환경적 영향을 미치는

지 측정하는 것이다. 이 방법은 2016년에 처음으로 개발, 테스트한 후에 사용하기 시작했다.

그 후로도 범위를 더욱 확장하면서 평가 방법을 더욱 개선하고 있다. 2017년 평가를 보면 자사 활동은 세계 GDP에 840억 달러(미화 기준) 및 83만 개의 일자리 창출에 이바지했다. 후자의 수치에는 자사 직원들을 배제한 것이다. 그뿐만 아니라 직원 개발, 직장 안전 및 생활 임금을 포함해 인적 자본 영향은 미화 기준 70억 달러로 평가되었으며, 그중 66억 달러는 자체 운영 및 전체 공급망에서 창출되는 생활 임금의 사회적 영향에서 비롯된 것이다. 그뿐만 아니라 탄소와 그 밖의 대기 배출, 수자원과 폐기물의 영향을 통해 측정되는 부정적인 환경 영향은 미화 47억 달러 정도이며, 이를 최소화하기 위해 조처를 하고 있다. 2017년에는 혁신 의약품(Innovative Medicines) 포트폴리오의 상당 부분이 29개국에 미치는 사회적 임팩트를 처음으로 계산해보니 미화 720억 달러였다.

동 보고서에서 나는 이 업무가 중요한 이유를 다음과 같이 설명했다.

임팩트 평가(impact valuation)는 임팩트를 돈으로 환산하는 것인데, 이를 통해 주요 사회적 가치와 환경 가치가 공식에 반영될 수 있다는 시장 인식이 확대되고 있다. 한때 부차적인 문제로 외면당하던 것들이 이제 재정적으로 '중대한' 사안이 되고 있다. 이러한 트렌드와 관련해 블랙록의 CEO 래리 핑크는 2018년에 이 분야에 긴급한 진전이 필요하다고 언급한 바 있다. (…) 이 분야에서 노바티스는 대다수 기업이 감히 꿈꾸는 것 이상의 성과를 내고 있다. 긍정적인 임팩트와 부정적인 임팩트에 관한 데이터를 공시하는 것에 더해, 구체적인 사례 연구를 통해 임팩트 평가 방법론이 어떻게 발전하고 있는지 공개하고 있다. 이러한 행보는 이 분야 전체에 든든한 지원군과 같은 역할을 한다.

렉시콘에 따르면, "투자업계에서는 많은 사람이 '임팩트 투자(impact investing)'라는 용어를 비공식적으로 사용하고 있다. 이제 세계 임팩트 투자 네트워크(Global Impact Investing Network, 이하 GIIN)처럼, 투자자들이 직접 국제 표준을 정해야 한다는 목소리가 커지고 있다. 임팩트 투자는 측정 가능한 사회적 및 환경적 이익을 의도적으로 추구하는 투자를 설명하는 데 사용된다. 이것은 전통적으로 담배나 무기처럼 투자자의 가치관에 맞지 않는 투자 또는 열악한 노동권이 관련될 가능성이 있는 투자를 기피하는 사회적 책임 투자와는 다른 개념이다."

다가올 것들

하지만 2018년 델리에서 개최된 임팩트 투자를 위한 글로벌 운영 그룹(Global Steering Group for Impact Investing) 연례 정상회의에 많은 사람이 참석해 있었는데, 그들은 난민 출신 백만장자 투자자인 로널드 코헨 경(Sir Ronald Cohen)이 "나의 동지들"이라는 표현으로 연설을 시작했을 때 깜짝 놀랐을 것이다. 그는 아랑곳하지 않고 굳은 표정으로 이렇게 말을 이었다. "지금 자본주의 방식에 근본적인 오류가 있다는 것이 명백합니다. 모두를 위해 부를 공유하고 사회를 개선하겠다고 약속했으나 그 약속을 지키지 않고 있습니다."[36]

코헨 경의 말은 갈수록 과격해졌다. "우리는 지금까지 많은 위기를 잘 견뎌왔습니다. 자본주의라는 제도를 개선할 수 있다고 생각했으니까요. 하지만 이제는 이러저러한 문제가 감당하기 어려울 정도로 심각해졌습니다. 이런 위기에 대해 가장 회의적인 사람이라도 이제는 뭔가 조처를 해야 한다고 말하고 있죠. 혁명에 가까운 변화를 해야 합니다. 그렇지 않고서는 수십억 인류와 이 지구를 구할 수 없을 겁니다." 그의 발언은 블랙 스완 자본주의에 대한 정면 공격이었다. 블랙 스완 민주주의까지도 저격할 의사가 담겨 있다고 볼 여지도 충분했다.

이 모든 것을 이해하려고 몇 년간 머리를 싸맨 끝에 서장에 나와 있는 돌파구 나침반 매트릭스를 생각해냈다. 가로축(x)은 왼쪽의 부정적인 임팩트에서 오른쪽으로 갈수록 긍정적인 임팩트를 나타낸다. 세로축(y)은 최하단이 점진적 변화이고 위로 갈수록 기하급수적 변화를 나타낸다.

앞서 살펴본 것처럼 인류세 연구소의 칼 페이지는 전염병, 핵전쟁, 소행성 충돌로 10억 이상이 죽거나 피해를 입을 것에 대해 우려한다. 이러한 가능성은 모두 잠재적인 블랙 스완이다. 한편, 그의 남동생 래리는 급진적인 신기술 사용을 통해 최대 10억 명의 복지를 향상하는 측면에서 이야기하는데, 이는 잠재적으로 그린 스완의 영역으로 분류할 수 있다. 구글의 공동창립자이자 전(前) CEO로서, 그는 충분한 근거를 가지고 그러한 가능성을 논하는 것이다.

> ## | 그린 스완의 특성을 반영하는 임팩트 |
>
> 우리는 기업, 시장, 경제가 창출하는 부정적 임팩트를 측정하고 평가하는 면에서 점차 능숙해지고 있다. 하지만 그린 스완 궤적에 관련된 긍정적인 임팩트를 예측, 평가하는 일은 여전히 쉽지 않다. 빠르게 확장하는 임팩트 투자 부문에서 이것이 가장 힘든 문제. 또한 주류(mainstream) 투자로서 더욱 강하게 밀어붙일 필요가 있다. 현재 임팩트 투자는 약 5,000억 달러의 가치가 있으며 주류 투자가 된다면 25조 달러 이상으로 성장할 가능성이 있다.[37]

7. 책임

책임은 거의 무한한 형태로 나타나며, 그 모든 형태의 책임은 어마어마한 법적 비용의 지출을 유발한다. 하지만 클라이언트 어스(Client Earth)와 같은 단체는 지구와 지구의 건강에 가장 크게 의존하는 이들을 대신해 소송을 제기하므로, 기존의 책임 체제와 매우 다른 형태의 책임 체제를 설립할 기초를 마련하고 있다.[38] 만약 화석 연료 산업이 지금까지 기후에 초래한 막대한 피해에 대해 집단 소송을 당한다면, 어떤 상황이 벌어질까?[39]

과거의 담배 산업처럼, 화석 연료 산업은 자기가 어느 정도로 큰 피해를 초래했는지 미처 몰랐다고 발뺌할지도 모른다. 하지만 관련 사실을 보면 아무 말도 못 할 것이다. 엑슨의 기후 과학자들은 1982년에 대기 중 이산화탄소 농도가 500ppm 이상으로 상승해, 2도 이상 기온 상승을 초래하리라 예측했다.[40] 그로부터 37년이 흘러 이산화탄소 농도는 415ppm을 기록하고 있다. 이들의 예측은 혀를 내두를 정도로 높은 정확성을 보였다. 〈사이언티픽 아메리칸(Scientific American)〉(Scientific American, 미국의 대중 과학 잡지-옮긴이)은 이렇게 설명했다.

> 지난 주말에 기후 변화에서 주목할 만한 기록이 발생했다. 과학자들은 사상 최초로 대기 중 이산화탄소 수치가 415ppm을 기록했다고 밝혔다(〈클라이밋와이어(Climatewire)〉, 5월 7일). 이산화탄소 수치는 여러 번 최고치를 경신해왔으므로, 이번 수치도 얼마 가지 못하고 갱신될 가능성이 있다. 대기 중 이산화탄소는 매년 3ppm 가까이 증가하고 있는데, 이러한 상승 속도는 위협적이다. 요즘은 인류 역사에서 전례를 찾아볼 수 없는 새로운 수치를 거의 매년 갱신하고 있다. 거의 3백만 년 전에 이산화탄소 농도가 415ppm이었고, 이번에 다시 이 수준으로 악화한 것이다.[41]

설령 수도꼭지를 잠그듯 이 문제를 단번에 멈추게 할 방법이 있다고 해도, 이미 악화한 상황으로 인한 부정적인 영향은 아주 오랫동안 지속될 것이다. 〈사이언티픽 아메리칸〉의 표현을 빌리자면 다음과 같다.

> 지금 당장 인류가 탄소 배출을 완전히 중단한다고 해도, 지구 온도가 다시 안정되기까지 수십 년, 아니 수백 년이 걸릴 것이다. 게다가 빙하, 해

수면, 생태계 등의 기후 시스템이 평형점을 회복하려면 1,000년에서 2,000년이 필요할지 모른다.

지나간 것들

렉시콘을 찬찬히 살펴보면, 주요 형태의 책임에 제품을 제조하는 업체는 해당 제품으로 인해 발생하는 피해나 상해에 책임을 져야 함을 의미하는 제조물 책임(product liability), 형법을 적용할 정도로 중대한 상해나 피해에 대한 책임을 뜻하는 형사 책임(criminal liability), '형법을 적용할 정도로 중대하지 않은 상해나 피해에 대한 책임'을 뜻하는 민사 책임(civil liability), '다수의 당사자가 계약에 따라 공동 합의사항을 만들고 그 의무가 이행되도록 개인 및 집단이 (단체로 또는 개별적으로) 책임을 지기로 동의하는 것'을 뜻하는 연대책임(joint and several liability)이 포함된다는 것을 알 수 있다.

이것은 시작에 불과하다. 수익과 미래에 대해 이런 위협이 존재하기 때문에 기업이 종종 유한책임회사의 형태를 취하는 것이다. 또한 과실로 인해 피해나 상해가 발생해 소송으로 이어질 경우, 기업이 갈수록 복잡한 책임 보험으로 문제를 해결하려는 이유도 바로 여기에 있다.

이런 경우에 볼 수 있는 플라시보 버튼 반응으로는 "우리 회사 변호사들은 이 문제를 얘기한 적이 없으니, 그냥 내버려 두는 편이 나을 것 같군요"와 같은 식의 태도를 생각해볼 수 있다. 이런 상황의 실제 사례가 궁금하다면 토탄, 석탄, 정유업체에서 어떤 일이 일어나고 있는지 살펴보기 바란다.

다가올 것들

아주 오래전의 일이다. 스타방게르(Stavanger)에서 수백 명의 노르웨이 화석 연료 전문가가 모이는 행사가 있었고, 나는 그곳에서 강연하던 중이었다. 그 자리에 당시 엑슨모빌의 CEO 렉스 틸러슨(Rex Tillerson)이 나타나서 수백 명이 보는 앞에서 공격적인 발언을 퍼부었다. 청중석의 수많은 사람이 화들짝 놀란 것은 말할 것도 없었다. 연설 중에 엑슨이 기후 관련 논의를 의도적으로 방해했다고 말했는데, 마침 그때 틸러슨이 수행원들을 대동하고 그 장소에 나타나더니, 성큼성큼 걸어오며 "그건 새빨간 거짓말이야!"라고 소리쳤다. 금방이라도 싸움이 터질 것 같은 아슬아슬한 분위기였으나 그는 결국 청중석에 자리를 잡고 앉았고, 나는 강연을 끝까지 진행할 수 있었다.

그로부터 몇 년 뒤에 뉴욕시에서 엑슨모빌을 대상으로 소송을 제기했다. 회사 측에서 기후 관련 위험 요소가 비즈니스와 장기적인 금융 안전성에 미치는 장기적인 영향을 의도적으로 축소해, 투자자들을 오랫동안 기만했다는 것이 소송의 이유였다.[42] 이 소식을 듣자 그동안 쌓인 답답함이 조금 풀리는 것 같았다. 법무부 장관 바바라 언더우드(Barbara Underwood)는 기후 변화에 대한 엑슨모빌의 행적을 몇 년간 조사한 끝에 소송을 제기했다고 밝혔다. 소장에 따르면, "이번 사기극은 회사 최고경영진이 관련되어 있다. 2017년까지 엑슨모빌의 최고경영자로 있다가 트럼프 대통령의 초대 국무장관으로 자리를 옮긴 렉스 틸러슨도 피청구인에 포함"되었다.

바바라 언더우드에 의하면, "엑슨모빌은 투자자들에게 주식의 장기적 가치를 보증할 수 있다며 그들을 안심시켰다. 기후 변화에 대한 규제가 늘어날 위험도 비즈니스 결정에 고려하고 있다고 주장했다. 그래서 투자자들은 안심하고 돈을 맡겼으며 경영진을 신임했다. 하지만 엑슨모빌은 그들을 철저히 속인 것이다. 투자자들에게 기후 변화에 대한 규제가 늘어날 위험도 비즈니스 결정에 고려했다고 말했지만, 오히려 그와 반대로 의도적, 조직적으로 위험을 은폐하고 있었다."

결국에는 엑슨모빌이 승소했지만, 기후 온난화 문제가 악화함에 따라 관련 법정 소송을 제기하려는 움직임도 빨라질 것이다. 거대 정유회사를 시작으로 해서 기후를 악화시키는 기타 산업 부문에 대한 금전적 손해배상을 청구하는 사례가 폭발적으로 증가할 것이다. 이보다 더 큰 논쟁이 예상되는 문제가 하나 있는데, 그것은 바로 화석 연료 산업에 대한 국가 보조금이 증가하고 있다는 점이다. 일례로 2015년에 전 세계적으로 화석 연료 보조금으로 4조 7천억 달러가 지급되었고, 2017년에는 5조 2천억 달러로 증가했다.[43] '가장 보조금을 많이 지출한 나라'는 2015년에만 1조 4천억 달러를 내놓은 중국이다. 미국 정부는 한껏 부풀린 국방부 예산보다도 화석 연료 보조금에 더 많은 돈을 지급했다. 블랙 스완 CEO와 투자자들을 맹렬히 비난하는 사건들이 앞으로 수없이 발생할 거라고 확언할 수 있다.

하지만 공개적으로 손발이 묶이기 전까지는 기존의 산업 부문과 여러 기업이 미래에 닥칠 위험에 아랑곳하지 않고 기존 방식을 고수할 것이다. 알렉스 스테픈(Alex Steffen, 환경 저널리스트 겸 미래학자—옮긴이)은 이를 가리켜 '지속가능성이 없고 부당한 체제를 사용해서 당분간 돈을 버는 데 필요한 변화를 방해하거나 지연시키는 행위', 즉 '약탈적 지연(predatory delay)'이라고 말했다. 부작위에 의한 지연이 아니라 계획적인 행동을 통해 지연시키는 행위, 다시 말해 '다음 세대와 후손에게 피해를 초래하는 것이지만 일단 지금 이득을 누리는 사람들을 위해 현상을 유지하는 것'[44]이다.

| 그린 스완의 특성을 반영하는 책임 |

클라이언트 어스와 같은 이니셔티브 활동에서 영감을 받으면, 블랙 스완 또는 그레이 스완 결과로 우리를 몰아붙이는 몇몇 경제 부문에서 투자를 회수하려고 법적 책임 체제를 사용하는 사례가 증가할 것이다. 630억 달러에 몬산토(Monsanto, 세계 최대 규모의 종자 회사―옮긴이)를 인수한 바이엘(Bayer, 독일 제약사―옮긴이)의 사례를 생각해보자. 인수 이후에 바이엘은 몬산토의 라운드업(Roundup)이라는 제초제가 건강에 미치는 악영향과 관련해 1만 3,000여 건의 소송에 휘말려 힘든 시간을 보냈다. 그중에는 라운드업에 수년간 노출되었다가 비호지킨림프종이 발병한 노부부에게 200억 달러를 배상한 패소 사례도 있었다.[45] 화석 연료 업체들도 기후 변화를 유발한 비용 때문에 법적 소송이 늘어나는 추세다.[46] 그린 스완 궤적이 기존 산업을 밀어제치고 양방향으로 뻗어나가면 책임소송 분쟁이 발생할 가능성도 있다. 그린 스완을 주도하는 기업이라면 책임소송에 대처할 방법을 생각해두어야 한다. 특히 진행을 늦추는 행위, 즉 '약탈적 지연'[47]을 유발한다는 이유로 소송당할 가능성에 대비해야 한다.

8. 중대성

모든 것이 중요하다고 말하면, 사람들은 결국 아무것도 중요하지 않게 된다고 말한다. 그렇다면 기업을 이끌어가는 책임자는 우선적으로 처리할 사안과 그렇지 않은 것을 어떻게 파악하는가? 한 가지 방법은 '중대성 매트릭스'를 사용하는 것이다. 중대성이라는 개념은 회계 및 감사 부문에서 많이 사용되고 지금까지 발전시켜온 것이다. 기본적으로 특정 요소나 개념이 다른 것보다 더 중요하다는 점을 전제로 한다. 적어도 재정적으로는 중요성의 차이가 분명히 있다는 것이다. 예를 들어 기타 비용에 관한 단순 계산 착오는 기업 전반의 상태에 큰 영향을 주지 않으므로 별로 중요한 문제가 아니다. 하지만 HP가 오토노미(Autonomy, 영국의 소프트웨어 회사—옮긴이)를 인수할 때처럼, 다른 기업을 인수하기 전에 그 기업의 가치를 잘못 평가하면 상황은 완전히 달라진다. 그러한 착오는 수십억 아니 수백억 달러의 손실로 이어지기 때문이다.

지나간 것들

기업의 재무 외 보고서 또는 지속가능성 보고서에 중대성 매트릭스가 처음으로 등장했을 때, 그동안 이러한 보고서에 자주 등장했던 장황한 표현에서 완전히 해방되는 느낌이 들었다. 다시 한 번 설명하자면 일반적인 중요성 매트릭스는 2차원으로 내용을 표현한다. 첫째, 정해진 주제가 외부 이해관계자에게 얼마나 중요한지 또는 얼마나 매력적인지 보여준다. 둘째, 수익성이나 가치 평가와 같이 재무적 고려사

항에 대한 임팩트의 측면에서 해당 주제가 기업에 얼마나 중요한 것인
지 보여준다.

렉시콘은 알리안츠(Allianz) 보험사를 들어 이 점을 설명하고 있다.
다른 보험사와 마찬가지로 알리안츠는 내부적으로 메가 트렌드를 분
석한 다음 이해관계자들을 대상으로 정기 설문 조사를 시행해 연간 매
트릭스를 작성한다. 일례로 2010년에 기후 변화 및 직원 만족도가 알
리안츠와 이해관계자 모두에게 가장 중대한 사안이 되었으나, '사회적
불평등'과 같은 문제는 회사와 이해관계자에게 비교적 덜 중요한 문제
로 간주했다.

최근 몇 년간 포퓰리즘이 난동을 일으키고 있으므로, 이러한 중대성
평가가 실제로 얼마나 정확한지 궁금할 수도 있다.

다가올 것들

우리는 블랙 스완이 업무상 위험으로 작용하는 기존의 패러다임과
그와 관련된 시장 현실에서 새로운 패러다임으로 이동하고 있다. 후
자는 그린 스완 역학을 촉진하는 방향으로 설계된 것이다. 패러다임의
이동에 맞추어 임팩트, 가치, 중대성, 책임에 대한 해석도 빠르게 발전
해야 한다. 새로운 트렌드를 따라가려면 공공 부문과 민간 부문의 리
더들에게 최대한도의 세금, 아니 어떤 경우에는 그 한도보다 더 많은
세금을 부과하게 될 것이다. 위험 분석가와 회계전문가는 특히 무서울
정도로 가파른 학습 곡선을 기어올라야 할 것이다.

| 그린 스완의 특성을 반영하는 중대성 |

중대성은 블랙 스완 시나리오와 그린 스완 시나리오에서 전혀 다르게 보일 수 있다. 첫 번째로 브라질 광산업체인 발리(Vale)는 중대성 평가를 하면서 위험의 중요도를 제대로 파악하지 못했고 결국 2015년에 마리아나 댐 붕괴 사고로 이어졌다.[48] 이 사고는 19명의 목숨을 앗아갔다. 이 사고 후에 발리는 블랙 스완의 개념을 철저히 연구한 다음, 그 사고가 일종의 블랙 스완에 해당하기 때문에 예측할 수 없었던 사고로서 회사 측에 책임이 없다는 결론을 내렸다. 그런데 2019년에 또다시 브루마디뉴(Brumadinho) 댐이 붕괴되는 사고가 발생했고, 300여 명이 독성 슬러지에 파묻혀 실종되었다. 이 사고로 발리의 관점이 어떻게 달라졌는지 알 수 없다. 기업이 중대성에 대해 잘 아는 것처럼 말한다고 해서 그들의 비즈니스와 주변에 미치는 영향을 올바로 이해한다는 뜻은 아니다. 이와 대조적으로, 그린 스완 중대성 평가는 기하급수적인 긍정적 성장의 기회를 모두 고려해야 한다.

9. 지배구조

21세기가 시작된 지 얼마 되지 않았을 때, 미시간 디어본에 위치한 포드 글로벌 본사 건물의 꼭대기 층에서 유명한 기업 변호사에게 싫은 소리를 들은 기억이 있다. 그는 나이도 꽤 먹은 듯했고, 희끗희끗한 곱슬머리에 화려한 색상의 나비넥타이를 매고 있었다. 요점은 '당신 같은 사람'은 기후 변화, 인권 등의 문제를 기업지배구조의 의제로 봐야 한다고 주장하는데, 그것이 크게 잘못된 생각이라는 것이었다.

지나간 것들

적어도 그 당시에는, 또는 그 변호사와 그가 근무하는 법률 분야는 해당 사항이 없었을지 모른다. 하지만 그때 나는 기업지배구조를 '기업을 최상의 수준으로 관리하는 방식'이라고 생각했고, 지금도 그 점에는 변함이 없다. 사실, 이 표현은 렉시콘에서 인용한 것이다. 기업이나 조직에서 정상의 자리에 앉아 있는 사람들이 우리를 그렇게 생각하게 만들었다. 사실 그런 사람들이 어떤 논리를 내세우는지는 중요하지 않다. 그들이 새로운 형태의 위험을 간과하면 주주를 포함해 주요 이해관계자의 뒤통수를 칠 우려가 있다. 밀턴 프리드먼조차도 바로 그 점에 대해 망설였을지 모른다.

다가올 것들

1992년 영국에서 시작된 캐드버리 코드(Cadbury Code)와 같이, 기업지배구조의 윤리적, 사회적, 환경적 측면에 대한 진지한 검토가 계속 쏟아져 나왔고, 그 결과 이제는 상황이 많이 변했다. 한때 부차적인 문제로 여겨졌던 사안들이 이사회와 최고경영진 회의에 빠르게 침투했다.

카를로스 곤(Carlos Ghosn)은 르노, 닛산, 미쓰비시의 회장직을 맡고 있으며 전 세계를 누비는 사람이다. 이 부분의 초고를 쓸 무렵, 그는 여러 가지 금융 관련 범죄로 일본의 어느 구치소에 갇혀 힘든 시간을 보내고 있었다.[49] 그러다가 이 책의 원고를 탈고할 무렵에 일본을 탈출했다고 한다. 앞으로 그가 어떤 결말을 맞이할지 모르지만, 그가 지금 즐기고 있는 모험과 불행을 생각해보면, 지배구조라는 문제가 이전 어느 때보다 중요해졌으며 계속 확장되고 있다는 점을 깨닫게 된다.

| 그린 스완의 특성을 반영하는 지배구조 |

현재 여러 이사회에서 위험 전문가를 비롯해 미래의 그레이 스완과 블랙 스완까지도 예측하는 데 도움을 줄 수 있는 사람을 모집하고 있다. 하지만 사고방식, 비즈니스 모델, 시장에 혁명을 가져올지 모르는 잠재적인 그린 스완 역학관계를 파악하도록 도와줄 수 있는 인재를 끌어들이는 데 성공한 사례는 거의 없다. 혁신이라는 측면에서 앞서가는 기업들이 한 가지 방법을 사용하는 것을 알 수 있다. 그것은 바로 고위 경영진을 싱귤래리티대학교(Singularity University, 미래학자 레이 커즈와일이 구글과 미국 항공우주국(NASA)의 지원을 받아 기하급수적인 성장이 기대되는 미래 기술을 사용해 문제를 해결하도록 리더를 교육하고 영감을 주고자 설립한 학교—옮긴이)[50]와 같은 교육 프로그램에 참여시키거나 리더스 퀘스트(Leaders' Quest, 미래 재생을 목표로 지혜와 통찰력을 갖춘 리더를 양성하고자 설립된 교육 기관—옮긴이)[51]에서 제공하는 학습 기회를 사용해 이들을 기하급수적일 수 있는 새로운 기회에 노출하는 것이다. 아직 경영진이 기하급수라는 최신 트렌드에 발 담그지 않았다면 이번에 시도하기 바란다.

몇 년 전 어느 날 오후 도쿄의 닛산 이사회에 참석하고 나오는 길에, 이사회 회의가 그동안 얼마나 변했는지 생각해보았다. 특히 곤이 체포된 후에 회의의 본질적인 부면이 달라졌을까 하는 의문이 들었다. 뉴욕시에서 엑슨모빌을 상대로 소송을 제기했다는 뉴스가 보도된 날, 엑슨모빌 이사회 회의실을 도청이라도 하고 싶은 심정이었다. 아무튼, 그런 큼직한 사건들이 발생한 후에는, 주변의 눈치를 보지 않고 "세상에, 그 사람들은 도대체 무슨 생각으로 그런 짓을 한 거야?"라고 말할 수 있게 되었다.

10. 좌초자산

세계에서 가장 중요한 작업 중 일부가 완료되었으며 몇 가지 매우 중요한 새로운 비즈니스 개념과 용어가 비영리 단체를 통해 도입되었다. 내가 선호하는 단체 중에 카본 트랙커 이니셔티브(Carbon Tracker Initiative)가 있다. 이들이 재정비한 좌초자산의 개념 덕분에, 사람들이 지구 온난화가 우리 경제와 특정 산업 부문 및 기업에 대해 어떤 구조적 의미를 띠는지 생각하게 되었다.

이와 같은 시장 행동주의로 인해 향후 10년 이내에 기업과 산업 부문 평가가 달라질 가능성이 있다. 이는 기업가, 투자자 및 커리어와 세수 및 연금에 대한 위험이 나날이 증가하는 사람들에게 시사하는 바가 매우 크다.

지나간 것들

한 가지 의아한 것은 온라인 렉시콘을 찾아봐도 좌초자산이라는 용어가 나오지 않는다는 점이다. 하지만 자산을 '개인이나 기업이 소유하고 있는 가치 있는 것 또는 돈을 버는 데 사용할 수 있는 것'으로 정의하면서, 유형 자산과 무형 자산으로 나뉜다고 알려준다. 유형 자산은 '공장이나 장비처럼 물리적인 형태가 있는 것'이고 무형 자산은 '물리적인 형태는 없지만 특허, 상표, 영업권, 브랜드명, 라이선스, 프랜차이즈처럼 가치 있는 비즈니스 자원으로 여겨지는 것'이라고 정의한다.

그렇지만 '시간이 흐를수록 손실이 발생하는 자산이나 비즈니스'를 뜻하는 소모자산(wasting asset)과 불량자산(toxic asset)은 어휘 목록에 들어가 있다. 불량자산은 '자산 가치가 심각하게 하락했고 앞으로 더 하락할 우려가 있는 자산으로서, 특히 해당 자산의 시장은 얼어붙은 상태일 가능성이 있다. 가치 하락의 원인으로는 그동안 자산 내에 숨겨져 있던 위험이 드러났거나 외부 시장 환경의 변화 등을 들 수 있다'고 설명되어 있다.

2007~2008년 금융위기 당시에 주요 은행이 어려움에 부닥친 주된 이유는 불량자산이었다. 예를 들면 '서브프라임 모기지의 증권화는 처음에 주식을 발행한 사람이 모기지 불이행의 실제 비율과 증권 전반에 미치는 영향을 고려하지 못해 발생한 결과'였다.[52] 이전에 AAA 등급을 받은 자산이 '갑자기 정크본드처럼 보이기 시작했다. 아무도 찾는 사람이 없지만 그래도 시장 내 가격을 매긴다면 기존 가격의 극히 일부분에 불과한 수준이었다.'

다가올 것들

자산이 좌초되는 원인은 다양하다. 관련법의 변경과 같은 규제상의 원인, 비용이나 가격의 상대적인 변동으로 인한 경제적인 원인, 물리적 거리, 가뭄이나 홍수와 같은 환경 요인이 관련된 물리적 원인 등이 있다.[53] 기후 비상사태에 맞서기 위한 경쟁이 본격적으로 시작되면 한때 가치 있던 자산은 모두 좌초될 것이다. 각국 정부는 지구 온난화 현상이 2도 이상 악화하지 않게 하려고 애쓰고 있지만, 전 세계 탄소 예산(carbon budget, 잔여 탄소배출총량이라고도 함. 지구의 평균 온도를 상승시킬 이산화탄소량에서 사람이 배출한 탄소량을 빼고 남은 한계 배출 허용량—옮긴이)은 크게 달라지지 않을 것 같다. 이는 기후 집약적인 산업에 시사하는 바가 크다.

재무정보공개 협의체(Financial Stability Board Task Force) 의장이자 영국 중앙은행 총재인 마크 카르니(Mark Carney)는 2도 상승 억제 목표에 맞추어 탄소 예산을 마련하면 "(화석 연료) 매장량 대부분은 '꼼짝없이 발이 묶일' 것"이라고 경고했다. 고가의 탄소 포집 기술 없이는 원유, 가스, 석탄을 연소시키는 것이 아예 불가능하다. 그러므로 화석 연료 경제의 판도가 완전히 바뀔 것이라는 논리다.[54]

그렇다면 지구의 미래는 그레이 스완에 블랙 스완까지 겹친 상태가 될 것이다. 하지만 차세대 그린 스완을 발전시킬 인센티브도 많다는 뜻이다. 아직은 그린 스완이 시장의 기적처럼 보이지만 앞으로 이런 시각은 달라질 것이다.

| 그린 스완의 특성을 반영하는 자산 |

블랙 스완과 그레이 스완의 추세를 볼 때, 많은 자산이 좌초될 가능성이 크다. 제1부에서 강조된 자산들도 예외는 아니다. 그린 스완도 지속 가능성이 없는 자산을 좌초시키는 결과를 초래하겠지만, 다른 종류의 자산에 새로운 가치를 부여해 해당 자산을 '되살릴' 것이다. 공공 부문과 민간 부문 양측의 의사결정권자들이 이러한 가능성에 관심을 보이고 있다. 현행 자본주의, 민주주의, 지속가능성이라는 안건, 시장 역학이 그린 스완 결과가 나올 방향으로 유도할 방법은 매우 다양하다. 그 과정에서 비즈니스 용어는 날개를 단 것처럼 빠르게 발전할 것이다. 주의 깊이 지켜볼 가치가 있다.

GREEN SWANS

제1부

블랙 스완 블루스

: 결과의 시대 :

제2장

사악한 세상

> 부정적인 지수 <

그린 스완은 종종 서서히 발전하다가 갑자기 속도가 붙는다는 면에서 블랙 스완에 가깝다.[1] 인류 역사를 돌이켜 보면 사람들은 잠재적으로 존재하는 위협을 발견하거나 파악하지 못한 경우가 많았다. 그린 스완 역학이 초래하는 시장의 종류나 사회적 기회도 마찬가지다.[2] 그러나, 그린 스완은 종종 블랙 스완이나 그레이 스완의 위협이 발생할 때 그에 대한 반응으로 생겨난다. 이 점을 감안해 긍정적인 지수가 어떻게 생성, 제어되는지 알아보기 전에 부정적인 지수부터 알아보자.

어떤 부정적인 지수는 우리를 너무 끔찍한 방향으로 끌고 갈지도 모른다. 그렇게 생각하면 부정적인 지수가 상당히 위협적으로 느껴진다. 그래서 이런 부정적인 지수를 가리키는 표현을 따로 정해야 할 지경이다. 나는 21세기 초 미시간 디어본에 자리 잡은 포드 자동차와 협업하던 중에 '사악한 문제(wicked problem)'라는 표현을 처음 접했다. 업무회의 중에 3세대 포드 직원인 데이브 버드쉬(Dave Berdish)가 그 말을 사용했다. 오랫동안 그와 친구로 지내왔지만, 그 말을 듣는 순간 당혹스러움을 감추기 어려웠다. 굉장히 노골적인 표현이라는 생각이 들었기 때문이었다.

하지만 거대한 자동차 회사인 포드의 문제점을 깊이 파고들수록 오히려 그 표현이 적절하다는 생각이 들었다. 빌 포드(Bill Ford) 회장은 내가 그 표현을 완전히 이해하게 도와주었다. 그는 흡연이 암을 포함한 건강 문제를 일으킨다는 것을 담배업계가 이미 수십 년 동안 알고 있었지만 이른바 매몰자본을 지키려고 그 문제를 은폐했다고 지적했다. 요즘 말로 표현하자면 시장 기대와 수요가 바뀌자 좌초 위험에 처한 자산을 보호하려는 것이다.

빌 포드 회장의 말에 따르면, 변호사와 판사가 결국 주요 담배 기업을 파헤치기 시작했고 수천억 달러의 벌금형이 부과되었다. 포드 자동차라는 기업에 우리 가족이 몸담고 있고 개인적으로도 깊은 애착을 느끼고 있었다. 게다가 빌 포드 회장은 그때까지 내가 만나본 CEO와는 비교가 되지 않을 정도로 장기적인 안목을 가지고 있었으며, 언젠가는 자동차 산업도 대형 담배회사와 같은 일을 당할까 봐 진심으로 걱정하고 있었다. 달리 표현하자면, 일부러 그런 것은 아니지만 제 손으로 블랙 스완을 만들고 있었던 것이다.

차량 제조업계도 자동차 테일 파이프에서 내뿜는 배기가스가 여러 가지 문제를 초래한다는 점을 오래전부터 알고 있었다. 여기에는 어린이 천식, 폐 질환, 자산 및 식물에 미치는 피해, 기후 붕괴가 포함되며, 그중에서도 기후 붕괴가 가장 심각한 문제였다. 빌 포드 회장은 언젠가는 변호사들이 포드 자동차와 다른 자동차 제조업체를 조사할 거라며, 아마 15년에서 20년 사이에 그런 사태가 벌어질 거라고 생각하고 있었다.

그런데 우리가 그런 대화를 나눈 지 불과 몇 년 후에 법정 소송이 시작되었고, 아직도 진행 중이라고 한다. 내가 제2장 초안을 준비하던 시기에, 한때 캘리포니아 주지사였던 아널드 슈왈츠제네거는 주요 정유사를 대상으로 대규모 법정 소송을 시작하려고 몇몇 로펌과 논의 중이라고 발표했다.[3] 그는 정유사가 지구 온난화를 유발하고 악화시키는 주범으로서 '전 세계 사람들을 고의로 죽이고 있다'고 지적했다. 더 나아가 코앞에 닥친 '기후 비상사태(climate chaos)'에 책임이 있으므로 기후 정유사 CEO에 1급 살인 혐의를 적용해야 한다고 주장했다. 다소 과격한 표현을 사용한 것은 사실이지만 기후 위기가 급격히 악화되고 있으므로 많은 사람이 슈왈츠제네거의 주장에 공감할 것이다.

게다가 슈왈츠제네거는 생산 및 처리 과정에 화석 연료를 사용하는 모든 제품에 경고 라벨을 부착해야 한다고 주장했다(WCKD 태그는 다음 장에서 살펴보기로 한다). 오늘날 우리가 구매하는 거의 모든 제품이 여기에 해당할 것이다. 어쨌든 이 주장도 주요 정유사에게 매우 위협적이다.

슈왈츠제네거는 다음과 같은 논거를 제시했다.

"담배처럼 자기가 만든 제품 때문에 사람이 죽어가는 것을 알면서도 경고 라벨을 부착하지 않는 것을 정말 무책임한 행동이라고 생각한다. 주유소마다 경고 라벨을 부착하고 자동차에도 그렇게 해야 한다. 아무튼 화석 연료와 관련이 있는 제품은 모두 경고 라벨을 부착해야 한다."

전반적인 흐름이 변하고 있다는 것은 부인할 수 없다. 지금 돌이켜 생각해보면, 포드사는 '사악하다'고 낙인찍힐 정도로 심각한 문제로 인해 이미 입장이 매우 곤란하다는 것을 잘 알고 있었다.

당시 자동차와 트럭은 수요가 많았다. 지금도 마찬가지다. 그런데 흥미로운 점은, 사람들이 갈수록 큰 차를 선호하며 트럭 디자인이나 차체를 중시한다는 것이다. 게다가 SUV 수요는 끝도 없이 늘어나고 있다. 투자자들은 포드가 대형 SUV 판매를 늘려야 한다고 주장한다. 그 이유는 매우 단순하다. 포드와 같은 업체는 연비가 높은 소형 모델보다 연비가 낮은 SUV 판매 수익이 더 크다는 점이다. 이런 분위기로 인해 자동차 제조업체로 인한 기후로 인한 미래 사회의 붕괴는 이미 보장된 것처럼 보인다.

그러던 차에 일론 머스크(Elon Musk)가 나타났다. 테슬라(Tesla)의 획기적인 성공은 기존 자동차업계의 판도를 완전히 바꿔놓았다. 한때 불가능하다고 여겨졌던 전기자동차는 이제 필연적인 존재가 되었다. 사람 됨됨이나 기업 운영방식에 대해 논란이 많은 것은 사실이지만,[4] 머스크의 업적은 시장에 큰 변화를 일으켰으며 그 여파는 아직도 계속되고 있다. 이 책을 집필하는 시점에도 런던 곳곳에 전기 충전소가 계속 늘어나고 있다. 머스크가 그린 스완 특성을 가진 기업가라는 점은 부인할 수 없다.

이 세상은 갈수록 복잡해지고 서로 깊이 얽히고 있으며 대처하기 어려운 곳이다. 이런 세상에서 자동차업계의 문제가 좀 복잡한 편이지만, 가장 사악한 문제라고는 할 수 없다. 가장 사악한 문제가 무엇인지 파악하려면, 사악한 문제의 특성부터 살펴봐야 할 것 같다.

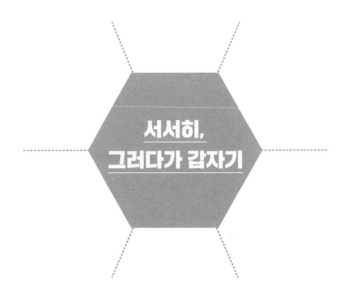

서서히,
그러다가 갑자기

오라일리 미디어(O'Reilly Media)의 창립자 팀 오라일리(Tim O'Reilly)
만큼 기술이 주도하는 미래에 대해 잘 아는 사람은 아마 없을 것이다.
그는 미래의 주요 특징을 다음과 같이 정확히 파악하고 있다. 서서히
움직이는 것처럼 보이는 일이 미래에는 예상치 못한 방식으로 돌변하
는 경향을 보일 것이다. 그는 어니스트 헤밍웨이(Ernest Hemingway)의
소설《해는 또다시 떠오른다(The Sun Also Rises)》를 인용해 미래의 불
안정한 모습을 설명했다.

소설에는 마이크라는 인물이 등장한다. 어쩌다가 파산했냐는 질문
에 마이크는 "딱 두 가지였어요"라고 대답했다. 오라일리는 "서서히,
그러다가 갑자기"라는 표현에 주목했다.

"작은 변화가 계속 쌓이고 쌓이더니 어느 순간에 갑자기 세상이 완전 다른 곳이 되어버렸어요."[5]

오라일리는 자신이 '서서히 그러다가 갑자기' 이루어진 전환을 추적했으며 그러한 전환을 촉진하는 데 도움을 준 적이 있다고 했다. 이를테면 '월드와이드웹, 오픈 소스 소프트웨어, 빅데이터, 클라우드 컴퓨팅, 센서와 유비쿼터스 컴퓨팅'에 참여했으며 '지금은 인공지능과 알고리즘 시스템이 경제와 사회에 미치는 폭넓은 영향도 그러한 전환에 포함된다고 했다.

그러면 오라일리가 말하는 '서서히 그러다가 갑자기' 변하는 세상에는 지금 무슨 일이 벌어지고 있는 걸까? 그의 분석을 살펴보면, 모든 부문의 리더가 나서서 대책을 마련해야 할 정도로 중대한 변화가 닥칠 것이라는 점을 이해하게 된다. 몇 가지 예시는 다음과 같다.

- 인공지능과 알고리즘이 빠르게 보급되면서 인간과 기계의 관계가 새롭게 정의되고 있다. 인간의 기계 제어를 강화하기 위해 신경 인터페이스(neural interface)가 개발되고 있으며, 온라인 학습을 통해 교육계에도 큰 변화가 일어나고 있다.
- 미국을 능가하는 나라들이 속속 등장하고 있다. 신흥경제국은 낡아빠진 인프라와 기술에 얽매이지 않기 때문이다.
- 과거에 미국이 영국을 제치고 세계 최대 강국으로 군림했듯이, 조만간 중국이 미국을 그렇게 만들 것이다.
- 아프리카[6] 지역에 중국 투자가 많이 늘어나고 있다. 조만간 아프리카

- 는 '미래 세상의 공장'으로 부상할 것이다.
- 새로운 기술, 비즈니스 모델, 식단에 따라 농업이 크게 달라질 것이다.
- 기후 비상사태가 시작되면 '갑자기' 모든 상황이 달라질 것이다.
- 교육, 혁신, 기반 시설 및 사회 안전망 제공과 같은 주요 부문에서 공공 부문의 역할은 중요하다. 따라서 미국과 다른 지역 정부를 와해시키는 것은 최악의 선택이 될 것이다.

흥미롭게도 오라일리가 중요하게 여긴 열 번째 마지막 주제는, 자본주의의 핵심 학문인 경제학을 재정비하는 것이다. 오라일리는 지금까지 케이트 레이워스의 《도넛 경제학(Doughnut Economics)》, 마리아나 마추카토(Mariana Mazzucato)의 《가치의 모든 것(The Value of Everything)》, 러셀 로버츠(Russ Roberts)의 《내 안에서 나를 만드는 것들(How Adam Smith Can Change Your Life)》 등을 정독했다.

그중에서 마지막에 언급한 책은 스미스의 '보이지 않는 손'을 떠받드는 것이라고 오해받을 우려가 있기에, 오라일리는 스미스의 1776년 《국부론(The Wealth of Nations)》이 아니라, 그로부터 17년 후에 출판된 《도덕감정론(The Theory of Moral Sentiments)》을 언급한 것이라고 부연 설명했다. 이 책의 요점은 사회적 규범이 사리사욕을 억제하는 데 결정적인 역할을 한다는 것이다.

자본주의는 나날이 자유로워지고 있으며 이런 자본주의의 속성과 과잉에 대한 우려도 커지고 있다. 평상시에는 이러한 우려가 충분히 문제시되겠지만 지금은 이례적인 시기다. 인류세는, 특히 아프리카의 인구 급증 문제를 고려할 때, 지금까지 우리가 당연시했던 것들이 '서서히 그러다가 갑자기' 문제를 일으키거나 폭증하는 상황이 늘어날 것이다. 이러한 변화의 중심에는 새로운 형태의 사악한 문제와 매우 사악한 문제가 다양하게 산재해 있다. 이를 핵으로 해서 미래의 블랙 스완이 점차 발전하고 있다.

그렇다면
사악한 문제란
무엇인가

이 질문에 대한 답이 추후 모든 상황을 이해하고 대처하는 출발점이 된다. 답을 찾기가 쉽지 않지만, 사악한 문제를 어떻게 찾아서 해결할 것인가에 대해 약간의 단서는 있다. 세계적인 금융 위기가 새로운 경제 불황을 촉발할 위협이 닥쳤던 2008년에 〈하버드 비즈니스 리뷰〉에서 흥미로운 기사를 읽게 되었다. 지금까지 내가 이 잡지에서 읽은 내용 중 가장 흥미로웠다.

기사를 쓴 사람은 피츠버그대학교(University of Pittsburgh) 조셉 M. 카츠경영대학[7]의 전략적 경영학 교수 존 카밀루스(John Camillus)였다. 그는 "조직이 끊임없는 변화나 전례 없는 문제를 직면해야 할 때면 종종 사악한 문제가 발생한다"고 결론내렸다. 그러므로 요즘 세상과 같은 시기에 사악한 문제가 나타난다고 생각하면 된다.

카밀루스 교수의 설명을 좀 더 들어보자.

"이런 문제가 사회적 맥락에서 발생한다. 이해 관계자의 의견이 서로 엇갈릴수록 문제는 더욱 사악해진다. 사실 사악한 문제는 기술적으로도 복잡하지만, 사회적으로도 복잡하므로 대처하기 어려운 것이다. 모든 문제가 사악한 것은 아니다. 혼란, 불화, 더딘 진전은 어떤 사안이 사악한 문제가 될 수 있다는 명백한 징조라고 볼 수 있다."

그러면 사악한 문제라는 용어는 어디에서 생겨났으며 처음에 의도한 뜻은 무엇일까?

그는 "우선, 사악한 문제는 기존 절차로는 해결되지 않는다는 점에서 특별하다"고 말한다. 이는 1973년에 UC버클리(University of California at Berkeley)의 도시계획설계학과 교수인 호스트 리텔(Horst W. J. Rittel), 멜빈 웨버(Melvin M. Webber)가 제시한 주장의 핵심이라고 할 수 있다.

카밀루스 교수는 이 주제를 요약하자면 "사악한 문제의 원인은 일일이 다 셀 수 없이 많고, 말로 설명하기도 어렵다. 그리고 이렇다 할 정답도 없는 것"이라고 말했다.

"환경 파괴, 테러리즘, 빈곤과 같은 문제들이 전형적인 사악한 문제에 속한다. 해결하기 어렵지만, 흔히 접할 수 있는 문제, 그러니까 사람들이 표준화된 기술을 사용해서 정해진 기간 내에 해결할 수 있는 문제와는 전혀 다르다. 기존의 프로세스는 사악한 문제를 감당할 수 없을뿐더러, 원치 않는 결과를 도출해 오히려 상황을 악화시킬 우려가 크다."

이제 리텔 교수는 '사악한'[8] 문제의 주요 특징을 10가지로 제시한다. 다음은 리텔이 말한 특징마다 그린 스완을 중심으로 한 간단한 설명이다.[9]

1. 사악한 문제는 정해진 공식이 없다

리텔은 이렇게 설명한다.

"텍사스의 빈곤 문제는 나이로비의 빈곤과 정말 비슷해 보이지만 분명히 차이가 있다. '빈곤'을 설명하기에 적절한 기준은 따로 정해져 있지 않다. 세계 여러 나라와 지역에서 기후 변화를 바라보는 시각은 분명 다르다.[10] 인도는 기후 문제로 유발된 사회적 붕괴를 경험할 우려가 큰 나라로 분류되지만, 워낙 인구가 많아서 그들의 필요를 위해 화석 연료를 사용하는 것은 엄연히 자기네 권리라는 주장을 오랫동안 굽히지 않고 있다. 그 말인즉, 현재 경제에서 탄소를 쥐어짜는 것은 미국이 나서야 할 문제이고 미국의 성장으로 발생한 피해를 보상할 청정 기술을 찾으면 그때 인도와 공유하면 된다는 것이다."

2. 사악한 문제를 성공적으로 처리했다고 주장하거나 그러한 성공을 측정하는 것은 매우 어렵거나 아마 불가능할 것이다. 사악한 문제는 서로 맞물려서 더 악화하기 때문이다

사악한 문제는 기존의 문제점과는 판이하게 다르다고 리텔은 힘주어 말한다. 기존의 문제점은 구체적으로 파악하고 정의할 수 있었다. 하지만 기후 붕괴와 더불어 지구 온난화, 수질 문제, 사람의 이동, 해양 산성화, 산호초 백화 현상, 말라리아와 같은 열대성 질병이 이전에 온대 지역에 속한 지역으로 확산하는 문제 등은 서로 매우 복잡하게 얽혀 있어 구분·정의하기가 매우 어렵다.

3. 사악한 문제에 대한 해결책은 옳고 그름의 문제가 아니라 효과의 유무에 관한 문제이다

어떤 상태를 최종 목표로 삼아야 할지조차 불분명하므로, 사악한 문제를 해결할 때는 이를 완전히 해결하기보다는 그저 상황을 개선하는 것에 주안점을 두어야 한다. 주요 국가들이 수년에 걸쳐 지속가능한 개발 전략과 비전을 발표했다가 나중에 조용히 포기한 것도 아마 이런 이유였을 것이다. 기후 붕괴를 통제할 방법을 마련하는 것은 고사하고, 2030년 또는 2050년에 이 세상이 어떤 모습일지 상상하는 것조차 쉽지 않다. 그렇다고 해서 포기해서는 안 된다. 이럴수록 더욱더 포기하지 않겠다고 다짐해야 한다.

4. 역사를 어느 정도 참고할 수 있을지 모르나 사악한 문제를 해결할 때 사용할 만한 정해진 틀은 없다

리텔은 사악한 문제에 접근하는 팀이 말 그대로 기존에 없던 해결책을 직접 만들어내야 한다고 주장한다. 실제로 요즘에는 테슬라, 엑스프라이즈 재단(XPRIZE Foundation), 싱귤래리티대학교, 구글 엑스 연구소와 같은 조직에 관심이 쏟아지고 있다. 기존의 대기업과 달리, 이들은 거의 아무것도 없는 상태에서 시작한다. 이들의 주요 특징은 자사의 기존 비즈니스 등에 피해를 줄까 봐 걱정할 이유가 전혀 없다는 것이다.

5. 사악한 문제는 항상 여러 가지 설명이 가능하다

당신이 만약 극도의 빈곤과 같은 문제를 해결해야 한다면 문제의 원인을 어떻게 파악할 것인가? 아마 지역별 천연자원 매장량의 차이나 질적 수준의 차이, 국가 정부 및 지방 정부 체제의 효율성, 뇌물과 부패가 만연해 있다는 문제점 등을 분석할지 모른다. 하지만 아무것도 하지 않으려는 사람에게는, 이것이 도리어 '할 수 있는 것이 아무것도 없다'고 핑계를 댈 근거가 된다.

6. 모든 사악한 문제는 또 다른 문제의 전조 현상이다

모든 것이 서로 얽히고설킨 데다, 한 가지 문제를 해결하려고 하면 그로 인해 또 다른 문제가 발생하는 상황이라고 가정해보자. 이런 상황에서 당신은 어떻게 하겠는가? 리텔은 이렇게 말한다.

"사회경제적 정치 체제는 상호 연결성이라는 특징이 있다. 이 특징을 엿볼 수 있는 한 가지 사례로서, 교육을 변화시키려고 하면 영양 부문에 새로운 행동이 발생하는 것을 생각해볼 수 있다."

7. 사악한 문제를 완화하는 전략에는 확실한 과학적 테스트가 없다

사악한 문제는 인간이 만들어낸 것이다. 리텔은 과학이 자연 현상을 이해하기 위해 존재한다고 주장하지만, 일부 사회과학자는 이에 반박하면서 사악한 문제는 분명 경제적, 사회적, 정치적 특징이 있으므로, 과학적 조사 대상으로 매우 적절하다고 주장한다. 하지만 과학이 불편한 결론을 내리거나 껄끄러운 행동을 권할 때, 포퓰리즘 정치인이 이를 무시해버리는 경향이 커지면서 이런 문제가 더 악화하고 말았다. 트럼프 대통령이 미 환경보건국(US Environmental Protection Agency)을 단숨에 무력화시킨 것을 보면 이를 쉽게 이해할 수 있다.

8. 사악한 문제에 대한 '해결책'을 제시하는 것은 흔히 '일회성' 노력에 지나지 않는다

사악한 문제를 해결하기 위해 각고의 노력을 기울인 것이 혁신가가 다른 곳에서 시행착오를 통해 새로운 것을 배울 기회에 영향을 줄 수 있다. 반면에, 우리가 현재 직면한 시스템상 문제점의 성격이나 규모로 인해 동시에 여러 가지 실험을 진행해야 하는 상황에 부닥칠 수 있다. '블랙박스'처럼 열기만 하면 모든 정보를 알려주는 단 하나의 솔루션은 어디에도 존재하지 않기 때문이다.

9. 사악한 문제는 모두 특이한 행태를 보인다

인류는 지금까지 사악한 문제를 해결할 책임을 져본 적이 없다. 이런 측면에서 사악한 문제는 독특하다고 할 수 있다. 바다의 플라스틱 문제도, 전 세계적인 비만 문제, 항생제 내성 증가, 우주 파편의 증가와 같은 문제도 모두 마찬가지일 것이다.

10. 사악한 문제를 해결하려고 노력하는 사람은 자신의 행동을 전적으로 책임져야 한다

이 마지막 특성은, 의도적이든 아니든 간에, '극도로 사악한' 문제의 네 가지 구성요소에 대한 연결고리를 제공한다. 이러한 요소는 기후 위기 문제를 분석하는 과정에서 밝혀진 것이다.

극도로
사악한 문제

사악한 문제라는 분야를 깊이 파고들다가, 극도로 사악한 문제라는 매우 특별한 부류의 문제를 알게 되었다. 켈리 레빈(Kelly Levin), 벤저민 카쇼어(Benjamin Cashore), 그램 올트(Graeme Auld), 스티브 번스타인(Steven Bernstein)은 2007년 콘퍼런스 논문에서 사악한 문제와 극도로 사악한 문제를 구분해 제시했다. 이들은 기후 변화를 극도로 사악한 문제로 분류하면서 여기에는 다음과 같이 4가지 추가 특성이 있다고 설명했다.[11]

1. 시간이 많지 않다

지금 우리가 직면한 긴급한 문제 중 많은 부분이 기하급수적인 궤적으로 전환하거나 초기하급수적 궤적으로 전환하고 있다. 이로 인해 우리가 대처할 수 있는 시간은 급격히 줄어든다.

2. 중앙통제기관이 없다

제2차 세계 대전 이후에 설립된 수많은 국제기관은, 선별된 사악한 문제를 다루는 것을 공식적인 목표로 선포했다. 하지만 정작 효율적이고 중추적인 기관이 없다는 것이 큰 문제다. 게다가 지금까지 살펴본 것처럼, 시의적절한 집단행동을 계획하더라도 이를 지연시키거나 좌절시킬 기득권을 가진 방해꾼이 너무도 많다.

3. 문제를 해결하려고 애쓰는 사람도 결국 그 문제를 유발하는 역할을 한다

세계화, 초자본주의, 만연한 소비주의의 결합을 보면, 이 책을 읽는 사람은 누구나 수많은 사악한 문제에 적잖이 기여하는 존재일 가능성이 있다. 물론 그들도 문제를 해결하려고 노력하지만 자기 의도와는 달리 오히려 문제를 키우게 되는 것이다. 나도 그런 사람 중 하나일 수밖에 없다. 우리가 기존 체제를 바꾸려고 아무리 노력해도, 정작 우리가 그 체제의 일부라는 사실은 어찌할 수 없다. 아이러니하지만 그것이 불가피한 현실이다. 그래서 1970년대에 이런 생각을 잠깐 한 적도 있다. "우리가 열심히 노력할수록, 우리가 만들고자 하는 시스템에서 우리 자신을 멀리 끌어내는 것 같다."

4. 현행 정책은 미래를 비합리적으로 과소평가한다

궁극적으로 이것이 문제의 핵심이다. 정책 이면에는 정치와 우선순위만 있는 것이 아니라, 이른바 경제학의 보이지 않는 손이 미래를 얕잡아보면서 막강한 영향력을 휘두르고 있다. 애덤 스미스가 말한 '음울한 과학(dismal science)'을 재정립할 필요가 있음을 인지하는 경제학자가 점점 늘어나고 있다. 하지만 기존 시스템이 위험할 정도로 제 기능을 수행하지 못한다고 생각하는 사람들이 많으며, 경제학자들도 (종신 재직권과 같은 요소 등에 의해) 이 시스템에 발목이 묶여 있다.

사악한 문제에 대해 반드시 기억하고 배워야 할 점이 또 하나 있다. 사악한 문제는 많아지고 심각해질 수도 있고, 줄어들면서 상태가 호전될 수도 있다. 그리고 토끼처럼 급작스럽게 늘어날 때도 있다. 지금 우리가 사는 이 시대는 토끼처럼 왕성한 번식이 일어나는 시기에 해당한다. 그렇게 말할 수 있는 주된 이유는, 지구에서 진화가 일어난 이후 전례 없이 기하급수적으로 격앙된 시대로 접어들고 있기 때문이다.

인류세에
오신 것을
환영합니다

인류세에 대해 한 가지 알아두어야 할 것은, 인구가 수십억 명 수준으로 유지되는 한, 인류세가 계속될 것이라는 점이다. 인구가 폭발적으로 늘어나면 어느 시점부터 지구는 인류를 먹이고 인류가 초래하는 피해를 흡수하지 못할 것이다. 그 시점을 넘어서면 사악한 문제, 그레이 스완과 블랙 스완이 걷잡을 수 없는 상태로 흘러갈 가능성이 크다.

요즘 기준에 따르면 나도 베이비붐 세대처럼 홀로세(Holocene, 지질시대의 최후 시대를 말한다.—옮긴이) 초반에 태어났다. 그리고 같은 기준에서는 인류세가 1950년에 시작되었다고 한다. 지질시대 기준에서 말하는 홀로세는 이제 겨우 시작하는 단계다. 많은 과학자가 그렇게 보고 있다. 지질학적 시대는 통상 수백만 년 정도 계속되지만, 홀로세(또는 현세(recent epoch)라고 함)가 시작된 것은 불과 1만 1,500여 년 전, 즉 빙하가 녹기 시작할 무렵이었다. 빙하는 계속 줄어들고 숲은 늘어나는 것 같았으나, 얼마 후 농지 개척 및 목재 수요 때문에 숲의 면적은 다시 줄어들었다.

과학은 이러한 현실을 따라잡고 있다. 지금까지 〈이코노미스트〉에서 본 기사 중에 독보적으로 흥미로웠던 2011년 5월 26일 자 내용은 다음과 같다.[12]

> 2000년에 유명한 대기 화학자 폴 크루첸(Paul Crutzen)은 자신이 더는 홀로세에 사는 것이 아니라는 것을 깨달았다. 자신이 사는 세상은 주로 사람들이 만들어가는 시대였다. 해저를 돌아다니는 트롤 어선, 어마어마한 양의 퇴적물을 저장하는 댐, 산림벌채와 농장 관개 사업, 수십 킬로미터를 파고 내려가는 광산업과 빙하가 녹아내리는 현상에 이르기까지 인간은 지구에 수많은 변화를 초래한 주범이다. 그래서 크루첸 박사와 그의 동료 유진 스토머(Eugene Stoermer)는 현세대를 '현세'라고 부르자고 제안했다.

미약한 인간이 지구와 같은 큰 행성에 가공할 만한 영향력을 행사할 수 있다는 점을 믿지 않는 사람이 아직도 많다. 그렇지만 인간은 지금 지구의 운명을 좌지우지하는 존재가 되었다. 〈이코노미스트〉는 "지구는 거대하다"고 표현한 적이 있다. 지구를 70억 인구에게 똑같이 나눠 준다면 "1인당 거의 1조 톤을 받을 것이다. 이렇게 거대한 지구가 전체

역사의 1만 분의 1퍼센트도 되지 않는 짧은 시간 동안 고작 지표면 일부를 돌아다니던 인간이라는 종에 의해 돌이킬 수 없는 변화를 겪는다는 것이 얼마나 얼토당토않지 않은가. 하지만 그것이 현실이다. 인간은 지질학적 규모에서, 지질학적 속도보다 더 빠르게 이 행성을 바꿔놓은 자연의 힘으로 자리 잡았다."

여기에 놀라운 사실이 하나 있다. 물론 어떤 지질학적 지층이 어느 시대에 속하는지 알아보려면 지층에 들어있는 화석을 조사해야 한다. 실제로 과학자가 바위투성이 발굴 현장에서 공룡이나 그 밖의 멸종된 동물의 화석이나 흔적을 찾아내는 장면을 보며 경탄했던 사람이 많을 것이다. 하지만 우리는 동물 한두 마리의 화석 또는 그러한 무리의 화석이 아니라, 도시 전체의 화석으로 구분되는 지질학 시대에 살고 있다. 〈이코노미스트〉는 이렇게 설명한다.

지질학적 시대를 구분하는 가장 보편적인 기준은 화석이다. 화석을 기준으로 한다면 먼 미래에 과거를 돌이켜 보며 인류세를 구분하는 것이 별로 어렵지 않을 것이다. 도시는 독특한 화석이 될 것이다. 빠르게 침식되는 삼각주(지하수 사용 및 댐 상류 퇴적물의 고갈로 인해 빠르게 침식되는 삼각주는 인류세 환경에서 흔히 발생하는 문제임)에 자리 잡은 도시는 수백 년간 묻혀 있다가 발굴될 경우, 무너져 내린 구조나 여러 가지 재료가 희한하게 혼합되어 있다는 특징 덕분에 지질학적 기록에서 비교 대상을 찾을 수 없는 독특한 유적이 될 것이다.

인류세라는 용어 사용에 대해 의문을 제기하는 과학자도 있다. 하지만 미래 과학자가 인류세라는 용어를 사용하게 될 것을 시사하는 증거는 충분하다. 인류세의 시작이 1600년대로 거슬러 올라간다고 주장하는 사람도 있지만, 1950년을 인류세의 시작으로 볼 가능성이 더 크다.

한때 〈이코노미스트〉는 인류세의 시작이 전체 기후 시스템의 근본적인 재가동을 예고하는 것이며 이는 우리가 알고 있는 인류 문명의 종말을 가져올 것이라는 주장에 초점을 맞추었다. 하지만 이제는 다음과 같이 긍정적인 전망을 제시하고 있다.

> 인류세의 영향이 적은 방향으로 후퇴해 전 세계적 궁핍화(global immiseration)라는 위험을 무릅쓰기보다는 (…) 인류세의 잠재력을 지구 시스템의 작동 방식에 대한 혁명으로 간주해 이를 받아들이는 편이 나을 것이다.
>
> 지구 역사상 인류세가 초래한 가장 근본적인 변화 때문에 이러한 선택이 가능하다. 근본적인 변화란 새로운 존재 방식을 창출하고 협력과 협동을 통해 목표한 바를 이룩하는 지성을 가진 존재가 등장한 것을 가리킨다. 코페르니쿠스에서 다윈에 이르기까지 과학이 주는 교훈은 사람들이 그처럼 특별한 요청을 무시하도록 부추긴다. 그리스 비극의 배경이 되는 오만함부터 다윗 왕의 "헛되고 헛되니 모든 것이 헛되다 (…) 땅은 영원히 있다 (…) 해 아래에는 새것이 없구나"라는 한탄에 이르기까지, 여러 가지 형태의 문화적 경고도 마찬가지다. 그렇지만 모든 것이 헛되다고 한탄하는 것은 겉으로만 겸허한 척하는 태도일지 모른다. 행성 규모로 보자

면, 지성이야말로 진정한 의미에서 새롭고 강력한 것이다. 인류의 지성은 동식물을 길들여서 생활 환경을 완전히 바꿔놓았다. 산업화를 통해 생물, 지질학 및 화학상의 중요한 주기를 파괴한 것도 사실이다. 좋은 쪽으로든 나쁜 쪽으로든 인간의 지성은 앞으로 더 많은 변화를 일으킬 것이다.

우리는 그린 스완 경로에 안정적으로 진입해 '전 세계적 궁핍화'를 피할 수 있을 때까지는 당분간 더 많은 문제를 겪을 것이다. 하지만 긍정적인 상황이 기하급수적으로 증가하기 전에 현실 세계의 5가지 사악한 문제를 좀 더 자세히 살펴보기로 하자. 이런 문제가 어떻게 발생했으며 어떻게 우리의 미래에 갈수록 긴 그림자를 드리우는지 알아볼 필요가 있다. 과거를 교훈 삼아 이러한 문제를 해결하고자 노력하다 보면, 미래의 그린 스완 생각, 과학 및 기술이 서서히 그러다가 갑자기 등장할지 모른다.

제3장

블랙 스완 자본주의

〉전 세계에 닥친 5대 위기 상황〈

우리는 상업, 경제, 사회, 정치 등 사람의 활동을 추적, 개선할 수 있는 더 나은 방법을 하루빨리 찾아야 한다. 그린 스완 혁신을 밀접하게 모니터링하고 속도를 높이며, 보다 효과적으로 지원하고 인도할 수 있다면 가장 이상적일 것이다. 이러한 이상적인 결과를 실현할 방법이 있을까? 첫째, 어떻게 하면 금융 시장이 이 문제를 수용할지 생각해보라. 어떤 사람이 수익이나 배당금 기준으로 실적을 계산하거나 장기적인 전망을 평가할 목적으로 전 세계 주식 거래소에 상장된 기업을 추적한다면, 그 사람은 수많은 목록에서 원하는 기업을 찾아낼 방법부터 마련해야 할 것이다. 약어라는 것이 생겨난 이유가 바로 여기에 있다. ticker는 시계, 심장, 폭탄 등을 뜻하지만, 자본주의 주식 시장에서는 주식 호가 시스템에 사용되는 종목별 약어로 사용된다.

　AAPL은 애플, BAC는 뱅크오브아메리카, F는 포드 자동차 회사의 약어다. 우리가 제안하려는 것은, 정부나 증권 거래소가 제2장에서 설명한 일종의 사악한 문제와 관련된 위험에 취약한 −또는 그와 관련한 기회에서 남들보다 유리한− 모든 기업에 보조 약어를 사용하는 것이다. 월스트리트, 런던, 상하이 등 어느 곳의 증권 거래소든 간에, 모두 WCKD를 사용할 수 있다.[1]

　이런 식으로 표시된 기업은, 해당 부문에 대한 위협이 등장할 경우 그 위협의 중대성에 따라 주식, 채권, 보험 시장에서 가치가 하락할 수도 있고, 관련 기회나 역량이 극대화되는 시장에서는 가치가 높아질 수도 있다. 애널리스트라면 그런 변화가 유엔의 지속가능한 발전 목표를 달성하는 데 도움이 되는지 궁금해 할 것이다.

지금까지 살펴본 것처럼 사악한 문제는 요구조건이 불완전하고 상호 모순적이며 계속 변하기 때문에, 제대로 파악하거나 이해하기 어려워서 해결하기 어렵거나 해결이 아예 불가능한 문제를 말한다. 달리 표현하자면, 사악한 문제라는 표현에 나쁜 의도는 없지만 항생제 내성처럼 해결책을 찾는 것이 갈수록 어려워진다는 의미를 내포한다. 또는 '사회적 복잡성 때문에 구체적인 정지 시점이 정해져 있지 않은 문제'라고도 할 수 있다. 설상가상으로, 사악한 문제는 서로 복잡하게 얽혀 있어서 해결하려는 과정에서 또 다른 문제를 유발하거나 다른 문제를 발견하게 된다.

머릿속으로 한 가지 실험을 해보자. 기존 약어에 WCKD를 추가하고 상하 화살표로 진행 방향을 표시한다면 어떻게 될까? 아마도 기업이 사악한 문제를 어떻게 해결하느냐를 기준으로 기업의 가치를 매기게 될 것이다.

예를 들어 AAPL-WCKD와 위 방향을 가리키는 녹색 화살표와 함께 있으면, 이는 쿠퍼티노에 본사를 두고 있는 애플이라는 기업이, 전반적으로 고려할 때, 가장 중요한 미래의 위험과 기회를 지금 잘 준비하고 있다는 뜻이다. 따라서 투자자는 애플의 투자 가치를 높게 평가하게 된다. 반대로 F-WCKD에 빨간색 화살표가 아래 방향을 가리키고 있으면 어떻게 해석해야 할까? 위에서 말했듯이 F는 포드 자동차를 가리키며, 해당 기업이 아직 바람직한 방향을 선정하지 못했다는 뜻으로 풀이된다. 만약 F 옆에 위 방향을 가리키는 녹색 화살표가 있다면 이는 포드 자동차라는 기업이 긍정적인 방향으로 움직이고 있다는 뜻이다.

그러면 우리는 어느 주식을 팔거나 보유하거나 사고 싶은 마음이 들까? 투자자들이 자세히 알아보기 원하는 주식 및 채권을 보유한 5가지 부문을 한 번 알아보자. 첫 번째 대상은 일상생활의 거의 모든 부문에 사용되는 것이다. 우리 주변을 둘러보면 이것이 사용되지 않는 대상을 찾는 것이 거의 불가능할 정도다. 우리 생활에서 공기처럼 당연한 존재가 되어버린 것이다.

사악한 문제 1: 플라스틱 쓰레기로 오염된 바다

플라스틱은 처음 등장했을 때 미래를 주도할 물질이라고 크게 주목받았지만, 지금은 전 세계가 우려하는 대상이 되었다. 제3장을 준비하면서 〈플라스틱 오션(A Plastic Ocean)〉[2]이라는 영화 시사회에 초대받았다. 플라스틱 오션이라는 프로젝트를 통해 전 세계 폴리머 산업의 위협이 날로 커진다는 사실을 폭로한 과정은 매우 흥미로웠다. 이 영화를 제작한 조 럭스턴(Jo Ruxton)은 샌프란시스코 해안에서 1,500마일 떨어진 북태평양 환초 지역에서 발견된 태평양 쓰레기섬(Great Pacific Garbage Patch) 탐험대에 합류했다. 당시 목적은 쓰레기섬 실태를 직접 눈으로 확인하는 것이었다. 럭스턴 감독은 플라스틱 덩어리가 여기저기 떠다니는 장면을 예상했지만, 탐험대가 발견한 것은 바닷물이 온통 미세 플라스틱으로 가득한 모습이었다. 그제야 이 문제가 생각보다 훨씬 심각하다는 것을 깨닫고 영화 제작을 결심하게 되었다.

과거에는 플라스틱을 기적의 물질이라고 불렀다. 사실 지금도 플라스틱은 광범위하게 사용된다. 연합군이 제2차 세계 대전을 승리로 이끄는 데 큰 도움이 되었고, 세월이 흐른 뒤에는 현대 산업과 소비자 라이프스타일에서도 중심적인 역할을 하고 있다. 지금도 우리가 알아차리지 못할 뿐, 플라스틱은 형형색색의 옷을 입고 다양한 질감을 덧붙여서 끝없이 새로운 형태로 태어나고 있다.

플라스틱이 등장하기 전에 사람이 어떻게 생활했는지 생각해보면, 현대 사회에서 플라스틱이 얼마나 중요한 역할을 하는지 깨닫게 된다. 인류 역사 초기부터 사용된 도구 중에 아주 단순하면서도 유용한 것으로 빗을 들 수 있다. 한때 빗을 매우 중요한 생활용품으로 여겨서 사람이 죽으면 빗을 함께 묻어주기도 했다.

수전 프라인켈(Susan Freinkel)은《플라스틱 사회(Plastic: A Toxic Love Story)》[3]에서 플라스틱이 없던 시절을 다음과 같이 설명한다.

> 빗은 인류가 가장 오래 사용한 도구 중 하나다. 거의 모든 문화와 연령대에서 장식용으로 사용하거나 머리를 빗거나 이를 잡는 데 사용했다. 손이 가장 기본적인 인간의 도구이며 빗은 손의 대용품과 같다. 손가락 대신 빗을 사용하게 되었으나 빗의 디자인은 처음보다 그리 달라진 게 없다. 풍자로 유명한 〈어니언(Onion)〉에 '빗의 기술: 면도기나 칫솔보다 왜 이렇게 뒤처져 있는가'라는 제목의 기사가 등장할 정도라고 해두겠다. 석

기 시대의 빗이 가장 오래된 것인데, 약 8,000년 된 동물의 뼈를 깎아서 빗살이 4개인 빗을 만든 것 같다. 아마 그 빗을 만든 석기 시대 사람을 데려와서 지금 내가 사용하는 하늘색 플라스틱 빗을 보여주면 그게 무엇에 쓰는 물건인지 금방 알아볼 것이다.

오랫동안 인간은 사람의 뼈, 거북이 등껍질, 상아, 고무, 철, 주석, 금, 은, 납, 갈대, 나무, 유리, 도자기, 종이 반죽 등 손에 들어오는 재료가 무엇이든 가리지 않고 빗을 만들었다. 그러다가 19세기 후반에 최초의 인공 플라스틱인 셀룰로이드가 등장하면서 다양한 재료로 빗을 만드는 일이 중단된 것이다. 빗은 셀룰로이드로 만든 최초의 물품이자 가장 널리 사용되는 생산품이 되었다. 이렇게 새로운 재료로 빗을 만들고 난 후에는 예전에 사용된 재료를 다시 찾는 일은 한 번도 없었다. 그때부터는 반드시 플라스틱으로만 빗을 만들게 되었다.

흥미로운 사실은, 그 당시에 야생동물 보존에 관심이 있는 사람이라면 새로운 재료가 등장한 덕분에 상아를 가진 동물을 살려준 플라스틱을 두 팔 벌려 환영했을지 모른다. 그도 그럴 것이, 당시에 상아는 단추, 상자, 피아노 건반, 당구공까지 사용되지 않는 곳이 없을 정도였다. 이 점에 관해 프라인켈은 다음과 같이 지적한다.

당시 미국은 물론이고 유럽에서도 상류 사회는 당구에 심취해서, 거의 모든 저택에 당구대가 마련되어 있었다. 1800년대 중반에는 남아 있는 코끼리가 얼마 없어서 앞으로 당구대를 굴러다니는 공이 사라질 거라는 우려가 나올 정도였다. 최고급 당구공 재료의 원산지인 스리랑카의 상황은 더욱 심각했다. 〈타임(The Times)〉에 따르면 실론 섬 북부지역에서 "당국이 두당 몇 실링의 보상을 약속하자, 3년도 되지 않아서 원주민이 후피 동물 3,500마리를 끌고 왔다"고 한다.

존 웨슬리 하이엇(John Wesley Hyatt)은 최초의 플라스틱인 셀룰로이드를 개발한 사람이다. 그의 발명은 발명의 전체 역사에서 가장 뛰어난 업적으로 평가해야 한다. 하이엇은 다양한 재료를 섞어서 시제품을 만들었는데, 그중에는 꽤 폭발성이 강한 재료도 포함되었다. 이렇게 만든 당구공에 대해 굉장히 흥미로운 결과가 나왔다. 그 당구공이 서로 부딪힐 때마다 총 쏘는 소리와 매우 비슷한 소리가 났다. 콜로라도의 어느 술집 주인이 하이엇에게 보낸 편지에서는 "당구공이 부딪힐 때마다 그 자리에 있던 모든 남자가 총을 뽑아 들었다"고 알려준다.[4]

어쨌든 그 시절에는 플라스틱으로 만든 모든 것이 신기하게 여겨졌다. 하지만 지금은 곳곳에 플라스틱이 사용되고 있다. 오히려 너무 친숙해져서 싸구려 취급을 받고 있다. 사람이 태어나서 죽는 순간까지 플라스틱에 둘러싸여 살아간다. 아니, 나이가 들수록 플라스틱을 접할 기회는 계속 늘어난다. 이제 과학자들이 호모 사피엔스가 개와 고양이에 의해 길들여졌다고 주장하듯이, 끝없이 새로운 용도로 사용되는 플라스틱이 우리를 길들였다고 해도 전혀 문제 될 것이 없다.

그렇다면 플라스틱을 어떻게 생각해야 할까? 전문가에게 도움을 요청할 수도 있다. 그들은 처음에는 쉽게 설명하다가 결국 어느 시점에

가면 플라스틱을 열경화성 플라스틱과 열가소성 플라스틱으로 구분해 기술적으로 설명하려 할 것이다.[5]

첫 번째 종류는 녹여서 원래 상태로 되돌릴 수 있는 것이다. 여기에는 폴리에틸렌, 폴리프로필렌, 폴리염화비닐, 폴리스타이렌, 나일론, 폴리카보네이트 등이 포함된다. 두 번째 종류는 일반적으로 생산과 동시에 제품으로 만들어져서 쉽사리 원상태로 되돌릴 수 없다. 가황 합성 고무, 아크릴, 폴리우레탄, 멜라민, 실리콘, 에폭시 등이 후자에 속한다. 이렇게 두 종류만 살펴봐도 상당히 복잡하다고 느낄 것이다. 하지만 이것은 겨우 시작에 불과하다.

이 밖에도 공업용 플라스틱이 있는데, 내구성과 강도가 매우 큰 편이다. 일례로 폴리카보네이트는 충격에 매우 강하다. 나일론과 같은 폴리아미드는 쉽게 마모되지 않으며 스타킹, 집게, 낙하산 등 거의 모든 분야에 사용된다. 그리고 믿을 수 없을 정도로 튼튼한 ABS(아크릴로니트릴 부타디엔 스티렌)도 있다. 이처럼 플라스틱 합성 재료는 앞으로도 계속 늘어날 것이다.

여기서 끝이 아니다. 플라스틱 섬유라는 것도 있다. 폴리에스터, 나일론, 레이온, 아크릴, 스판덱스로 만든 것은 이미 잘 알려져 있고, 그 밖에도 종류는 훨씬 더 많다. 그리고 코팅, 접착제, 엘라스토머 및 고무 등에 전천후로 사용된다. 심지어 우주 왕복선 외부를 코팅할 때도 플라스틱 섬유가 사용된다.

이처럼 플라스틱은 우리 주변 곳곳에 자리 잡고 있다. 하지만 플라스틱을 만드는 재료는 매우 다양하고, 대부분은 화석 연료와 관련이 있다. 단, 레이온은 나무에서 추출한 셀룰로스로 만들어진다. 나무 수액으로 고무를 만드는 것과 비슷하다. 재료는 차치하고, 지금까지 생산된 플라스틱 양이 어느 정도인지 아는 사람이 있을까? 모든 플라스틱의 생산, 사용 및 운명에 관해 처음으로 전 세계적 규모로 연구한 결과, 2015년까지 인간은 83억 메트릭톤(metric ton, 1,000킬로그램을 1톤으로 하는 중량 단위−옮긴이)의 플라스틱을 생산했으며, 그중 83억 톤은 이미 폐기물이 되었다. 폐기물 총량 중에서 재활용된 것은 9퍼센트에 불과하며 12퍼센트는 소각되었고 나머지 79퍼센트는 매립지에 묻혀 있거나 자연환경에 축적되어 있다고 한다.[6]

이런 추세가 계속되면, 2050년까지 매립되거나 자연환경에 버려지는 플라스틱 폐기물 발생량이 120억 미터톤이나 증가할 것이다. 이해를 돕기 위해 비유를 들자면, 120억 미터톤은 엠파이어 스테이트 빌딩의 3만 5,000배에 해당하는 무게다. 아무튼, 이런 플라스틱 현황을 사악한 문제로 봐야 하는 이유는 무엇일까? 〈이코노미스트〉에서 플라스틱이라는 주제로 시행한 설문 조사를 보면 그 답을 알 수 있다.

유럽과 미국에서 생산되는 플라스틱 대부분은 일회용 커피 컵, 음료수병, 과자 포장지나 기타 포장재. 이처럼 플라스틱 폐기물은 흔히 일회용품을 무분별하게 사용한 결과라고 할 수 있다. 그렇게 버려진 플라스틱 용품이 바다까지 떠내려오면 결국 머나먼 해변으로 흘러가게 되고, 바다표범 등을 질식시키는 원인이 된다. 게다가 바닷물과 자외선에 노출되면 물고기가 삼킬 정도로 아주 작은 조각, 즉 '미세 플라스틱'이 된다. 결국, 플라

스틱 조각을 품은 물고기가 다시 우리의 저녁 식탁에 올라오는 것이다.[7]

제3장의 초안은 브라질리아에서 네슬레와 협업 중에 작성한 것이다. 공유가치 창출 자문위원회에서 9년간 근무했고 나를 포함해 9명이 자문위원회를 떠났다. 당시 연구과제는 생수였다. 네슬레는 다양한 제품을 생산했지만, 특히 생수로 유명했다. 초창기 CEO였던 피터 브라벡−레트마테(Peter Brabeck−Letmathe)는 나를 자문위원으로 초대한 장본인이며, 전 세계 물관리(water stewardship) 부문의 선두주자였다.

그래서 공개토론장에서 당시 패널로 참석한 네슬레의 새로운 수장이 된 마크 슈나이더(Mark Schneider)에게 우리가 바다로 흘러 들어간 플라스틱에 대해 '얼마나 심각하게 고민해야 한다고 생각하는지' 질문했다. 사실 며칠 전에 생수에서 미세 플라스틱이 검출되었다는 뉴스가 보도된 상황이었다. 브라질리아에서의 토론 첫날에 〈가디언(The Guardian)〉의 첫 페이지에 다음과 같은 기사가 실렸다.

세계보건기구(WHO)는 생수에 플라스틱 문제가 발생할 가능성을 알아보기 위해 세계적으로 가장 인기 있는 몇몇 생수 브랜드를 새롭게 분석했으며, 90퍼센트 이상에서 플라스틱 조각이 발견되었다고 발표했다. 이전 연구에서는 수돗물의 미세 플라스틱도 심각한 수준인 것으로 나타났다. 이번 연구에서는 9개국 내 19개 지역에서 11개 브랜드의 생수 259병을 분석했는데, 시판 중인 생수 1리터당 평균 325개의 플라스틱 입자가 발견되었다. 네슬레의 퓨어 라이프(Pure Life) 1병에서 1리터당 최대 1만 개의 플라스틱 입자가 검출되었다. 259병을 모두 검사해보니, 플라스틱이 검출되지 않은 것은 고작 17병이었다.[8]

얼마 지나지 않아, 네슬레 과학자들이 언론에 보도된 연구 결과를 재현하지 못했다는 점을 알게 되었다. 하지만 슈나이더 회장은 방송이나 공개 석상에서, 과학적 입증이 복잡하고 어렵지만 그런 문제는 세월이 흐르면 더 시급해질 거라고 말했다. 이튿날, 자문위원회가 소집된 자리에서 그는 문제의 성격과 규모를 가리켜 '사악하다'고 표현했다.

이 문제를 어떻게 해결할 것인가라는 질문은 추후에 논하기로 한다. 다른 네 가지 문제도 마찬가지다. 우선 플라스틱 문제가 얼마나 심각한 규모인지 보여주기 위해 설문 조사에 대한 〈이코노미스트〉의 보도 내용을 마지막으로 한 번 더 인용하고자 한다.

> 매년 1천만 톤에 달하는 플라스틱이 바다로 흘러 들어간다. 이를 당장 멈춘다 해도 이미 바다에는 어마어마한 양의 플라스틱이 남아 있을 것이다. 그리고 플라스틱 유입을 당장 막을 방법도 없다. 바다를 오염시키는 플라스틱 대부분은 뒤처리가 깔끔한 유럽이나 미국에서 발생한 것이 아니라, 쓰레기 수거 시스템에 문제가 있거나 쓰레기 수거 시스템이 아예 없는 동아시아 개발도상국에서 발생한 것이다. 작년 10월 독일 헬름홀츠 환경 연구소 과학자들이 발표한 바에 따르면, 아프리카의 강 2곳과 아시아의 강 8곳에서 플라스틱 해양 쓰레기 총량의 90퍼센트를 배출하고 있다. 양쯔강에서만 매년 150만 톤이 유입된다.

모든 일에 이의를 제기하고 보는 〈이코노미스트〉 팀은 이번에도 그냥 넘어가지 않았다. 그들은 지금 기후 위기가 코앞에 닥친 마당에, 바다에 흘러 들어간 플라스틱 문제가 과연 이렇게까지 걱정해야 할 문제인지 공식적으로 제기했다. 하지만 이 문제가 사악하다고 보는 이유는 전 세계 바다가 플라스틱의 공격만 받는 것이 아니기 때문이다. 과도한 어업으로 인해 스트레스가 늘어나고 있고, 농경지에서 흘러나온 살충제와 비료가 강어귀를 거쳐 바다로 흘러들어 거대한 데드존(dead zone)을 형성하는 등 여러 가지 오염원이 바다를 침범하고 있다. 그리고 기후 온난화의 영향으로 수온 상승 및 산성화 현상도 심각한 수준이다.

| 그린 스완 렌즈로 볼 수 있는 것 |

플라스틱이 사라지는 일은 없을 것이다. 인류는 영원히 플라스틱을 사용하며 살아갈 것이다. 하지만 이제는 재생 가능한 원료를 사용하는 쪽으로 변화해야 하고 폐쇄 루프 시스템을 도입해야 한다. 그뿐만 아니라, 대기 중 온실가스 제거에 주력하듯이 해양의 플라스틱 쓰레기를 제거할 방법도 마련해야 한다. 이 분야에서 중요한 이니셔티브는 엘렌 맥아더 재단(Ellen MacArthur Foundation)이 시행하는 뉴 플라스틱 이코노미(New Plastics Economy)라는 프로그램이다.[9]

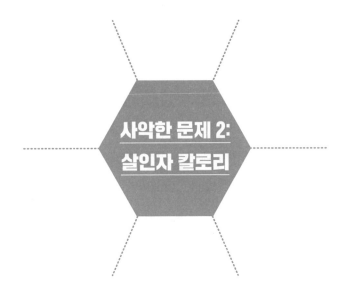

사악한 문제 2: 살인자 칼로리

전 세계적으로 가장 규모가 큰 비즈니스 중 하나는 수익성이 매우 높은 칼로리를 활용한 것이다. 하지만 현대인의 식단은 칼로리 때문에 전 세계적으로 건강 문제가 발생한다. 가장 심각한 문제는 비만 증가이고 그 밖에도 여러 가지 만성 질환이 늘어나는 추세다. 비만은 사회망을 통해 전염될 수 있다. 이 때문에 비만이 단순히 사악한 문제가 아니라 극도로 사악한 문제로 번질 가능성이 크다. 비만은 부모에서 자녀에게 유전될 수 있다. 그리고 실제로 얼굴을 본 적이 없는 사람들 사이에서도 소셜 미디어를 통해 전염되는 추세가 나타나고 있다.

나는 과학자가 아니다. 초등학교 시절 개구리 해부 수업을 거부하면서 이미 과학을 포기했다. 그렇지만 과학을 싫어하는 것은 아니다. 사실 이 학문을 정말 좋아한다. 그래서 일정 수준까지는 칼로리가 높을수록 좋지만 그 수준을 넘어가면 오히려 몸에 해롭다는 사실을 이해해보려고 최선을 다해 노력했다. 나만 그런 것이 아니라 대다수 사람에게 어려운 문제일 것이다.

복잡한 칼로리의 세계를 헤매던 중에 〈사이언티픽 아메리칸〉에서 가장 명쾌한 설명을 찾게 되었다.

> 음식은 신체에 에너지를 공급한다. 입, 위, 소장과 대장 등에 있는 소화효소는 음식 분자를 단순한 구조로 분해한다. 이렇게 만들어진 당과 아미노산은 혈류를 통해 여러 신체조직으로 이동한다. 우리 몸의 세포는 이들의 화학 결합에 저장된 에너지를 사용해서 각자의 일을 수행한다. 모든 음식에 저장된 에너지는 음식 칼로리 또는 킬로칼로리라는 단위로 계산할 수 있다. 1킬로칼로리는 물 1킬로그램을 섭씨 1도 높이는 데 필요한 에너지를 말한다. 지방은 1그램당 9칼로리, 탄수화물과 단백질은 1그램당 4칼로리의 에너지를 생산한다. 섬유소는 2칼로리 정도밖에 에너지를 내지 못하는데, 인체 소화관에 있는 효소로는 섬유소를 잘게 분해하는 것이 어렵기 때문이다.[10]

이를 통해 칼로리가 신체에 미치는 영향을 분석하는 것이 생각보다 매우 까다로운 일임을 알게 되었다. 과학을 잘하거나 좋아하는 사람에게도 결코 쉬운 일이 아니다. 위 기사에 따르면 "어떤 사람이 특정 음식에서 얻어내는 총 칼로리를 정확히 계산하려면 고려할 사항이 너무

170

많아서 어지러울 지경이다. 음식이 소화 과정을 잘 거쳤는지, 음식을 삶거나 굽거나 찌거나 데울 때 화학적 구조가 어떻게 변하는지, 음식의 종류마다 인체가 분해할 때 에너지가 어느 정도 소모되는지, 장에 있는 수십억 마리의 박테리아가 소화에 얼마나 도움을 줄지 아니면 중간에서 칼로리를 가로채는지 일일이 따져봐야 한다."

그래서 결론은 무엇인가? 〈사이언티픽 아메리칸〉에 따르면, "이제 영양학자들이 라벨에 칼로리를 표기할 수 있을 정도로 관련 가설이 크게 발전했다. 그러나 인간의 소화 과정은 너무나 복잡하고 어려워서 확실한 칼로리 계산 공식을 정립하는 것은 앞으로도 쉽지 않을 것 같다." 일단 복잡한 내용은 잠시 접어두자. 하지만 칼로리라는 용어의 의미를 고려할 때 현대 식단의 주요 특징에 심각한 문제가 있다는 점은 더 명확해졌다.

몇 년 전 〈뉴스위크(Newsweek)〉에 보도된 설문 조사는 이 문제가 얼마나 심각한 규모인지 강조했다. 전 세계 인구의 90퍼센트가 사용하고 있는 325개의 식단 관련 설문 조사를 검토한 것인데, 이는 지금까지 시행된 국제 식습관 연구 중에서 가장 규모가 큰 연구다.

긍정적인 점은, 이번 연구와 비슷한 기간인 1990년부터 2014년까지 전 세계 기아 인구가 8억 5천만 명에서 2억 9백만 명으로 감소한 것이다. 그래도 기아 인구는 심각한 수준이다. 하지만 예전에는 상상조차 못 했던 변화가 일어난 것은 불행 중 다행이다.

하지만 걱정스러운 점도 있다. 전 세계 식단의 질적 수준이 최근 몇십 년 사이에 크게 악화했다. 터프츠대학교 영양학 및 정책 대학원장

다리우시 모자파리안(Dariush Mozaffarian)에 따르면, 사하라 사막 이남의 아프리카 및 아시아 지역의 빈곤국에서는 건강에 해로운 음식 소비가 매우 빠르게 증가하고 있다.[11]

이러한 변화의 이유 중에는 서구 식단이 전 세계로 퍼지는 것을 들 수 있다. 그리고 일부 식품회사와 농업회사가 거의 절대적인 권력을 가지고 있어서 무엇을 생산할지, 소비자가 무엇을 먹을지 마음대로 결정하는 것도 문제가 된다. 이처럼 심각한 변화의 주된 이유는 단당류, 지방, 탄수화물 함량이 매우 높은 정제 식품이다. 현재 이러한 정제 식품은 인류의 건강과 웰빙에 특수한 문젯거리로 자리 잡았다.

그러면 지역별 상태는 어떨까? 인구가 10억 이상인 중국이나 인도의 경우, 건강에 해로운 음식 소비의 증가율이 가장 높은 편이다. 설상가상으로 유럽과 남미의 몇몇 나라에서도 건강에 좋은 음식과 건강에 해로운 음식 소비가 모두 증가한 것으로 나타났다.

그러면 칼로리 문제는 어디부터 등장하는가? 모자파리안이 톰슨로이터 재단(Thomson Reuters Foundation)에게 했던 말에서 힌트를 얻을 수 있다.

"세계 각국에서 이루어지는 영양학 연구는 사람들에게 제공되는 전분 위주의 주식, 즉 칼로리에 초점을 맞추고 있다. 우리는 빈곤국에 공급되는 칼로리에만 집중할 것이 아니라 질적 수준에도 관심을 가져야한다."[12]

187개국을 조사해보니, 대다수 국가에서 젊은 층보다 노인층이 질 높은 식습관을 유지하고 있었다. 그리 놀랄 일은 아니다. 안타깝지만 지금 세대는 부모나 조부모보다 훨씬 부실하게 먹으며 성장하고 있다.

그런데 이런 현상이 어떻게 두 번째 사악한 문제로 둔갑하는 것일까? 해로운 식단의 가장 큰 문제점은 전 세계적으로 비만이 빠르게 증가하는 결과를 초래하는 것이다. 세계보건기구는 과체중과 비만에 대해 "건강을 해칠 정도로 지방이 비정상적이거나 과도하게 축적된 상태"[13]라고 정의한다. 지방이 그렇게 축적되면 여러 가지 만성 질병이 따라오기 마련이다. 세계보건기구는 다음과 같이 설명한다.

"과체중 및 비만은 당뇨병, 심혈관 질환 및 암과 같이 수많은 만성 질병을 유발하는 주된 위험 요소에 속한다. 한때 국민 소득이 높은 국가에서만 과체중과 비만이 심각한 문제로 여겨졌다. 그런데 요즘에는 소득이 낮지만 빠르게 도시화되는 빈곤국이나 개발도상국에서도 과체중 또는 비만 환자가 급증하고 있다."[14]

세계보건기구는 이렇게 경고한다.

"비만은 전 세계적으로 전염병 수준에 도달했다. 매년 적어도 280만 명이 과체중 또는 비만으로 인해 목숨을 잃고 있다."

2016년에는 18세 이상 성인 중에서 과체중인 사람이 19억 명을 넘었다. 그중에서 비만에 해당하는 사람은 6억 5천만 명이 넘었다. 같은 해에 18세 이상 성인의 39퍼센트(남자 39퍼센트, 여자 40퍼센트)가 과체중이었다. 요약하자면 2016년 기준으로 전 세계 성인의 약 13퍼센트(남자 11퍼센트, 여자 15퍼센트)가 비만이라는 결론이 나온다. 이는 굉장히 우려할 만한 수치다.[15] 1975년에서 2016년이 되기까지 전 세계 비만율이 거의 3배로 증가했기 때문이다.

그런데 최근에 와서는, 설상가상으로 연령대가 급격히 낮아지고 있다. 2016년에 5세 미만 아동 약 4,100만 명이 과체중 또는 비만이었다. 아프리카의 경우, 5세 미만 과체중 아동은 2000년 이후로 거의 50퍼센트 가까이 증가했다. 비만은 사람의 행동을 느리게 만들고 심한 경우에 아예 운동을 포기하게 만든다. 그뿐만 아니라 심혈계 질환이나 당뇨병과 같은 심각한 건강 문제의 주범이기도 하다.[16] 그 밖에도 관절염, 간이나 신장 질환, 수면 무호흡, 우울증 등을 유발할 우려가 있다.

세계 최고의 제약회사인 덴마크의 노보 노디스크는[17] 비만을 만성 질병으로 분류하고 치료해야 한다고 주장한다. 현재 당뇨병 환자는 4억 5,000만 명을 넘었고, 이런 추세라면 2045년에 6억 9,300만 명으로 늘어날 전망이다.[18] 2016년에 측정한 전 세계 당뇨병 치료비는 연 8천 500억 달러였다. 이처럼 비용이 많이 드는 이유는 당뇨병 약값 외에도 사지 절단이나 눈 관련 질환 등 여러 가지 합병증을 관리하는 비용도 만만치 않기 때문이다.

노보 노디스크는 이처럼 급속히 확산하는 사악한 문제를 해결하고자 눈에 띄게 노력하고 있다. 역설적인 것은, 비만과 당뇨병이 확대될수록 이 회사의 수익이 높아진다는 것이다. 그런데도 자사의 장기적인 시장을 제 손으로 축소하려는 이유가 무엇일까? 이 회사는 비만과 당뇨병이 전 세계적으로 빠르게 증가하면 일부 국가에서는 공공의료체계가 붕괴할 우려가 있다는 점을 수년 전에 간파했다. 아마 이것이 가장 큰 이유일 것이다.

| 그린 스완 렌즈로 볼 수 있는 것 |

비만과 만성 질환 문제에서 칼로리는 극히 작은 부분에 지나지 않는다. 시간이 흐르면 유전학과 장내 미생물학의 역할에 대해 더 많은 점이 밝혀질 것이다. 한편, 슈퍼마켓과 정부가 나서서 올바른 정보를 제시하고 '선택편집(choice editing, 긍정적 선택을 장려하고 부정적 선택을 억제하는 정부의 역할─옮긴이)'[19]을 현명하게 시행한다면 당뇨병과 기타 질병의 확산 속도를 어느 정도 통제할 수 있다. 궁극적으로 그린 스완 사고는 새로운 식단, 생활방식, 운동 체계를 선호하는 것이어야 한다.

사악한 문제 3:
항생제가
슈퍼버그 문제를
초래하다

항생제는 매우 수익성이 높은 사업이다. 논쟁의 여지가 있긴 하지만 특히 농업 부문에 많이 사용된다. 비만과 항생제를 연결하는 한 가지 요소는 항생제가 식용으로 농장에서 키우는 동물의 성장과 체중을 촉진하는 데 종종 사용된다는 점이다. 이것이 바로 세 번째 사악한 문제다. 농부들은 의도치 않게 미생물과 다른 유기체에 항생제 내성이 생기도록 도와준 꼴이 되었다.

현재 수많은 사람이 항생제에 목숨을 빚지고 있다고 해도 과언이 아니다. 나도 항생제가 없었다면 오래전에 세상을 떠났을 것이다. 기적에 가까운 의약품이라고 불리는 항생제 덕분에 생사의 갈림길에서 살아나온 적이 두어 번 있다. 나는 항생제를 개발, 제조하는 곳에 직접 가본 적이 있다. 1980년대에 영국, 미국, 일본의 항생제 제조공장을 모두 둘러보았다.

항생제라는 놀라운 물질에 대해 알면 알수록, 역사를 제대로 조사해 보고 싶은 생각이 들었다. 아마 나처럼 많은 사람이 런던의 어느 지저 분한 실험실 싱크대에서 항생제가 탄생했을 거라고 생각할 것이다. 하 지만 감염 치료용 항생제의 역사는 수천 년을 거슬러 올라간다. 물론 당시 사람들은 이것이 왜 효과가 있는지 전혀 몰랐을 것이다. 미생물 학회(Microbiology Society)에서 다음과 같이 항생제의 세계로 우리를 안내한다.

고대 문명사회에서는 다양한 곰팡이나 식물 추출물로 감염을 치료했다. 일례로 고대 이집트인은 감염 상처에 곰팡이가 핀 빵을 문질렀다고 한다. 지금은 박테리아가 유발하는 폐렴이나 설사를 즉시 치료할 수 있다. 하지 만 20세기 이전에는 이러한 폐렴과 설사가 선진국에서도 사망원인 1위를 차지했다.

과학자들은 19세기 후반에 와서야 항박테리아 화학물의 작용을 이해하 게 되었다. 독일 물리학자 파울 에를리히(Paul Ehrlich)는 일부 박테리아 세포를 염색하지만 다른 세포는 건드리지 않는 화학 염색약을 발견했다. 이를 통해 다른 세포를 해치지 않고 특정 박테리아만 죽이는 물질을 만 드는 것이 가능할 거라고 추론했다. 결국 1909년에 그는 매독 치료에 효 과적인 에르스페나민(arsphenamine)이라는 물질을 발견했다.

에를리히는 자신의 성과를 화학물로 질병을 치료하는 '화학치료법'이라고 명명했지만, 이는 최초의 현대식 항생제다. '항생제'라는 표현은 그로부터 30년 이상 지난 후에 우크라이나 출신의 미국 미생물학자 셀먼 왁스먼(Selman Waksman)이 처음으로 사용했다. 왁스먼은 평생 20종 이상의 항생제를 개발했다.[20]

이제 전설적인 과학자 알렉산더 플레밍(Alexander Fleming)을 소개할 시간이 된 것 같다. 흥미로운 점은, 이 과학자가 평소에 깔끔한 편이 아니었다는 것이다. 머리가 좋은 사람은 대부분 그런 것 같다는 의견도 있지만, 사실 평범한 사람 중에도 주변 정리와 거리가 먼 사람은 얼마든지 있다. 아무튼, 1928년 어느 날, 휴일을 보낸 후에 실험실로 돌아온 플레밍은 뭔가 이상한 것을 발견했다.

나중에 자연 곰팡이인 페니실리움 노타툼(Penicillium notatum)이 열린 창문을 통해 들어와서 플레밍이 실수로 덮어놓지 않은 포도상구균 배양 접시를 오염시켰을 것이라고 결론짓게 되었다. 이렇게 우연히 오염이 발생한 것이 왜 특별한 일이었을까? 접시 위에서 그 곰팡이가 자란 부분에는 박테리아가 없었기 때문이다. 물론 이 점을 관찰하려면 전문가의 안목이 필요했다. 플레밍은 이를 발견하고 몹시 흥분했으며, 즉시 곰팡이를 분리해서 대량으로 키우기 시작했다.

놀랍게도 페니실리움 노타툼은 매우 강력한 효과를 나타냈다. 농도가 아무리 낮아도 효과가 나타났는데, 800배 희석한 상태에서도 치명적인 포도상구균의 성장을 억제하는 효과가 있었다. 게다가 당시에 사용하던 소독제보다 독성이 낮았다. 미생물학회의 기록은 다음과 같다.

사람의 상처를 치료할 수 있는지 초반 실험을 거친 후에 영국 제약회사와 협업해 (페니실리움 노타툼을 사용한 항생제 화학물질인) 페니실린을 대량으로 생산하게 되었다. 미국 매사추세츠 보스턴 화재로 500여 명의 사망자가 발생했고 수많은 생존자가 피부 이식을 받았는데, 이들은 포도상구균에 감염될 위험이 큰 상태였다. 다행히도 페니실린 치료가 매우 효과적이었고, 이를 계기로 미 정부는 페니실린 대량 생산을 적극적으로 지원했다. 1944년 디데이가 되자 유럽 전역의 전장과 병원에서 병사들의 감염 문제를 해결하기 위해 페니실린을 널리 사용했다. 제2차 세계 대전이 끝날 무렵, 페니실린은 이미 많은 생명을 구해 '기적의 약'으로 불리게 되었다.

지금까지 살펴본 내용만 보자면 현대에도 항생제를 보물처럼 매우 귀히 여길 거라고 결론 내리기 쉽다. 하지만 현실은 전혀 다르다. 오히려 부주의함, 게으름, 무지, 탐욕 때문에 한때 치명적인 질병을 이겨내도록 도와준 항생제를 그동안 남용한 것이다. 어제의 그린 스완이 블랙 스완으로 둔갑해버린 것이다.

플레밍은 어느 정도 이러한 결과를 예측했을 것이다. 아마 그레이 스완 정도의 결과를 걱정했을지 모른다. 영국 정부의 최고의학자문관(chief medical officer)인 데임 샐리 데이비스(Dame Sally Davies)는 이렇게 설명한다.

"알렉산더 플레밍은 페니실린 덕분에 1945년에 노벨상을 받았죠. 아마 그때 이런 상황을 예측했을 겁니다. 그는 내성 문제가 생길 수 있고, 그로 인해 사람들이 죽을 수도 있다고 분명히 말했습니다."[21]

하지만 내성 문제가 지금처럼 심각한 수준이 될 거라고는 상상도 못했을 것이다. 플레밍이 아마 지금 상태를 알게 된다면 정말 슬퍼할 것이다. 데임 샐리는 또 이렇게 말했다.

"전 세계적으로 매년 최소 70만 명이 사망합니다. 미국을 예로 들어볼까요? 이것은 미국에서 매주 보잉 747기가 추락해서 2만 5천 명이 사망하는 것과 맞먹는 수준입니다. 유럽도 마찬가지입니다. 인도는 어떨까요? 매년 6만 명의 신생아가 약에 내성이 있는 감염 때문에 사망합니다."

결국 세계보건기구는 현재 상황이 세계 보건 위기에 해당하며 장차 엄청난 규모로 확대될 수 있다고 경고하면서 다음과 같이 지적한다.

> 세계 모든 지역에서 항생제 내성은 심각한 위험 수준에 이르렀다. 새로운 내성 메커니즘이 전 세계적으로 등장하고 확산됨에 따라, 일반적인 전염병 치료에 위협이 된다. 폐렴, 결핵, 혈액 중독, 임질, 식인성 질병 등 감염병은 계속 늘어나는 반면, 항생제 효과는 줄어들고 있어서 치료가 점점 더 어려워지고 아예 불가능한 경우도 있다.

당장 대책을 마련하지 않으면 항생제 이후의 시대로 진입하게 된다. 그러면 흔한 감염병이나 아주 사소한 부상에도 예전처럼 목숨을 잃는 상황이 벌어질 수 있다.[22]

또한 데임 샐리는 더 넓은 세상에서 범죄 수준의 방치가 이루어지고 있다는 점에 주목했다.

"인도의 어떤 강은 중요한 항생제인 시프로플록사신이 거의 인체 혈중 농도와 비슷한 수준이다. 집약적 농업, 항생제를 많이 사용하는 병원(인도와 중국 병원이 항생제를 가장 많이 사용하는 것으로 알려져 있다), 제약회사 공장에서 유출되어 자연환경에 그대로 흘러들어 독성으로 작용하는 것이다. 매우 충격적인 현상이다."[23]

이렇게 치사적인 노출에도 불구하고 미생물은 어떻게 그처럼 빨리 항생제 내성을 갖게 되었을까? 미생물이 수백만 년에 걸쳐 직접 항균 물질을 생성하게 되었을 가능성이 있다. 일례로 최근에 남미 지역에 서식하는 나뭇잎을 자르는 개미를 관찰한 적이 있는데, 이 개미는 본능적으로 곰팡이와 박테리아를 사용해서 천연 항생제를 만들어낸다. 이러한 화합물은 MRSA와 같은 슈퍼버그에 대해 희망적인 결과를 보여준다. 그리고 과학자들은 현재 새로운 항생제 개발의 단서를 얻기 위해 이러한 박테리아가 어떻게 활동하는지 조사하고 있다.

항생제가 그렇게 오래전부터 존재했다는 점은, 그 항생제에 노출된 유기체는 이미 내성 기전을 갖출 기회가 많았다는 점을 시사한다. 그리고 시프로플록사신의 예시에서 알 수 있듯이 야생 유기체가 항생제에 노출되는 현상은 최근 몇십 년 사이에 걷잡을 수 없이 확대되었다. 이 모든 점을 종합해보면, 우리가 지금 생산하게 된 항생제의 종류, 분량, 순도는 플레밍을 비롯한 이 분야의 초기 과학자가 감히 상상할 수 없는 수준이라고 할 수 있다.

한편 자연계의 더 많은 유기체를 항생제에 노출시킨 것은 중대한 책임 문제다. 다름 아닌 폐수처리 장치 때문이다. 그로 인해 이제 수많은 미생물이 항생제 내성을 갖게 되거나 이전처럼 내성을 회복하게 되었다. 달리 말하면, 항생제 내성이 급격히 강해짐에 따라 한때 매우 효과가 좋던 의약품이 이제 무용지물이 되어버린 것이다.

그러면 누구에게 책임을 물어야 할까? 세계보건기구(WHO)는 이러한 위기를 초래한 원인에 대해 "항생제 내성 문제는 항생제 오남용 때문에 가속화된 것이다. 잘못된 감염 예방 및 통제 방식도 지탄받아 마땅하다"[24]고 지적한다.

"사람이나 동물에게 사용할 항생제를 처방전 없이 살 수 있는 지역에서 내성의 발현과 확산 문제가 더 심각하다. 마찬가지로 표준 치료 지침이 없는 국가에서 의료 종사자와 수의사가 항생제를 과도하게 처방하는 사례가 많으며, 이로 인해 일반 대중이 이를 남용하고 있다."

나는 런던과학박물관에서 열린 슈퍼버그[25]라는 전시회를 통해 항생제에 내성을 보이는 '슈퍼버그'와의 전쟁이 얼마나 큰 문제인지 깨닫게 되었다. 박물관의 설명에 따르면, 우리는 박테리아와 세상을 공유하고 있으므로 우리가 모두 이 문제를 심각하게 여겨야 한다. 우리 몸 안팎에는 수십조 이상의 박테리아가 살고 있다. 대부분 인체에 해가 없지만, 감염을 유발하거나 최악의 경우 목숨을 앗아가는 박테리아도 분명히 있다. 항생제 덕분에 매년 수백만 명이 한때 불치병으로 여긴 박테리아성 질병으로부터 목숨을 구할 수 있다. 그러나 세월이 흐를수록 박테리아는 항생제에 강한 내성을 보이는 슈퍼버그로 진화하고 있다. 현재 슈퍼버그로 인해 매년 약 70만 명이 목숨을 잃는데, 2050년이면 이러한 사망자가 1천만 명에 육박할 것이다.

　전시회는 12가지 실제 박테리아군을 통해 이 모든 것에 대한 미생물의 관점을 조명했다. 그중에는 세계보건기구가 인체에 중대한 위협이 된다고 분류한 9가지 치사적인 박테리아가 포함되었다. 해당 박테리아는 바이오아티스트 아나 드미트리우(Anna Dumitriu)가 배양한 것으로서, 신생아의 위장에 처음으로 침투하는 대장균(Escherichia coli), 지금까지 확인된 최초의 슈퍼박테리아 중 하나인 황색포도상구균(Staphylococcus aureus) 그리고 임균(Neisseria gonorrhoeae)을 포함하고 있었다. 전시회 관람객은 슈퍼버그 퇴치에 널리 사용되는 브델로비브리오 박테리오보루스(다른 박테리아를 잡아먹는 박테리아)와 박테리오파지(박테리아를 감염시키는 바이러스)도 볼 수 있었다.

　사람의 관점으로 돌아와서 지오프리라는 사람의 경험도 들어보았다. 그는 수술 중에 세균에 감염되었으나 항생제가 듣지 않아서 5개월간 격리 입원당한 적이 있었다. 전시회 큐레이터인 셸던 파퀸(Sheldon Paquin)의 말을 빌리자면, "항생제는 70년 이상 의료계에서 매우 중요하게 여겨졌으며, 실제로 수많은 인명을 지켜주었다." 그러나 이제 일부 감염은 항생제만으로 치료할 수 없는 상태이며, 가능하다면 더 고가의 약품을 사용해야 한다. 이 과정에서 환자가 고통을 겪는 시간이 길어지면 그만큼 더 많은 치료가 필요한데, 대부분 입원 치료의 형태로 이루어진다. 당연히 의료비 지출이 눈덩이처럼 불어나고 그만큼 가족과 사회는 큰 부담을 떠안게 된다. 다양한 치료 방법이 등장하고 있으나, 항생제라는 사악한 문제는 전무후무한 수준으로 악화하고 있다.

| 그린 스완 렌즈로 볼 수 있는 것 |

가장 많이 남용되는 항생제에 대해서는 대안이 나올 가능성도 있다. 하지만 항생제 남용으로 인한 심각한 의료 위기가 발생하기 전에 대안이 나온다는 보장은 없다. 항생제라는 특별한 의약품이 내성 문제로 골머리를 앓듯이, 새로운 대안에도 비슷한 문제가 생길 것이다. '어떠한 해도 끼치지 않겠다'[26]는 히포크라테스 선서 내용은 모든 생물에게 해를 끼치지 않으며, 세대 간 연결지점에도 적용하는 것으로 확장할 필요가 있다. 지금 당장 그렇게 하는 것은 불가능해 보일지 모른다. 미래에는 가능할까? 여전히 장담하기는 어렵다. 제대로 된 정책을 마련해 적용하는 것만이 이 사태를 해결할 수 있는 유일한 방법이다.

사악한 문제 4:
탄소가 기온을
급격히
상승시키다

인류 역사에서 화석 연료 산업은 가장 수익이 높은 산업에 속한다. 동시에 환경에 가장 파괴적인 영향을 초래한 것도 사실이다. 나는 인구 2천 4백만 도시인 상하이에 있는 그랜드 켐핀스키 호텔 27층에서 황푸강을 바쁘게 오가는 배, 페리, 수상 기중기, 경찰 보트를 내려다보며 그런 생각에 잠겼다. 그러자 여러 가지 의미에서 현기증이 밀려왔다. 거대한 양쯔강의 지류인 황푸강을 기반으로 이처럼 거대한 경제 활동이 이루어지는 것을 보니 경이롭다는 것 외에 다른 표현은 떠오르지 않았다. 그러고 보니 경이롭다는 말은 정말 오랫동안 사용하지 않은 것 같다.

한 번은 통지대학교(상하이에 자리 잡은 국립 종합대학─옮긴이)와 독일

특수화학기업 코베스트로(Covestro)가 공동주최한 지속가능한 개발 포럼에 연사로 초청되어 상하이를 방문했다. 내가 준비한 연설은 청중을 적잖이 당혹스럽게 만드는 내용이었다. 적어도 연설 초반은 그런 편이었는데, 그렇게 한 이유는 당시 내 심경이 당혹스러웠기 때문이었다. 나는 황푸강과 도시 전경을 내려다보면서 상하이의 미래를 기후 붕괴가 폭주할 경우와 그렇지 않을 경우를 모두 상상해보았다.

상하이는 세계 어느 도시와도 비교하기 힘들 정도로 고층 건물이 많고, 지금도 고층 건물이 더 높아지고 그 숫자가 늘어나고 있다. 최근 과학 연구에 따르면, 온난화 현상으로 인해 기온이 2도만 상승하더라도 이 도시에 홍수가 발생해 상하이 인구의 1,160만 명이 거주하고 있는 지역이 완전히 침수될 가능성이 있다. 만약 기온이 4도 오르면, 일부 과학자가 말하는 '잠김' 현상이 발생해 2,240만 명이 꼼짝없이 홍수 피해를 보게 된다고 한다. 이것은 어디까지나 예측일 뿐, 정확한 피해 규모는 아무도 알 수 없는 것이다. 상하이는 예상되는 피해를 조금이라도 줄이기 위해 수십억 달러를 지출하고 있다. 그렇지만 바닷속으로 사라졌다고 알려진 신화 속의 도시 아틀란티스처럼 이 도시가 22세기에 홍수에 휩쓸려 사라질 운명이라면, 누가 거기에 시간과 에너지와 투자를 아낌없이 투자하려 하겠는가?

런던발 비행기에서 읽은 두 가지 내용 때문에 그 질문이 더 긴급한 사안처럼 느껴졌다. 하나는 모신 하미드(Mohsin Hamid)의 소설《서쪽으로(Exit West)》인데, 기후 재앙으로 인류의 대다수가 떠돌이 신세가 된다는 내용이다.[27] 소설 속에서 지금 '런던 헤일로(London Halo, 후광이 비치는 지역이라는 뜻—옮긴이)'라고 알려진 유명한 그린벨트 지역은 끝없이 쏟아져 들어오는 난민 때문에 난민 캠프로 전락하고 만다. 런던만 그렇게 변하는 것이 아니다. 주인공의 다음 목적지는 아름다운 경관으로 유명한 캘리포니아 마린 카운티(Marin County)다. 그 소설은 이렇게 지구 곳곳의 도시가 차례로 몰락하는 과정을 묘사한다.

비행기에서 읽은 또 다른 내용은 아미타브 고시(Amitav Ghosh)의 저서 《대혼란의 시대(The Great Derangement)》[29]에 대해 루이 클레(Louis Klee)가 블로그에 남긴 '현대성의 탈피'[28]라는 글이었다. 전 세계적으로 유명한 소설가인 고시는 2016년부터 소설이 아니라 사실 위주의 글을 쓰기 시작했다. 그는 기후 위기의 끔찍한 결과가 코앞에 닥친 상황인데도 현대 문학, 역사 및 정치학이 대중의 눈을 가려놓았다고 주장한다.

이들 셋은 재앙이나 대격변보다는 일관되고 점진적인 과정에 근거한 가설을 제시한다. 그 결과, 기후가 유발한 사회적 붕괴는 상상할 수 없는 것이 되어버린다. 고시는 '우리가 미친 것일까'라는 질문을 정면으로 제시한다. 그는 우리가 미쳐야만 한다고 말한다. 왜냐하면, 우리의 문화와 상상이 새로 등장한 현실을 파악하고 대처하지 않기 때문이다. 클레의 말을 빌리자면 '위기라는 상상할 수 없는 것이 닥치면 아무런 말도 할 수 없게'[30] 된다. 고시는 우리가 점점 더 '상상의 위기'[31]로 인해 고통받을 것이라고 주장한다.

출판사의 소개 글에 나와 있듯이 그는 "소설에 나오는 100여 년간 지속하는 폭풍과 무시무시한 토네이도는 그저 비현실적이라고 느껴진다. 이런 장면 설정은 다른 장르에 더 적합하다고 할지도 모른다. 역사를 기록으로 남길 때도 기후 위기는 종종 지나치게 단순화하려는 경향이 나타난다. 고시는 탄소 경제의 역사가 수많은 모순적이고 반직관적 요소로 이루어진 복잡한 세계 상황에 관한 이야기라는 것을 보여준다."

다행히 다른 작가들도 기후 재앙의 위험을 지적하고 있다. 마거릿 애트우드(Margaret Atwood, 캐나다 출신의 세계적인 시인, 소설가, 작가이자 평론가—옮긴이)는 이 문제가 기후 변화에 국한된 것이 아니라, 변화하고 있는 모든 것이 관련되어 있다고 주장했고, 모신 하미드도 이 대열에 합류했다. 그런데 내 기억으로는 《서쪽으로》는 지구 온난화를 한 번도 직접 언급한 적이 없었다. 어쩌면 그 문제가 당시에 너무 잘 알려져서 굳이 언급할 필요조차 없었을지 모른다.

기후 변화를 소재로 하는 또 다른 충격적인 소설로는, 오마르 엘 아카드(Omar El Akkad)의 《아메리칸 워(American War)》[32]를 들 수 있다. 앞서 소개한 작품에 비해 훨씬 어둡고 비관적인 분위기를 자아낸다. 1860년대에 노예제 폐지를 둘러싼 갈등이 남북전쟁을 유발했듯이, 화석 연료 사용을 금지하자 미국에 또다시 남북전쟁이 발발한다는 줄거리다. 인력과 화석 연료 둘 다 에너지 사용과 관련된 사안이라는 면에서 공통점이 두드러지는 것 같다.

그리스 여신 카산드라 때문에 지구 종말에 대한 경고는 부정적인 이미지가 강하다. 그래도 그런 이유로 재앙에 가까운 기후 변화가 조만간 발생할 것이라는 증거를 의사결정권자나 정책을 다루는 정부 관계자에게 알리는 것을 소홀히 해서는 안 된다. 누구에게나 상상하기 어려운 일을 생각하는 것은 능력 밖의 일일지 모른다. 요즘 나는 최신 공상과학 소설을 읽기 시작했다. 아무래도 공상과학 소설가는 조만간 벌어질 상황을 상상하는 면에서 한발 앞서가기 때문이다.

군이 공상과학 소설에 심취하지 않더라도 우리 주변의 모든 상황이 급변하고 있다는 점은 누구나 인정할 것이다. 가장 무서운 변화는 인구가 증가해 인간이 더 많은 자연 공간을 침범함에 따라 자연계가 처참하게 무너진다는 것이다. 한편 말 그대로 우리 머리 위로, 아니 온실가스가 갈수록 문제를 일으키고 있는 대기라는 영역보다 더 높은 곳을 생각해보면, 소리 없이 조용한 우주에서도 또 다른 사악한 문제가 점차 커지고 있다.

| 그 린 스 완 렌 즈 로 볼 수 있 는 것 |

탄소는 가장 마법 같은 물질이며 생명의 핵심 요소라고 할 수 있다. 하지만 많은 사람이 탄소 순환, 더 나아가 탄소 순환의 왜곡과 기후가 초래하는 사회적 붕괴가 우리에게 미치는 영향에 대해서는 아무것도 모르고 있다. 이런 종류의 지식은 이제 모든 연령대와 모든 교육 수준 및 부면에서 핵심적으로 다뤄야 할 내용이다. 과학에 대한 신뢰가 무너져버린 곳과 지금 신뢰가 무너지고 있는 곳을 찾아서 신뢰를 회복해야 한다. 한편 탄소 가격제(carbon pricing, 탄소 배출량에 대해 비용을 부과해 온실가스 감축을 유도하는 기후 정책-옮긴이)는 더는 정치적으로 가능 여부를 논할 사항이 아니다. 이제는 경제 운영 시스템과 주요 시장의 핵심 요소 또는 당연히 갖춰야 할 요소로 만들어야 한다. 더는 시간을 낭비하지 말아야 한다.

사악한 문제 5:
우주 쓰레기가
심각하게
증가하다

오랫동안 우주 탐사는 수익성과 거리가 멀었다. 오로지 과학적인 이유로 탐사를 진행하거나, 지구와 미래의 통제권을 두고 경쟁하는 세계 강국이 새로운 형태의 주도권을 장악하기 위해 우주 탐사를 시도하는 경우가 전부였다. 하지만 이 분야에서도 어김없이 사악한 문제가 등장했다. 구체적으로 말하면 문제의 핵심은 우주 쓰레기다. 몇 년 전에 미국 우주안보재단(Secure World Foundation) 기술고문관 브라이언 위든(Brian Weeden)은 우주 쓰레기를 '극도로 사악한 문제'[33]라고 명명했다.

흥미롭게도 항생제와 우주는 연관성이 있다. 그것은 바로 항생제 내성이 우주 궤도에 진입했다는 사실이다.[34] 국제우주정거장(ISS)에서 발견된 박테리아가, 어떤 이유인지 모르지만, 남극연구기지에서 발견된 박테리아보다 내성이 더 강하다는 점은 잘 알려져 있다. 최근에 역사상 처음으로 ISS에서 직접 채취한 박테리아에서 항생제 내성 유전자가 검출되었다. 샘플은 식탁, 운동기구의 발판 등에서 채취했으며, 테스트 결과에 따르면 (병원 내 감염 시 중요한 병원균인) 스타파일로코쿠스 헤몰라이티쿠스는 테스트에 사용된 어떤 항생제에도 내성을 보이지 않았으나, (ISS에서 발견된 신종 박테리아인) 엔터로박터(Enterobacter bugandensis) 변종은 모든 항생제에 내성을 보였다.

게놈 분석 결과를 통해 알려진 항생제 내성 유전자 518개 중에서, 123개가 ISS 박테리아 샘플에 포함되어 있었다. 놀랍게도 인간의 우주 모험은 미생물의 진화를 주도하는 것 같다. 언젠가 이러한 미생물이 지구로 전파되어 인간을 괴롭힐 가능성도 있다. 이러한 과정은 진화라는 긴 역사에 비추어보면 눈을 한 번 깜빡거리는 순간에 불과하다. 상황이 딱 맞아떨어지거나 급격히 악화하면, 사악한 문제가 얼마나 빨리 퍼지는지 단적으로 보여주고 있다.

다섯 번째 사악한 문제는 말 그대로 우리 머리 위에서 이 과정이 어떻게 진행되는지 제대로 보여준다. 지구 주변의 우주 공간에는 한때 아무것도 없었지만 1957년 소련이 스푸트니크 1호를 발사한 이래로 인류는 다양한 형태의 쓰레기로 우주를 오염시켰으며, 현재 치명적으로 심각한 상태다. 예전에 NASA에서 궤도 잔해 프로그램 오피스(Orbital Debris Program Office)를 운영했던 과학자인 도널드 케슬러(Donald Kessler)는 "우주 공간에 떠다니는 큰 파편이 서로 충돌해 작은 파편으로 부서지는데, 이들이 생성되는 속도가 사람이 파편을 제거하는 속도보다 더 빠르다"[35]고 지적한다.

　케슬러는 앞으로 우주 쓰레기가 너무 많아져서 먼 우주를 탐사하려고 지구를 떠나는 것 자체가 아예 불가능하지는 않겠지만, 이것이 상당히 위험한 행동으로 여겨지는 시대가 올 거라고 말한다. 아마 일론 머스크나 제프 베조스에게 이 소식을 빨리 알려야 한다고 생각하는 사람도 있을 것이다. 앞으로 화성에 사람을 직접 보내어 탐사하는 것이 아예 불가능해질 수도 있다. 영화 〈그래비티(Gravity)〉를 봤다면, 이런 상황이 계속되다가 결국 어떤 일이 벌어질지 예감할 수 있을 것이다. 그저 사악한 문제가 이루 말할 수 없는 사악한 문제로 변질할 것이라는 뜻이다. 그렇다면 우주 전문가는 우주 쓰레기 문제를 어떻게 생각할까? NASA는 이 문제를 다음과 같이 요약한다.[36]

우주 파편에는 (운석과 같이) 자연적인 것도 있고 (사람이 유발한) 인공적인 파편도 있다. 운석은 태양 주변의 궤도에 있지만, 대부분의 인공 파편은 지구 궤도에 있다. 궤도 파편은 대부분 인공 파편을 가리킨다.

궤도 파편은 지구 궤도를 따라 움직이긴 하지만 어떠한 기능도 수행하지 않는 모든 인공 물체를 가리킨다. 수명이 다한 우주선, 버려진 발사체 단계, 우주 탐사 미션과 관련된 파편 또는 그로 인해 파생된 미세 조각이 포함된다.

지구 주위를 도는 파편 중에는 소프트볼보다 더 큰 파편만 2만 개가 넘는다. 이들은 최대 1만 7,500mph의 속도로 움직이는데, 이런 속도면 단 하나의 작은 파편이 위성이나 우주선에 큰 피해를 초래할 수 있다. 그 밖에도 대리석 크기 또는 그보다 큰 파편이 50만 개이고, 너무 작아서 추적할 수 없는 파편은 수백만 개가 넘는다.

이렇게 빠른 속도로 움직일 때는 아주 작은 페인트 조각 하나만으로도 우주선에 파손을 일으킬 수 있다. 실제로 우주선 창문이 파손되어 교체할 때, 문제를 일으킨 물질을 가져다 분석해보면 페인트 조각으로 밝혀질 때가 많다고 한다.

나는 무인 우주선이든 사람이 탑승한 우주선이든 관계없이, 우주선에 가장 중대한 위협을 가하는 것이 무엇인지 궁금했다. NASA의 궤도 파편 분야 수석 전문가 니콜라스 존슨(Nicholas Johnson)은 "우주 탐사에서 가장 큰 위험은 추적 불가능한 파편과 밀접한 관련이 있다"고 말했다. 그렇다면 지금 그렇게 많은 파편이 어지러울 정도로 빠른 속도로 우리 머리 위를 날아다니고 있다는 점을 고려할 때, 지금까지 심각한 충돌사고가 거의 없었다는 것은 매우 놀라운 일이다.

그러나 1996년에 프랑스 위성 하나가 10년 전에 폭발한 프랑스 로켓의 파편에 맞아 손상되는 사건이 있었다. 시적 정의라고도 볼 수 있겠지만, 앞으로 일어날 일에 대한 강력한 경고이기도 하다. 2009년 2월 10일에는 러시아의 퇴역 위성이 미국 통신위성 이리듐과 충돌해 미국 위성이 산산조각이 나고 말았다. 이로 인해 추적 가능한 2,000여 개의 우주 쓰레기가 생겨났다.

그 일이 있고 난 뒤 나는 중국에 잠깐 머물고 있었는데, 당시 중국 정부는 자국의 낡은 기상 위성을 미사일로 파괴하는 요격 테스트를 시행했다. 이는 2007년 위성 격추 실험으로 알려지게 되었다. 단 한 번의 요격 행위를 통해 2,300개의 추적 가능한 파편과 손톱보다 조금 더 큰 크기의 파편 3만 5,000개가 발생했으며, 너무 작아서 추적할 수 없는 파편은 아마 수십만 개 이상일 것이다. 이렇게 우주 쓰레기가 늘어나는 것을 보면 미래에 우주여행을 꿈꾸는 사람은 이맛살을 찌푸릴 수밖에 없다.[37]

지금까지 최악의 우주 쓰레기 기록을 보유한 국가는 어디일까? 2015년을 기준으로 하면, 우주에 가장 많은 물체를 보유한 나라는 러시아였다. 수치로는 6,500개가 넘지만 우주 쓰레기의 양과 비례하는 것은 아니었다. 그해에 우주에서 가장 지저분한 국가라는 불명예는, 간발의 차이긴 하지만, 미국이 떠안게 되었다. 러시아의 경우 추적 가능한 우주 쓰레기는 3,961개였고 미국이 만든 궤도에서는 추적 가능한 우주 쓰레기 3,999개가 발견되었다.[38] 이 정도면 공동 1위라고 해도 문제없을 것이다.

한편, 중국은 우주 개발에 쏟는 노력을 아주 조금 늘렸을 뿐인데도, 우주 쓰레기 3,475개를 기록하며 3위에 올랐다. 아무래도 2007년 위성 격추 실험이 우주 쓰레기를 대폭 늘린 것이 분명하다. 이런 쓰레기가 다시 지구로 떨어질 확률이 있는지, 만약 그렇다면 지금부터 걱정해야 할지, 걱정하지 않아도 되는지 따져야 한다. NASA의 입장은 다음과 같다.

"고도가 높을수록 파편이 지구상의 궤도에 머무르는 시간이 늘어난다. 600킬로미터 미만의 궤도에 있는 파편은 몇 년 이내로 지구에 낙하할 것이다. 800킬로미터 고도에서는, 파편 등이 궤도 내에 수십 년 간 머무르는데 그동안 분해되거나 사라질 확률이 높다. 1,000킬로미터 이상의 고도에서는, 궤도상 파편이 100년 이상 지구 주변을 돌아다닐 것이다."[39]

이것이 다시 지구로 돌아오는 양은 어느 정도일까? NASA에 의하면, "대다수의 파편은 대기에 재진입할 때 발생하는 어마어마한 열기를 견디지 못하고 사라진다. 그 열기를 버틴다 해도 바다나 강, 호수 등에 떨어지거나 캐나다의 툰드라 지역, 호주의 아웃백, 러시아 연방의 시베리아처럼 사람이 거의 살지 않는 곳에 떨어질 가능성이 크다. 지난 50년간 우주 쓰레기로 분류된 파편은 하루 평균 1개씩 떨어졌다."

혹시 우주 쓰레기에 사람이 다친 사례가 있을까? NASA에서는 "대기에 재진입한 우주 쓰레기 파편에 사람이 다치거나 심각한 재물 파손을 당했다는 보고는 아직 없다"고 알려준다. 이는 수년간 우주를 지배해온 대형 우주 탐사 기관만 주시할 일은 아니다. 2년 전, 샌프란시스코에 있는 플래닛랩스(Planet Labs, 미국의 민간 위성업체-옮긴이)를 방문한 적이 있다. 이는 기존의 우주 산업체와 전혀 다른 형태지만 이제 NASA, 유럽우주국(ESA, European Space Agency) 및 러시아, 인도, 중국의 우주연구소와 우주 경쟁 분야에서 어깨를 나란히 하고 있다. 어쨌든 이런 경쟁은 분명 우주 쓰레기의 양에 큰 영향을 줄 수밖에 없다. 이 점에 관해 〈와이어드〉는 다음과 같이 설명한다.

이 문제는 과연 어디까지 확대될 것인가? 스페이스엑스(SpaceX)만 보더라도, 앞으로 1만 2,000개의 소형 인터넷 빔 물체를 쏘아 올릴 계획이 있다. 원웹(OneWeb)도 700여 가지 비슷한 실험을 구상 중이다. 플래닛랩스는 지구 곳곳을 촬영한 사진을 매일 100장씩 공개한다. 지금까지 규모가 큰 업체들만 살펴본 것이고, 큐브샛(CubeSat), 나노샛(NanoSat)과 같은 초소형 위성은 별개의 문제다. 후자는 과학자, 정부 기관 실험, 중소기업은 물론이고 일반 개인도 접근 가능한 위성이다. 일례로 '브레이크스루 스타샷(Breakthrough Starshot)'이라는 프로젝트를 생각해보자. 이 프로젝트의 목표는 알파 센타우리 항성계에 초소형 우주탐사선을 보내는 것이며, 얼마 전에 세계에서 가장 작은 '스프라이트(Sprite)'라는 위성 6개를 쏘아 올렸다. 스프라이트는 한 변의 길이가 고작 3.5센티미터에 불과하다.[40]

이 모든 상황은 우주 쓰레기가 이미 사악한 문제라는 점을 시사한다. 우주 전쟁이 발발하면 극도로 사악한 문제로 번질 가능성도 있다. 인도처럼 중국을 모방해 위성이나 다른 우주선에 미사일을 날리는 국가가 늘어나면, 상황은 금방 악화할 수 있다. 인도가 중국의 전례를 따르자, 미 우주항공국 국장 짐 브라이든스틴(Jim Bridenstine)은 이를 "매우 끔찍한 행위"라고 규탄했다.

하지만 문제는 여기서 끝나지 않는다. 지금까지 이미 강조된 몇 가지 사악한 문제를 연결해보면 한 가지 이상한 점을 발견하게 된다. 우주에 떠다니는 물체가 지구 대기로 얼마나 빨리 되돌아오는가를 두고 많은 예측이 있지만, 결국 대기가 어디에 있는지에 따라 예측은 크게 달라진다. 새로운 연구는, 우리가 대기로 내뿜는 이산화탄소가 역설적이게도 열권의 온도를 낮추어 이를 수축시키고 있다고 알려준다.

2012년에 국제학술지 〈네이처 지오사이언스(Nature Geoscience)〉[41]는 "이러한 수축이 발생하면, 그로 인해 인공위성에 대한 대기 저항이 줄어들고, 이미 불안정한 궤도 잔해 환경에 심각한 결과를 초래할 수 있다"고 결론내렸다. 인생이 쉬울 거라고 생각하는 사람은 없겠지만, 그래도 이 정도로 복잡할 거라고는 아무도 예상하지 못했을 것이다. 수치가 늘어나고 기술이 더 발전함에 따라, 이렇게 놀랄 일도 기하급수적으로 늘어나는 것 같다.

지금까지 인류가 당면한 주요 과제를 살펴보았다. 그렇다면 이제 우리는 어떻게 미래를 진지하게 준비할 수 있을까? 사실, 이 질문은 기업에 더 중요한 사안이다. 블랙 스완에 압도당하기 전에 블랙 스완을 발견하거나 감지하려면 어떤 능력을 키워야 할까? 현재 대다수 기업의 최고경영자는 그린 스완 해결책을 마련하는 것이 일종의 판타지 또는 공상과학 영화에나 나오는 일이라고 생각할지 모른다. 하지만 그린 스완 해결책을 마련하는 것은 필수 과제다. 이 문제는 지금부터 관심을 기울여야 한다.

다행히도 기하급수적으로 긍정적인 변화가 시작되었다는 것을 보여주는 여러 가지 상황이 있다. 유럽연합 집행위원장 우르줄라 폰 데어 라이엔(Ursula von der Leyen)은 유럽연합에 1조 유로 규모의 그린딜(Green Deal)을 선언했다. 회의적인 태도를 보이는 사람도 있겠지만, 사회적 책임과 통합 방향으로 경제를 이끌어가려면 그린 스완 이니셔티브가 필요하며, 환경 회복과 재생을 생각하면 아무리 강조해도 지나치지 않을 것이다. 그러므로, 유럽연합의 이니셔티브는 아주 적절하다고 할 수 있다.

| 그 린 스 완 렌 즈 로 볼 수 있 는 것 |

이 문제는 사람이 미처 손쓸 기회도 없이 급격하게 악화할 가능성이 있다. 2013년에 개봉한 알폰소 쿠아론(Alfonso Cuarón)의 영화 〈그래비티(Gravity)〉에 나온 것처럼 우주 정거장이 파괴되거나 그에 버금가는 상황이 벌어지면 어쩔 수 없이 손을 써야 할 것이다. 이를테면 적국의 위성 등을 공격하는 전쟁이 벌어질 수 있고, 그 결과 우주 쓰레기가 증폭될 우려가 있다. 어떤 상황이 벌어지든 간에, 우주 쓰레기를 수거하는 문제는 향후 수십 년간 인류에게 굉장히 중요한 과제로 남을 것이다. 한 가지 도움이 될 만한 방법은 우주 쓰레기 처리 방법을 찾아내는 사람에게 보상금을 주는 것이다. 처리 규모나 속도, 결과 등을 기준으로 넉넉한 보상금을 약속한다면 혁신적인 우주 쓰레기 처리 방법을 연구하도록 유도할 수 있다.

GREEN SWANS

제2부

블랙과 그린의 대결

: 퓨처핏으로 가는 길 :

제4장

기업 속 스완

〉최고경영진의 집무실에서 내려다본 모습〈

일단 여러 가지 스완을 생각하기 시작하면 그때부터는 사방에 스완만 보이는 느낌이 들 것이다. 한 번은 핀란드 헬싱키 외곽에 자리 잡은 바이오 디젤 기업 네스테(Neste) 본사 건물 최상층에 편안히 앉아 있었다. 그곳에서는 여행 책자에 나올 만한 호수와 숲의 전경이 내려다보였다. 당시 우리는 CEO 및 경영진을 만나서 재생연료 및 순환경제에 맞추어 비즈니스 모델을 개선하려는 정유업계 사내 혁신 과제를 논하고 있었다. 창밖으로는 햇살이 눈부시게 쏟아졌다. 멀리 떠났던 철새가 여름을 지내려고 핀란드로 돌아오는 첫날이었다. 그런데 맑은 하늘에 갑자기 백조 두 마리가 나타나더니 광활한 호수 위를 날아다녔다. 모스크바에서 활동하는 브라질 디자이너 실비오 레벨로(Silvio Rebêlo)가 그린 스완 의제의 초반 홍보에 사용하도록 나에게 만들어준 그린 스완 이미지와 똑같은 모습이었다. 미신을 잘 믿는 편은 아니지만, 그 모습은 뭔가 좋은 일이 벌어질 거라는 신호처럼 느껴졌다.

　지난 수십 년간 나의 주요 업무는 고층 건물에서도 가장 높은 층의 사무실에 자리 잡은 기업 경영진의 생각을 분석하는 것이었다. 한 번은 상파울루에서 헬리콥터를 타고 고층 건물 최고층에 자리 잡은 이사진 회의실에 도착한 적이 있다. 이렇게 높은 곳에서 주변을 내려다보며 지내면, 자기도 모르게 우쭐해지고 자신이 대단한 존재라는 착각을 하게 된다.

가끔 현실 거품에 들어와 있는 것이 실감 날 때가 있다. 1999년 WTO 반대 시위 기간에 워싱턴 DC에 있는 국제금융공사(International Finance Corporation, IFC) 중역 회의실에 갈 일이 있었다. 그때 창밖으로 길거리 시위대를 내려다보라는 권유를 받았다. 말 그대로 높은 건물에서 아래쪽으로 내려다봐야 했다. 그때 누군가 "저 사람들은 도대체 뭐가 쓴 거야?"라고 말했다. 정신이 멀쩡한 사람은 실내에서 얌전히 일하는데, 정신이 이상한 사람들이 길거리에 몰려 나와서 시위를 하고 다닌다는 뜻이었다.

하지만 나 역시 시위라면 수없이 참여해본 사람이라서 그 말에 동의할 수 없었다. 그런데 한 번은 바디샵 인터내셔널의 창업주 아니타 로딕(Anita Roddick)의 추도 행사를 마친 후에 런던의 셸(Shell, 세계 최대 규모의 다국적 석유회사—옮긴이) 본사 앞에 있었다. 그린피스 영국지부 책임자 존 소벤(John Sauven), 행동주의자 비앙카 재거(Bianca Jagger)가 나와 함께 있었고, 나는 "셸은 우리 고객 중 하나입니다"라고 말했다. 우리가 세상을 보는 관점은 우리가 누구인지, 그리고 당시에 우리가 어디에 있느냐에 따라 크게 달라진다.

권력을 쥐고 있는 사람은 이성적이고 영향력이 강하며, 자신이 합당하다고 생각하는 대로 권력을 사용할 것으로 생각하기 쉽다. 하지만 거쉰 노랫말처럼 '반드시 그런 것은 아니'다. 한 번은 대형 국제 기업의 대표는 결코 자신이 대단한 권력이라고 생각하지 않는다고 말했다. 오히려 경쟁사, 금융시장, 각종 규제, 캠페인, 언론, 직원과 지역사회의 이익, 기업의 역사와 이전 결정, 그리고 무엇보다도 사건 사고로 인해 이리저리 치일 뿐이라고 토로했다. 그 회사는 몬산토였는데 베이어에서 인수했고, 결국 베이어도 인수 후에 참혹한 실패를 맛보았다.

업무상 전 세계 주요 기업의 이사회나 대표실에 자주 가야 한다면, 그런 장소에서 만들어지는 현실 왜곡의 결과를 정말 자주 접하게 된다. 블랙 스완이나 그레이 스완은 보험으로 해결하거나 정부 책임으로 돌리면 되므로 전혀 걱정할 필요가 없다고 생각하고, 그린 스완 기회는 망상에 사로잡힌 사회개혁가들이 제 마음대로 떠드는 일이라고 치부해 버린다. 이렇게 현실을 왜곡하고 나면 직접적 또는 간접적으로 들어오는 정보를 보는 관점도 영향을 받게 되는데, 더 넓은 세상에 있는 사람은 고사하고, 같은 기업이나 조직에 속한 사람과도 판이한 세계관을 갖게 될 우려가 크다.

일단 그 희귀한 세계에 발을 들이면, 종종 침묵에 휩싸이게 된다. 공간은 더 넓은데 일하는 사람은 더 적어서 그런 것도 있지만, 권위를 가진 사람에 대한 존경을 그런 식으로 표현하는 것일 수도 있다. 공조 시스템의 백색 소음도 관련이 있을 것이다. 그런 것에 주눅 들지 않고 사회운동가 의제를 제시하는 것이야말로 내 임무라고 생각했다. 필요하다면 사회운동가를 직접 대화에 참여시키는 것도 서슴지 않았다. 기업이라는 조개에 불순물이 되는 것이다. 기업이 반기지 않더라고 불편하고 때로는 짜증 나는 정보를 제공하는 것이 내 임무라고 생각했다. 그들이 힘들게 얻은 확신을 뒤흔들거나 기존의 가정을 뒤엎거나, 리더가 더 넓고 더 깊고 더 멀리 내다보며 창의적인 사고를 할 수 있도록 도와주려는 것이다. 그래야만 진주가 만들어지기 때문이다.

변화하는
비즈니스
패러다임

세월이 지나면서 나는 쓰디쓴 약을 권하기 전에 약간의 사탕발림을 하는 요령을 터득했다. 한 번은 내가 오랫동안 존경해온 기업인 3M 이사에게 독특한 질문을 받았다. 이사회나 직원들을 몰아붙이는 와중에 왜 유머를 섞느냐는 것이었다. 나는 유머를 따로 외워서 다니는 것은 아니고, 그 자리에 있던 사람들이 하는 말을 사용해서 즉흥적으로 유머를 구사할 뿐이라고 대답했다. 그녀는 내 접근방식이 상당히 위험하지만, 효과가 있다고 말했다. 그러면서 내 유머가 통한 데에는 다음과 같이 두 가지 이유가 있다고 말했다.

첫째, 유머는 사람들의 긴장을 쉽게 풀어주었다. 내가 그 자리에 뭔가 가르치러 온 것이 아니라 변화라는 주제를 논하지만, 농담을 던질

206

여유가 있는 사람이라는 것을 보여주었다. 둘째, 그 이사가 설명한 바에 의하면, 내가 유머를 구사하면 그로 인해 기존의 힘의 역학이 무너졌다고 한다. 그 자리에 있던 사람들은 내가 유머러스한 표현으로 그들의 말을 반박하는 것은 자신감의 표현에 해당하므로, 내가 말한 변화는 그들이 생각한 것보다 훨씬 대단할 것이라고 믿게 했다.

하지만 이 점은 분명히 짚고 넘어가야 한다. 최고경영진을 독대하거나 이사회에 참석한 상황에서 누구나 유머를 사용해도 된다는 뜻은 아니다. 내 경우에는 어쩌다 보니 자연스럽게 유머를 구사했을 뿐이다. 더 중요한 것으로, 수치 자료나 파워포인트, 유명인사와의 친분을 내세우는 것, 억지스러운 악수에만 의존해서는 안 된다. 아마 그런 자리에서 만나는 사람들이 그 사실을 더 잘 알 것이다.

내가 공동창립한 기업들은 변화 의제 실행을 위해 다양한 인물을 캐스팅했다. 사회운동가, NGO, 사회혁신가, 기업가, 임팩트 투자자를 거쳐 최근에는 기하급수적 변화의 세계에 속한 사람들을 초대하고 있다. 목적은 한 가지 메시지를 전달하는 것이다. 바로 근본적인 변화가 진행 중이며, 이는 기업과 이해관계자에게 중요한 의미가 있고 향후 더 심오한 트렌드가 등장할 것을 암시한다는 메시지다.

사람들은 종종 '패러다임 변화'라는 표현을 오해하는데, 이를 막을 방법은 없다. 내가 처음에 가졌던 생각에 가장 큰 영향을 주었던 책을 꼽으라고 한다면, 나는 주저 없이 토마스 쿤이 1962년에 출간한 《과학혁명의 구조(The Structure of Scientific Revolutions)》를 선택할 것이다. 출간된 지 1~2년 후에 그 책을 접했는데, 당시 나는 14~15세였다. 그

책 한 권으로 내가 세상을 바라보는 시선은 완전히 달라졌다.

쿤은 과학을 집중 조명했다. 그는 생물학과 진화론의 세계를 더 넓은 범위의 과학 및 기술과 비교했다. 다들 그렇듯이 나도 이 세상은 점진적으로 하지만 같은 모습으로 변하는 것으로 생각했다. 하지만 쿤의 결론은 달랐다. 과학은 자연 세계와 마찬가지로 급진적인 혁신의 시기를 거치는데, 진화생물학자는 이를 '단속평형설(punctuated equilibrium, 진화는 오랜 기간에 걸쳐 점진적으로 이루어지는 것이 아니라, 오랜 기간 변화가 거의 없다가 짧은 기간에 급속한 변화를 통해 진화가 일어난다는 이론—옮긴이)'이라고 한다.

이 개념을 알고 주위를 돌아보면 단속평형설로 모든 것을 설명할 수 있을 것 같은 기분이 든다. 쿤은 현실에 대한 우리의 이해가 어떤 과정을 통해 확장되는지 보여주려고 '패러다임', '패러다임 변화'라는 개념도 언급했다. 패러다임은 쉽게 말해서, 무엇이 핵심 과제이며 어떻게 하면 이를 가장 잘 해결할 수 있는가에 대한 우리의 생각을 결정하는 총체적 모델이다. 쿤은 과학에 초점을 맞췄지만, 우리는 이 개념을 확장해 경제적 패러다임과 비즈니스 패러다임에 적용할 것이다.

기존 모델이 사라지고 새로운 모델이 등장하는 패러다임의 변화는 5가지 핵심 단계(5R)에 따라 진행된다. 첫 번째 단계는 쿤이 말한 '정상 과학(normal science)'인데, 그 전 단계인 '과학 이전 단계(pre-science)'는 효과적인 패러다임이 아예 없는 시점을 가리킨다. 실제로 지속가능성이라는 의제의 경우가 과학 이전 단계에 머물러 있었다. 우리의 성장기를 지배했던 이전 패러다임은 산업혁명, 1차 세계 대전과 2차 세계 대전, 대공황, 냉전 등을 이끌었다.[1] 그러나 시간이 흐르면 어떤 모델이든 '모델 이탈(Model Drift)' 시기에 접어들게 된다. 이 시기에는 각종 이상 현상이 계속 증가하는데, 기존의 사고방식으로는 그런 문제를 해결하기는커녕, 문제를 발견하거나 이해하기조차 쉽지 않다.

현실 왜곡은 변화 초기의 약한 신호를 걸러내 버린다. 하지만 궁극적으로 기존 모델에 가장 많이 투자한 사람들도 그 모델이 이제 무너졌거나 무너지고 있다는 점을 인정하지 않을 수 없다. 현재 자본주의, 민주주의에 바로 이런 일이 벌어지고 있다. 초기 지속가능성의 개념도 마찬가지다. 이 세상이 돌아가는 방식이 달라진 것처럼 보이지만 사실은 예전 방식으로 돌아가고 있다고 믿도록 교육받았거나, 축적된 경험을 통해 그렇게 믿게 된 사람들은 고통이 더욱 가중되는 시기다. 이제 새로운 모델이 등장하는 '모델 혁명'의 무대가 펼쳐질 것이다.

일반적으로 이처럼 새로운 사고방식은 기존 기업이 진지하게 받아들이기에 상당히 어려울 것이다. 이유는 간단하다. 근본적으로 달라도 너무 다르기 때문이다. 아무리 생각해도 좀처럼 이해되지 않을지 모르지만, 우리가 지금 쿤이 말한 주기에서 마지막 단계인 "패러다임 변화"를 겪고 있다는 증거는 충분하다. 무엇이 정상인가에 대한 우리의 감각은 거꾸로 또는 안팎으로 완전히 뒤집힌 상태다. 간단히 말해서, 이제 인류세 시대에 살다 보면 비즈니스 환경이 적어도 시장 측면에서는 심오하게 그리고 아마도 영원히 달라지는데, 우리의 생각과 우선순위가 이 사실을 따라잡아야 한다.

패러다임
변화 단계,
5R

그러나 동료들이 보는 자리에서 바쁜 CEO나 CFO에게 이 모든 것을 다운로드하면 어떻게 될까. 그중 누군가는 경쟁자를 무너뜨리고 경영권 승계를 위한 싸움을 걸기 위해 약점을 찾는 데 혈안이 되어 있을 것이다. 그들은 새로운 게임은 고사하고 새로운 규칙 따위는 궁금해 하지 않으며, 그저 자기가 생각하는 게임에만 사력을 다할 것이다. "사람들은 자기가 이해할 수 있는 말에만 귀를 기울인다"는 괴테의 말이 가장 잘 어울리는 경우라고 할 수 있다. 하지만 오랜 시간에 걸쳐 중요한 변화가 일어나는 과정을 지켜본 결과, 다음과 같은 5단계가 있다는 것을 알게 되었다.

첫 단계인 '거부(Rejection)'는 쿤이 말한 '과학 이전 단계'에 해당한다.

새로운 현실이 너무 생소한 것이라서 사람들은 말 그대로 이를 알아보지 못하며, 당연히 받아들이지도 않는다. 정신이 든다 해도 많은 사람이 이를 강하게 저항해 새로운 현실을 일종의 사산아처럼 만들려고 애쓴다. 흥미로운 것은, 그린 스완으로 이어질 가능성이 있는 것인데도 사람들은 이를 블랙 스완의 씨앗이라 여기고 강하게 배척한다는 것이다.

둘째, '정상과학'에 상응하는 것으로 '책임(Responsibility)'을 들 수 있다. 대다수 리더는 의도적으로 또는 남들이 알아차리기 쉬울 정도로 무책임하게 행동하지 않는다. 하지만 문제는 기존 질서의 실패가 더욱 자명해짐에 따라 관련된 의제가 계속 확장된다는 것이다. 토크니즘(tokenism, 실속 없는 명목상의 행동이 어떤 문제에 대한 실질적인 해결책이 될 수 있다고 믿는 것-옮긴이)이나 부작위에 대한 변명이나 알리바이는 될 수 있을지 모른다. 책임은 진보에 꼭 필요한 필수조건이지만, 블랙 스완 궤도를 되돌리거나 그린 스완 궤적을 만드는 충분조건은 아니다. 이것은 사람이 사는 곳이라면 민간 부문, 공공 부문 또는 시민 부문을 가리지 않고 어디에나 있는 문제다. 구호단체 옥스팜의 존폐 위기까지 초래한 성매매 스캔들과 같은 사건이 반복되는 것만 보더라도 증거는 충분하다고 할 것이다.[2]

셋째, 변화 의제가 확대됨에 따라, 리더는 아무리 크고 우수한 역량을 갖춘 조직이라도 혼자 힘만으로는 이를 해낼 수 없다는 것을 깨닫게 된다. 이것이 바로 쿤이 말하는 '모델 드리프트' 단계다. 개척자는 파트너십 대상을 찾아 나서고 사고의 변화를 추구하는 기업 간 이니셔티브에 합류한다. 주변에서 그들이 해야만 하거나 기꺼이 하려는 일을 도와주기를 기대하게 된다. 이것이 우리의 '복제(Replication)' 단계다. 그러나 시간이 흐르면 여기에 만족하지 않고 이어지는 네 번째, 다섯 번째 단계로 노력의 범위를 넓혀야 한다.

네 번째 '회복력(Resilience)' 단계에 오면, 지금까지 책임 중심의 노력을 아끼지 않았음에도 불구하고, 새롭고 혼란스럽고 혁신적인 질서의 결과가 밀려오기 시작한다. 지금 기후 위기가 그러하듯 말이다. 진정한 리더는 기업 운영에 회복력을 더할 방법을 고심하기 시작할 것이다. 그리고 기업 가까이에 있는 지역사회, 도시 및 국가의 회복력도 함께 고려한다. 쿤은 이 단계를 '모델 위기'의 단계라고 명명했다. 이제 블랙 스완 특성이 뚜렷한 미래라는 현실로 진입하고 있으므로, 인류세에서 이 단계는 매우 중요하다.

다섯 번째는 '재생(Regeneration)' 단계다. 지금까지 살펴본 단계는 사람들이 알고 있는 지속가능성과 트리플 바텀 라인의 의미와 어느 정도 일맥상통했다. 문제는 경제와 사회, 특히 자연 세계를 재생하는 과정을 거치려면 전반적인 경제 및 정치 구조를 바꿔야 한다는 것이다. 이것이 바로 지금 등장하는 변화 패러다임에서 가장 중요한 부분이다.

그렇다면 이 과정에서 당신은, 그리고 당신이 속한 기업이나 조직은, 어느 단계에 있는가? 다음 단계로 이동하는 것은 어떤 의미인가? 이러한 질문을 해결하기 위해 5단계를 차근차근 살펴보고, 특히 성공적인 팀은 관련 트렌드를 어떻게 분석, 이해하고 있는지 알아보기로 하자. 하지만 지금까지 살펴본 것과 달리 실제 진행 과정은 선형 구조가 아닐 수도 있다는 점을 기억하기 바란다. 그리고 그린 스완 의제는 점점 4단계와 5단계인 회복력과 재생에 집중하는 경향이 있다.

1단계: 거부

시작 단계에서는 여러 가지 방향으로 거부가 나타난다. 블랙 스완이라고? 그러면 당신은 어느 편인가? 그린 스완 쪽인가? 질문의 형태는 다르지만 결국 같은 질문이다. 기존의 고장난 제도를 비판하는 사람들은 그 제도의 주요 특징을 거부하는 반면, 기존 제도에 정신이 갇힌 사람들은 전자의 비판을 세상 물정 모르고 비합리적이며 사회주의적이라고 비판하거나 '공산주의자'라는 공격도 서슴지 않는다. 변화의 가속도가 최고조에 달하는 변곡점에 가까이 갈수록 이들이 주고받는 비판도 더욱 거세진다.

내일은 오늘과 전혀 다른 세상이 펼쳐질 것이라는 증거를 보고도 이를 부인하거나 무시하는 것은 지극히 인간적인 반응이다. 만약 그 증거가 사실이라면, 지금 우리가 생각하고 행동하고 중요하게 생각하는 것이 하루아침에 무의미해진다는 뜻이니 말이다. 온통 불확실한 것들에 둘러싸여 얼떨떨하고 두려울 수 있다. 의미심장하게도 과학 연구에 의하면, 사람은 스트레스를 받을 때 더 창의적으로 되는 것이 아니라 마음의 문을 닫게 된다.

이 점은 적잖이 우려할 만한 문제다. 유명 기업의 책임자들이 줄줄이 축출되는 것을 보면서 많은 기업 총수가 이미 두려움을 느끼고 있기 때문이다. WPP 설립자 마틴 소렐 경이 가장 눈에 띄는 사례였다. 르노–닛산–미쓰비시의 카를로스 곤은 일본에서 투옥되어 재판을 기다리고 있다. 그랜트 손튼(Grant Thornton, 세계적인 회계 감사 전문 기업–옮긴이)에서 사회 변화 의제로 우수한 평가를 얻었던 사챠 로마노비치(Sacha Romanovitch)도 해고당했다. 일부 동료는 그녀를 '사회주의자'라고 맹렬히 비난했다.[3]

이렇게 유명한 CEO만 몰락하는 것은 아니다. 대기업의 행보를 추적해보면 2009년부터 2018년 사이에 기업 순위가 크게 달라졌다는 사실을 잘 알 것이다. 2009년에 상위권을 차지했던 엑슨모빌은 2018년에 9위로 하락했고, 월마트(2위에서 13위로), P&G(4위에서 23위로), 코카콜라(10위에서 25위로)도 비슷한 수모를 겪었다.[4]

흥미로운 사실은 2018년에 1~4위를 차지한 기업이 애플, 아마존, 알파벳, 마이크로소프트라는 점이다. 그리고 2009년에는 기업 순위에 아예 포함되지 않았던 페이스북이 존슨앤존슨, 엑슨모빌, 뱅크오브아메리카처럼 오랜 역사를 자랑하는 기업을 모두 제치고 6위에 올랐다. 순위를 집계한 맥킨지 글로벌 연구소(McKinsey Global Institute)는 최상위권에는 대학살이라고 할 만큼 큰 변화가 있었고, 초반에 예상한 것보다 훨씬 충격적이었다고 평가했다.

경기 변동이 있을 때마다 비즈니스 최상위 10퍼센트에 포함된 기업의 절반이 사라졌는데, 이렇게 밀려난 기업의 40퍼센트는 최하위 10퍼센트까지 하락했다.[5] 이렇게 충격적인 수준으로 시장이 흔들리자 어떤 기업은 파괴적 혁신이라는 위협을 인정하고 받아들였고, 반대로 이

214 ——————— 그린 스완

를 완전히 외면하면서 기존 방식대로 기업을 운영하는 데 사활을 거는 기업도 나타났다.

상황이 이렇게 되면 조작 행위가 늘어나기 마련이다. 휴대전화를 한 번 생각해보자. 지금까지 진행된 가장 큰 규모의 연구 중 하나에서 휴대전화에서 나오는 방사선이 암을 유발한다는 점을 명백히 밝혔다. 그런데 더 놀라운 사실은, 휴대전화 업계에서 이러한 연구 결과를 공공연하게 무시하고 탄압한다는 점이다. 영국의 신문 〈옵저버(Observer)〉에는 다음과 같은 기사가 보도된 적이 있다.

> 하지만 미국과 유럽의 주요 언론사 중에는 이를 보도한 곳이 하나도 없었다. 하지만 휴대전화 안전에 관한 뉴스 보도는 무선 산업의 전망을 오랫동안 반영해왔다. 최근 25년간 휴대전화 산업은 휴대전화에서 발생하는 방사선의 실태에 관해 언론인뿐만 아니라 소비자와 정책입안자까지도 오도할 목적으로 전 세계적인 홍보 캠페인을 진두지휘했다. 실제로 대형 무선통신사는 대형 담배회사나 대형 정유사들이 흡연이나 기후 변화의 위험에 대해 대중을 속여온 것처럼, 같은 방식의 전략과 전술을 사용해 휴대전화의 위험에 대해 사람들의 눈을 가려 왔다. 무선통신사 경영진은 휴대전화라는 제품이 인체에, 특히 어린 아이에게 유해할 수 있다는 사내 연구진의 경고를 듣고도 이를 고의로 무시하고, 담배회사나 대형 정유사처럼, 대중에게 어떠한 해도 없다는 거짓말을 늘어놓았다.[6]

물론 거센 압력을 받는다고 해서 모든 업계나 모든 사람이 거짓말을 하는 것은 아니다. 그러나 시장과 경영진 내 정치 세력은 여러 가지 방법으로 결과를 왜곡한다. 그로 인해 좋은 영향을 주는 때도 있지만 해를 끼칠 때도 분명히 있다. 설상가상으로 해당 업계에 위기가 닥치면, 내부의 비판 세력은 종종 사임하거나 해고를 당해 설 자리를 잃게 된다. 그들의 자리는 변화 의무에 대해 단기적인 시야를 가지고 있으며 한층 느슨한 태도를 보인 후임자에게 주어진다.

한국 기업인 삼성을 예로 들어보자. 삼성은 반도체 칩이나 LCD 디스플레이를 제작하는 공장 노동자 수백 명이 질병에 걸린 사실을 10년 이상 완강히 부인하고 있다. 22세 여성이 4년간 삼성 공장에 근무한 후에 백혈병으로 사망했고, 피해자의 아버지인 택시기사 황상기 씨는 2007년에 합의금을 거절하면서 삼성 측에 책임을 인정할 것을 요구했다. 그 후로도 약 260명의 삼성 노동자가 독성 화학물에 노출되어 심각한 질병에 걸렸다.[7]

삼성은 이러한 문제로 수년간 법정 투쟁에 휘말렸다. 2018년에 와서야 삼성은 책임을 인정하고, 1984년 이후에 공장에서 근무하던 중에 암이나 기타 심각한 질병에 걸린 피해자에게 1인당 13만 2,000달러의 합의금을 제시했다.[8]

국가, 도시 또는 지역 단위로 이와 비슷하게 책임인정을 거부하는 사례를 쉽게 찾아볼 수 있다. 인디애나 존슨 카운티를 한번 생각해보자. 이 지역 사람들은 대통령 선거 당시 도널드 트럼프 후보를 압도적으로 지지했으나, 의료 및 환경 규제에 관한 대통령의 역행 때문에 심각한 타격을 입었다. 오래된 산업 현장에서 발생한 발암 물질이 지하

로 스며들었고 이로 인해 그곳에 사는 아이들이 연달아 암에 걸렸다.[9]

심지어 기업의 사회적 책임을 준수하기로 공포한 기업도 종종 지구를 깨끗하게 만드는 노력에 반하는 방식으로 로비활동을 벌인다. 이 문제를 논할 때 스칸디나비아의 포장재 전문업체인 테트라팩(Tetra Pak)을 거론하지 않을 수 없다. 몇 년 전에 나는 전 세계 곳곳의 테트라팩의 고위 경영진과 3회 연속 세션을 진행했다. 세션이 열릴 때마다 임원 50~60명이 회의장에 모였는데, 실내에 진짜 잔디가 미리 깔려 있었고 사람들은 잔디에 자리를 잡고 앉았다. 발전하는 지속가능성이라는 의제에 관한 논의가 진행되는 와중에 어떤 참석자는 신발을 벗기도 했다.

그런데 플라스틱 포장을 반대하는 분위기가 고조되자, 그 회사는 음료수 팩 옆면에 붙이는 플라스틱 빨대 사용 금지를 막기 위해 로비활동을 진행한 것으로 보고되었다. 테트라팩의 영업 및 마케팅 책임자는 소비자들에게 기업 측에서 종이 빨대를 만들려고 노력 중이지만 종이 상자와 함께 사용하려다 '심각한 문제'에 부딪혔다고 설명했다.[10] 하지만 기업의 속내는 단지 고객이 화내지 말고 한발 물러서서 기업을 믿어주고 시간을 허락해 달라는 것이었다.

기업이 책임 의제를 수용하더라도 여전히 거부 의사를 뒤에 숨기고 있을지 모른다.[11] 기본 사업이 미래에 적합하지 않거나 적합하지 않은 것으로 드러날 가능성이 있으면 갈등이 발생할 가능성이 매우 커진다. 하지만 기업의 미래에 무엇이 놓여 있는지 보지 못하는 무능력 뒤에 자리 잡은 가장 강력한 요인은, 현재 우리에게 닥쳐온 일의 특성과 규모가 매우 다르다는 것이다. 기업가는 탄소 거품이 터져버리면 전 세계 경제가 유례없는 침체를 겪을 것이라는 말을 듣고 있다.[12]

이 과정은 주로 화석 연료에 대한 투자 철회와 신재생 에너지 생성 및 전기차 부문 신기술의 기하급수적 성장이 주도하고 있다. 이렇게 되면 정유업계의 방대한 매장량은 좌초자산으로 전환될 것이고, 기존 에너지 형태에 거금을 투자한 연금 기금이 휘청거리게 될 것이다. 그 결과로 대량 실업이 촉발되면 포퓰리즘 정치라는 새로운 물결이 밀려올 것이다.

2008년 금융 위기로 2,500억 달러의 손실이 발생한 것을 잊어서는 안 된다. 다가오는 에너지 전환으로 세계 경제에서 적어도 1조 달러 이상, 많게는 4조 달러 가까이 사라진다면 어떤 일이 벌어질지 생각해보기 바란다.

2단계: 책임

앞서 말했듯이, 50년 전에 시카고 경제학자 밀턴 프리드먼은 유명한 말을 남겼다. 기업의 '유일한' 사회적 책임은 수익을 창출하는 것이라는 말이다. 이 말은 이러저러한 형태로 변형되어 자본주의, 기업, 경영 대학원의 진언으로 자리 잡았고, 그로 인해 많은 결과가 발생했다. 하지만 대부분의 결과는 원래 의도와 전혀 다른 것이었다. 프리드먼의 이념 때문에 그레이 스완과 블랙 스완의 결과는 빠르게 확산했다.

이제는 시장에 대한 프리드먼의 근시안적인 발언에 대해 수많은 공격이 쏟아진다. 하지만 프리드먼의 말이 모두 틀린 것은 아니다. 그는 이렇게 말했다. "자유 경제에서 기업의 유일한 사회적 책임은, 게임의 규칙을 어기지 않는 범위 내에서, 기업의 자원을 사용하고 수익을 늘리기 위한 활동에 참여하는 것이다."[13]

하지만 사람들은 '게임의 규칙을 어기지 않는 범위 내에서'라는 부분을 쉽게 잊어버린다. 여기서 말하는 규칙은 정부가 정하고 규제 기관이 시행한다는 점도 당연하게 여겨졌다. 하지만 제 역할을 하지 못하는 정치인들과 정부가 점점 늘어난다. 전통적인 형태의 민주주의는 세계 곳곳에서 부패하고 있으며, 기성 정치 모델은 아무런 힘도 발휘하지 못한다. 그리고 인류세로 더 깊이 들어갈수록 많은 정치인이 지금 일어나는 여러 가지 사건의 중대성이나 의미를 제대로 파악하지 못한다. 이런 이유로 정치인과 정부가 제 기능을 못 하는 것이다.

그 결과로, 생각 깊은 기업 리더와 투자자는 프리드먼의 말을 따온 수많은 진언이 장려하는 가치나 사고방식이 새로운 현실과 심각하게 동떨어져 있다는 사실을 인정하게 되었다. 그래도, 프란치스코 교황이 주요 정유회사 대표에게 기후 위기를 언급하면서 "더는 시간을 지체할 수 없다"고 했을 때 일부 기업가는 이 상황을 어떻게 모면할지 궁리하기 시작했을 것이다.[14] 그리고 영국 성공회가 뉴욕주와 손잡고 세계 최대 규모의 상장 정유사 엑슨모빌에 온실가스 배출량 감축 목표를 정하라고 요청했을 때, 일부 기업가는 '우리보고 뭘 어쩌라는 거냐'며 투덜거렸을지 모른다.[15]

하지만 제아무리 간이 큰 CFO라도, 세계 최대 규모의 자산운용사 블랙록(BlackRock)의 CEO인 로렌 D. 핑크(Laurence D. Fink)가 비슷한 요구를 했을 때는 잠시나마 움찔했을 것이다. 당시 6조 달러가 넘는 자산을 관리하던 핑크는 세계 최대 규모의 공개기업 CEO에게 보낸 연례 서한에서 "금전적 성과만 보이지 말고 사회에 긍정적인 기여를 하는 모습을 보이라"고 촉구했다.[16]

핑크는 "은퇴, 사회 인프라 구축, 자동화 및 근로자 재교육에 이르기까지 대다수 정부가 미래를 제대로 대비하지 못하고 있다"고 비판했다. 그는 세상을 바라보는 관점을 넓혀서 기후 위기까지 생각해야 한다고 주장했다. "사회는 민간 부문으로 전환되고 있으며 기업은 더욱 광범위한 사회적 도전에 대응해야 한다."

래리 핑크의 요점은 수익을 추구하는 행위 자체가 부도덕하다는 것이 아니라, 심사숙고해서 사회적 목적을 세우는 것이 기업의 장기적인 수익성과 폭넓은 성공과 긴밀하게 연결되어 있다는 것이다. 한편, 예전에 단일 이슈였던 의제가 이제는 강력하고 새로운 방식으로 수렴하고 있다. 최근 맥킨지에서 실시한 설문조사에 의하면, 기업 책임을 공식화하고 지속가능성 프로그램을 확대하는 주요 기업이 점점 늘어나고 있다.[17] 응답자 10명 중 거의 6명은 2년 전에 비하면 자사는 이 의제에 더 많이 참여하고 있다고 했다. 참여도가 감소했다는 응답은 9퍼센트에 불과했다.

그렇다면 선두주자들은 이 문제에 어떻게 대처하고 있을까? 맥킨지 설문 조사에서 공식적인 지속가능성 지배구조가 있다고 응답한 기업이 70퍼센트였다는 점에서 한 가지 단서를 찾을 수 있다. 이는 2014년에 동일하게 응답한 기업이 56퍼센트에 불과했던 것에 비하면 크게 증가한 것이다. 또한 지속가능성 문제를 전담하는 이사회 차원의 위원회를 따로 마련했다고 응답한 회사도 16퍼센트다. 그리 높은 수치는 아니지만 지난번 설문 조사 결과가 12퍼센트였던 것에 비하면 꾸준히 증가하고 있다.

그래도 어떤 기업이 대외적으로 약속한 대로 실천하고 있는지 외부에서 판단하기란 쉽지 않다. 독일의 폭스바겐은 2015년 다우존스 지속가능성 지수 조사에서 자동차 부문 최상위권을 차지했다. 하지만 불과 몇 주 후에 수십억 유로 규모의 '디젤게이트'에 연루되는 수모를 겪었다.[18] 결국 폭스바겐은 과거 행보가 "잘못되었고, 비윤리적이며 지탄받아 마땅했다"고 시인했다.[19]

영국 아웃소싱 회사 카릴리언(Carillion)도 생각해보자. 이 기업이 2018년에 몰락하자, 납세의무자들은 큰 부담을 떠안게 되었다. 이 사안을 검토한 하원위원회는 회사가 "무모함, 오만함, 탐욕으로 점철되어 있었다"고 평가했다.[20] 하지만 부도일로부터 불과 며칠 전에 지속가능성 최고책임자는 이렇게 말했다.

> 기업이 비전을 향한 참여, 영감을 주는 스토리, 책임감 있는 규정 준수, 대중의 신뢰를 확보하지 못하면, 미래의 경쟁력이 없다고 봐야 하죠. 카릴리언은 지속가능성을 통해 경쟁력 있는 미래를 추구합니다. 지속가능성은 우리가 더 나은 미래를 향해 기업 가치를 높이고 더욱 영감을 주는 이야기를 창출하는 방법입니다.[21]

이 말은 누가 준비한 것일까? 어떤 의도로 이렇게 말한 것일까? 이 말대로 기업을 운영하려고 애쓰긴 한 걸까? 이 선전 문구를 승인할 때 카릴리언의 벽면에 쓰인 글을 한 번 보긴 한 걸까?

일상생활 부문의 기업만 이런 문제를 겪는 것은 아니다. 페이스북을 다시 생각해보자. 언론이 '위기의 쓰나미'라고 할 정도로 많은 시련이 있었으며, 해가 바뀌고 2019년이 밝았으나 페이스북은 여전히 법정 소송 중이었다. 2006년에 페이스북을 설립한 창립자이자 CEO를 맡고 있는 마크 저커버그는 다음과 같이 항변했다.

> 우리 회사는 2016년에 비해 완전히 달라졌습니다. 아니 불과 1년 전과 비교해도 크게 달라진 것을 알 수 있습니다. 우리는 모든 서비스에서 피해를 방지하는 데 집중하기 위해 근본적인 변화를 감행했습니다. 조직적인 개편을 통해 기업의 상당 부분을 피해 방지 작업에 집중하는 데 사용하고 있습니다.[22]

페이스북은 분기별로 50억 달러의 이익을 보호하고 성장시키기 위해 노력하는 과정에서 실행한 기업 운명을 자선활동으로 포장하고 있다. 물론 일각에서는 자사의 이익을 위한 조처라고 비난한다. 페이스북은 네트워크의 게시물을 필터링하기 위해 이른바 중재자 역할을 할 사람을 대거 고용할 수밖에 없었고, 그로 인해 계속 달라지는 규정의 결함은 더 신랄한 비판을 받았다. 필리핀과 같은 곳에서 중재자 역할을 할 사람들을 뽑은 것 같은데, 전례 없이 불쾌한 게시물을 계속 봐야 하는 이들만 안타까운 노릇이다.

〈뉴욕 타임스〉는 1,400페이지가 넘는 페이스북의 내부 규정을 입수했다. 페이스북이 분에 넘치는 권력을 휘두르면서 너무 많은 실수를 저지른다는 생각으로 걱정이 많았던 직원이 내부 문서를 유출한 것이었다. 일례로 분쟁조정자는 인도네시아 화산 폭발 희생자를 돕기 위한 모금 활동을 중단하라는 지시를 받았다. 페이스북의 내부 금지 집단에 소속된 사람이 그 모금 활동을 공동후원하기 때문이었다.[23]

정상적인 시기에는 회사의 책임을 추적, 관리하는 것이 꽤 어려운 일이다. 하지만 이른바 팡(FAANG)이라고 부르는 기업이 꿈꾸는 세상은 정상적인 것과 거리가 멀다. FAANG는 페이스북, 애플, 아마존, 넷플릭스, 알파벳의 구글을 가리킨다. 이들이 짧은 시간에 고속 성장을 이룬 것은 사실이지만 동시에 의도치 않았던 수많은 결과를 초래했고, 이제는 정부와 대중에게 거센 항의를 받고 있다.

그런데 가만히 들여다보면 한 가지 심각한 역설적인 상황이 드러난다. 대중은 정부가 초래한 리더십의 부재를 FAANG 기업의 CEO를 비롯해 더 많은 기업 리더가 채워주기를 기대하고 있다. 그 결과 요즘 시대는 '행동주의 최고경영자의 시대'라고 일컬어진다. 칼럼니스트 라나 포루하(Rana Foroohar)는 이 현상을 다음과 같이 설명한다.

이런 거물 기업들은 거침없이 예상외의 공식적인 행보를 취합니다. 샬러츠빌에서 발생한 인종 폭동 사태에 대해 트럼프가 차별주의적 행보를 보이자, 머크(Merck)의 최고경영자인 케네스 프레이저(Kenneth Frazier)는 트럼프 대통령의 미국 제조업 협의회(American Manufacturing Council)에 사임 의사를 밝혔죠. 미 정부는 파리 기후협정에서 탈퇴했지만, 유니레버 회장 폴 폴먼은 기후 변화에 대한 책임을 주도하고 있습니다. 애플의 팀 쿡이나 세일즈포스의 CEO 마크 베니오프(Marc Benioff)처럼, 동성애자 권리를 존중하지 않는 주에서 사업을 철수하겠다고 위협하는 기업인도 적지 않습니다.[24]

이러한 행보가 보는 사람에게 짜릿한 쾌감을 주는 것은 사실이다. 그러나 미래의 중요한 문제를 기업의 손에 온전히 맡겨두어서는 안 된다. 래리 핑크가 이끄는 블랙록의 전 전무이사의 말을 들어보자. 모리스 펄(Morris Pearl)은 트럼프의 부유층 세금 감면 정책에 반대하는 애국적 백만장자(Patriotic Millionaires)라는 단체에서 이사를 맡고 있다. 그는 이렇게 경고한다. "우리는 사회적으로 중요하다고 생각되는 변화를 주도하기에 정말 좋은 시스템을 갖추고 있다. 그것은 바로 투표 제도다. 무슨 문제를 처리할지 결정하는 것은 기업의 몫이 아니라고 생각한다. 결정은 대중의 몫이며, 결정을 내린 후에 기업에 알려줘야 한다."[25]

3단계: 복제

성공적인 해결책은 복제와 확장을 거쳐야 한다. 어떤 기업은 이를 잘 해내지만, 대다수 기업은 그렇지 못하다. 그 결과로 기업의 책임 및 지속가능성의 순위를 매겨보면 상위권에 항상 같은 기업이 자리하고 있으며, 오랜 시간이 흘러도 순위가 거의 변하지 않는다. 왜 이런 현상이 일어날까? 패러다임 변화의 초반에는 리더가 엄청난 비전, 용기, 체력을 발휘해야 한다. 하지만 일단 기업 리더가 나서서 기업을 새로운 변화의 궤도에 올려놓은 후에 주변을 돌아보면, 다른 사람, 특히 가치 체인에 속한 사람들이 기업의 변화 속도만큼 빠르게 움직이지 않는다는 것을 깨닫게 된다. 물론 그들이 전혀 안 움직이는 것은 아니지만, 변화의 속도를 온전히 따라잡지 못하는 것이다.

논리적으로 보자면 그다음 단계는 변화에 필요한 임계량을 구축할 방법을 찾는 것이다. 산업 연맹이나 협회 등에서 시작해야 하지만, 이런 기관들은 종종 지나칠 정도로 시대에 뒤떨어져 있다. 호송대처럼 가장 느린 속도로 꾸물거리듯이 움직이는데, 아마도 상대적으로 불리한 처지에 놓인 군인을 보호한다는 명목으로 그렇게 행동하는 것 같다. 하지만 이들 때문에 전체적인 속도가 느려질 뿐만 아니라, 적극적인 로비 활동을 통해 변화의 속도가 느려지거나 변화가 지연되는 상황이 벌어진다.

그런데 '행동주의 최고경영자'가 늘어나자, 새로운 의제, 새로운 규범과 표준, 새로운 모범 사례를 공동으로 개발하는 업무를 전담하는 새로운 기업 간 플랫폼이 우후죽순처럼 늘어나고 있다. 이러한 복제 현상의 경쟁적 구도는 끊임없이 변모한다. 새로운 행동주의자가 남들이 발견하지 못한 기회를 포착하고 이를 기반으로 새로운 이니셔티브를 출시하는 일이 반복되기 때문이다.

2014년에 기후 그룹(Climate Group)과 CDP(이전의 공식명칭은 탄소 정보 공개 프로젝트)가 공동으로 시작한 RE100을 생각해보자. CDP는 기업, 도시와 주, 지역에서 환경 영향을 측정하고 관리하게 도와주는 전 세계 정보공개 시스템을 운영하고 있다. CDP 계산에 따르면, 그들의 투자자와 구매자 네트워크는 100조 달러가 넘는 자산 및 활동을 나타낸다.[26] 그런데 RE100은 정보공개나 다른 기업 간 플랫폼을 넘어서 시장 창출을 적극적으로 추구한다. 100퍼센트 재생 가능한 전기 사용에 참여하는 100개 이상의 영향력 있는 기업의 후원을 받아서, 재생가능한 에너지에 대한 수요 및 생산을 대폭 늘리는 데 주력하고 있다.

국제재생에너지기구(IRENA)에 따르면, 상업 및 산업 부문의 기업들이 전 세계 전기 최종 사용량의 삼 분의 이를 소모한다. 이들의 수요만 재생에너지로 돌릴 수 있다면 전 세계 에너지 시장의 혁신이 매우 빨라질 것이며, 저탄소 경제로 전환하는 데 큰 힘이 될 것이다. RE100은 재생가능 에너지에 관한 우수한 비즈니스 사례를 널리 알리는 데 가장 많이 노력하는데, 여기에는 에너지 비용에 대한 통제 강화, 경쟁력 제고, (온실가스) 배출 감소에 대한 목표 달성이 포함된다. RE100은 관련 기업 활동을 보여주며 더 많은 공급업체에게 참여를 장려한다. 가장 중요한 것으로, RE100은 100퍼센트 재생가능 에너지 사용으로 기업이 이점을 누릴 수 있는 상황인데도 이를 방해하거나 그 과정을 지연시키는 장애물이 있는 경우, 그러한 장애물을 제거하는 일에도 힘을 쏟고 있다.

거의 모든 기업이 RE100에 가담했다. A로 시작하는 기업 중에는 아크조노벨, 애플, 알리안츠, 아스트로제네카, 오토데스크, 아비바, AXA 등이 있다. RE100에 동참한 기업은 정해진 연도까지 재생가능한 에너지로 전 세계 전력 소비량의 100퍼센트를 공급한다는 목표를 설정하고 이를 대외적으로 알려야 한다. 그 후에는 매년 전력 소모 자료를 공개해야 하며, RE100에서 각 기업의 진행 상황을 보고서로 작성하게 된다.

페이스북, 시티그룹, 이케아도 비슷한 방향으로 움직이고 있으며, 속도도 비슷하다. 페이스북은 전기 수요 100퍼센트를 재생에너지로 전환할 계획이다.[27] 페이스북의 전기 수요가 급증하고 있으며, 특히 데이터센터는 연중무휴로 24시간 가동해야 하므로, 풍력발전이나 태양광 발전과 같이 전력 공급이 중단될 우려가 있는 방법에 의존할 수 없다. 하지만 지역 전력업체와 '녹색 요금계약'을 체결하면 이 문제를 해결할 수 있다.

이렇게 하는 목적은 이러한 계약 체결이 용량을 추가하는 것으로 이어지게 하는 것이지, 다른 청정에너지 투자를 대체하거나 이름만 바꾸는 것이 아니다. 그런 투자는 어떻게든 진행되기 마련이다. 임계 질량에 대한 감각은 전염성이 있어서, 동종 업계는 자신들이 뭔가 중요한 계획의 일원이 된 것처럼 느끼거나 시곗바늘을 좌지우지할 수 있는 영향력을 거머쥐었다고 생각하게 된다. 현재 이러한 접근방식이 복제를 거듭하고 있다.

전 세계를 항해한 선원 출신의 엘런 맥아더(Ellen MacArthur)가 후원하는 순환경제 100(Circular Economy 100)은 순환경제에 대한 목표를 더 빨리 실행하도록 도와주는 또 다른 경쟁 이전 협력에 기반한 혁신 프로그램이며, 기업, 정부, 도시, 학술 기관, 신흥 혁신가, 기타 이해관계자를 하나로 결속시킨다.

이런 이니셔티브를 가만히 들여다보면, 어떤 것은 공급 레버를 움직여서 변화를 '밀어붙이고', 다른 것은 수요 레버를 움직여서 변화를 '잡아당긴다.' 두 가지 레버를 다 움직이는 이니셔티브도 있다. 하지만 이러한 네트워크가 확산하는 과정에서 이들이 무엇을 하는지, 어느 정도의 영향력을 생성하는지 계속 주시할 필요가 있다. 일례로 최근에 중국으로 폐기물을 수출하는 것이 금지되었는데, 이른바 순환 프로젝트라고 불리는 재활용 관련 프로젝트의 기반이 얼마나 부실한지 여실히 보여주었다.

중국 폐플라스틱 협회(China Scrap Plastic Association)에 따르면, 중국은 2016년 한 해에만 700만 톤이 넘는 폐플라스틱을 수입했으나, 지금은 폐지와 폐플라스틱을 포함해 고체형 폐기물 24종의 수입을 금지하는 규정이 시행되고 있다.[28] 2012년부터 지금까지 중국에 약 270만 톤의 폐플라스틱을 수출해온 영국 등 몇몇 국가는 이제 폐기물을 처리할 다른 장소를 물색하느라 진땀을 흘리고 있다.

한편 지구 반대편에 있는 호주로 가보자. 프랑스 유틸리티 회사의 계열사인 수에즈 웨스턴(Suez Western Australia)의 총괄 매니저는 중국의 변화로 인해 "전 세계가 재활용 물질을 다시 제조에 사용할 역량의 50퍼센트가 사실상 소실된 것"이라고 말한다.[29] 이러한 위기는 세계 경제가 다양한 형태의 미래 적합성에 점차 다가가는 과정에서 지속적인 특징으로 자리 잡을 가능성이 있다. 하지만 이런 블랙 스완 문제는 종종 그린 스완이 부화해 날아오를 전제조건을 마련해준다는 점을 기억해야 한다.

4단계: 회복력

나는 1970년대 초반에 회복력이라는 말을 처음 들었는데, 플로리다 에버글레이즈와 관련이 있었다. 수자원 통제와 농업을 위해 대규모 엔지니어링 작업이 이루어지기 전이었지만 자연 회복력이 점차 손상되고 있었다. 그러다 21세기 초에 제네바 호수가 내려다보이는 세계경제포럼 본부 앞 잔디밭에서 컨설턴트가 모여 회복력이 지속가능성을 대신할 거라는 주장을 늘어놓았다. 그 말을 들으면서, 회복력이라는 말에 돌연변이가 일어나고 있다는 생각이 들었다.

물론 회복력이라는 단어는 돌연변이를 거치지 않았다. 하지만 지속가능성이라는 의제와 어휘 목록에서 점점 더 중요한 부분이 된 것은 사실이다. 그런 말을 모으다 보면 그 주변에 비슷한 용어도 많이 생겨난다. 대부분은 얼마 못 가서 사라지지만, 관련 사건이나 더 큰 추세에 따라 한때 가장자리에 있던 개념이 주류에 합류하기도 한다. 회복력이라는 말도 그렇게 주목을 받게 되었다. 전 세계 주요 도시에 자연재해가 증가해 세계 공급망이 손상되고 얽히는 일이 잦아졌기 때문이다.

이러한 뉴노멀이 기업가에게 반강제적으로 큰 인상을 남긴 사건이 있었다. 자동차 부품, 컴퓨터 하드 드라이브와 같은 제품의 제조업체들이 2011년 태국에 발생한 큰 홍수로 심각한 피해를 본 것이다.[30] 피해액 규모는 수십억 달러였고 약 65만 명이 당분간 실업자 신세로 전락했다.

일본 자동차 제조업체는 이미 본국에 발생한 지진과 쓰나미로 한 차례 홍역을 치르고 나서 겨우 정신을 추스른 상태였다. 이런 와중에 태국에 또 홍수가 발생하자 국내 공급망에 심각한 타격을 입었다. 이들은 황급히 동남아시아에 대체 제조기지를 마련했다. 태국 공급업체가 문자 그대로 물에 잠겨 버리자, 도요타, 혼다와 같은 기업은 울며 겨자 먹기로 미국 공장의 생산량을 줄여야 했다. 설상가상으로 국제 기업은 고가의 재고 보유를 최소화하고 '적시' 제조를 활용할 목적으로 공급망을 더욱 긴밀하게 형성해두었는데, 이런 재난 상황에는 그것이 자충수가 되어버렸다. 공급망 내부의 연결 고리가 하나만 끊어져도 전 세계 생산에 심각한 차질이 생겼다.

인류세에는 경제, 각종 부문, 기업 등에서 그러한 압력이 점차 가중될 것이다. 다행히도 콩지안 유(俞孔堅)와 같은 개척자들이 점점 더 많은 중국 도시를 '거대한 스펀지'[31]로 바꾸어 홍수에 대한 회복력을 높이는 데 도움을 주고 있다. 하지만 그런 노력으로 해수면 상승을 막아내기에는 한계가 있다.

한동안 이 문제의 최전방에는 보험사와 보험사를 위한 보험을 제공하는 재보험사가 버티고 있었다. 보험사의 주장대로 상황은 계속 악화하고 있다. 보험사는 이런 변동에 따라 보험료와 보험 조건을 조정할 것이다. 동시에 여기에서 발생하는 보험 수익은 전 세계 주식시장에 투자된다. 따라서 관련 고통은 상장기업에 미치는 시장 압력을 점진적으로 형성하며, 그 과정에서 완전히 새로운 시장 기회를 창출한다.

이러한 블랙 스완 트렌드가 한동안 이어졌다. 예를 들어 지난 세기에 나는 세계 금융의 중심지인 런던에 최초로 설립된 환경재단의 의장을 맡았다.[32] 원래 자금은 미국에서 발생하는 다양한 위험을 보장하는 보험 신디케이트에서 마련되었고, 석면, 방사성 폐기물, 오염된 토지가 포함되었다. 당시에는 모든 것이 순조로워 보였다. 그러나 유해물질이나 오염물로 뒤덮인 현장을 정리하기 위해 미국 슈퍼펀드 법안이 도입되자 책임에 관한 사항이 완전히 달라졌다.

당시에 보험에 가입하려는 이들은 속내를 감추어야 할 이유가 충분했다. 반나절이 걸린 감사를 통해 그러한 위험을 떠안으면 심각한 재앙을 초래할 수 있다는 경고를 받았지만, 시장은 한동안 호황을 누렸다. 그러다가 슈퍼펀드라는 벽에 부딪혔다. 관련 분야의 보험금 청구로 인해 20퍼센트에 가까운 손실이 발생해 런던 기반의 보험 시장인 로이드는 거의 무너지기 일보 직전까지 갔다. 불행 중 다행으로 우리 재단은 기부를 받아서 고비를 넘길 수 있었다. 아무튼 이 사건을 통해 환경 위험이 금전적으로 막대한 손실을 초래할 수 있음을 절실히 깨달았다.

이제 40여 년이 지났지만, 그 주기가 반복되는 징후가 있다. 자연재해 위험을 부담하는 '대체 자본'에 대한 전 세계 시장이 경계 신호를 보내고 있다. 대형 재보험사 스위스리(Swiss Re)의 대표는 10년 전 미국 모기지 사태 직전의 상황과 유사한 징후를 지적했다.[33]

이른바 재해연계채권이 붐을 일으켰다. 이런 채권이 꽤 안정적인 수익을 내며 다른 금융시장과 상관관계가 없다는 점이 투자자의 마음을 사로잡았다. 하지만 몇 차례 자연재해가 발행해 어마어마한 보험금을 지급하게 되자 채권의 약점이 고스란히 드러났다. 증거를 보면 이러한 뉴노멀은 우리 모두에게 막대한 비용을 부과할 것이라는 점이 분명하다. 〈파이낸셜 타임스〉는 2018년 자연재해에 관해 다음과 같이 설명한다.[34]

> 캘리포니아와 호주 같은 지역에서는 종종 화재가 발생한다. 하지만 올해는 전혀 예상하지 못한 지역에 이러한 재해가 발생했는데, 북극에서 발생한 화재는 가뭄과 열기로 인해 북극 삼림이 이례적으로 불붙기 쉬운 상태가 되어버렸기 때문에 많은 사람이 경악했다. 영국의 이탄지는 원래 습도가 높아서 화재가 거의 일어나지 않았지만, 최근 폭염으로 인해 화재가 발생하고 있다. 미국의 경우 1970년대 이후로 연평균 화재 건수가 2배 증가했다. 이번 주에는 캘리포니아 국립공원인 요세미티 밸리 근처에 화재가 발생해 국립공원에 대피령이 내려졌다.

이 모든 문제가 파라다이스에 캘리포니아 역사상 가장 끔찍한 대규모 화재 이전에 발생했다. 파라다이스 화재로 적어도 86명이 사망했고 거대한 삼림 지역은 잿더미가 되고 말았다. 그리고 전력회사 PG&E는 회사 재정에 치명적인 타격을 입었다.[35] 파라다이스 화재가 이 회사 시설 중 하나에서 시작되었다는 증거가 나오는 바람에 2017년과 2018

년에 발생한 화재에 대해서 최소 300억 달러의 책임 배상을 할 처지가 되었다. 벌금이나 징벌적 손해배상금이 아직 포함되지 않은 금액이 그 정도다. 3개월 만에 주가가 49퍼센트 하락하자 PG&E는 사업 일부에 대해 파산 보호를 신청할지 검토하게 되었다. 사업 전체에 대한 파산 신청도 생각하지 않을 수 없었다. 그러다가 결국 파산하고 말았다.[36]

분명 인류세 기간의 삶은 일상적인 비즈니스 형태와는 다를 것이다. 우리가 조만간 살게 될 세상에서는 경제와 사회의 회복력이 한계치까지 시험받을 것이다. 현재 대부분의 경제 분석은 지구 온도 상승을 2도 이하로 막으려는 목표에 기반한 것이다. 만약 온난화 현상이 2도 이상 악화하면 거대폭풍으로 인한 피해, 심각한 수자원 부족, 이재민 대거 발생과 같은 문제가 발생할 것이며, 그로 인해 긴장이 고조되고 곳곳에 갈등이 발생할 것이며 한 치 앞도 예상하기 힘든 불안한 세상이 될 것이다.

앞으로 기업 경영진은 회복력을 더 자주 생각하게 될 것이다. 이와 동시에 회복력 의제를 채택하는 도시와 국가도 계속 늘어나고 있다. 최근 몇 년 사이에 가장 흥미로운 이니셔티브 중 하나는 록펠러 재단이 시행하는 100대 회복력 도시(100 Resilient Cities)라는 이니셔티브다. 배경 설명은 다음과 같다.[37]

2050년이면 전 세계 인구의 75퍼센트가 도시에서 생활할 것이다. 세계화, 도시화, 기후 변화가 충돌함에 따라, 도시에 아무런 문제가 생기지 않는 시간이 채 일주일도 되지 않는다. 사이버 공격, 자연재해, 경제적 또는 사회적 격변이 세계 곳곳에서 꼬리에 꼬리를 물고 일어나기 때문이다. 게다가 빈곤, 지역 특유의 범죄와 폭력, 무너지는 인프라 시설 등 도시를 차츰 약화하는 문제들로 인해 도시는 심각한 스트레스를 받고 있다.

앞으로 도시에 어떤 혼란이 닥칠지 미리 알 수 없지만, 도시가 겪어온 문제를 통해 배울 점을 찾고 향후 유사한 문제에 대비책을 세울 수 있다. 또한 도시 거주자를 위해 경제적 성장을 이룩하거나 공원을 개발하는 등 투자 기회를 활용해 가외의 혜택을 생성할 수 있다. 달리 표현하자면 비상사태는 물론이고 평상시에도 더 살기 좋은 곳으로 도시를 가꾸어 '회복력 배당금(resilience dividend)'을 달성할 수 있다.

그런데, 록펠러 재단은 각국 도시가 직면하고 있는 어려움이 그대로 남아 있지만, 이니셔티브 활동을 끝낼 계획이라고 돌연히 발표했다.[38]

로저 마틴(Roger Martin)은 CEO와 기업 이사회의 고문관 역할을 전문적으로 해왔다. 나는 스콜 재단의 사회적 기업을 통해 마틴을 처음 만났다. 마틴이 회복력에 대해 뭐라고 했을지 궁금할 것이다. 한 마디로 자원 효율성을 포함해 효율성에 초점을 맞추는 것보다는 회복력에 초점을 맞추는 것이 훨씬 나을 거라고 했다. 그 이유는 〈하버드 비즈니스 리뷰〉를 통해 이렇게 설명했다.

낭비를 없애는 것이 합리적 목표라고 생각하는 사람도 있을 것이다. 관리자가 자원 활용을 더욱 효율적으로 해주기를 바라지 않을 사람은 없을 것이다. 하지만 효율성을 지나치게 중시하면 의외로 부정적인 결과를 낳을 수 있다. 실제로 고도의 효율성을 추구하는 기업은 사회 무질서를 초래할 위험이 있다. 효율성이 개선될수록 효율성이 가져다주는 보상에 불평등이 발생하기 때문이다. 쉽게 말해서 고도의 전문화 현상이 일어나면서 가장 효율적인 경쟁자가 필요 이상으로 시장 지배력을 장악하게 된다. 그로 인해 비즈니스 환경은 매우 위험해진다. 정해진 소수의 기업이나 개인이 높은 수익률을 차지하지만, 시장은 결국 지속 불가능한 상태에 빠지게 된다. 내가 생각하는 해결책은, 기업과 정부 교육기관이 회복력에 더 집중하는 것이다. 회복력은 (효율성처럼) 당장 경쟁상의 우위를 선점하지는 못한다. 효율성을 추구할 때 얻게 되는 단기 수익은 감소하겠지만, 장기적으로 보면 훨씬 안정적이고 평등한 비즈니스 환경을 구축하게 된다.[39]

마틴은 갈수록 소수의 기업이 가치 창출의 성장 부문에 대한 통제권을 행사함에 따라 세계 경제의 대부분이 점차 통합되고 있는데, 이러한 변화는 바람직하지 않다고 지적한다. 부와 권력을 가진 사람에게는 상황이 갈수록 유리해지겠지만, 극소수의 기업에 모든 것이 집중된 경제 체제는 다양성을 갖춘 경제에 비해 회복력이 약할 수밖에 없다. 이러한 약점은 언젠가 치명적인 결과를 초래할 우려가 있다.

마틴의 주장을 요약하면 다음과 같다. "회복력이란 어려움을 겪은 후에 다시 일어서는 힘이다. 한 차례 충격을 받더라도 오뚝이처럼 다시 일어설 수 있어야 한다. (효율성이 지배하는) 기존 환경에 적응하는 것과 주변 환경의 변화에 적응하는 것은 어떤 차이가 있을까? 회복력을 갖춘 시스템의 대표적인 특징은 다양성, 중복성 또는 약간의 느슨함이라고 할 수 있다. 그런데 이러한 특징은 효율성이라는 목적을 추구할 때는 극복해야 할 문제점으로 여겨진다."

이어지는 5단계는 재생이다. 전 세계 수백만 개의 기업이 아직 거부 단계에 발목이 잡혀 있고, 책임 단계의 진입로까지 달려온 기업은 수만 개 정도 된다. 복제 및 회복력 단계로 넘어가기 위해 적극적으로 일관된 노력을 쏟는 기업은 기껏해야 수천 개일 것이다. 그렇다면 재생 단계를 목표로 하는 기업은 얼마나 더 적겠는가. 하지만 우리가 원하든 그렇지 않든 간에, 재생 단계까지 올라오는 것 외에는 더 나은 미래를 이룩할 방도가 없다.

5단계: 재생

그린 스완은 본질적으로 사회와 경제, 가장 근본적으로는 생물권의 재생과 관련이 있다. 여기에서는 상황이 좋은 방향으로 그리고 반드시 기하급수적으로 진행되어야 한다. 나뭇잎 몇 개가 바람에 소용돌이치는 것을 보고 폭풍을 예견할 수 있듯이, 어떤 단어를 몇 차례 언급하는 것은 변화 의제에서 심오한 변동을 예고하는 것일 수 있다. 10여 년 전에 회복력이라는 말이 색다른 의미로 쓰이는 것을 들었던 것이 생각난다. 그와 비슷하게 최근 몇 년 사이에 재생이라는 말이 꽤 자주 사용되고 있다.

주요 브랜드 업체가 이런 것을 눈치채기 시작한다면, 이는 시대정신에 변화가 일어나고 있다는 뜻이다. 여론조사라고 다 믿을 만한 것은 아니지만, 최근 미국, 영국, 호주, 중국에서 실시한 한 가지 여론조사는 꽤 흥미로웠다. 광고대행사 JWT의 이노베이션 그룹은 사내연구기관인 소나(Sonar)에 관련 연구를 의뢰했다. 소나는 처음부터 이렇게 선언했다.

"이제 피해를 줄이는 것만으로는 부족하다. 이제 재생이 지속가능성의 미래라고 해야 한다. 지금까지 잃어버린 것을 보충하거나 회복하면서, 번영할 수 있는 경제와 지역사회를 구축해야 하고 동시에 지구도 함께 번영하도록 해줘야 한다."[40]

샘플은 성인 2,000명에 불과했지만 연구 결과는 시사하는 바가 크다. 그들은 "지속가능성의 사고방식을 생활방식으로 자리 잡게 하기가 쉽지 않지만, 소비자는 이미 이러한 사고방식을 가동하고 있다"고 결론내렸다. 연구 결과에서 중요한 부분을 정리하면 다음과 같다. '소비자'의 92퍼센트(하지만 연구 대상이 비교적 소수라는 점을 기억해야 한다)는 지속가능성을 생활에 더욱 반영하려고 노력한다고 응답했으며 54퍼센트는 지금보다 더 노력할 것이라고 말했다. 또한 소비자의 92퍼센트는 지속가능한 비즈니스 관행이 새로운 기준이 되어야 한다고 주장했고, 86퍼센트는 한정된 자원을 계속 고갈시키는 기업과 브랜드는 '미래 후손이 써야 할 것을 도둑질하는 것'과 다름없다고 말했다. 새로운 변화 의제의 핵심은 '피해를 줄이는 것만으로는 더는 충분하지 않다'는 것이다. 이러한 관점은 건축가 빌 맥도나우(Bill McDonough)와 그의 동료 마이클 브로가트(Michael Braungart)의 주장을 떠올리게 한다.[41] 그린피스 전(前) 책임자인 브로가트는 독일인이고 맥도나우는 미국인이다. 미국의 경우, 트럼프 정권 시절에도 재생경제에 관한 주장이 쏟아져나왔다는 점은 매우 놀라운 일이다.[42]

"지구 온난화 해결책으로 제시된 것 중에서 가장 포괄적인 계획"[43]이라는 평가를 얻은 폴 호켄(Paul Hawken)의 드로우다운(Drawdown)이라는 프로젝트가 있다. 드로우다운 팀은 이렇게 설명한다.

"우리가 계획을 세우거나 방법을 고안한 게 아닙니다. 계획은 이미 있었고 전 세계적으로 시행 중이죠. 기후 변화의 임팩트에 너무 초점을 맞추다 보니 이러한 가능성을 생각하는 것이 어려운 겁니다. 우리는 세계 곳곳에서 자격을 갖춘 다양한 사람들을 연구원으로 모집한 다음, 기후 변화를 해결할 수 있는 100가지 가장 실질적인 기존 솔루션을 찾아서 연구하고 모형화했습니다."

그 결과는 기대 이상이었다.[44] 드로우다운 팀은 이렇게 보고했다. "30년 이내에 전 세계 온실가스 배출을 되돌릴 수 있는 길을 찾았습니다. 연구해보니 인간은 그렇게 할 방법과 기술을 이미 갖고 있었어요. 새로운 것을 발명할 필요가 없다는 말입니다. 그래도 앞으로 많은 사람이 애쓰고 노력해 더 많은 해결책이 만들어지겠죠. 우리가 모형화한 솔루션은 이미 자리를 잡아 시행되고 있습니다. 인류가 할 일은 가능한 일에 대한 지식과 성장을 가능한 한 빨리 가속화하는 것입니다."

이것은 지속가능성 운동 내에 새로 떠오르는 반혁명의 한 가지 증상이다. '지속가능성 산업'의 상당 부분이 주요 업계의 거부 전략에 대응하고 책인 전략을 더 넓은 범위로 복제하는 데 주력하고 있다. 하지만

238 ——————— 그린 스완

이보다 훨씬 더 어려운 회복력과 재생 전략도, 비록 출발점이 매우 낮긴 하지만, 현재 빠르게 발전하고 있다.

호켄과 제닌 베니어스(Janine Benyus)도 카펫 타일 제조사인 인터페이스(Interface)에 지대한 영향을 끼쳤다. 제닌 베니어스는 양측의 좋은 친구이자 동료이며 생체모방기술 분야에서는 전 세계적으로 유명한 전문가다.[45] 따라서 인터페이스가 회복력과 재생 부문에서 혁신적인 실험을 개발하고 있는 것은 결코 우연이 아니다. 인터페이스는 맥킨지나 다른 컨설턴트가 아니라 자연, 특히 숲에서 도움을 얻으려 한다.

인터페이스의 설립자 레이 앤더슨(Ray Anderson)은 호켄의 저서 《비즈니스 생태학(The Ecology of Commerce)》을 통해 동시대 기업가들이 '미래를 훔치는' 환경 범죄자로 비칠 수 있다는 점을 깨닫고 큰 충격을 받았다. 그리고 영감을 얻기 위해 자연으로 눈을 돌렸다. 이렇게 해서 인터페이스는 1994년에 처음으로 지속가능성을 수용하게 되었다. 같은 해에 트리플 바텀 라인이라는 개념이 세상에 등장했다. 근원이나 경로는 다르지만 소스 코드(source code)는 같은 셈이다.

앤더슨이 던진 첫 번째 질문은 "자연이 기업을 설계했다면 그 기업은 어떻게 운영될까?"이다. 이러한 사고방식을 기반으로 운영진은 부정적인 영향은 전혀 없고, 점점 더 회복력을 높여주는 비즈니스를 재설계하는 데 모든 역량을 쏟아부었다. 인터페이스는 베니어스가 이끄는 바이오미미크리 3.8(Biomimicry 3.8)[46]과 손잡고, '발자국 제로' 단계의 공장을 한층 더 발전시켜서 고성능 에코시스템에 버금가는 혜택을 환경에 제공하는 단계에 이끌어 올릴 방법을 찾아냈다.[47] '숲으로서의 공장(factory-as-a-forest, 약자로는 FaaF)'이라는 신개념은 인터페이스의 모든 시설이 마치 숲에 들어온 것과 다름없는 환경이라는 서비스를 제공한다는 뜻이다.

볼란스 의제에 강력한 영향을 준 또 다른 인물은 캐피탈 연구소(Capital Institute)의 설립자이자 대표인 존 풀러턴(John Fullerton)이라는 미국인이다. 그는 원래 JP모건의 상무 이사였고, 그 회사에 8년 이상 근무했다.[48] JP모건에서 전 세계 다양한 자본 시장과 파생금융 비즈니스를 관리하다가 민간투자로 전향했으며, 체이스 맨해튼과 합병 후에 랩모건(LabMorgan)의 수석 투자책임자가 되었다.

그는 9.11 공포를 체험한 후에 임팩트 투자자가 되었다. 서로 연결된 시스템 위기를 조사한 후에 2010년에 자본 협회(Capital Institute)를 설립했다. '재생 자본주의'에 대한 그의 업적은 베니어스, 브로가트, 호큰, 맥도우 등과 밀접히 관련되어 있다. 핵심 아이디어를 정리하자면 다음과 같다.

전통적인 경제 및 금융 이론은 결함투성이지만 아무도 이의를 제기하지 않는 비판적 가정에 근거한 것이다. 진보적인 이론이나 보수적인 이론 모두 마찬가지다. 이렇게 하면 틀린 지도를 따라 길을 찾아가는 것처럼, 길을 잃고 헤매기만 할 뿐이고 원하는 결과는 얻을 수 없다. 여기서 말하는 결함투성이 가설 중에는, 유한한 지구에서 물질 처리량이 기하급수적으로 증가한다거나 시장에는 전지전능한 '보이지 않는 손'이 있다는 가설, 현대 포트폴리오 이론의 기초가 되는 통계학, 최대예상손실액(value at risk, 금융기관의 잠재적 손실을 수치화한 것─옮긴이) 등이 있다.[49]

풀러턴은 "재생은 지속가능성을 능가한다. 사실 전체 시스템이 재생 가능한 경우에만 지속가능성이라는 결과를 얻을 수 있다"고 결론내렸 다. 하지만 현실과는 큰 차이가 있다. 그렇다면 우리의 다음 과제는 인 류세를 위해 더 나은 경로를 어떻게 찾아낼 것인가이다. 이제 중요한 다음 단계는 존 풀러턴이 오랫동안 몸담았던 금융시장을 자세히 살펴 보는 것이다. 하지만 그에 앞서 그런 문제를 분석하고 해결할 더 나은 프레임워크부터 마련해야 한다. 즉, 퓨처핏 변화라는 의제에 제대로 집중할 때가 된 것이다.

제5장

퓨처핏이 주도하는 변화

〉미래 자본주의의 청사진〈

그린 스완 유전자는 어떻게 생겨난 걸까? 블랙 스완이나 그레이 스완 유전자와 무슨 차이가 있을까? 어떻게 해야 모든 경제 부문에 그린 스완 역학을 창출해 회복력과 재생력을 갖춘 미래에 더 빨리 접근할 수 있을까? 나는 이런 질문을 항상 염두에 두고 혼자 힘으로 연구를 계속했다. 그동안 그럴듯한 해답을 제시하는 듯한 이니셔티브가 있었지만, 내 돈을 투자한다고 생각하면 퓨처핏 운동의 놀라운 성과가 가장 흥미로워 보인다.[1]

미래에 깊숙이 들어가 보면 시장과 기업은 지구의 '손익분기점'을 기준으로 각자의 진행 상황을 측정하게 될 것이다. 그리고 앞서가는 정치인, 기업인과 투자자는 손익분기점 도달에 만족하는 것이 아니라, 경제, 사회, 생물권의 진정한 재생을 달성하고자 지칠 줄 모르고 열심히 노력할 것이다. 우리가 기다리는 미래는 바로 그런 모습이다.

지금쯤 회의적인 느낌이 드는 독자도 있을 것이다. 물론 우리 대다수는 현재 건강이 어떠하든 간에, 건강해지는 것을 원한다. 하지만 우리가 일상생활에서 하는 행동은 그런 의도와 전혀 다른 결과를 가져올 수 있다. 아무리 좋은 의도가 있어도 하루하루 바쁘게 지내다 보면 정작 실천하지 못하게 된다. 한편 주변 매체에서는 건강에 관한 정보가 하루가 멀다고 쏟아진다. 식단, 운동, 사회 활동에 대한 권고는 물론이고 심지어 유전자 검사에 관한 이야기도 등장한다. 비만과 그로 인한 만성 질병이 세계 곳곳에서 기하급수적으로 증가하고 있으며, 건강 관리에 대한 조언도 넘쳐난다. 하지만 대다수 사람이 그런 조언을 한 귀로 듣고 한 귀로 흘려버린다.

상황이 이렇다 보니, 사람들에게 조금이라도 호의적인 반응을 끌어내기 위해 건강 관리에 대한 조언에 일명 물타기 현상이 일어나는 것 같다. 예를 들면, 하루 30분 이상 걸어야 하는 것이 아니라 고작 몇 분만 고강도 운동을 하면 된다고 하는데, 이조차도 듣지 않는 사람이 많다. 결국 어떻게 되었는가? 제3장에서 살펴본 것처럼 비만 환자가 급증하고 그로 인한 만성 질병도 급격히 늘어났다. 가장 대표적인 질환이 바로 당뇨병이다. 이러한 결과는 그레이 스완, 아니 심각한 경우에는, 블랙 스완에 해당한다고 볼 수 있다.

정부와 기업을 대상으로 하는 지속가능성 의제에도 그런 물타기 현상이 발생했다. 경제 전반을 바꿔야 한다는 것은 이미 수십 년 전에 인정했고 그에 관해 지속해서 논의했지만 늘 제자리걸음이었다. 생각 깊은 기업가들은 협력업체와 경쟁사에 책임을 더욱 강조했으나, 이제 시스템 변화에서 해당 기업의 잠재적 단기 수익으로 초점이 옮겨가 버렸다. 이른바 말하는 행동을 위한 비즈니스 케이스(business case, 새로운 프로젝트에 관해 경영진에게 보고하는 문서이며, 경영진은 이를 바탕으로 해당 프로젝트에 대한 투자 여부를 결정한다—옮긴이) 말이다. 한편, 앞서 언급한 중대성 분석에 관한 관심이 계속 커지고 있다. 이러한 잠재적인 문제 중에서 어느 것이 금전적으로 가장 큰 비용이 들까?

그런 접근방식으로 일을 진척시키는 것은 가능하지만, 그렇게 해서는 점진적인 변화만 가능할 뿐, 지금 절실히 필요한 기하급수적이고 시스템 단위의 변화는 기대하기 어렵다. 후자의 변화가 일어나려면 새로운 프레임워크나 도구 개발로는 부족하다. 무엇보다도 새로운 사고방식, 특히 경제에 대한 새로운 운영 체제를 구축해야 한다.

제4장에서 변화의 5단계를 간략하게 살펴보았다. 각 단계에서 기업 리더가 어떤 자문을 할지 생각해보자. 거부 단계에서는 긍정적인 시스템 변화 이니셔티브를 주도하기 위해 로비 단체와 손잡지만, 반대 방향으로 가려는 단체와는 공식적으로 손절할 것이다. 즉 로비활동에서 눈에 띄는 변화가 발생할 것이다. 기업은 고객 이익을 지키기 위해 수많은 로비스트와 인플루언서와 우호적인 관계를 유지하는 데 거금을 쏟고 있다. 제아무리 투명한 기업이라 해도 로비활동이나 인플루언서 활동에 대해 질문하면 꿀 먹은 벙어리가 될 것이다.

BP(영국의 최대 정유기업―옮긴이)를 한번 살펴보자. 〈파이낸셜 타임스〉의 최근 보도에 따르면, 거대 정유사들은 온실가스 배출 감소에 앞장서는 것처럼 행동하면서 뒤에서는 메탄 배출량에 대한 미 정부 규제를 완화하려고 열띤 로비활동을 해왔다.[2] 그린피스의 산하 단체 언어스드 (Unearthed)가 확보한 문건에서 "미국의 메탄 규제와 관련된 행동 패턴은 BP의 방출량 감축 선언과 차이가 있었으며, 비평가들은 이로 인해 앞으로 더 심각한 오염 사태가 일어날 것이라고 주장한다."

시장 압력과 사람의 본성이 합쳐질 경우를 상상해보면, 일부 리더와 기업 및 산업 부문은 방어적 단계에 눌러앉을 가능성이 매우 크다. 비평가가 말하는 미래에 자신의 모습을 끼워 넣은 모습이 도무지 상상되지 않기 때문이다. 그래서 계속 강하게 거부하는 것이다. 정정당당한 방법을 쓸 때도 있지만 증거를 보면 반칙을 할 때도 있다. 그러다가 압력이 더 커지고 증거가 계속 쌓이면 주요 기업들은 책임, 복제, 복원력 및 (점점 기하급수적으로 되어가는) 재생 단계로 이동할 것이다.

이 중 첫 번째 단계에서는 자신의 책임이 가치사슬에서 어디까지 확장되는가를 놓고 열띤 논쟁을 벌일 가능성이 크다. 독일 스포츠웨어 회사인 푸마는 첫 번째 환경손익분석을 시행한 결과, 지리적으로 매우 동떨어진 '4단계'[3] 공급업자가 남긴 부정적인 영향이 가장 크다는 것을 깨달았다. 푸마의 경우 4단계 공급업자는 브라질에 사는 가죽 제조업자와 목장주를 가리킨다.[4] 그렇다면 이 문제를 공급업자 탓으로 돌릴 수 있을까? 과연 이 문제가 수많은 브랜드 중에 푸마에게만 해당하는 것일까? 아니면 관련 정부가 나서서 엄하게 다룰 문제일까? 만약 그렇다면 1단계 브랜드에 어느 정도의 책임이 있기에 다른 국가의 정부에 조처를 요구할 정도가 되는 것일까?

쉽게 답하기 어려운 질문이다. 변화 의제가 계속 확장되면 기업은 이런 식으로 발생하는 문제에 계속 대처해야 한다. 기업의 평판이나 비즈니스 모델을 위협하는 움직임이 발생할지도 모른다. 테트라팩의 사례에서 살펴보았듯이, 책임을 중시한다고 공언하는 기업도 현행 상태를 유지하려고 여전히 정치인과 규제 관계자에게 로비한다. 이런 관행이 완전히 뿌리뽑힐 것으로 기대하기는 어렵다. 로비의 영향을 최소화하려면 우리가 직접 나서야만 한다.

첫째, 시스템 변화 부문은 시간이 지나면 그러한 모든 행위가 하루

빨리 투명해지도록 노력해야 한다. 둘째, 일관성이 있으며 효율적인 변화 모델 및 변화 의제를 향해 발전해야 한다. 그러한 변화 모델 또는 변화 의제에 대해 모든 사회구성원이 더욱 지지하고 응원하고 실천하려는 의지를 보여야 한다. 사실 새로운 해결책에 대한 아이디어가 부족한 것은 아니다. 최근 몇 년 사이에 기업 간 플랫폼이나 관련 규정, 표준, 약속 등은 끝없이 쏟아졌다. 나도 그중 몇 가지를 개발, 창출하는 데 직접 참여했다. 금방 자취를 감춘 것도 있고 명맥을 유지하는 것도 있다. 아무튼, 전체적으로 보면 이러한 시도 덕분에 기업의 역할과 책임에 대한 논의의 무게 중심이 크게 달라졌다.

　그런데 한 걸음 뒤로 물러나서 보면, 저변에 숨겨진 패러다임 변화의 윤곽이 드러난다. 이러한 변화는 자본주의를 완전히 재부팅하는 방향으로 흘러가고 있다. 임팩트, 가치, 부의 창출을 고려하고 추적하고 보상했던 방식도 완전히 달라질 것이라는 뜻이다. 하지만 나는 가끔 우리가 현대판 바벨탑을 짓는 것이 아니냐는 의문이 든다. 내일의 자본주의 탐구(Tomorrow's Capitalism Inquiry)의 초반 단계를 진행할 때, 볼란스 팀은 이 공간에서 사용되는 이니셔티브와 언어의 다양성 때문에 여러 차례 어려움을 겪었다. 실제로 어떤 기업가는 변화 운동의 분열을 핑계 삼아 아예 변화하지 않거나 가능한 한 변화 속도를 늦추려 한다. 그들은 상황이 정리되면 그때 다시 오라며 문을 닫아 버린다.

　시스템 변화에 대한 접근법 중에서 실속 있는 것을 찾다 보면, 결국에는 퓨처핏 재단(Future-Fit Foundation)의 곁으로 되돌아오게 된다.[5] 돌이켜 생각해보면 볼란스 팀원 중 몇몇은 우리의 광범위한 생태계가 초반부터 작업에 참여한 것, 트리블 바텀 라인을 중심으로 접근법을 구축한 것, 현재 퓨처핏 벤치마크와 함께 발전하고 있는 다수의 기업과 손잡고 노력한 것이 많은 도움이 되었다.

근본적인 방법론을 깊이 파고들다가 한 가지 깨달은 점이 있다. 이 것은 기업, 시장을 거쳐 종국에는 도시와 정부에 적용할 수 있는 전 세계적 운영 시스템으로 발전할 잠재력이 충분하다는 것이다. 하지만 미래에 필요한 점이 무엇인가라는 측면에서는 이러한 답변은 아직 초기단계에 불과하다. 이니셔티브는 이제 겨우 프레임워크를 테스트하고 적용할 새로운 기업을 모집함으로써 복제를 장려하는 단계인데, 최종목표는 근본적으로 복원력과 재생력이 모두 강화된 미래를 만드는 것이다. 이처럼 현재 시점에서 최종 목표까지는 입이 떡 벌어질 정도로 격차가 벌어져 있다.

그렇다면 이런 조건부로 다음과 같은 질문을 생각해보자. 퓨처핏 접근방식이란 무엇인가? 그것이 지금 우리가 직면한 체제상의 위기를 극복하는 데 어떻게 도움이 될까? 내친김에 한 가지 질문을 더 살펴보자. 어떻게 해야 이 접근방식을 발전시켜서 기업과 공급망에만 적용할 것이 아니라 모든 시장과 도시, 국가 기관 및 국제정부 기관에 적용할 수 있을까?

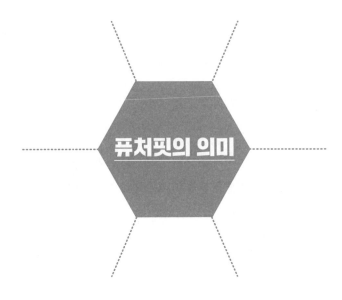

퓨처핏의 의미

세계 경제는 세 가지 면에서 문제가 있다. 경제가 완전히 무너지는 것을 막으려면 모두 힘을 합쳐서 이러한 문제를 해결해야 한다. 이것이 바로 퓨처핏 재단의 출발점이다. 이 재단은 "인류를 비롯한 모든 생물의 생명은 지구의 자연적 과정에 달려 있으나, 인류는 그 과정을 방해하고 무너뜨리고 있다"고 엄중히 경고한다. 전 세계적으로 인구가 계속 늘어나면 기후 위기는 우리의 경제와 사회에 더욱 강한 압박을 가할 것이다.

둘째, 전 세계적으로 수십억 명이 생필품도 없이 살아간다. 빈부격차는 역사상 유례를 찾아보기 어려울 정도로 악화하고 있다. 유엔의 지속가능개발목표는 지구에 필요한 문제를 정확히 파악해 제시하고 있다. 하지만 지금보다 훨씬 적극적인 수준으로 기업이 개입하지 않으면 유엔의 시도는 실패할 가능성이 크다. 오히려 일부 문제의 상황을 더욱 악화시킬 우려도 있다.

셋째, 유엔도 직접 인정한 것처럼, 정부와 공공 부문 기관이 원하는 목표와 대상을 설정할 수는 있지만, 기업만이 실제로 적절한 규모와 속도로 그런 문제를 해결할 힘을 가지고 있다. 그런데 기업 활동은 대부분 점진적으로 속도를 높이는 방식에 발이 묶여 있는 데다, 요즘 시장은 종종 시기적절하고 효과적인 행동에 제약을 가해 방해꾼 노릇을 한다. 이처럼 우리의 상황은 그린 스완 돌파구가 아니라, 여전히 블랙 스완 몰락을 향해 흘러가고 있다.

따라서 새로운 접근방식이 필요하다. 퓨처핏 팀에서는 "기업이 전 세계 경제의 엔진이며, 이러한 구조적 문제를 해결하려면 기업을 독려해 그들의 힘을 빌려야 한다"고 말한다.[6] 하지만 이렇게 많은 기업을 어떻게 설득해 같은 방향으로 유도할 수 있을까? 초반 단계에서 중요한 것은 기업의 장기적인 가치와 부를 새롭게 정의하고 이를 창출하는 방법을 재정립하는 것이다. 이에 대한 전반적인 절차는 '도표 4. 시스템 가치를 향한 긴 여정'을 참조하기 바란다.

진정한 '시스템 가치'를 추구하는 것은, 다음 세 개의 이미지 중에서 첫 번째 이미지처럼 별도로 고려할 영역으로 보거나, 두 번째 이미지와 같이 중첩되는 것이 아니라, 전혀 다른 사고방식이 필요하다. 달리 말하면 기업이 사회에 봉사하고 기업과 사회가 더 넓은 자연환경에 포함되어 있으면서 그 환경에 의존하고, 또 이를 보호하고 재생하기 위

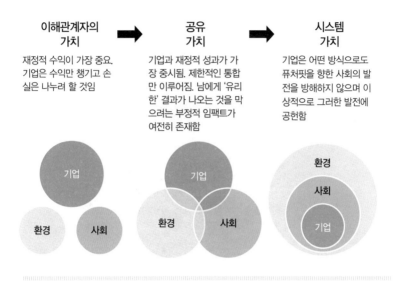

이해관계자의 가치	공유 가치	시스템 가치
재정적 수익이 가장 중요. 기업은 수익만 챙기고 손실은 나누려 할 것임	기업과 재정적 성과가 가장 중시됨. 제한적인 통합만 이루어짐. 남에게 '유리한' 결과가 나오는 것을 막으려는 부정적 임팩트가 여전히 존재함	기업은 어떤 방식으로도 퓨처핏을 향한 사회의 발전을 방해하지 않으며 이상적으로 그러한 발전에 공헌함

출처: 퓨처핏 재단

해 도와줘야 한다. 퓨처핏 팀은 이렇게 말한다.

"퓨처핏을 추구하는 비즈니스를 구축하기 위해 우리는 모든 시장 부문이 올바른 행보를 인지하고 그에 대한 합당한 보상을 제공하도록 보장해줘야 한다. 이때 가장 기본적으로 이해할 사항은 기업만 혼자 살아남을 수 없다는 것이다. 사회가 번영해야만 기업도 성공할 수 있고 그래야만 생명체가 살아갈 수 있도록 이 지구를 보호하라고 기업에 요구할 수 있다."

이는 우리에게 어떤 의미가 있을까? 시간이 흐를수록 이 세상은 더욱 불확실해지고 있다. 이런 세상에서 "시스템 가치에 집중하는지 여부가 기업의 성패를 좌우할 것이다."

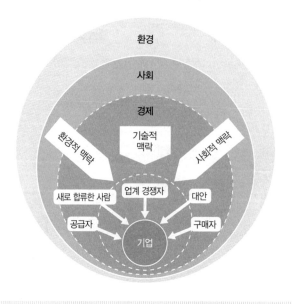

출처: 퓨처핏 재단

"이런 미래가 오면 모든 기업은 현 상태를 파괴하는 데 적극적으로 나서거나 누가 그렇게 해주기를 기다려야 한다. 시장은 이미 예상치 못한 새로운 방식으로 달라지고 있다. 기존 비즈니스 모델은 새로운 모델, 대체 모델, 지지단체, 공급망 붕괴 등으로 인해 위협받고 있다. 사회적 기대가 변하고 환경 관련 압력이 커질수록 이러한 위협도 계속 확장될 것이다. 현재 시장 내에 존재하는 혁신적인 또는 파괴적인 힘에 가장 효율적으로 대처하는 기업만이 앞으로 성공을 거두어 주변의 칭송을 얻게 될 것이다."

'도표 5. 힘의 장'은, 마이클 포터의 '5가지 힘'을 확대해 힘의 장을 표현한 것이다. 도표에서 볼 수 있듯이, 경제, 산업, 조직 단계의 경쟁자는 시장에 새로 합류한 자, 대체 상품 및 서비스, 고객과 공급업체 양측의 힘이라는 나머지 4개 요소에 큰 영향을 받는다. 하지만 퓨처핏 모델에서는, 이들이 별개의 요소가 아니라 사회적 기대 및 더욱 강화된 환경 규제 내에 포함되어 있다.

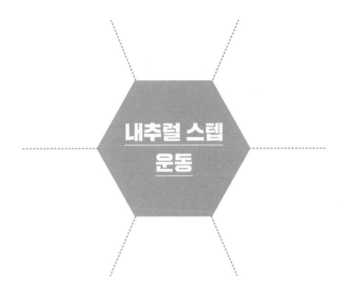

내추럴 스텝 운동

칼-헨릭 로버트(Karl-Henrik Robèrt)라는 스웨덴 박사는 우리가 1987년에 서스테인어빌리티를 설립한 직후에, 내추럴 스텝(Natural Step) 운동을 스웨덴에서 시작했다. 녹색 소비자(Green Consumer) 운동이 시작하던 시기라서 나는 여러 행사에 강연을 다니고 기업 자문 역할을 하느라 바쁘게 지내고 있었다. 그러던 중 몇몇 행사장에서 로버트 박사와 마주쳤다. 한 번은 스칸디나비아에서 그를 만났는데, 로버트는 할 말이 끝나기 무섭게 사라졌다. 그도 일분일초를 쪼개서 사용할 정도로 바쁜 사람이었다.

1989년 이후로 내추럴 스텝은 수천 개의 기업, 지역단체, 학술기관, 비영리 단체와 손을 잡았다. 그 과정을 보면 지속가능성을 향해 전략적인 변화를 시도하면 새로운 기회가 열리고 비용 절감 효과를 누릴 수 있고, 동시에 생태계와 사회에 미치는 임팩트도 크게 줄일 수 있다는 점을 증명해보였다. 2018년 기준으로 12개 사무소를 운영 중이며 50여 개 국가에 협력단체와 전략적 파트너를 확보하고 있다.

로버트는 암 전문의로 살아오면서 복잡한 문제를 진단하려면 체계적 관점이 필요하다는 신념을 갖게 되었다. 내추럴 스텝 운동이 전달하려는 메시지는 그 신념에 기반한 것으로서, 명확하고 과학적이다.

지속가능한 사회에서는, 자연에서 다음과 같은 요소가 체계적으로 증가하는 일이 없다.

1. 지각 물질의 농도(화석 이산화탄소, 중금속, 미네랄 등)
2. 사회에서 발생하는 물질의 농도(항생제나 내분비교란물질)
3. 물리적 수단에 의한 황폐화(삼림 벌채, 지하수면 배수현상)
4. 또한 지속가능한 사회에서는 사람들의 건강, 영향력, 능력, 공정성 및 의미에 대한 구조적 장애물이 없다.[7]

최근 몇 년간 퓨처핏 재단은 내추럴 스텝의 업적에 주목했으며, 로버트를 포함해 다양한 학계 인사들과 함께 연구해 퓨처핏 사회의 8가지 특성을 완성했다. 이 점은 '도표 6. 퓨처핏 사회의 특징'에 정리해두었다.

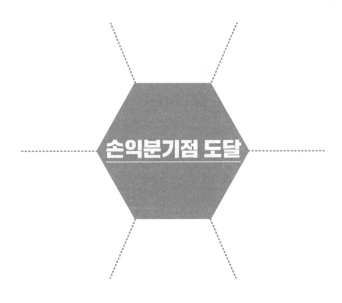

손익분기점 도달

하지만 도표에는 체제 변화를 달성하는 데 기업이 어떤 역할을 하는 지 강조하지 않는다. 그래서 '퓨처핏 기업 벤치마크'가 필요한 것이다. 내추럴 스텝 커뮤니티가 개발한 시스템 과학을 실용적인 도구로 바꿔 주는 것인데, '재무 가외적(extra-financial) 손익분기점'에 대한 명확한 정의를 기반으로 한다. 재무 가외적 손익분기점이란 이제 모든 기업이 도달해야 할 중요한 개념이다.

여기서 핵심은 환경을 복구하는 동시에 사회적으로 정의로우며 경 제적으로 포용성이 있는 기업, 시장, 경제를 만드는 것이다. 재무 가외 적이라는 말은 현행 회계에서는 다루지 않는 임팩트나 가치의 형태를 말한다. 현행 회계는 여전히 트리플 바텀 라인의 3요소 중에서 경제적

에너지는 재생 가능하고 모두에게 사용 가능한 것이다.	**수자원**은 책임감 있게 관리해야 하며 모두에게 사용 가능한 자원이어야 한다.	**폐기물**이 존재하지 않는다.
자연 자원 관리를 통해 지역 사회, 동물 및 생태계를 보호한다.		**환경오염**이 발생하지 않는다.
사람들이 **만족스러운 삶**을 영위할 역량과 기회가 열려 있다.	우리의 **물리적 존재**는 생태계와 지역 사회의 건강을 보호한다.	

▲　　▲　　▲　　▲　　▲　　▲　　▲

사회적 규범, 전 세계적 지배 구조, 경제 성장은 퓨처핏의 추구를 **주도**한다.

출처: 퓨처핏 재단

수익에만 집중하는 것 같다. 재무 가외적 회계에서는 윤리, 사회, 환경, 지배 구조에 관한 회계와 보고라는 새로운 영역이 등장하며, 최종 목표는 더욱 통합된 형태의 새로운 회계방식을 구축하는 것이다.

'손익분기점'이라는 개념은 금융권 용어를 그대로 가져온 것이다. 원래 이 말은 정해진 회계 기간에 기업의 수입과 비용이 같음을 뜻한다.[8] 쉽게 말해서 기업은 손해를 입지 않았지만 반대로 벌어들인 수익도 전혀 없다는 뜻이다. 이와 마찬가지로 재무 가외적 손익분기점은 기업의 부정적 임팩트와 긍정적 임팩트가 균등한 상태를 가리킨다.

어느 정도 자리 잡은 기업의 수익과 지출이 같다면 한마디로 사업에 실패한 것이다. 하지만 지속가능성 분야에서는 전혀 다른 뜻이다. 오

도표 7. 퓨처핏 기업으로 가는 과정

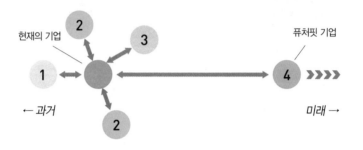

1 지난 1년의 기업 성과를 평가해봐도 그 기업이 어디로 향하는지 파악할 수 없다.

2 부문별 우수 사례(예: 지속가능성 등급)에 초점을 맞추는 것은 경쟁을 '최악'으로 몰고 갈 뿐이다.

3 단기 목표를 향해 전진하는 것은 그 목표가 올바른 장기 목표에 부합할 때만 의미가 있다.

4 종합하자면 기업은 재무 가외적 손익분기점을 거쳐 그 이상의 목표를 달성하고자 노력해야 한다.

현재의 기업

퓨처핏 기업

← 과거

미래 →

출처: 퓨처핏 재단

히려 핵심적인 돌파구가 마련된 것이라고 할 수 있다. 진정한 의미에서 책임, 복원력, 재생력을 갖춘 전략을 수립하는 첫 단계이자 매우 중요한 단계이며, 이것이 더 발전하면 책임, 복원력, 재생력을 갖춘 경제를 설립하는 첫걸음이 된다. 퓨처핏 접근방식을 결정하는 근본적인 논리는 '도표 7. 퓨처핏 기업으로 가는 과정'에 잘 설명되어 있다. 도표는 네 부분으로 나뉘는데, 퓨처핏을 실현하는 과정에서 배울 점을 알려준다.

이것은 실전에 어떤 의미를 주는가? 도표 7에서 왼쪽으로 오른쪽으로 이동하는 기업의 과정은 어떻게 보이는가? 가장 좋은 방법은 직접 눈으로 보는 것이다. 덴마크 제약회사 노보 노디스크[9]에서 시작해보자. 2018년에 트리플 바텀 라인을 리콜하겠다고 발표했지만, 노보 노디스크의 연혁을 살펴보려면 트리플 바텀 라인의 세계로 되돌아가야 한다. 이 과정에서 의문이 발생할 수도 있으므로 이에 대처하기 위해서는 트리플 바텀 라인이 전 세계 시스템 변화를 가능케 하고 촉진하며, 책임, 복원력, 재생이라는 이른바 3R을 기반으로 하는 한, 이 개념이 유용하다고, 아니 사실은 핵심적이라고 가정할 것이다.

노보 노디스크 방식

1980년대 후반부터 1990년대 초반까지 이어진 녹색 소비자 운동은 노보 노디스크의 산업 효소 부문에 중대한 영향을 주었다.[10] 이 효소는 생활용 세제를 포함해 굉장히 다양한 제품에 사용된다. 기존 제품은 이른바 바이오 성분이 들어간 세제라고 주장했으나 과민성 피부 질환을 유발한다는 의심을 샀다. 우리는 이 문제를 집중적으로 파고들었다. 기존의 과민성 피부 논란에 대해서는 근거를 찾지 못했지만, 이 회사가 당시 논란이 많았던 기술인 유전공학기술을 사용하는 것에 대해 많은 사람이 우려를 표명했다.

그런데 당시 노보 노디스크의 대표였던 매즈 외블리센(Mads Øvlisen)은 거부 태세를 보이지 않았다. 오히려 거센 비판을 퍼붓는 당사자, 즉 우리를 회사로 초대해 어느 직원에게나 편하게 다가가서 이야기를 나누도록 자리를 마련해주었다. 이는 상당히 파격적인 행보였다. 우리는 회사를 둘러본 후에 크게 세 가지 사항을 권고했다. 노보 노디스크는 전 세계 최초로 트리플 바텀 라인에 따라 기업 선언문을 변경했다. 그때가 2004년이었는데 노보 노디스크는 노보자임(Novozymes)이라는 효소 사업체를 따로 설립하고, 출발 단계부터 트리플 바텀 라인을 도입했다. 시간이 지남에 따라 이 기업은 눈길을 끄는 행보를 보였다.

〈하버드 비즈니스 리뷰〉 2015년 11월호의 표지는 매우 충격적이었다. 진지하고 보수적인 잡지가 이렇게 파격적으로 나오는 이유가 무엇인지 궁금했다. 그때까지 본 것 중에 가장 이상한 표지였다. 어떤 기업가의 얼굴 전체가 노란 메모지에 덮여 있었는데, 메모지 오른쪽 위는 살짝 말려 있었다. 그리고 목을 가리키는 화살표 옆에는 '이 사람은 누구지?'라는 문구가 있었다. 하지만 나는 라스 라비엔 소렌슨(Lars Rebien Sørensen)이 노보 노디스크 대표로 취임한 직후에 그를 만난 적이 있었기에 단번에 알아보았다.

운명의 장난인지 모르지만, 라슨은 2002년 초반에 뉴욕에서 지인들과 저녁 식사를 하고 있었다. 그곳은 9.11 테러로 미국과 전 세계가 충격에 빠진 후에 긴급 구조대가 세계 무역 센터의 잔해를 치우던 현장의 바로 옆이었다.

잡지에 프로필이 발표된 후에, 〈하버드 비즈니스 리뷰〉 편집장 아디 이그네이셔스(Adi Ignatius)에게 디자인 팀이 잡지의 CEO 순위에서 1위를 차지한 소렌슨의 얼굴을 가려버린 이유를 물어보았다.[11] 그러자 편집장은 소렌슨의 이력이 독특해도 덴마크 밖에서는 사실상 인지도가 거의 없다고 말했다.

'그런데 소렌슨은 왜 그렇게 놀라운 방식으로 단숨에 순위를 높였을까?'라는 궁금증이 생겼다. 소렌슨은 아마존의 제프 베조스도 밀어냈는데, 제프는 순식간에 87위로 하락했다. 편집장의 답변은 의외로 간단했다. 〈하버드 비즈니스 리뷰〉가 최종 점수의 20퍼센트를 환경, 사회, 지배구조 요소에 할당하는 것으로 순위 계산 방식을 바꾼 것이었다. 시스템 변경 의제가 기존의 서열 구조를 어떻게 뒤엎을지 보여주는 훌륭한 예시라고 할 수 있다. 적어도 내가 아는 한, 회사의 성공을 '트리플 바텀 라인의 도입 덕분'이라고 공개적으로 밝힌 기업 리더가 CEO 순위 상위권에 진입한 것은 이번이 처음이었다.

편집장은 2015년 순위를 제시하면서 순위 계산 과정을 다음과 같이 자세히 설명했다.

그는 안경을 쓰고 있으며 전체적으로 부드러운 이미지를 풍긴다. 이 사람이 어떻게 우리 잡지의 CEO 순위에서 1위를 차지했을까? 한 가지 이유는 몇 년 전에 그 회사가 당뇨병 치료에 거의 전폭적으로 집중하기로 한 것이다. 당시에는 이런 결과가 나올 줄 몰랐겠지만, 전 세계적으로 당뇨병 환자가 폭증함에 따라 회사의 매출과 주가가 크게 상승했다.

하지만 그의 입장은 노보 노디스크가 사회 및 환경 문제에 적극적이라는 점을 반영한다. 우리 잡지도 이제 CEO 순위를 정할 때 그 점을 중요하게 평가한다. 소렌슨은 이렇게 말했다. "기업의 사회적 책임은 장기적으로 회사의 가치를 극대화하는 것이다. 그런데 장기적으로 볼 때, 사회적 문제와 환경 문제는 (기업의) 수익과 직결된다."

성공적인 기업의 최고 경영자에게 기업의 실적이 좋은 이유를 물어보면, 대부분 훌륭한 전략을 세우고 이성적으로 대처하며 꾸준히 노력한 결과라고 대답할 것이다. 하지만 노보 노디스크의 CEO 라스 소렌슨에게 〈하버드 비즈니스 리뷰〉의 2015년 CEO 순위에서 당당히 1위를 차지한 이유를 묻는다면, 그는 단지 운이 좋았을 뿐이라고 대답할 것이다. 노보 노디스크는 1920년대에 코펜하겐에서 인슐린 생산 회사로 출발했다. 당시 인슐린 생산은 신약 개발에 속했다. 그 후로 당뇨병 치료에 대한 수요가 급증했는데, 현재 당뇨병 환자는 4억 명으로 추산된다. 현재 노보 노디스크는 인슐린 제품 시장의 거의 절반을 장악하고 있다. 인슐린은 종양 치료제 다음으로 빠르게 성장하는 약품이다. 노보 노디스크는 성장 호르몬, 호르몬 대체요법, 혈우병 치료제로 사업을 확장하고 있다.

지금 전 세계 곳곳에서 당뇨병 환자가 기하급수적으로 증가하므로, 노보 노디스크는 사실상 노다지를 캐고 있다. 따라서 〈하버드 비즈니스 리뷰〉(이하 HBR)와의 인터뷰를 듣고 회사 투자자 중 몇몇은 소스라치게 놀랐을지 모른다.

HBR: 언젠가 당뇨병이 완치되면 노보 노디스크는 어떻게 되는 겁니까?

소렌슨: 제가 2000년에 CEO로 취임했는데, 그때 저는 15년 이내로 당뇨병을 치료할 수 있을 것으로 생각했어요. 하지만 그 예상은 빗나갔어

요. 지금부터 15년이 더 걸릴 것 같습니다. 그래도 이건 굉장히 중요한 목표예요. 저는 우리 직원들에게 이렇게 말합니다. "우리가 당뇨병 치료약을 찾아내면 우리 회사의 사업 중 큰 부분이 사라지겠죠. 하지만 우리는 자랑스러워할 겁니다. 그때 여러분은 어디로 가든 새 직장을 구할 수 있을 테니 걱정하지 마세요. 어떤 제약회사와도 비교할 수 없을 정도로 사회에 크게 이바지하게 될 겁니다. 그 자체로 정말 경이롭고 위대한 일이죠."

여기에서 노보 노디스크의 사고방식이 남다른 것을 확인할 수 있다. 설령 현재 비즈니스에 어느 정도 손해가 되더라도 해결할 능력이 있다면 문제를 해결하겠다는 것이다. 의료 부문에서 진정한 부의 창출은 병을 치료하는 의약품을 제조해 판매하는 것이 아니라 건강과 웰빙을 증진하는 것이라 여긴다. 노보 노디스크가 이런 사고방식을 고수하는 이유를 알고 싶다면, 다음 네 가지 질문에 소렌슨에 뭐라고 대답했는지 주의 깊게 살펴보기 바란다.

HBR: 트리플 바텀 라인으로 결과를 평가하는 이유는 뭔가요?

소렌슨: 우리 회사의 이념은 장기적으로 볼 때, 사회적 문제와 환경 문제는 (기업의) 수익과 직결되므로, 기업의 사회적 책임은 장기간에 걸쳐 기업의 가치를 최대화하는 것입니다. 이 점에 대해 다르게 해석할 여지는 조금도 없습니다. 노보 노디스크의 경영권 일부는 덴마크 재단이 소유하고 있는데, 그 때문에 장기적으로 회사 가치를 극대화할 의무

가 있습니다.

HBR: 어떻게 사회 문제나 환경 문제가 시간이 흐르면 기업의 수익 문제가 되는 건가요?

소렌슨: 기업이 계속 환경을 오염시키면 관련 규제는 더욱 엄격해질 겁니다. 에너지 비용도 더 오르겠죠. 사회 문제에도 이런 악순환이 발생할 수 있습니다. 직원 대우에 소홀하거나 지역사회에서 모범적으로 행동하지 않거나 가난한 국가에 저렴한 제품을 제공하지 않으면, 정부는 기업 규제를 강화할 것이고 결국 기업이 더 많은 비용을 부담하게 될 겁니다.

HBR: 어떤 사람은 기업의 사회적 책임을 측정하는 것이 불가능하므로 그런 행위를 정량화하는 것 자체가 말이 안 된다고 생각합니다. 그렇지 않나요?

소렌슨: 그 점에 대해 갑론을박이 있다는 점은 저도 알아요. 하지만 이 의제를 본격적으로 추진하려는 사람들이 좀 있어요. 마이클 포터와 같은 학자들은 정말 큰 도움이 되죠. 포터는 공유 가치라는 개념을 제시했습니다. 이런 학자들이 측정 방법을 개발해 이 주장에 힘을 실어줄 겁니다.

HBR: 그러면 장기적 관점으로 경영하는 회사가 아직 적은 이유는 무엇인가요?

소렌슨: 주주들의 압력 때문일 겁니다. 주주들은 기업의 장기적 지속가능성을 강화하는 것보다는 단기적인 가치 창출을 더 중요하게 생각하죠. 주주는 클릭 한 번으로 자기 자본을 다른 기업에 투자할 수 있지

CEO나 기업의 성공담은 그리 오래 가지 않는다. 소렌슨도 예외가 아니었다. 그에게도 불운이 찾아왔다. 미국 인슐린 시장에서 역풍을 맞은 이후로 노보 노디스크의 운영은 급격히 어려워졌고 소렌슨은 CEO 자리에서 물러났다. 하지만 나는 그 후에도 노보 노디스크를 계속 주시했고, 트리플 바텀 라인이 경영 위기와 혼란을 이겨내는 데 큰 도움이 되었음을 분명히 확인할 수 있었다. 소렌슨의 뒤를 이어 CEO가 된 라스 프루카드 요한슨(Lars Fruergaard Jørgensen)은 2019년에 이렇게 말했다.

우리는 지속가능한 비즈니스라는 분명한 목표를 가지고 있으며, 2018년에 지속가능성 성장을 위한 플랫폼을 특별히 강화했다. 새로운 변화를 직면해 회사를 안정시키고 보다 유연하게 대처하기 위해 비즈니스 방식을 단순화하고 있다. 그리고 내부 혁신을 주도하고 새로운 파트너와의 협업을 확장하는 방식으로 환자와 주주 모두를 위한 장기적 가치를 창출할 것이다. 지금까지 우리 기업은 수익 창출, 환경 및 사회적 책임을 모두 이행하고자 최선을 다했다. 트리플 바텀 라인이라는 원칙에 근거한 기업 운영 방식을 앞으로도 계속 고수할 것이다.[12]

나는 제5장을 준비하면서 노보 노디스크를 직접 방문해 기업 지속가능성 부사장 수잔 스토머(Susanne Stormer)와 이 점에 대해 자세하게 논의했다. 수잔은 퓨처핏 팀과의 협업 방식으로 진행 중인 '노보 노디스크 방식(Novo Nordisk Way)'의 3가지 핵심 요건을 강조했다.

첫째, 성공적인 기업은 사회에 가치를 제공한다. 달리 말하면 충족되지 않는 수요에 관해 혁신적인 솔루션을 제시하는 것이다. 둘째, 성공적인 기업은 책임감 있게 행동해야 한다. 시간이 지나면 무엇을 책임져야 하느냐에 대한 관점은 달라지기 마련이다. 셋째, 성공적인 기업은 관련 시장 기회를 예측하고 적절한 시점에 거머쥘 줄 알아야 한다.

한때 노보 노디스크와 같은 기업이 유전자 공학을 사용해 효소나 의약품을 생산하는 것에 대한 논란이 있었으나, 시간이 흐르면서 이러한 논란은 점차 가라앉고 관련 생산방식은 이제 당연하게 여겨지는 주류 생산방식으로 자리 잡았다. 하지만 지금은 또 다른 논란이 퍼지고 있다.

퓨처핏의
효과

퓨처핏의 대표이자 공동설립자인 제프 켄달(Geoff Kendall)은 기술에 대해 한 가지 흥미로운 이야기를 들려주었다.

"작은 결정이 모이고 또 모이면 큰 변화를 일으킬 수 있습니다. 우리는 퓨처핏 방법으로 연구 개발에 관한 결정을 개선한 몇몇 기업을 알고 있습니다. 예를 들자면 새 자재를 사용하면 제품이 '더 좋아질지' 아니면 '더 나빠질지' 알아보기 위해 전반적인 평가를 시행하는 거죠. 지금까지 알아본 바에 의하면, 많은 기업이 환경적 관점에서 특정 기술을 사용하는 것이 더 좋을지 나쁠지 판단하는 방법을 이미 알고 있어요. 문제는 그런 방식은 몇몇 직원이 아주 오래된 기준에 따라 만든 스프레드시트 형식으로 되어 있고, 사람들은 아무 생각 없이 그 형식을

268 ———— 그린 스완

그대로 받아들여서 사용한다는 것입니다. 스프레드시트를 만든 직원들도 좋은 의도로 그랬을 거예요. 하지만 지금은 이미 회사를 떠난 사람도 있겠죠."

"일단 여기까지만 보면 좀 답답할 수 있죠. 하지만 긍정적으로 생각할 여지도 있습니다. 기업이 기존에 사용하던 스프레드시트 형식을 바꾸면 새로운 방향으로 전진할 수 있습니다. 스프레드시트를 바꾸는 것이 모든 사람의 행동을 근본적으로 바꾸는 것보단 쉬울 테니까요. 무술 대련에서 상대방의 동작을 멈추게 한 후에 그를 번쩍 들어 올리는 것보다는 상대방의 체중을 이용해서 내가 원하는 동작을 유도하는 게 훨씬 쉬워요. 그것과 비슷하다고 생각하면 됩니다."[13]

성공 사례를 요청했더니, 켄달은 이러한 변화에 참여하는 기업에게 "명확한 목표를 세우는 것은 별로 부담스럽지 않고 오히려 안도감을 줍니다"라고 말했다.

"구체적인 목표를 정해놓고 그것을 달성하려고 노력하는 것이 좋다고 하는 기업가가 많아요. 그 목표가 아무리 멀어 보여도 상관없어요. 흔히 모범 사례나 성공 사례를 따라 하려고 하지만, 한 걸음 다가가면 그만큼 더 멀어지는 목표를 따라가면 좌절감을 느끼기 때문에 기업으로서는 별로 선호하지 않아요."

스트레치 목표(stretch goal, 현실적으로 달성하기 어려워 보일 정도로 매우 높게 설정한 성과 목표-옮긴이)는 상상력을 자극한다. 켄달은 이렇게 말한다.

"절대적인 목표와 점진적인 목표는 획기적인 사고를 촉진합니다. 퓨처핏 사고방식은 사람들의 관점을 크게 바꿔놓을 수 있습니다. 이를테면 1퍼센트 목표나 10퍼센트 목표가 아니라 '10배' 목표를 생각하는 거죠. 달 착륙 시도와 비슷하다고 할 수 있습니다. 인간이 에베레스트 등반을 처음 시도한 후에 에베레스트 정상을 정복할 때까지는 그다음 목표를 아예 생각하지 않기로 했다면 지금도 달에 첫발을 내딛지 못했을 것입니다. 일례로 우리와 함께 일하는 어떤 기업은 15년 이내에 제품 포장 폐기물을 완전히 없앴다는 다각적 계획을 수립하고 있어요. 아직 대외 공개할 단계는 아니지만 그야말로 달 착륙 시도에 견줄 만한 계획을 수립한 것입니다."

기업의 사회적 책임을 CSR이라고 한다. 요즘 CSR이 갈수록 저평가되고 있지만, 켄달은 CSR팀이 그저 데이터를 활용해 보고하는 업무만 하는 것이 아니라 전문적 협업이 가능한 대상으로 포지셔닝을 바꿀 수 있다고 제안한다. 퓨처핏 팀의 실행 가이드에는 '손익분기점' 목표를 추진하는 방법 및 그 과정을 평가하는 방법이 20~30페이지에 걸쳐 자세히 설명되어 있다. 사실 CSR팀이 필요로 하는 내용보다 훨씬 더 자세한 정보가 제공되는데, 기업만 염두에 둔 것이 아니라 수자원, 인권, 조달 등 문제별 전문가를 위해 마련된 가이드라서 그런 것 같다.

"통상적으로 CSR 팀은 개념 단계부터 퓨처핏에 관한 비즈니스에 핵심 인력을 참여시킬 겁니다. 그러면 핵심 인력은 이렇게 말하겠죠. '좋습니다. 이론적인 것은 이해가 됩니다. 하지만 실전은 어떤가요?' 그러면 CSR 팀이 관련 행동 가이드를 그들에게 제공할 겁니다."

켄달은 이렇게 덧붙인다.

270

"지금까지 들은 바에 의하면, 그 시점부터 대화의 흐름이 완전히 달라집니다. CSR 팀원들은 늘 정보를 요구하는 입장이었죠. 그리고 그들이 요구한 정보는 연례보고서에 포함되지만, 그 보고서를 제대로 읽는 사람은 손에 꼽을 정도로 적어요. 하지만 행동 가이드를 제시하면 처음으로 뭔가 유용한 것을 제공하는 주체가 된다고 합니다. 이런 비유를 사용한 사람도 있었어요. 지금까지는 사람들에게 불이 났다고 말해주는 역할을 했지만, 이제는 소화기를 손에 쥐여주는 역할을 하고 있어요."

"어떤 CSR 팀장은 이렇게 말했습니다. 이 단계를 거친 후에 우리 팀은 기업 시스템상의 취약점과 위험에 대해 누구보다 잘 알게 되었습니다. 중대한 데이터 격차를 발견했기 때문이죠. 이렇게 공식화할 수 있어요. 데이터 격차는 곧 정보 사각지대이고 거기에서 비즈니스 취약점이 발생하는 것이죠. 그 팀장은 자기 회사 CEO에게 데이터 격차가 무엇이며 왜 중요한지 설명해주었죠. 그러자 CEO는 곧바로 퓨처핏 접근방식을 시행하도록 승인해주었다고 합니다."

퓨처핏
관점

이 정도면 정말 훌륭한 방법이다. 하지만 왜 지금까지 제대로 성과를 내지 못한 걸까? 켄달은 이렇게 설명한다.

"기업이 벤치마크 사용에 대해 말하게 하는 것은 절대 쉬운 일이 아닙니다. 몇몇 기업은 어떻게 달성해야 할지 모르는 목표를 세운다는 것에 굉장히 반감을 보였어요. 주기적으로 계획을 세우는 것이 아니라 머릿속에 아득히 멀리 보이는 '지평선'을 하나 정하는 것처럼 느껴지니까요. 특히 엔지니어링 위주로 운영되는 기업은 달성 가능한 것보다 더 많은 성과를 약속하는 것을 금기시하기 때문에 이런 반응은 거의 본능적이라고 할 수 있죠. 그러므로 문제의 핵심은 기업이 내부적으로 조용히 진행 가능한 것이 무엇이냐가 아니라 공개적으로 진행할 수 있는 사안이 무엇인가입니다. 실제로 상당수 기업이 벤치마크를 사용하기 시작할 때 내부적으로 벤치마크에 대해 '발설하지 말라'는 지시를 내린다고 합니다. 현재 실적이 매우 저조해 보인다고 생각하기 때문이죠. 하지만 다른 기업이 이 점을 거리낌 없이 공개하는 것을 보게 되면 이런 태도가 점차 사라질 거라고 생각합니다."

금융 시장의 반응은 어떠냐는 질문에 켄달은 이렇게 답한다.

"투자자들은 좋은 아이디어라고 생각해요. 하지만 진보주의적 성향이 있는 투자자 대부분은 탐탁지 않게 생각해요. 우리는 지금까지 투자자들이 퓨처핏 관점으로 포트폴리오를 보는 방법을 이해시키려고 열심히 노력했고, 기업과 적극적으로 협력하는 투자자들은 이 방법이 아주 유용하다는 것을 알게 되었습니다. 하지만 대다수 투자자의 실제 모습은 좀 실망스럽습니다. 그들은 가장 단순한 용어로 설명할 수 있는 수익성과 그 외의 사안에 대해 생각할 여유도, 의욕도, 전문성도 없어요. 우리가 제공하는 데이터를 갖고 싶어 할 수도 있지만, 숟가락으로 일일이 떠먹여 주기를 원하죠."

켄달은 의미심장한 지적을 했다.

"이제 다우존스 지속가능성 지수[14]나 그와 비슷한 것들이 왜 생겼는지 이해할 수 있을 겁니다. 오랫동안 투자자들이 '각 기업의 지속가능성을 보여주는 수치를 보여달라'고 요구해왔기 때문이죠. 일단 기업은 투자자에게 제공하는 데이터를 만들 때는 '제공 범위가 넓을수록 좋다'는 점을 깨달았어요. 그들은 1,000개의 기업에 대한 고급 데이터보다는 전 세계에서 상위권 1,000개 기업에 대한 저품질 데이터에 더 관심을 보이죠. 후자는 사실 별로 쓸모없는 정보예요. 안타깝게도 이게 현실이에요. 매우 복잡한 방식으로 수많은 종류의 데이터를 마구잡이로 통합해서 거의 모든 기업에 순위를 매깁니다. 그렇게 만들어진 스프레드시트는 너무 커서 다루기 힘든 데다, 불필요한 데이터가 많이 들어가 있어요."

"그래서 결국 MSCI나 서스테이널리틱스(Sustainalytics)와 같은 기관이 수천 개의 기업에 대해 수백 가지 매트릭스를 제공하지만, GRI[15] 보고서의 수치를 수작업으로 긁어 와서 대형 데이터베이스에 던져넣은 결과에 불과하죠. 그런 데이터로는 제대로 된 비교를 할 수 없어요. 사실 기업마다 GRI 지침을 해석하는 방식이 달라요. 그리고 수치를 긁어오는 과정에서 사람의 실수가 발생할 가능성이 커요. 그렇게 만들어진 최종 데이터가 블룸버그 터미널에 표시되더라도 실질적으로는 비교가치가 없거나 의미 없는 정보에 불과한 경우가 많아요."

———— 그린 스완

시장을
퓨처핏으로
만드는 일

그러면 어떻게 해야 퓨처핏 접근방식을 시장 전체에 적용할 수 있을까? 켄달은 이렇게 설명한다.

"그 질문에 대해서는 할 말이 정말 많지만, 두 가지만 이야기할게요. 우리는 시장 역할을 변화시키려는 노력을 적극적으로 인지하고 가이드를 제공하기 시작했습니다. 시장 변환에 관한 가이드라인을 개정했죠. 이 부문은 사회적 규범, 세계적 지배 구조 및 경제 성장이라는 상위 분류에 속하는 것입니다. 이 분류에는 이른바 4가지 '긍정적인 추구 사항'이 있는데, 그것은 지배 구조, 인프라, 시장 메커니즘, 사회적 규범입니다. 제 생각에 퓨처핏과 내일의 자본주의 탐구(Tomorrow's Capitalism Inquiry)가 가장 밀접한 관련성이 있는 것 같군요. 이렇게 네 가지 영역이 시장 변화에 크게 공헌하고 있으므로 퓨처핏 결과는 예외적인 것이 아니라 하나의 표준으로 자리 잡게 된 겁니다."

내가 보기에, 퓨처핏 접근방식의 긍정적인 추구 요소는 동종 기업의 업적을 훨씬 능가할 잠재력을 준다는 것이다. 켄달은 이렇게 설명한다.

"초기의 퓨처핏 에코 시스템은 그 자체로 하나의 시장이라고 할 수 있었습니다. 우리가 제공한 '공인 파트너' 프로그램과 '공인 전문가' 프로그램은 기업이나 투자자가 퓨처핏 상태를 갖추도록 도와주면서 돈을 벌려는 서비스 제공업체나 솔루션 제공업체를 겨냥한 것이었죠. 한 번도 들어본 적이 없는 기업조차 이제 우리가 하는 일의 가치를 제대로 이해하게 되었으며, 컨설턴트에게 비용을 지급하더라도 이를 어떻게 적용할지 배우려고 합니다. 이러한 변화는 우리에게 큰 힘이 돼요."

마지막으로 도시와 정부는 어떠한가? 미래에는 이 모든 것이 시스템 수준에서 적절히 포함될 것이며 도시와 정부가 거기에서 적잖은 부분을 차지할 것이다. 켄달은 이렇게 한탄했다.

"우리는 아직 아무것도 하지 못했어요. 그렇지만 나는 도시 벤치마크를 구축하고 싶습니다. 어떻게 해야 하는지도 잘 알고 있고요. 비즈니스 벤치마크가 널리 채택되도록 노력하면서 도시 벤치마크도 구축할 시간과 자원만 확보하면 됩니다."

당시 정부도 마찬가지였다.

"아직 할 일이 많이 남아 있지만, 퓨처핏 결과를 장려하는 규정은 꼭 필요합니다. 나는 정책입안자를 위해 퓨처핏 입문서를 따로 작성해야 할지 고민하고 있습니다. 개발위원회(Development Council)의 어떤 위원은 퓨처핏을 목표로 하는 기업이 지금 난처한 상황이라고 지적해주었습니다. 탄소 중립과 같이 올바른 목표를 세우고 적극적으로 행동할 경우, 관련 규정보다 기업이 먼저 투자하게 되는데, 이렇게 되면 이들보다 행동이 느린 다른 기업이 단기적으로 비용효율 면에서 유리해져요. 따라서 기업가는 관련 규정이 곧 나오면 그들이 초반에 노력한 것이 수익의 형태로 되돌아올 거라는 확률에 베팅하게 되죠. 그렇지 않으면 기업은 상당히 불리한 처지에 놓이게 되며, 퓨처핏이라는 목표를 향해 더욱 발전해 승승장구할 능력이 있는데도 이를 포기해버릴 가능성이 있습니다."

그렇다면 해결책은 무엇일까? 켄달은 말한다.

"이렇게 선두에 나선 기업은 새로운 규정을 빨리 만들어야 한다고 강력히 촉구할 겁니다. 그래야 자신들의 베팅이 수익으로 이어지기 때문이죠. 이것은 많은 사람에게 중요한 변화라고 할 수 있습니다. 퓨처핏에 관한 약속을 공개적으로 선언하고 관련 규정을 얻기 위해 적극적으로 로비활동을 하면 사회 전반에만 유익한 것이 아니라, 해당 기업도 유리한 결과를 얻는다는 것이 모두의 눈앞에서 증명되는 것이니까요."

우리가 그린 스완의 유전자 코드를 해독해내든지 그렇지 않든지 관계없이, 정계와 상업계에는 새로운 서열이 만들어질 것이다. 이어지는 제6장에서는 그 점을 살펴보기로 한다.

GREEN SWANS

제3부

새로운 서열

: 승자와 패자 :

제6장

미운 오리 새끼의 부화

> 산업 혁명 〈

블랙 스완이 지배하는 미래가 되면 많은 사람이 피해를 볼 것이다. 블랙 스완에서 이득을 얻는 사람은 갈수록 줄어든다. 물론 어느 시대에나 못된 짓으로 돈을 많이 버는 사람은 있기 마련이다. 이와 반대로 그린 스완의 미래는 갈수록 더 많은 사람에게 만족을 가져다줄 것이다. 물론 기존 질서에 투자분이 많은 사람 중 몇몇은 필연적으로 손해를 입을 것이다. 오늘 누군가의 달걀을 깨지 않고는 내일의 경제 시스템에서 오믈렛을 만들 수 없다. 이렇게 생각해보자. 앞으로 변혁이 일어나면 나는 손해를 입을 것인가 아니면 이득을 볼 것인가? 향후 10년간 인류세의 생활 현실이 더욱 두드러질 텐데, 나와 내 가족, 내가 속한 기업이나 내 연금 계획은 퓨처핏의 방향에 부합하는가?

한마디로 말하기는 어렵지만 이렇게 생각해보자. 우리가 몸담은 기업 및 경제 전반의 운명은 이제 우리가 차세대 미운 오리 새끼를 구상하고 키워내는 속도, 즉 그린 스완 솔루션이 성공할 수 있는 정치, 정책, 법률, 시장 조건 및 사회·문화적 조건을 창출하는 속도에 달려 있다. 이 시점에 그린 스완의 의미를 다시 떠올려 보자.

그린 스완은 심오한 시장 변화를 뜻한다. 일반적으로 그레이 스완이나 블랙 스완의 문제점이나 변화하는 패러다임, 가치, 정신 태도, 정치적 요소, 정부 방침, 기술, 비즈니스 모델 중 몇 가지가 통합되어 그린 스완을 촉진하게 된다. 이 밖에도 경제, 사회, 환경 형태의 부의 창출이라는 측면에서 기하급수적 성장을 가져오는 핵심 요소도 그린 스완에 영향을 줄 수 있다. 최악의 경우, 그린 스완은 3차원을 안정적으로 유지하면서 2차원에서 이러한 결과를 산출할 수 있다.[1] 하나 이상의 차원에서 실적이 저조한 조정 기간이 있을 가능성도 있다. 하지만 목표는 3개 차원에서 통합적인 돌파구를 마련하는 것이다.

기술은 이러한 그린 스완 특성을 하나하나 거쳐 갈 것이지만 그중에는 성공하는 것도 있고 실패로 끝나는 것도 있을 것이다. 향후 10년간 우리에게 필요한 모든 기술이 우리 손에 쥐어지거나 단기간에 개발될 것이다. 기술 개선이 지금 우리가 직면한 시스템 위기에 대한 만병통치약은 아니라고 주장하는 사람들을 이해하거나, 심지어 그들의 주장에 동의하는 것은 어렵지 않다. 그런 만병통치약은 존재하지 않는다. 그린 스완 특성을 합리적으로 파악해 나열한 목록이 있다면 그중에서 순위에 따라 사고방식, 정치의 방향, 시장에서 특정 대상을 현재 '비재무성', '재무 가외적인 것' 또는 '외적인 요소'로 분류해 평가절하하는 방식에 큰 변화가 있을 것이다. 그렇긴 하지만 기술은 여전히 다른 모든 부문에서 성공의 필수 요건이며, 그 뒤를 바짝 추격할 것이다.

인구는 걷잡을 수 없이 증가하며 대도시화 현상도 점점 빨라지고 있다. 새로운 기술은 끊임없이 등장한다. 이와 더불어 인류 역사상 가장 강력한 신기술 스펙트럼이 빠르게 발전하면서 기하급수적 변화를 일으키며, 이로 인해 시장 시스템과 정치 시스템은 한계점까지 시험을 받고 있다. 이와 같은 신기술 또는 기존 기술의 새로운 응용이 블랙 스완이나 그린 스완과 관련해 어떤 의미가 있는지 어떻게 이해하고 대처할 수 있을까? 새로운 기술은 다채로운 방식의 하이브리드로 완전히 새로운 장점과 전례 없는 새로운 문제점을 만든다. 우리는 신기술이 가져온 이러한 변화를 어떻게 추적할 것인가?

한 가지 예를 생각해보자. 얼굴 인식 기술에 대해 어떻게 생각하는가? 나를 포함해 스마트폰 사용자라면 복잡한 비밀번호를 입력하거나 귀찮은 지문 인식 과정을 거치지 않고 얼굴 인식만으로 휴대전화를 사용하는 것을 매우 흡족하게 여길 것이다. 이 기술은 눈에 보이는 형태가 없고 어떻게 작동하는지 정확히 이해할 수 없지만, 분명 편리하고 개인 위주의 편의성을 제공한다. 공항 곳곳에 카메라, 센서, 데이터베이스가 보이지 않게 배치되어 있어서 우리가 누구인지 파악하고 접근을 허용할 것인지 범죄자로 체포할 것인지 판단할 수 있다면 공항 검색을 통과하는 시간이 지금보다 훨씬 단축될 것이다. 이러한 가능성은 점차 현실로 나타날 것이다. 많은 사람이 그러한 변화를 두 팔 벌려 환영하고 있으나, 이러한 기술이 잘못 사용되면 어떤 문제가 생기는지 잘 아는 사람은 얼굴 인식 기술의 보편화에 대해 크게 우려한다.

새로운 산업 혁명의 윤리와 그로 인해 발생할지 모를 의도치 않은 결과에 대한 우려의 목소리가 커지고 있다. 신기술이 민주주의와 같은 근본적인 요소를 무너뜨리자 '신속히 움직이고 파괴하라'는 실리콘밸리의 운영철학이 틀렸음이 증명되었다. 구글의 자랑이라 불리던 첨단 기술 외부자문위원회(Advanced Technology External Advisory Council)

가 설립되자마자 폐쇄되다시피 한 것은, 그런 대기업이 일관되게 그런 문제에 대처할 거라는 믿음이 잘못된 것임을 보여주는 사례였다.[2] 이 것은 매우 현실적인 문제다. 안면인식 기술이 빠르게 사회에 침투했고, 그 과정에서 기술개발자가 예상치 못한 결과가 발생한 것을 중요한 예시로 삼아야 할 것이다.

2030년대까지 관련 기술 시장을 장악하려는 목표를 가진 중국을 한번 생각해보자. 중국의 얼굴인식기술 스타트업 YITU 테크놀로지(YITU Technology)는 약 20억 명의 얼굴 데이터베이스를 기반으로 처음 보는 얼굴을 몇 초 안에 찾아낼 수 있다.[3] 그린 스완 렌즈로 이 상황을 보면, 미래에 우리가 거의 모든 종류의 기술을 개인적으로 편안하고 자유롭게 사용하는 모습을 상상해볼 수 있다. 하지만 블랙 스완 렌즈로 보면 중국의 감시 기술이 급속도로 발전함에 따라 관련 위험이 커진다는 점에 크게 우려하게 된다.

크리스 앤더슨이 2019년 TED 콘퍼런스에서 트위터의 CEO 잭 도시(Jack Dorsey)를 인터뷰할 때도, 아마 이런 역학을 고려했을 것이다. 인터뷰 당시에는 소셜미디어 플랫폼이 악의적인 거짓말이나 혐오성 발언의 온상이며, 이로 인해 민주주의의 근간이 흔들린다는 비난이 쏟아졌다. TED 운영자인 앤더슨이 도시에게 트위터의 파랑새 기호를 블랙 스완으로 바꾸라고 말하고 싶어서 안달이 난 모습이 쉽게 상상될 것이다. 대화가 이어질수록 무대 위의 당사자들은 물론이고 이를 지켜보는 사람도 답답함과 짜증이 나기 시작했고 분노가 계속 커졌다.[4]

지금 우리는
위험하다

　〈와이어드〉에 따르면 도시는 '검은 후드티에 청바지를 입고 덥수룩한 머리에 검은색 비니 모자를 눌러쓴 모습'이었다. 앤더슨을 화나게 만드는 데에는 시간이 오래 걸리지 않았다. 20분 정도 대화를 주고받은 후에 앤더슨은 불쾌한 심기를 적나라하게 드러냈다.

　"우리는 트위타닉(트위터와 타이타닉을 합친 단어─옮긴이)으로 당신과 함께 역사적인 항해를 하고 있습니다. 어떤 사람은 조종석에 앉아서 '지금 보이는 빙산과 충돌할까 봐 걱정된다'고 말하죠. 그런데 당신은 '좋은 지적입니다. 이 배는 빙산이 나타나면 피할 수 있도록 설계되지 않았어요'라고 말하고 있잖아요. 우리는 기다리고 있는데 당신은 믿을 수 없을 정도로 침착해 보이는군요. 우리는 이렇게 걱정만 하고 있는데, 외부에서는 '잭, 뭐 하는 거야. 당장 배를 돌려!'라고 소리치잖아요."[5]

앤더슨이 분노에 차서 말하는 동안 도시는 요가 수행자처럼 평온한 얼굴로 가만히 듣고 있었다. 결국 앤더슨은 폭발하고 말았다.

"지금 우리가 몸담은 문화가 위험하단 말입니다. 이 세상이 위기에 처해 있다고요. 당신은 말을 잘 들어주는 재주가 있군요. 잭, 하지만 사태의 긴급성을 제대로 파악하고 그것에 맞게 행동할 생각은 없는 거요?"

앤더슨의 분노는 빠르게 발전하는 전자 서식지에서 블랙 스완과 그레이 스완의 잠재력에 대한 인식이 확대되고 있음을 보여준다.

흥미롭게도 도시가 TED에 출연하기 바로 전날에 캐럴 캐드월라드(Carole Cadwalladr)라는 유명 저널리스트가 마크 저커버그, 셰릴 샌드버그, 세르게이 브린, 래리 페이지, 잭 도시와 같은 '실리콘밸리의 신'이라고 불리는 모든 거물에게 한 가지 도전을 했다. 그녀는 케임브리지 아날리티카(Cambridge Analytica, 영국의 정치 컨설팅 회사—옮긴이)가 브렉시트에 대한 영국 국민투표를 어떻게 왜곡했는지 보도했다.[6]

"당신들이 발명한 기술은 정말 대단해요. 하지만 이젠 범죄 현장에서 그 기술을 보게 되는군요. 이런 질문을 드리고 싶어요. 이게 당신들이 원한 결과인가요? 역사에 이런 결과를 끼친 사람으로 이름을 남기고 싶나요? 전 세계 여러 지역에서 권위주의를 시중드는 사람으로 알려지고 싶어요? 당신들은 처음에 사람들을 서로 연결해주겠다고 했죠. 하지만 그 기술이 지금은 사람들을 떼어놓고 있군요."

286

〈옵저버〉에 그녀의 연설 요약문이 보도되었다.

"상황이 이렇다 보니, 공정하고 자유로운 선거는 두 번 다시 불가능할 거라는 생각이 들었죠. 자유민주주의는 산산이 부서진 겁니다. 그들이 다 망가뜨린 거예요."

과학 혁명이나 산업 혁명은 항상 문제점이나 어려움을 유발한다. 러다이트(Luddites, 자본주의 초기에 자본가들이 부를 거의 독점하자 공장 파괴 운동을 벌였다가 군에 제압당했던 영국 노동자들을 가리키는 말—옮긴이)가 뼈아픈 희생을 치르며 그 점을 깨달았던 것과 비슷하다. 하지만 다른 점도 있다. 전례 없이 놀라운 기술의 비범한 스펙트럼이 역사적으로 전례 없는 속도와 규모로 발전하고 있다는 점이다. 그 결과는 심오하고 체계적이고 역사에 남을 만하다. 하지만 잘 아는 사람들은 이 과정이 아직 초기 단계라고 주장한다. 실제로 향후 수십 년 동안 인류 역사에서 전례를 찾아보기 어려울 정도로 가히 파괴적이라고 할 만한 혁신 기술이 등장할 가능성이 크다.

지금까지 전개된 상황을 통해 무엇을 배울 수 있을까? 의도한 것은 아니지만 불가피한 결과에 대처하거나 이러한 상황을 헤쳐나가려면 어떻게 해야 할까? 엑스프라이즈 재단과 싱귤래리티대학교의 공동설립자인 피터 다이아만디스(Peter Diamandis) 같은 기술업계의 거물은, 기술이 '풍족함의 시대(a world of abundance)'를 창출할 것이라고 오랫동안 주장했다. 그는 물이나 에너지와 같은 자원은 매우 풍부한데, 단지 우리가 효율적으로 접근하지 못하는 것이 문제점이라고 말한다. 그는 "다행히도 기술은 자원을 자유롭게 풀어주는 도구"라고 말한다. 지혜롭게 사용하면 우리에게 가장 절박한 문제인 천연자원의 제약을 해결하는 데 도움이 될 수 있다는 것이다.[7]

여기서 중요한 점은, 그가 기술을 지혜롭게 사용해야 한다는 조건을 붙인 것이다. 기술은 기하급수적이며 풍요로운 사고방식에서 핵심적인데, 사회운동가들은 여전히 기술에 대한 강력한 의심을 거두지 않고 있다. 그도 그럴 것이 새로 나온 기술이 지혜롭지 못하게 사용된 사례가 갈수록 늘어나고 있으며, 사회운동가들이 이를 너그럽게 봐줄 리가 없다.

한편, 휘발유 자동차에서 에너지 및 화학 집약적인 공조 시스템에 이르기까지 기존 기술을 점진적으로 개선할 필요성 때문에 변화에 온전히 집중하는 것이 어려운 실정이다. 물론 기존의 기술을 개선하는 것도 중요하지만, 이제는 더 중요한 것에 주의를 기울여야 한다. 우리는 인공지능, 사물인터넷, 자율주행차량, 합성 생물학, 그리고 일부 사람들이 주장하는 지구공학(geoengineering) 등으로 미래를 바꿀 사람들의 사고방식에 관심을 가지고 적극적으로 참여해야 한다.

오해는 없기 바란다. 이처럼 급속한 기술 발전은 매우 흥미로운 현상이며, 제대로 사용한다면 21세기에 우리가 직면하는 주요 문제점의 상당 부분을 해결할 가능성이 있다. 긍정적인 측면을 보자면, 내 경험만 고려하더라도, 근본적으로 개선된 미래는 이미 도래했다고 보거나 빠르게 모양을 갖추어가는 과정이라고 해야 할 것이다.

최근에 이스라엘에 갔다가 흥미로운 경험을 했다. 이스라엘은 수자원 부족 문제가 매우 심각하다. 사해의 수면도 계속 내려가고 있다. 투자자의 관심은 에어로포닉에 쏠리고 있다. 이 기술은 흙이나 물을 사용하는 것이 아니라 작물을 허공에 매달아 놓고 분무기로 물과 양분을 공급하는 재배 방식이다. 한 가지 예시를 들자면 어떤 기업은 미터당 작물 생산량을 50배 이상 늘리면서도 이전의 재배 방식보다 물 사용량을 20분의 1로 줄였다고 한다. 어느 모로 보더라도 획기적인 기술이며, 이런 예시는 얼마든지 찾을 수 있다. 하지만 그런 기술이 얼마나 빨리 확장될 수 있을까? 역사를 돌이켜보면, 모든 일은 긍정적인 측면만 있는 것이 아니라, 부정적인 측면도 반드시 있다. 그리고 긍정적인 측면과 부정적인 측면의 비율이 항상 같은 것도 아니고 대립 구도를 형성하는 것도 아니다.

미즐리 신드롬

신기술의 잠재적인 위험과 신기술 개발자의 사고방식에 도사리고 있는 맹점을 찾기 위해, 지난 수년간 런던, 텔아비브, 실리콘밸리와 같은 기술 전문가 집단에 속한 사람을 만날 때마다 한 가지 질문을 한다.

"토마스 미즐리(Thomas Midsley Jr.)에 대해 들어본 적이 있습니까?"

대다수 개발자는 들어본 적이 없다고 대답하는데, 나는 그 이름을 모르는 것은 매우 부끄러운 일이라고 지적한다. 미즐리는 1920년대와 1930년대에 이름을 날린 천재적인 화학자이자 공학자다. 그는 제너럴 모터스, 듀폰과 같은 당시 유명 대기업과 함께 일했고 100개 이상의 특허를 보유했다. 이렇게 설명해줘도 굉장히 오래전에, 그러니까 우리와는 전혀 다른 시대에 살던 사람인데 왜 그 사람이 중요한 인물인지 의아하게 생각하는 사람이 있을 것이다.

하지만 그 질문을 고집하는 데에는 그만한 이유가 있다. 미즐리는 가연 가솔린을 개발한 사람이다. 당시 그것은 엔진 노킹방지 기술 부문의 진정한 돌파구였으며, 차량용 연료 효율 측면에 크게 이바지했다. 여기까지만 보면 그린 스완의 초기 단계라고 할 수 있다. 하지만 미성년자의 신경계에 치명적인 피해를 초래한 것도 사실이다. 물론 의도했던 문제점도 아니고 그런 피해가 발생하리라고 의심조차 하지 않았으나, 불행한 결과를 낳고 말았다. 미즐리가 개발한 기술은 블랙 스완의 깃털, 아니, 날개를 가진 그린 스완이었다.

그 후에 미즐리는 일종의 CFC인 초기 프레온을 합성했다. 이 화합물은 안전성 측면의 이점은 물론이고 여러 가지 중대한 이점이 있다. 하지만 이것은 성층권 오존층에 계속 구멍을 냈다. 사실 미즐리는 지구 역사상 지구에 단일 유기체로서 가장 큰 피해를 초래했다는 평을 듣는다. 인류세의 진정한 창조물이자 창조주다. 본인이 의도한 것은 아니지만, 블랙 스완의 수호성인이라고 할 수 있다.

이런 점 때문에 미즐리라는 이름을 알아야 한다. 특히 미래의 획기적인 혁신을 목표로 노력하는 사람이라면 미즐리를 잊지 말아야 한다. 미즐리와 그의 인생에서 배운 파괴적인 교훈은 이제 모든 경영대학원과 대학 내 기술 관련 학과의 교육과정에 버너스 리(Berners-Lee, 월드 와이드웹을 개발한 사람-옮긴이), 다이슨, 에디슨, 게이츠, 머스크, 벤터, 저커버그와 같은 사람들의 업적과 나란히 등장해야 하지 않을까?

마지막으로 아무리 똑똑한 사람이라도 의도치 않게 부정적인 결과를 초래할 수 있다는 것을 세 번째로 증명해보기 위해 미즐리가 개발한 자동 침대를 언급했다. 미즐리는 소아마비에 걸린 후에 침대 밖으로 나오거나 침대에 눕는 동작을 편하게 하려고 도르래와 밧줄을 사용해서 자동 침대를 만들었다. 하지만 1944년에 그 침대에 목이 졸려 사망하고 말았다.

그 순간 청중석에서는 당혹감이 섞인 웃음이 터져 나왔다. 하지만 나는 생사를 좌우하는 사안을 논하고 있었다. 지금 우리가 열정을 쏟아 헌신적으로 개발하는 기술 중 몇몇, 아니 대부분이 미래의 핵심 요소를 목 졸라 죽일지 모른다. 최첨단 기술을 사용하는 사람들과 직접 이야기를 하면서 추측할 수 있는 사안이 아니다. 대부분의 경우, 발명가와 혁신가는 흔히 말하는 장밋빛 안경을 쓰고 미래를 바라보기 때문이다.

한번은 갤럽이 주최한 만찬에 참석했다가 인터넷의 선구자 빈트 서프(Vint Cerf)와 나란히 앉게 되었다. 그때 누군가 다가와서 빈트에게 요즘 해커, 사이버 강도, 비밀 서비스가 인터넷을 한계치까지 시험하고 있고 사람들이 그로 인해 많은 문제를 겪고 있는데, 당신처럼 인터넷을 처음 개발한 사람들은 왜 이런 상황을 미리 내다보지 못했냐고 질문했다. 그러자 빈트는 인터넷을 처음 개발할 때를 돌이켜보면 인터넷이 그저 작동하게 만드는 것만으로도 정말 어렵고 힘들었기에, 당시에는 인터넷이 이렇게 눈부시게 발전해 악몽에 가까운 문제를 만들어내는 것은 상상조차 할 수 없었다고 말했다.

이렇게 근시안적인 문제는 그저 무지함에서 비롯되거나 창의적 사고의 부족에서 발생할 수 있다. 하지만 계획이 중도에 틀어질까 두려워서 고의로 문제를 외면하기도 한다. 아무 문제도 없다는 듯이 투자자에게 계속 투자를 받고 직원들이 계속 업무에 몰두하도록 독려하는 것이다. 어떤 혁신이든 간에, 투자자와 직원은 이 세상을 더 나은 곳으로 바꿔줄 거라는 말을 반복해서 듣게 된다.

하지만 미즐리의 사례를 살펴보면 그런 사람들이 세상을 변화시키는 방식은 블랙 스완 및 그린 스완 역학이 경제, 사회, 특히 정치에 어떻게 작용하느냐에 크게 좌우된다는 점을 알 수 있다. 선물로 받은 물건에 대해 이것저것 따지는 것은 예의가 아니라고 하지만, 이 경우에 우리는 미래의 선물을 무턱대고 반길 것이 아니라 꼼꼼히 살펴봐야 한다. 그 선물을 어떻게 잘 사용할지 고민하기 전에 기술의 발전 과정에서 현재라는 순간이 얼마나 이례적인지 충분히 강조해야 한다.

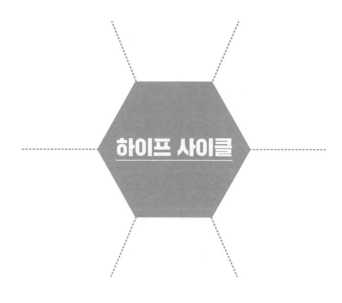

하이프 사이클

나는 오랫동안 기술에 매료되어 기술 관련 책을 다수 집필했다. 〈생명공학 회보(Biotechnology Bulletin)〉라는 뉴스레터도 15년간 편집했다. 생명공학이 처음으로 호황을 누리던 시기에 유럽, 일본, 북미 지역에 있는 유전공학 관련 기업은 거의 100여 군데에 직접 가보았다. 그때 배운 점이 있다면, 신기술은 광란에 가까운 경쟁을 유발하는데, 그러한 경쟁은 유명한 가트너 하이프 사이클(Gartner Hype Cycle, 기술의 성숙도를 나타내는 시각적 도구 또는 과대광고 주기-옮긴이)에 나타나는 둥근 호처럼 잠깐 정점을 찍고는 금방 사그라진다. 가트너는 이 사이클을 5단계로 나누어 설명한다.

1. **혁신 유발(Innovation Trigger)**: 현재 주요 기술에 일종의 혁신이 발생하면, 그로 인해 하나 이상의 제품이 출시되고, 언론과 대중이 폭발적인 관심을 보인다. 그리고 얼리어답터는 이러한 신기술이 기업 및 조직에 가져올 이점에 대해 한껏 부풀려 이야기한다. 한번은 어느 바이오기술 회사를 방문했는데, 그 회사의 CEO(IPRI의 마틴 애플)는 자사의 비즈니스가 '나무에 돼지고기가 주렁주렁 열리는' 것 같은 성과를 거둘 것이라고 호언장담했다. 창의적인 표현이라는 점에는 동의하지만, 그 말을 문자 그대로 해석하는 사람은 없을 것이다. 하지만 내가 그를 만나러 직접 회사로 찾아갔던 날에 그 회사는 파산 신청을 했다.

2. **부풀려진 기대의 정점(Peak of Inflated Expectations)**: 관심이 고조되고 초기 투자가 어느 정도 이루어지고 나면 해당 기술이 단기간에 이룰 수 있는 성과에 대한 기대치가 급격히 부풀려지는 경우를 종종 볼 수 있다. 하지만 직원, 고객, 투자자가 기대하는 눈부신 발전이나 성공이 아니라 기술이나 기업 경영이 순식간에 무너지고 이를 언론에서 앞다투어 보도하는 사례도 늘어나고 있다.

3. **환멸의 저점(Trough of Disillusionment)**: 여기부터 힘든 고비다. 획기적인 성공에 대한 초반의 기대가 무너지면 주변의 관심은 싸늘하게 식어버린다. 벤처기업 자금 지원을 받는 경우, 자금 조달이 2~3회 반복되어야 사업을 지속할 수 있는데, 투자자들은 자금을 추가 지원할 때마다 혁신가, 소유주, 경영진에게 더 어려운 조건을 제시하는 경향이 있다. 일례로 2018년까지만 해도 블록체인은 승승장구하고 있었다. '커넥티드 홈'이나 '혼합 현실'과 같은 것에 열광하는 분위기 덕분이었다. 하지만 2018

년을 기점으로 블록체인 열풍은 하락세로 돌아섰다. 이 시기가 되면 투자자들은 이전과 달리 신중하게 행동하려 한다. 그리고 많은 기업과 일부 기술은 두 번 다시 회복세로 돌아서지 못하는데, 이는 어쩔 수 없는 결과로 보인다. 그런가 하면 이 시기를 잘 이겨내고 세상을 바꾸는 데 성공하는 기업과 기술도 있다.

4. **계몽의 경사(Slope of Enlightenment):** 이 단계가 되면 더는 신문의 첫 페이지를 장식하지 않지만, 주요 기술은 계속 발전하거나 변형된 형태로 나타난다. 이렇게 되기까지 막대한 시간과 노력, 정성은 물론이고 적잖은 비용이 소모된다. 이 시점이 되면 이른바 메달 순위권과 그 외 기업이 명확히 구분된다. 그리고 −우리가 감당할 준비가 되어 있다면− 이때 잠재적인 그린 스완이 블랙 스완이나 그레이 스완과 분리된다.

5. **안정된 생산성(Plateau of Productivity):** 지금까지 살아남은 기술은 자리를 잡았고 장점을 충분히 입증했다. 특정 기술이 틈새시장에 발목이 붙잡힐지 아니면 폭넓게 활용될지는 점차 명확해지고 있다. 인터넷을 생각해보면, 초기 비평가들이 인터넷이 보편화될 수 없는 이유들을 제시했지만 결국 인터넷은 전 세계로 보급되었다. 그 과정에서 새로운 제품과 서비스에 대한 틈새시장이 많이 생겨났다. 이처럼 그린 스완 기술은 올바른 방식으로 설계한다면, 인터넷 보급에 버금가는 기적을 일으킬 수 있다. 대표적인 예시로서 태양열 발전소 및 풍력 발전소에서 생성된 에너지 비용이 기하급수적으로 하락한 것이 있다.

혁신 드롭다운 메뉴

기술 방면에서 가장 잘 알려진 최근 리뷰는 제4차 산업혁명(The Fourth Industrial Revolution)[8]이라는 세계경제포럼(WEF) 보고서일 것이다. 이 보고서는 낙관적인 내용을 담고 있는데, 결론 부분만 소개하자면 다음과 같다.

> 우리는 현재 기술 혁신을 코앞에 두고 있다. 이 혁신이 본격적으로 일어나면 인간이 생활하고, 일하고, 서로 관계를 맺는 방식이 근본적으로 달라질 것이다. 규모와 범위 및 복잡성 면에서, 인류가 이전에 경험한 것과 비교조차 할 수 없는 변화가 될 것이다. 구체적으로 어떻게 전개될지는 아직 알 수 없지만 한 가지 분명한 점이 있다. 공공 및 민간 부문, 학계 및 시민 사회에

이르기까지 글로벌 정치의 모든 이해 관계자를 포함해, 통합적이고 포괄적으로 이 혁신에 대응해야 한다.

최초의 산업혁명은 물과 수증기의 힘으로 생산을 기계화했다. 두 번째 산업혁명은 전기를 사용해서 대량 생산을 이룩했고, 세 번째에는 전자정보 기술로 생산 자동화를 달성했다. 제4차 산업혁명은 세 번째 혁명을 기반으로 한 것인데, 바로 20세기 후반부에 시작되어 지금까지 지속하는 디지털 혁명이다. 디지털 혁명은 기술 융합을 통해 물리적 공간, 디지털 공간 및 생물학적 공간의 경계를 모호하게 만들어 놓았다.

오늘날 일어나는 혁신이 그저 3차 산업혁명의 연장선으로 볼 것이 아니라, 그와 전혀 다른 새로운 산업혁명의 시작을 알리는 것이라고 보는 데에는 속도, 범위, 시스템 영향이라는 세 가지 이유가 있다. 지금 일어나는 혁신은 역사상 전례를 찾아볼 수 없을 정도로 빠른 속도로 전개되고 있다. 이전의 산업혁명과 비교할 때 4차 산업혁명은 선형적인 속도가 아니라 기하급수적으로 발전하고 있다. 게다가, 그것은 모든 국가의 거의 모든 산업을 뒤엎고 있다.

선형에서 기하급수적 궤도, 확장성 및 속도로의 전환에서 마지막 요소가 매우 중요하다. WEF의 제4차 산업혁명 센터는 점차 많아지는 혁신적 기술에 계속 초점을 맞추는데, 그러한 기술의 공통점은 기하급수적 역할을 보이는 것이다. 그중 몇 가지 핵심 기술은 WEF와 같은 순서 및 제목으로 드롭다운 메뉴 형식으로 정리해두었다.[9] 하지만 이 자료는 내가 만든 것으로, 그린 스완이라는 주제와 다시 연결되는 추가 의견에 또 한 번 덧붙이는 것이다.

- **인공지능과 기계학습:** 이제 가정, 기업 및 정치 프로세스 전반에 걸쳐 인공지능과 기계학습의 영향이 나타나고 있다. 엔터테인먼트 분야에서는 〈A.I.〉, 〈마이너리티 리포트(Minority Report)〉, 〈아이로봇(I, Robot)〉과 같은 SF 영화가 등장했다. WEF는 현재 로봇 형태로 사용되는 인공지능이 "조만간 자동차를 운전하고 필요한 물품을 보충하고 젊은이와 노인을 돌볼 것"이라고 했다. 잠재적인 그린 스완의 경우, "기계학습의 급속한 발전은 우리 사회가 직면한 가장 시급한 문제 중 몇 가지를 해결하겠다고 약속한다." 하지만 그레이 스완과 블랙 스완 문제점도 터져 나올 것이다. 충격적인 실직 사태, 비윤리적인 데이터 사용, 그러한 시스템을 설계하는 사람들이 미처 생각하지 못했거나 경험의 부족에서 기인하는 치명적인 약점 등이 그러한 문제다. 부당한 배제와 체포, 프라이버시 문제, 흑인을 향해 돌진하는 자동차, 감시 국가에 대한 우려의 목소리는 이미 커진 상태다.

- **사물인터넷, 로봇 및 스마트 시티:** 이제 이 세상에는 사람보다 기계가 더 많이 연결되어 있다. 이를 종합적으로 사물인터넷(IoT)이라고 하는데, "에너지 사용을 모니터링하고 관리하는 스마트 빌딩 기술에서 잠재적 충돌을 예측하고 피하도록 도와주는 커넥티드 자동차에 이르기까지" 사물인터넷은 매우 광범위하다. IoT 장치는 2022년에 200억 개를 넘어설 것으로 예상된다. 그 이유는 "기술이 지속적으로 발전해 컴퓨팅, 저장 및 연결성의 비용은 급락하기 때문"이다. 그 결과로 그레이 스

완 및 블랙 스완 문제가 더욱 많아질 것이다. 특히 종국에는 인체에 삽입되는 기술과 관련해 문제가 발생할 것이다. 데이터 소유권, 정확성, 개인정보 보호에 대한 논란은 이미 진행되고 있다. "전력망, 공공 기반 시설, 차량, 가정 및 직장을 원격으로 접근, 제어할 수 있는 상호연결성이 더욱 강화되다 보니, 사이버 공격의 취약성과 보안 침해로 인해 심각한 피해가 발생할 가능성이 이전 어느 때보다 우려되는 상황이다.

- **블록체인과 분산원장 기술**(Distributed Ledger Technology): 이 부문은 이제 부풀려진 기대의 정점을 지나 하강세로 접어들었다. 이러한 기술이 큰 환영을 받는 이유는, 정보를 분산해 안전하게 저장하고 전송할 수 있기 때문이다. WEF의 표현을 빌리자면 "추적 및 거래 도구로서 강력한 효과가 이미 입증되었다. 마찰을 최소화하고 부패를 줄이고 신뢰를 높이며 사용자에게 권한을 부여"할 수 있다. 문제는 "포용성, 안정성, 상호운용성, 확장성을 보장하는 방식으로 이러한 잠재력을 발현시키는 것"이다. 부패를 제어할 수 있다는 것은 매우 반가운 소식이지만, 간사하고 악한 인간의 기질에는 한계가 없어서, 머지않아 이러한 기술이 오히려 부패한 관행을 더욱 교묘하게 숨기는데 사용될 우려가 있다.

- **자율주행 및 도심 모빌리티**: WEF는 도심화 현상이 더욱 확산함에 따라 새로운 모빌리티 솔루션이 절실하게 필요하다고 주장한다. "물론 갈수록 복잡해지는 사회·경제 및 환경 관련 문제를 최소화해야 한다. 자율주행 자동차는 도로 안전을 개선하고 오염을 줄이고, 교통 체증을 해소해 교통 효율성을 높일 수 있다. 그러나 이러한 변화는 필연적으로 대중교통과 개인운송수단의 재개편이라는 혁신적인 산업 전환을 포함한다."

"안전하고 환경에 영향을 주지 않으면서도 통합적인 방식"으로 자율주행 솔루션을 확대 도입할 수 있는 좋은 전략을 수립하려면 관련 부문과 업계 및 지역 기관의 협업이 필요하다. 여기서 한 가지 질문이 생긴다. 공공 부문 모빌리티 솔루션은 앞으로 더욱 통합되고 에너지 효율을 높이려는 경향을 보이는데, 이러한 기술을 민간 부문에 적용하는 것은 공공 부문 모빌리티 솔루션에 방해가 될 것인가 아니면 보완이 될 것인가?

- **드론과 미래의 영공**: 세계경제포럼의 보고에 따르면 무인 항공기와 무인 드론이 "영공에 민주주의를 실현하고 있다. 하루가 멀다고 드론 생태계 참가자들은 이 혁신 기술의 새로운 용도를 찾아내고 있다. 이제 드론은 택배나 인명을 구하는 의약품 배송은 물론이고 에어 택시, 전 세계 곳곳의 사진 촬영 등 다양한 업무를 처리하고 있다." WEF가 조사한 분야 중에 드론 규제, 외딴 지역의 드론 배송, 드론에서 파생된 데이터 정책, 항공기 인증 재구상, 의료 전달 프로토콜에 대한 새로운 패러다임이 있다. 한편, 테러리스트 및 마약 밀매자와 같은 사람들이 드론을 사용하는 사례가 늘어나고 있으므로, 드론과 같은 기술을 무조건 좋다고 생각하던 사람들도 서서히 불안을 느끼는 상황이다. 2019년 말에 발생한 드론 공격으로 사우디아라비아 원유 생산량의 절반 가까이 타격을 입는 사건이 발생했는데, 이로 인해 드론 기술에 대한 관점이 크게 달라졌다.[10]

- **정밀의료**: "특정 개인이나 인구집단에 맞춤형 진단과 치료를 제공해 치료 결과를 향상시키고 비용도 절감할" 기회를 제공하므로 또 다른 잠재적 블록버스터라고 할 수 있다. WEF에서는 "정밀 의학의 효과에 대한 증거 산출; 데이터 공유 및 관련 인프라; 정밀 의학 접근법과 임상 실습

의 통합; 진단 및 치료에 관한 규제, 가격책정 및 비용 지급에 관한 새로운 접근법; 환자와 대중의 참여" 등의 분야에 주안점을 두고 있다. 하지만 극심한 빈부격차로 이미 고통받는 사회에 새로운 형태의 차이를 적극적 또는 수동적으로 형성하는 데 또 얼마나 오랜 시간이 걸릴지 아직은 알 수 없다.

- **디지털 통상(Digital Trade):** 미국의 아마존, 중국의 알리바바, 일본의 라쿠텐 등 세계 곳곳에서 전자상거래는 연간 수십조 달러의 경제 활동을 창출하고 있으며 기하급수적으로 성장하고 있다. 하지만 WEF는 "무역 정책은 새로운 형태의 디지털 상거래 및 국가 간 데이터 흐름을 강화하고 시대에 뒤떨어진 규제나 통합이 필요한 지배구조, 엄격한 데이터 현지화 정책과 같은 문제를 해결하기 위해 더 발전해야 한다"고 주장한다. 이와 관련해 이미 표면화된 몇 가지 민감한 문제를 들자면 세금 회피, 고용 조건 및 기존 쇼핑 센터의 공실 문제 등이 있다.

- **지구를 위한 4차 산업혁명:** 이것은 WEF가 지금까지 다룬 모든 영역 중에서 가장 잠재력이 큰 그린 스완일 것이다. 적어도 WEF 목록에 포함된 것 중에서는 가장 높은 순위에 놓여 있다. WEF는 이렇게 설명한다.

  "기후 변화, 생물 다양성의 손실, 해양 상태의 악화 등 전 세계적 환경 문제가 날로 증가하고 있습니다. 새로운 해결책이 절실히 필요하죠. 이 프로젝트의 목표는 환경과 사회에 대한 기술의 이점을 실현하는 지배구조 프레임워크를 구축하고 실험해보는 것입니다. 여기에는 신기술이 환경에 미치는 임팩트를 제대로 파악하고 이들을 배포할 때 발생할 수 있는 피해를 완화하는 것이 포함됩니다."

의도하지 않은 결과가 이러한 기술 발전에 영향을 줄 수 있다는 것은 블록체인 세계의 일부인 비트코인의 변화를 통해 이해할 수 있다. 중국 정부는 폐쇄 가능성이 있는 산업 목록에 비트코인을 추가하고 이점을 공개적으로 통지했다.[11] 중국의 경우, 그런 결정을 내리고 공지하는 데에는 항상 다른 이유가 있다. 어쨌든 정부 주장은, 컴퓨터가 매우 복잡한 퍼즐을 푸는 과정을 포함하는 '채굴' 활동을 통해 비트코인이 생성되는데, 결국 그런 과정이 오염을 일으키고 귀중한 자원을 낭비한다는 것이다.

모든 신기술은 예상치 못한 문제를 일으킨다. WEF 목록에서 개인적으로 중요하다고 생각하는 것 서너 개를 고른다면, 나는 인공지능과 지구를 위한 4차 산업 혁명을 선택하고 목록에 없는 다른 기술을 추가할 것이다. 그중에는 재생에너지, 스마트 그리드 넥서스, 정밀 생물학과 발효로 축산업을 대체하는 것, 합성 생물학 등이 있다. 후자는 올리버 모튼(Oliver Morton)의 놀라운 통찰력이 발휘된 설문조사의 주제였다. 해당 설문조사는 〈이코노미스트〉에 보도되었다.[12]

크리스퍼(Crispr, 유전자 편집 기술, 유전자 가위라고도 함-옮긴이)와 같은 새로운 도구는 유전자 공학 발전에 박차를 가하는 데 도움이 된다.[13] 〈와이어드〉는 이렇게 설명한다.

"때때로 자연은 정중하게 어깨를 톡톡 친 후에 이 세상을 바꿔놓는 선물을 건네준다. 실험실에 열어둔 창문을 통해 곰팡이 포자가 날아들어 온 덕분에 인류는 페니실린을 얻었다. 군용 레이더 연구 중에 우연히 연구원의 호주머니에 들어 있던 초콜릿이 녹은 것을 발견한 덕분에 전자레인지를 발명하게 되었다. 크리스퍼로 알려진 유전자 편집 기술도 그런 요행에 해당한다. (…) 결과는 매우 놀라울 따름이다. 크리스퍼는 빠르고 저렴하며 믿기지 않을 정도로 작동 방법도 간단하다."[14]

〈와이어드〉는 이렇게 덧붙인다.

"크리스퍼는 우리의 유전적 운명을 바꿀 능력만 주는 것이 아닙니다. 질병을 뿌리 뽑고 새로운 농작물과 가축을 개발하고 심지어 멸종된 것들을 부활시킬 기회도 점차 열어줍니다. 한마디로 지구 전체의 운명을 새로 쓰는 것이죠."

스필버그 감독의 영화에서나 가능했던 일이 이제 현실이 될지도 모른다.

〈와이어드〉 팀이 예리하게 돋보인 순간도 있었다. 이들은 심장, 신장, 폐와 같은 주요 이식 장기의 부족을 해결할 방법을 찾아냈다. 그것은 바로 돼지의 몸 안에 그런 장기를 키우는 방법이었다. 그때 팀원 하나가 굉장히 날카로운 질문을 던졌다.

"만약 과학자가 실수해서 자신의 고통을 지능화할 수 있는 돼지가 만들어지면 어떻게 되는 건가요? 돼지가 이른바 도덕적 불합리성을 판단할 수 있게 되면 말입니다. 장기 적출 목적으로 농장에서 기르던 동물을 죽이는 것까지는 받아들인다고 가정해봅시다. 물론 동물 복지 사회운동가는 강력히 반대하겠지만요. 만약 인간과 같은 지능을 가진 동물이라면, 그것을 죽이는 것은 너무 야만적인 행동이 아닌가요?"

유전자 편집에서 핵심적인 부분인 유전자 드라이브와 같은 단계에 아직 가지 않았는데도 이런 질문이 대두될 수 있다. 문제는 크리스퍼를 사용하면 해로운 DNA 돌연변이로 해충 개체군을 만들어 낼 수 있다는 것이다. 정상적인 생물학에서라면 그런 유해 유전자가 후손에 전달될 확률이 50퍼센트지만, 유전자 드라이브가 적용되면 그 확률은 100퍼센트까지 올라갈 수 있다. 어떤 실험에서는 7~11세대만 거치면, 우리에 갇힌 말라리아를 전염시키는 감비아 모기의 개체군을 '전멸'시킬 수 있다는 점이 증명되었다.[15]

그런데 이렇게 특정 군의 모기가 완전히 멸종되면 자연은 어떻게 될까? 이 실험에 참여한 연구자는 아프리카에서는, 조사 시기와 관계없이, 이 모기가 "수십억" 마리 발견된다고 했다. 더 정확히 이렇게 말했다.

"생태계에서 이 모기가 '핵심종'이 아니라는 것이다. 생태계는 인간이 정착해서 생활하는 장소와 밀접히 관련되어 있는데, 어떤 포식자도 이 모기를 먹이로 삼지 않는다."

아무튼 좋고 나쁘고를 따지기 전에 기술의 힘이 매우 놀랍다는 점을 감안할 때, 이를 사용하기에 앞서 엄격한 테스트를 반드시 거쳐야 하며, 일단 사용하기 시작한 후에도 지속적으로 모니터링을 해야 한다. 달리 말하자면, 신약 출시에서 FDA 승인이 필수적인 것처럼 새로운 알고리즘을 포함한 중요한 기술은 모두 FDA 승인에 버금가는 테스트를 거쳐야 한다.[16]

WEF에서 진행하는 것과 같은 작업은 도움이 된다. 하지만 그들이 지닌 파괴적인 기술의 기나긴 목록은 수박 겉핥기에 불과하다. 그 목록에는 요즘 세상에 새로 등장하거나 역동적으로 활개치고 있는 수많은 기술이 누락되어 있다. 현재 셀 수 없이 많은 신기술 개발이 크게 탈중심화되고 있으며 바이오 해커가 제멋대로 날뛰지만 이에 대한 정부 규제나 단속은 전혀 없는 실정이다. 따라서 그레이 스완이나 블랙 스완의 위험을 최소화하면서 그린 스완의 기회를 최적화하기에는 아직 갈 길이 멀다.

의도가 좋다고 해서 불가피한 위험이나 위기를 피할 수 있는 것은 아니다. 제3장에서 다룬 각각의 블랙 스완은 일단 이전에 비해 큰 이점을 제공하는 것처럼 보이는 기술, 즉 그린 스완의 형태로 시작된다. 멸종 위기를 코앞에 둔 동물의 상아를 대체하는 물질은 여러 가지가 있으나 그중에서도 플라스틱은 더 가벼워지고 사용범위가 넓어졌다. CFC는 다른 화학 물질에 비해 인체에 덜 해로운 쪽으로 발전했다. 항생제는 기적에 가까운 회복세를 보이며, 현대식 식단은 과거의 궁핍한 생활에 비하면 두 팔 들고 환영할 만한 혁신이었다. 그리고 우주기술의 발전으로 인간은 지구를 전혀 다른 각도에서 볼 수 있게 되었다.

시간이 지나면서 확장을 거듭할수록 CFC나 항생제와 같은 그린 스완 제품에 시커먼 깃털이 돋아나기 시작했다. 일부 경우에는 아예 다른 동물로 둔갑해버렸다. 인공지능도 그린 스완을 낳을 수 있긴 하지만 이미 검은 깃털이 여러 군데 돋아난 모습을 하고 있다. 일례로 하나의 인공지능 모델을 훈련하려면 자동차 5대가 수명주기 내내 뿜어내는 것과 맞먹는 탄소가 발생한다.[17] 현재와 미래를 오가는 일종의 타임머신을 개발하지 않는 한, 어떻게 한발 앞서 나갈 수 있을까라는 질문이 생긴다. 사실상 미래의 관점에서 현재를 뒤돌아볼 수 있어야 가능한 일이 아닐까?

　의심할 여지 없이, WEF 팀은 이미 필요한 모든 작업을 진행하고 있으며, 그들은 현장의 많은 주요 인사 및 조직과 연결되어 있지만, 덜 독점적이고 기업 이익과 덜 연계된 것이 오히려 더 큰 도움이 될 수 있다고 말할 것이다. 그 말이 옳다면, 선례와 새로운 모델은 어디에서 찾아야 할까?

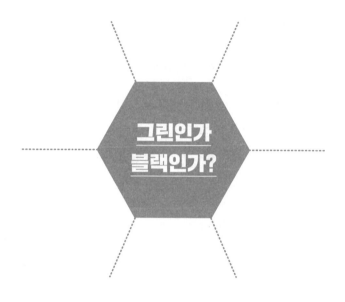

그린인가 블랙인가?

미국 기술 평가국(US Office of Technology Assessment, 이하 OTA)은 20세기 최고의 영감을 주는 교육기관 중 하나라고 할 수 있다. 슬프게도 뉴트 깅리치(Newt Gingrich)는 연방 예산 삭감이라는 제단에 OTA를 제물로 올려야 했고, 그로부터 약 25년이 흘렀다.[18] 미래의 미운 오리 새끼에서 잠재적인 블랙 스완과 그레이 스완을 가려내고 실질적으로 그린 스완의 잠재력을 가진 것을 정확하게 식별하려면 OTA와 매우 유사한 기관이 필요한데, 전 세계적으로 운영되는 기관이라면 매우 이상적이라고 할 수 있다.

1972년에 설립된 OTA는 23년간 영향력을 행사해왔으며, 직원 약 200명을 고용했는데 그중 3분의 2는 전문연구원이었다. 연구원의 88

퍼센트 이상은 경제학, 공학, 물리학, 생명공학, 사회과학 분야의 최고 학위를 가지고 있었으며, 신기술을 집중적으로 조사하고 있었다. 이러 한 모습은 내 생각과 업무에도 큰 영향을 주었다.

폭언이 난무할 정도로 정치적 갈등이 있던 시기였으나 OTA 이사회 는 상원의원 6명, 하원의원 6명으로 양측 대표가 동수로 구성되어 있 었다. 의장과 부의장 자리는 상원과 하원이 번갈아 맡았다. 그 밖에도 산업계, 학계 출신이거나 연방정부와 무관한 외부의 저명인사 10명으 로 이루어진 자문위원회도 마련되었다.

이러한 구성만 보면 매우 모범적이라고 할 수 있다. 그런데 OTA가 왜 그토록 중요했을까? 전 세계적으로 OTA와 유사한 기관이 지금 우 리에게 필요한 것은 아닐까? 1996년에 찰리 로즈가 칼 세이건을 인터 뷰한 내용을 떠올려 보자. 당시 세이건은 천문학자이자 과학 대중화 운동가로서 영향력 있는 인물이었는데, 이러한 질문을 받았다.

"우리 아이들이 살아갈 미래의 모습을 결정하는 과학이나 기술에 대 한 모든 결정을 누가 내리고 있는가? 일부 의원들의 손에 맡겨두면 될 까? 과학 관련 배경을 가진 의원들은 극소수에 불과하지 않은가?"[19]

매우 의미심장한 질문이다. 그리고 아직도 정답을 찾지 못한 것 같 다. 상, 하원 의원이나 기타 비슷한 정치기구 중에 새로운 기술이나 과 학이 의미하는 바를 이해할 만큼 충분한 자격을 갖춘 곳은 거의 없는 것 같다. 대다수의 고위 인사가 높은 학위를 가진 정부는 이 세상에 그 리 많지 않으나, 중국이 바로 그런 케이스에 속한다고 주장하는 사람 이 있을지 모른다. 하지만 학벌 외에 매우 복잡한 요소가 관련되어 있다. 특히 OTA의 가장 큰 특징인 민주주의 원칙은 중국 정부가 매우 취약한 부분이다.

어쨌든 세이건은 지배구조의 격차가 매우 걱정스럽다는 점을 지적했고, OTA는 후에 이 문제를 해결하고자 각고의 노력을 기울였다. 《침묵의 봄(Silent Spring)》의 저자 레이첼 카슨(Rachel Carson)이나 소비자 운동가 랄프 네이더(Ralph Nader)와 같은 비평가는 신기술의 어두운 면에 대해 깊은 우려를 표명했다. OTA는 1972년 스톡홀름에서 개최된 유엔 환경회의에서 출범했는데, 결국 과학 및 기술이 관련된 다양한 분야에서 약 750건의 연구를 수행하게 되었다. 이 연구는 에너지, 환경, 건강, 국가안보와 같은 폭넓은 분야와 관련되어 있다.

그렇다면 어디에서 새로운 과학이나 신기술에 대한 깊이 있는 통찰을 얻을 수 있을까? 매우 어려운 질문이다. 캘리포니아에 있는 로렌스 버클리 국립연구소(Lawrence Berkeley National Lab)에 속한 혁신 기술 연구소(Institute for Transformative Technologies)가 한 가지 해답이 될 수 있다.[20] 이것은 2012년에 설립되었고 LIGTT('라이트'라고 발음함-옮긴이)라고 부르며, 3,500명의 과학자와 엔지니어, 연간 8억 달러의 연구 개발비 지출, 수백 개의 특허와 실험, 시뮬레이션, 테스트에 사용되는 수십 가지 시설을 포함하는 연구소의 역량을 활용해 빠르게 부상하는 지속가능 개발이라는 분야에 필요한 획기적인 기술을 개발, 배포하는 데 목적을 두고 있다. LIGTT는 잠재력이 높은 50가지 기술을 연구한 후에 이렇게 결론지었다.

"세계 발전의 역사를 돌이켜보면 소수의 혁신 기술이 파격적인 영향력을 보여주었다. 소아마비 백신, 아시아 녹색 혁명을 일으킨 새로운 종자 품종, HIV 바이러스가 유발하는 에이즈를 관리 가능한 만성 질병으로 바꿔놓은 항레트로 바이러스 물질이나 최근에 등장한 M-PESA 모바일 결제 플랫폼 등을 꼽을 수 있다."[21]

하지만 주의할 점도 있다.

"방금 설명한 획기적인 돌파구는 사실 굉장히 드문 사례일 뿐이다. 설득력 있는 설명이나 대대적인 자금 지원, 미디어의 화려한 광고에 속아 넘어가면 안 된다. 여전히 점진적인 기술에 너무 많은 노력을 기울이고 있으며, 그런 투자에 비해 성장 규모나 성과는 보잘것없는 수준에 머물러 있다."

현재까지 주목받고 있는 LIGTT의 50가지 혁신 기술(사실은 51가지다) 중에, 몇 가지 기술이 눈길을 사로잡았다. 외딴 지역에서 재생 가능한 에너지에 연결하도록 도와주는 '박스형 유틸리티(utility-in-a-box)', 혁신적인 담수화 과정, 대규모 인권침해를 모니터링하는 드론을 포함하고 있다. 작업의 핵심은 각각의 잠재적인 혁신이 정책 개혁, 인프라 개발, 교육 및 인적 자본 개발, 행동 변화, 사용자 금융에 대한 접근성, 혁신적인 비즈니스 모델 및 신기술과 같은 것들에 의존할 수 있는지를 결정하는 것이다.

각 기술에 대해 LIGTT는 다음과 같은 질문을 제기한다. 빨리 성공할 방법이 있는가? 어떤 혁신이 가장 영향을 미치기 힘든 경로인가? 이 중에서 이윤을 추구하는 기업에게 상업적으로 유리해 보이는 것이 있는가? 상업성은 없지만 중요한 공공재에 해당하는 것은 무엇인가?

이러한 혁신에 대해 가장 적절한 자금 조달 메커니즘은 무엇인가? 다양한 정부, 투자자 및 기타 기관은 이러한 혁신의 실현을 위해 어떤 의제를 구상하고 있는가?

필수적이고 흥미진진하지만, 공공 부문에 신기술이 홍수처럼 유입되면서 할 일이 끝없이 늘어나고 있다. 지금까지 지켜본 차세대 기술 중에는 3D 프린팅, 인공지능, 빅데이터(리틀데이터도 있다), 드론, 자율주행차와 전기차, (합성 육류·어류를 포함) 식품 기술, 융합 전력, 게놈 의학, 지구공학, 사물인터넷, 소형 위성, 나노기술, 신소재 및 센서, 스마트빌딩과 인프라, 토양 탄소 포집, 합성 생물학, 수직 농업 등이 있다.

OTA가 발 빠르게 지적했듯이, 그런 기술은 우리가 미처 예상하지 못한 방식으로 새로운 변화를 일으킬 수 있다. 시스템 변화 커뮤니티는 한발 뒤로 물러나서 그런 트렌드를 지켜보기만 하는 것이 아니라, 적극적으로 나서서 산업 혁명의 다음 단계를 위한 판을 짜야 한다.

큰 그림을 보자면 국제 OTA(아마 IOTA라는 약칭을 사용할 것이다)에 드는 비용은 소액일 것이다. 하지만 그에 비해 미래의 기술을 조사해 구체화하는 데 도움을 제공하는 것은 규모가 어떠하든 간에 큰 가치가 있는 일이다. 그렇다면 현재 화석 연료 보조금으로 사용되는 수십억 달러 중 아주 일부만이라도 여기에 투자하면 좋지 않을까?

기존의 OTA가 기술 평가를 해서 사회가 부족한 자원으로 최대 효과를 얻으려면, 우선순위를 어떻게 정할지 도와주는 작업을 전 세계적 규모로 진행하는 것보다 훨씬 간단한 방법이 있을지 모른다. 일례로 나는 구글을 검색하다가 우리 자체 건물에 기반을 둔 단체인 런던의 서머싯 하우스를 우연히 알게 되었다.[22] 닷에브리윈에 따르면 "기술은 우리에게 새로운 지식, 놀라움, 독창성을 알려주었다. 기술 덕분에 우리는 더 쉽고 빠르고 즐거운 삶을 누리게 되었다"고 말한다. 하지만 여기에 반전이 있다.

"그러나 이와 동시에, 사회적 상호작용에 대한 영향에서 전국적인 선거 및 대규모 해킹 사태에 이르기까지, 속도와 변혁을 중시하는 디지털 기술이 적잖은 사회적 해를 초래했다는 점이 갈수록 분명히 드러난다."

그렇지만 다시 한 번 긍정적인 방향으로 전환된다.

"그러나 이보다 더 잘해낼 흥미진진한 기회도 많이 있다."

닷에브리윈에서는 혁신이 가져올 수 있는 영향이나 의도치 않은 결과에 대해 미리 그리고 자주 생각해볼 수 있도록 일종의 이벤트 형식을 개발했다. 이것의 목표는 세 가지 질문에 대답하게 만드는 것이다. 첫 번째 질문은 '혁신과 관련해 어떤 결과를 의도했는가, 그리고 의도한 것은 아니지만 어떤 결과가 나올 가능성이 있는가?'이다. 두 번째 질문은 '우리가 중점적으로 생각해야 할 긍정적인 측면은 무엇인가?'이며, 마지막 질문은 '별로 긍정적이지 않기 때문에 우리가 완화해야 할 측면은 또 무엇인가?'이다.

결정적으로 그런 네트워크나 기관은 신기술의 긍정적인 측면을 가장 잘 연구하는 방법뿐만 아니라 가장 잘 지원하는 방법에 대해서도 질문해야 한다. 이러한 접근법, 노력 및 투자를 가이드하는 경쟁 프레임워크는 점차 늘어나는 추세다. 퓨처핏 벤치마크도 있고, 좀 더 큰 규모로 보자면 유엔의 17가지 지속가능한 개발 목표도 이러한 프레임워크에 속한다. 나로서는 싱귤래리티대학교에서 개발한 12개 과제를 우선적으로 소개하고 싶다(패널 2). 12개 과제는 모두 기하급수적 솔루션을 개발하는 데 도움을 주고자 마련된 것이다.

| 패널 2: 풍요 속의 그린 스완 |

그러면 그린 스완은 어떤 서식지, 즉 어떤 시장 기회 부문에 등장해서 성장할까? 그린 스완 특성을 가진 미래를 잘 빚으려면 어떻게 해야 할까? 나는 싱귤래리티대학교(이하 SU)가 개발한 글로벌 과학 난제 도전(global grand challenges, 이하 GGC) 접근법을 좋아한다. 그들은 "기하급수적 기술의 수렴을 활용하면 과학 난제를 해결하고 결핍에서 풍요로 시대이동을 해낼 방법을 찾을 수 있다"고 생각하며, 12가지 GGC를 우선 해결하려 한다. 12가지 해결 과제를 처리하면서 이들이 "해결"하려는 목표는 세 가지로 압축된다. 첫째는 모든 사람의 기본적 필요를 충족시키는 것, 둘째는 삶의 질을 유지하고 개선하는 것, 셋째는 미래의 위험을 완화하는 것이다. 이 접근법의 장점은 간단 명료한 것이다. GGC는 '상호 관련성이 높고 상호의존적'이며, 피드백 루프의 일부는 선순환으로 작용할 수 있다. "예를 들어 물 문제를 해결하면 건강 문제를 해결하는 데도 도움이 된다. 학습 문제에서 어느 정도 진전이 있으면 번영 과제를 해결하는 것도 한층 쉬워진다." 이렇게 GGC는 트리플 바텀 라인의 환경 및 사회경제적 측면인 "자원의 필요"와 "사회적 필요"라는 두 가지 소제목으로 정리할 수 있다.

- 자원의 필요: 여기에는 에너지('인류가 필요로 하는 풍족하고 접근 및 지속가능한 에너지'를 보장함), 환경('전 세계와 각 지역이 최적의 기능을 수행할 수 있도록 지구의 생태계에 지속가능하고 공평한 관리'를 보장함), 식품('모든 사람이 항상 건강하고 활동적으로 살 수 있도록 안전하고 영양가 있는 식품의 충분한 소비'를 보장), 거주지('모든 사람의 거주, 레크리에이션, 산업을 위해 안전하고 지속가능하고 안정적인 거주지를 향상' 보장함), 우주('여러 행성을 오가며 살게 될 것이므로 인류와 우리의 미래를 위한 우주 자원과 기술의 안전하고 평등한 사용'을 보장함), 물('모든 사람의 소비, 위생, 산업 및 레크리에이션을 위해 풍부하고 안전한 물'을 보장함)이 포함된다.

- 사회적 필요: 여기에는 재난 회복력('인명을 구조하고, 생존 가능성을 높이며, 경제적 손실은 최소화하고, 전 세계적으로나 지역별로 회복력을 구축할 수 있는 효과적인 재난 위험 감소, 응급상황 대응 및 회복'을 보장함), 지배구조('모든 사람이 정의 및 개인의 권리에 따라 차별이나 편견을 당하지 않고 공식적인 지배구조 및 사회적 지배구조에 공평하게 참여'하도록 보장해 '기하급수적으로 변하는 세상의 필요를 충족'함), 건강(비용 효율적인 예방, 초기 진단, 개인 및 지역사회 맞춤형 치료법을 포함해 '최적의 신체적/정신적 건강'을 보장함), 학습('개인의 성취와 사회의 이익을 위해 모든 연령의 사람들에게 지식과 기술을 습득할 수 있도록 정보 및 경험에 대한 접근'을 보장함), 번영('모든 사람이 빈곤에서 벗어나 번영할 수 있도록 자아 실현을 위한 경제적 기회 및 기타 기회'에 대한 공평한 '접근') 및 보안('가상 세계를 포함해 모든 사람이 물리적, 심리적 해를 입지 않도록 보호해주고 물리적 시스템과 금융 및 디지털 시스템을 보호'함)이 포함된다.

그다음에 우리에게 필요한 것은 그린 스완 솔루션이 각 부문에서 어떻게 발전해 성공을 거둘지 보여주는 기하급수적 청사진이다. SU는 지금 상당 부분 진도를 나간 상태이며, 누구나 확인할 수 있도록 관련 자료를 공개하고 있다.[23] 샌프란시스코에서 열린 2018년 글로벌 기후 행동 정상회담(Global Climate Action Summit)에서 기하급수적 기후 행동 로드맵(Exponential Climate Action Roadmap)[24]의 출시와 함께 중대한 변화가 있었다. 공동저자 오웬 가프니(Owen Gaffney)는 로드맵을 알릴 계획에 대한 인터뷰에 참여해 다음과 같이 말했다.

그것은 2030년까지 해야 할 일을 심층 분석한 것이다. 온실가스 배출량은 2020년에 최고치를 기록하고 그 후로는 급격히 줄어들 것이다. 대략 10년 단위로 배출량이 기존의 절반으로 줄어들 것이다. 일단 어림잡아 이 정도 예상하고 있다. 이 수치대로 세상을 바꿔놓을 30가지 확장가능한 솔루션은 로드맵에 정리되어 있다.

기술만으로는 기후 문제를 해결할 수 없을 것이므로 로드맵은 기존 기술의 확산을 가속화하기 위해 정책 및 행동 변화에 중점을 두고 있다. 우리는 식단, 육류 소비의 감소, 음식 쓰레기, 삼림 회복 및 건물 효율성과 같은 문제를 전 세계적으로 논의해야 한다. 이 로드맵에서 한 가지 새로운 측면은 기존의 일반 기술 플랫폼이 어떻게 행동 변화에 기여할 수 있는지 검토한다는 것이다. 기존 기술의 예를 들자면 30억 명 이상의 행동에 점점 더 많은 영향을 주고 있는 검색 엔진, 소셜 미디어, 전자상거래를 꼽을 수 있다.

이것이 바로 GGC에 요약된 그레이 스완 및 블랙 스완의 문제점을 극복하는 데 도움이 되는 사고방식 또는 접근법이다. 더 나아가 그린 스완 해결책의 새로운 세대를 창출하는 데 필요한 창의적 에너지, 정부 지원 및 민간 부문 자금을 확보하는 데 도움이 될 수 있다. 이러한 과정의 중심에는 마리아나 마추카토 교수가 말한 '기업가적 국가'가 있어야 한다. 그래야만 시장 실패에 대처하고 적극적으로 시장을 형성해 올바른 결과를 도출할 수 있다.[25] 마추카토 교수에 의하면, 민간 부문은 기업가적 국가가 나서서 미래의 위험을 어느 정도 감소시킨 후에야 비로소 투자할 용기를 내게 된다.

제7장

그린 스완의 비상

> 기하급수적 진보는 가능하다 〈

그린 스완 역학을 깊이 파고들수록, 그린 스완의 발전은 밀고 당기는 과정을 모두 거친다는 것을 명확히 볼 수 있다. 기존 질서의 몰락에 대한 대중과 정치계의 반응은 미는 힘으로 작용한다. 시간이 흐르면 미래가 우리에게 무엇을 원하며 미래를 위한 현재의 투자를 통해 무엇에 '대비'하기를 바라는지를 점차 명확하게 이해하게 되는데, 이는 당기는 힘으로 작용한다.

　우선 미는 힘을 생각해보자. 우리가 직면한 어려움에는 어떤 특징이 있으며 얼마나 광범위한 문제인지 제대로 이해하는 일반 대중이 점차 늘어나고 있으며, 이는 매우 고무적인 변화다. 82년의 역사를 지닌 영국의 국제 운동단체인 멸종 저항(Extinction Rebellion, 이하 XR) 회원과의 인터뷰 영상을 본 적이 있다. "내가 마침내 성장하고 있다고 생각한다"는 말이 가장 인상적이었다. 2019년 1차 저항운동 중에 XR의 초창기 회원이 된 이유를 설명하면서 다른 '초창기 구성원'에게 정신을 차리고 행동하라고 촉구했다.[1] 그는 보호 감찰관으로 근무하다가 퇴직한 사람으로서 개인적으로 법을 매우 존중하지만, 무엇보다 돈을 가장 중시하는 태도가 사람의 생각을 지배하며, 돈이 이 세상을 움직이기 때문에 결국 파멸하고 말 것이라고 주장했다.

　행동주의자 필 킹스턴(Phil Kingston)은 비교적 최근에 와서야 정신이 번쩍 들었다고 말했다. 킹스턴처럼 요즘에 와서 유독 위기감을 느끼는 사람이 많다. 그러한 과정에서 이해하기 힘든 일이나 상황에 직면하겠지만, 변화를 주도했던 이전 세대도 한 번쯤 그런 일을 겪었을 것이다. 심지어 가족조차 등을 돌리고 거부하는 상황을 겪을지 모른다. 시스템에 영구적인 변화가 발생하는 변곡점이 가까워질수록 기존 시스템에 속한 사람이 거세게 반발한 것이다.

　장거리 사회운동가에 관해서 오랫동안 높이 평가한 점이 있다면, 그들은 이러한 반발을 당연하게 받아들인다는 점이다. "인류를 앞으로 나아가게 하는"[2] 사람 중의 하나가 되는 필수 과정으로 보는 것이다. 하지만 강력한 반대를 어느 정도 예상하며 미리 마음을 다잡아도, 정작 다른 사람이 얼마나 동떨어진 시각으로 미래를 보는지 알게 되면 당혹스럽고 심지어 충격을 받을 수 있다. 물론 미래에 대해 생각해보고 미래를 이해하려는 사람들이 있어야만 이런 과정이 있을 것이다.

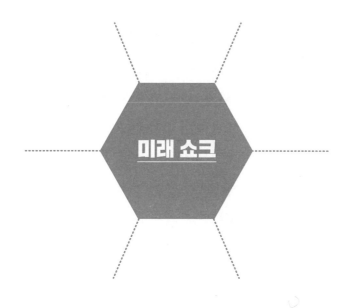

미래 쇼크

1980년대에 있었던 개인적인 경험을 하나 소개할까 한다. 나보다 나이가 두 배 이상 많은 동료와 열띤 토론을 했는데, 그 당시 상황이 지금도 생생하게 기억난다. 상대방 데이비드 레이턴(David Layton)[3]은 노사관계 전문기업으로 매우 유명한 인컴스데이터서비스(Incomes Data Service)를 창립하고, 뒤이어 1978년에 환경데이터서비스(Environmental Data Services)를 창립한 천재였다. 그는 환경 분야의 개척자인 맥스 니콜슨과 공동으로 편집국장을 맡고 있었고, 나는 창립편집자였다. 얼마 후에 나는 그때까지 우리가 해온 일을 근거로 미래에 대한 보고서를 작성했는데, 정보가 새로운 석유와 같은 역할을 할 것이라는 주장을 펼쳤다.

요즘 세상에는 정보의 중요성을 따로 설명할 필요조차 없지만, 당시에는 말도 안 되는 소리라고 생각하는 사람이 있었다. 사실 데이비드 레이턴은 크게 반대하는 입장이었다. 그는 차분하게 내 예측이 논리적으로 불가능하다고 반박했다. 에너지, 자재, 노동력, 금융 외에는 경제의 생명선 역할을 할 수 없다는 논리였다. 요즘 관점에서 보자면 그의 주장도 어느 정도 일리는 있지만, 데이터, 정보, 지능의 중요성이 갈수록 확대되고 있다는 점에서 빗나간 예측이다. 레이턴은 당시 지배적인 세계관을 기준으로 미래를 내다보려고 한 것이다.

사실 나에겐 그리 놀라운 일이 아니었다. 석탄은 20여 년간 산업 혁명의 원동력이지만 지금은 짙은 색의 사악한 연료로 취급받는데, 그는 석탄 생산을 관리하는 공기업인 영국 국립석탄국(National Coal Board)에서 근무한 사람이었다. 석탄은 지금까지 의도하지 않은 결과를 계속 산출하고 있다. 수많은 사람의 가슴에 피멍을 남긴 탄광 폭발 사건이 있었고 미세먼지로 인한 대기 오염, 산성비, 지구 온난화처럼 서서히 진전되면서 더 큰 피해를 일으킨 문제도 있었다.

당시에는 석탄을 자연이 영국에 안겨준 선물이라고 여겼다. 탄광 운영업체가 보기에, 경제를 주도하는 것은 데이터가 아니라 노천광 또는 깊은 광산에서 파낸 화석 에너지 및 북해 유전에서 계속 쏟아져나오는 원유와 천연가스였다. 화석 연료는 영원히 고갈되지 않을 것처럼 보였으므로 사람들은 또다시 화석 연료에 손을 뻗고 있었다.

내가 그 당시 토론을 잊지 못하는 데에는 그만한 이유가 있다. 한 가지 이유는 데이비드가 굉장히 지적이고 내가 매우 존경하는 인물이었기 때문이다. 그뿐 아니라 그는 점차 심각해지는 환경 문제에 대한 기업의 인식을 제고하기 위해 만들어진 ENDS라는 선구적인 플랫폼에 재정적인 지원을 하려는 생각도 갖고 있었다. 하지만 중요한 것은, 나는 다른 패러다임으로 눈을 돌리는데 내가 가장 존경하는 인물 중 하나가 구식 패러다임을 고집하고 있다는 점을 깨달았다는 것이다.

이미 말했듯이 나도 그런 것들에 대해 이미 읽은 상태였다. 내가 어릴 때 토마스 쿤의 《과학혁명의 구조》를 매우 감명 깊게 읽었다는 점은 이미 여러 번 말한 것 같다.[4] 오래전에 나눈 그 대화 때문에 패러다임 변화에 대해 깊이 생각하게 되었다. 나도 언젠가 이런 변화를 겪을 텐데, 기존의 세상이 점차 사라져 버리고 새로운 현실이 등장하면 어떤 기분일지 상상해보았다. 나보다 젊은 세대는 그러한 변화에 과연 어떤 반응을 보일지 궁금해졌다.

변화 방향을 일찌감치 파악하기란 쉽지 않다. 하지만 미래는 이미 정확하게 변화의 방향을 파악하고 서서히 움직이기 시작했다고 말할 수 있다. ENDS 팀은 바로 이런 요소를 조사하고 보고하는 역할을 하고 있다. 에너지 부문에서 세상은 이미 두 차례의 오일쇼크를 겪었고, 그로 인해 연료혼합에서 큰 변화가 일어났다. 하지만 더 중요한 것은 지구라는 행성은 경제 성장에 있어서 한계가 있을 수 있다는 생각이 퍼졌다. 일례로 로마에서 활동한 성장의 한계(Limits to Growth)라는 팀의 작업은 나중에 지구 한계(Planetary Boundaries), 거대한 가속(Great Acceleration)이라는 이니셔티브로 확장되었다.

그렇게 새로운 정보 기술이 우리의 삶에 파고들었다. 전 세계를 여행할 때 가지고 다닌 예전 컴퓨터는 휴대용이었지만 사실 웬만한 '수하물' 못지않게 크고 무거웠다. 그래도 키보드를 열어 작업할 때면, 이전에는 컴퓨터가 워낙 크고 비싼 제품이었기에 이렇게 작고 저렴한 기기로 탈바꿈하는 것은 상상조차 못 할 일이었다고 생각했다. 하지만 요즘 컴퓨터에 비하면 내가 들고 다닌 컴퓨터는 구석기 시대 물품이 아닌가. 게다가 그때는 인터넷조차 없던 시절이었다.

새로운 하드웨어와 전례 없는 새로운 형태의 소프트웨어가 등장해 경제 전반에 퍼지자 전혀 생각지 못한 변화가 일어나기 시작했다. 데이터 세상이 과부하 상태가 된 것이다. 어떤 책에서는 이 상황을 가리켜 '데이터 처리가 끝나면 나를 좀 깨워줘'[5]라는 말로 그 상황을 표현했다. 하지만 데이터 처리가 끝나는 시점은 아무리 기다려도 오지 않았다. 오히려 그 후로 지금까지 데이터 생산은 기하급수적 곡선을 그리고 있다.[6] 이제 디지털화는 역사상 가장 파괴적인 변화를 가져오는 요소 중 하나로 자리 잡았다.

이미 말했듯이, 인터넷이 등장하자 진짜 변곡점이 찾아왔다. 1990년에 유럽입자물리연구소(CERN)에서 월드와이드웹을 최초로 발명했는데, 그 후로 전 세계 인터넷 사용자가 급격히 증가했다. 1995년에는 인터넷 사용자가 4,400만 명이었고 2000년에는 거의 10배 가까이 증가했다. 2019년 기준 인터넷 사용자는 43억 9,000만 명인데, 이는 2018년 1월보다 무려 3억 6,600만 명(9퍼센트) 증가한 것이다.

에너지는 여전히 매우 중요하며, 이 점은 논란의 여지가 없다. 하지만 석탄, 석유, 천연가스, 우라늄을 연소시키는 것보다 데이터를 수집,

분석하면 훨씬 더 많은 가치를 창출할 수 있다. 이제 우리 앞에는 데이터의 바다가 펼쳐져 있으며, 새로운 기술이 발전해 이를 먹여 살릴 것이다. 따라서 빅데이터, 기계학습, 인공지능은 앞으로 더 자주 언급될 것이다.

이런 이유로 우리 시대에 이토록 놀랍고 기하급수적 변화가 일어나는 것이다. 로베르토 칼라소(Roberto Calasso)는 《이름 붙이기 어려운 현재(The Unnamable Present)》라는 저서에 여러 가지 파격적인 내용을 담았는데, 그중에 이런 말이 있다.

"이 시대를 살아가는 우리에게 가장 정확하고 예리한 감각은, 우리가 하루하루 어디를 밟고 지나는지 모른다는 것이다. 바닥은 금방이라도 무너져 내릴 듯 불안하고, 경계가 불분명하며, 닳아빠진 재료로 만들어져 있는 데다, 전망이 불안정하다. 그제야 우리는 '이름 붙이기 어려운 현재'[7]에 살고 있음을 이전 어느 때보다 분명히 깨닫는다."

이름을 붙이기는 어려울지 모르나, 현재는 미래에 관한 작은 주머니를 아주 많이 가지고 있다. 그중 어느 주머니에 들어있는지 모르지만, 어딘가에 분명히 달라진 세상으로 인도하는 디딤돌이 되어줄 잠재력이 한데 모여 있을 것이다. 그런데 세상은 어떤 방식으로 변모할 것인가? 그러한 변화는 누구에게 이득이 될 것인가? 기하급수적 변화를 일으키는 힘은 우리를 일으켜 세울 수도 있지만, 동시에 우리를 몰락시킬 수도 있다. 앞서 언급한 사악한 문제나 극도로 사악한 문제를 보면 후자의 가능성을 충분히 이해할 수 있을 것이다.

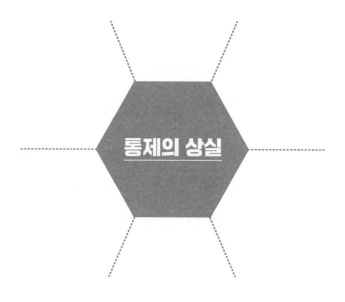

통제의 상실

기하급수적 소용돌이는 블랙 스완 특성이 점차 강해지고 있다. 그런데 앞으로 있을 변화가 우리를 이러한 소용돌이에 밀어 넣는 것이 아니라, 바람직한 방향으로 이끌어 줄 거라고 어떻게 확신할 수 있을까? 이 질문과 관련해 R. 벅민스터 풀러(R. Buckminster Fuller)의 주장이 나에게 큰 영향을 주었다. 풀러의 수많은 팬은 그를 '버키'라는 애칭으로 부르는데, 그는 우주선 지구(Spaceship Earth)라는 신조어를 만든 장본인이다. 나는 1977년에 레이캬비크(Reykjavik, 아이슬란드의 수도−옮긴이)에서 우연히 그와 조찬을 함께 한 적이 있다. 그때 버키는 인간이 지구에 대한 통제권을 가진 것 같지만 사실은 운영 매뉴얼조차 없는 상태라고 힘주어 말했다.

그러면 어떤 결과가 나타날까? 지금까지 우리의 생활을 개선하려고 해온 일이 사실 다른 사람이나 다른 생물의 생명이나 미래를 해친다는 것을 뒤늦게 깨닫게 된다. 레이첼 카슨이 앞장선 공업화학에 대한 거센 비판에 대해 생각해보자. 레이첼 카슨의 저서《침묵의 봄》은 나와 같은 세대의 수많은 사람에게 (같은 해인 1962년에 출간된)《과학혁명의 구조》에 못지않게 강렬한 인상을 남겼다.[8] 화학 업체들은《침묵의 봄》에 드러난 암울한 현실에 대해 거센 비난을 퍼부었다. 카슨은 비교적 젊은 나이에 세상을 떠났지만 지구 환경 운동 분야에서는 불멸의 존재이자 사실상 수호성인처럼 여겨진다.

서둘러 책을 읽으면서 머릿속에는 그런 생각이 떠올랐다. 그러다가 에티오피아에서 보잉 항공기가 추락했다는 소식을 접했다. 사실 보잉은 우리 가족과 떼려야 뗄 수 없는 기업이다. 내 사촌 여러 명이 보잉에 근무했으며, 그중 하나는 오랫동안 미스터 보잉의 개인 변호사였다. 보잉은 우리 가족이 인생의 동반자처럼 믿어온 브랜드였다. 하지만 보잉 항공기 중에서도 상업적으로 성공적이었던 737 맥스 8 기종이 추락했고, 이 사건으로 전 세계는 큰 충격에 빠졌다.

그때까지 나는 비행 중에 잠깐 무섭다고 느낀 적은 있어도 비행기를 타는 것 자체를 두려워한 적은 없었다. 하지만 사고 비행기에 탑승했던 승무원이 남긴 말에 나는 정신이 아득해졌다. 에티오피아 항공 승무원이 남긴 추락 직전 상황 보고에 대해 BBC는 이렇게 보도했다.

"조종석에서 경보가 울리자, 기장과 부기장은 고장 난 기체를 제어하기 위해 고군분투했다. 기체는 지면에 너무 가까이 와 있어서 어떻게든 고도를 다시 높여야 했다. 야레드 게타츄(Yared Getachew) 기장이 기체 앞부분을 위로 들어 올리려고 해봤지만, 전자 시스템이 기체 앞부분을 강제로 하향 조정했다."[9]

상황은 그렇게 지속되었다. 기장과 부기장은 계기판의 여러 장치를 이리저리 조작해보고 전자 시스템의 전원을 수차례 재부팅했다. 하지만 기장과 부기장이 기체를 제어할 때마다 자동 시스템이 끼어들어서 그들의 노력을 모두 무산시켰고, 결국 기체는 추락하고 말았다.

보잉은 초반에 라이언 에어 610편과 에티오피아 항공 302편의 연관성을 부인했다. 그러나 항공기에 탑재된 실속(失速) 방지 소프트웨어에 시스템 결함이 있음을 보여주는 증거가 계속 발견되었다. 이것은 737 맥스 8이 엔진 장착으로 무거워진 전방과 균형을 맞추려고 기체가 아래를 향하도록 설계한 것이었다.[10] 그런데 특정 조건에서는 이 소프트웨어가 강제로 기체를 급강하하게 만들어서 치명적인 결과를 초래하는 것으로 드러났다. 설계자도 이러한 결함에 대해 당혹감을 감추지 못했으며, 추락했던 기체에 탑승한 승무원이나 그러한 결함이 없도록 확인했어야 할 규제기관도 할 말을 잃었다. 이런 결함은 블랙 스완 특징이 아주 강한 편이라고 할 수 있다.

그때 머릿속에 몇 가지 의문이 떠올랐다. 만약 우리가 지금까지 전 세계 경제를 연결해온 방식 때문에 인류 문명이 보잉 항공기처럼 땅으로 추락하는 것을 사실상 불가피하게 만드는 것은 아닐까? 현대 문명이 추락하는 지점이 새로운 화석층이라면 어떻게 될까? 혹시 전체적인 경제 운영 시스템에 보잉과 비슷한 블랙 스완 특성이 있는 것이 아닐까? 보잉의 연속적, 문화적 실패에 대해 계속 읽을수록, 인류세에서 사람이 지구에 대한 통제권을 장악해 성공을 거둘 수 있다는 생각이 점차 희미해졌다.

현재 인간의 행보는 보잉과 매우 비슷한 점이 있다. 분석가들은 두 번째 추락사고가 발생한 후에 보잉이 자만이라는 매우 인간적인 특성 때문에, 위험이 도사리고 있는데도 이를 외면했다고 지적했다.[11] 물론 보잉 항공기의 추락에는 더 많은 이유가 있을 것이며, 추후 조사가 진행되면 모두 밝혀질 것이다. 하지만 가장 중대한 사고 이유는 보잉이 기존의 상업적 성공과 안전 비행 기록이 추후 성공을 보장한다고 확신했기 때문이다. 그러한 확신은 오만한 자신감에 불과했다. 〈파이낸셜 타임스〉의 존 개퍼는 이렇게 논평했다.

"보잉은 문제를 일으키지 않으려고 열심히 노력했는데도 그렇게 심각한 실수를 저질렀다는 것을 쉽게 인정하지 않을 것이다."

인간은 수많은 위대한 문명을 건설했으나, 예외 없이 모든 문명이 몰락했다는 사실로부터 아직 중요한 교훈을 깨닫지 못했다. 이러한 현상에 대해 예리하면서도 충격을 안겨주는 가이드가 있는데, 그것은 바로 재레드 다이아몬드(Jared Diamond)의 2005년 작 《문명의 붕괴(Collapse: How Societies Choose to Fail or Succeed)》[12]다. 그의 신작 《대변동(Upheaval)》은 국가가 통제력을 상실하게 되는 여러 가지 상황을 실감 나게 설명해준다. 이 책의 부제는 '무엇을 선택하고 어떻게 변화할 것인가, 위기, 선택, 변화'다. 저자는 서구의 강제 일본 시장 개방, 소련의 핀란드 침공, 잔인하기 짝이 없었던 칠레의 피노체트 정권

등 6개 나라가 대처하기 쉽지 않은 재앙을 어떻게 살아남았는지 보여준다. 그는 어떻게 회복이 시작되었는지를 몇 가지 방법으로 나누어 설명한다. 하지만 그와 동시에 미국이 지금 자연이 주는 이점을 낭비하면서 재앙을 향해 나아가고 있지 않느냐며 도발적인 의문을 제시한다.[13]

소우주에서 보잉의 항공기 사고는 이른바 선진국 경제를 파멸 또는 긍정적인 측면인 재생으로 이끌어가는 요인을 반영하고 있다. 부의 분배가 늘어나는 문제를 한번 생각해보자. 기업의 경우 이는 경영진에 대한 보상으로 나타난다. 보잉 이사회는 737 맥스 8에 심각한 결함이 있는데도, 단시간에 높은 매출을 기록한 실적을 높이 평가해 2018년에 당시 CEO였던 데니스 뮬렌버그(Dennis Muilenberg)의 급여를 27퍼센트나 인상해주었다.[14] 지금 와서 생각해보면 기가 막힐 노릇이다. 지금도 상황이 크게 다르지 않다. 소수의 엘리트에 의해 인간의 문명은 느린 속도로 시작해 나중에 가속도가 붙은 대격변을 겪고 있으며, 우리는 그들에게 관대한 보상을 지급하거나 그들이 직접 보상을 챙겨가는 것을 허용하고 있다.

이 밖에도 보잉의 스토리에는 광범위한 정치 및 지배구조의 실패에 대한 비유로 삼을 만한 요소들이 포함되어 있다. 경제학자 어윈 스텔저(Irwin Stelzer)가 '자본주의를 구출해야 하는 이유'라는 기사에서 지적했듯이, 보잉의 지배구조에는 심각한 결함이 있었다. 스텔저에 의하면, 보잉의 CEO 데니스 뮬렌버그는 "이사회 의장의 감독하에 있어서 의장에게 보고서를 올리는데, 이사회 의장은 다름 아닌 뮬렌버그 본인이었다."

그리고 트럼프 대통령 집권 시절에는 항공 산업을 포함해 미국 전역에 대한 규제가 매우 느슨해졌다. 항공 관련 규제에는 광범위한 시스템 결함이 있었다. 칼럼니스트 윌 허튼(Will Hutton)은 그 상황을 이렇게 요약했다.

"미국 역사상 최초의 민족주의, 방종한 자유 시장 경제, 공화당의 자유지상주의, 기업 로비에 가담한 정치 시스템이 무고한 사람 356명을 죽이는 데 가담한 것이다."[15]

의도한 것이 아니라 해도 이데올로기는 이처럼 심각한 결과를 초래할 수 있다. 신자유주의가 항공기 탑승객에게만 치명적인 것이 아니라 사회 전반에도 치명적인 영향을 초래할 수 있다는 것이 드러난 것이다.

허튼은 항공 산업의 향후 안전을 보장한다는 명목으로 매우 파격적인 제안을 했다. 그는 교통장관의 임명 자격이 공화당 상원 원내 대표인 것 같다면서, 맥스 8이 다시 운행되면 당국은 "트럼프와 교통 장관이 처음 시범 비행 300회에 직접 탑승"하도록 요청하라고 제안했다.

정상적인 항공기 운영에 힘쓰든, 경제, 사회, 환경을 지키는 일을 하든 간에, 그 과정에서 우리와 다른 사람들이 가정하는 점을 비판적으로 인식하는 것은 중요하다. 실속(失速) 방지 소프트웨어가 활성화되는 일은 거의 없을 거라고 가정한 것이 보잉이 저지른 중대한 실수였다. 더 깊이 조사한 결과, 그러한 가정이 얼마나 위험한 것인지 드러났다. '받음각(angle of attack)' 센서만 믿고 그렇게 가정한 것인데, 이 센서의 고장으로 두 차례의 초기 비행은 대형 인명 사고로 이어지고 말았다.

마찬가지로, 우리는 얼음으로 뒤덮인 남극 대륙을 비행하는 님버스 7(Nimbus 7) 위성의 데이터를 분석하는 컴퓨터를 프로그래밍할 때, 구멍이 발견된다는 것은 가능성이 없어 보이는 것이므로 그런 데이터를 무시하도록 프로그래밍했다. 바로 이 때문에 우리는 남극 오존 구멍이 계속 커지는데도 이를 발견하지 못한 것이다.

보잉의 문제로 다시 돌아가 보자. 2017년에 항공기를 고객에게 인도할 시점에, 조종석 경고등은 센서로 작동하며 조종사에게 오작동을 알리는 역할을 하도록 만들어졌으며, 당시 신행 제트기에는 표준형 기능이라고 설명했다. 하지만 조사 결과 이 경고등은 프리미엄 추가기능으로 밝혀졌다.[16] 생존과 직결되는 사항인데도 추가적인 비용을 내게 만든 것이었다.

보잉기 추락 사고에 관해 많은 점이 아직 조사 중이다. 이를 보면 기업의 행동을 결정하는 데 있어서 시장 규제가 얼마나 중요한지 알 수 있다. 그뿐만 아니라 자본주의 경제의 성공과 실패를 결정하는 데 있어서 소프트웨어의 영향력이 갈수록 커진다는 점도 실감하게 된다. 아마 자율주행 자동차의 경우에도 보잉 항공기 결함에 버금가는 위험이 곧 드러날 것이다.

우리의 현행 가설, 결함이 있는 기술, 시장을 바라보는 근시안적인 태도로 인해 인간 문명이 무너지는 일이 없게 하려면 기존과 전혀 다른 가치 및 우선순위를 찾아야 한다. 그리고 경제, 사회, 환경 및 지배 구조에 대해 더 광범위한 정보를 보여주는 도구를 갖춘 다양한 대시보

드가 필요하다. 보잉의 소프트웨어에는 치명적인 결함이 있었지만, 그렇다고 해서 이대로 주저앉을 수 없다. 앞으로는 그런 재난이 일어나지 않도록 새로운 형태의 머신러닝과 인공지능을 신속히 개발해 배포해야 한다. 그 과정에서 또 다른 결함이 발생할 수 있고, 대규모 인명 피해가 반복될 가능성도 있다. 그렇지만 경제와 사회는 매우 빠른 속도로 발전하면서 복잡해지고 있다. 인간이 이렇게 복잡해진 경제와 사회를 통제한다는 것은 아예 생각조차 할 수 없으며, 오히려 도움을 받지 않고는 인간이 절대 이해할 수 없을 정도로 복잡해지고 있다.

모든 것을 재창조하라

지금까지 살펴본 위험을 차단하고 우리가 현재 직면하고 있는 전 세계적 규모의 문제를 해결하려면 지금 무엇을 해야 할까? 한 가지 분명한 것은 우리 자신과 조직 경제를 지금 재창조해야 한다. 물론 말처럼 쉬운 것은 아니지만, 이렇게 해야 사회와 더 넓은 환경을 지켜낼 수 있고 장기적인 발전을 도모할 수 있다.

이와 관련해 한 가지 교훈을 얻은 경험을 소개할까 한다. 한 번은 국제기업협회 암포리(Amfori)가 개최한 콘퍼런스에서 연설을 하게 되었다.[17] 콘퍼런스는 브뤼셀 외곽에 자리 잡은 숲에서 열렸다. 암포리는 개방적이고 지속가능한 무역을 후원하는데, 40개가 넘는 국가에서 2,000명 이상의 소매업자, 수입업자, 주요 브랜드 및 협회 대표자로 구성되며, 매출액은 1조 유로가 넘는다. 최근에는 협회의 운영 목적과 가입 조건을 대대적으로 개편했으며, 지속가능성 중심의 비즈니스 모델을 도입했다. 2019년 여름에 열린 그 콘퍼런스의 주제는 '기회 창출(Unleashing Opportunity)'이었는데, 놀랍게도 내 옆에 '재창조의 권위자'로 잘 알려진 나디아 젝셈바예바(Nadya Zhexembayeva)[18]가 서 있었다. 그녀의 목표는 비즈니스에 몸담은 모든 사람을 '최고 재창조 책임자(chief reinvention officer)'로 바꾸는 것이었다. 그녀는 '자신을 재창조하고, 기업을 재창조하고 세상을 재창조하자'라는 모토를 제시했다.

그날 나는 정말 많은 교훈을 얻었다. 스토리텔링에 대해 배운 것은 말할 것도 없다. 그녀는 '타이타닉 신드롬'에 대해 이야기해주었는데, 그 신드롬은 혼란에 직면한 조직이 오만, 과거에 대한 지나친 집착, 새롭게 등장하는 현실을 인식하지 못하는 무능력함 때문에 몰락을 자초하는 행위로서 기업이 걸리는 질병 같은 것이다. 사실 나의 의붓증조부가 타이타닉호 제작에 참여했기 때문에, 타이타닉호의 슬픈 전설은 나도 웬만큼 안다고 생각했다. 하지만 젝셈바예바는 내가 전혀 몰랐던 점을 세 가지나 알려주었다.

첫째, 타이타닉호에는 쌍안경으로 배의 전진 방향을 지켜보는 사람이 아무도 없었다. 쌍안경이 들어있는 캐비닛의 열쇠를 가진 사람은 배가 출항하기 전에 가장 중요한 그 열쇠를 가지고 하선해버렸다. 그런데 타이타닉호가 새로 만든 배라는 이유로 아무도 도끼를 꺼내어 캐비닛을 깨부술 엄두조차 내지 못했다.

둘째, 인근의 다른 선박들이 타이타닉호에게 앞에 빙하가 있다는 경고를 계속 보냈지만, 타이타닉호는 무선을 끄라고 거칠게 응수했다. 알고 보니, 타이타닉호의 무전 기사는 그 순간에 1등석 승객이 요청한 메시지를 전송하는 데 정신이 쏠려 있었다. 무전 기사는 (주변의 경고보다) 1등석 승객의 요청을 처리하는 것을 더 중요시했다. 조사 결과에 따르면, 무전 기사가 타전한 긴급 메시지는 뉴욕에서 열릴 점심 식사를 성대하게 잘 준비하고 꽃으로 장식하라는 지시였다.

세 번째 이야기는 조종키를 잡고 있던 사람에 관한 것이다. 배의 선장이 아니라 조타원 로버트 히첸스(Robert Hichens) 말이다. 그때까지만 해도 히첸스는 심각한 충돌을 잘 피하는 것으로 좋은 평판을 얻고 있었다. 아이러니하게도 만약 그가 '좌현으로 방향을 돌려라'는 명령을 따르지 않고 원래 항로를 유지했다면, 타이타닉은 침몰하지 않았을지도 모른다. 하지만 그 후에 구명보트에 탑승한 히첸스의 행동을 보면, 기후 위기로 인해 황폐해지는 국가들이 점점 더 늘어나는 것을 보면서 일부 국가들이 남몰래 하는 생각과 비슷한 점을 찾을 수 있다. 히첸스는 다른 생존자를 구명보트에 태우는 것을 반대하다가, 미국 사교계 유명 인사인 몰리 브라운이 히첸스를 바다에 집어 던지겠다고 으름장을 놓자 그제야 고집을 꺾었다고 한다.

젝셈바예바는 어떤 교훈점을 알려주고 싶었던 걸까? 그것은 바로 변화의 속도를 감안할 때 이제 우리 각자, 그리고 모든 조직이 3년 반에 한 번씩 심오한 재발명(reinvention)의 과정을 거쳐야 한다는 것이다. 100년에 한 번이나 10년에 한 번이 아니라, 3년 반 주기라는 것이다. 수십 년간 직관적으로 그렇게 해온 사람으로서 그녀의 말에 누구보다 더 강하게 공감했다.

기존의 대형 조직에 근무하는 사람과 아직 최고 재발명 책임자라는 직함을 얻지 못한 사람은 어떠한가? '당신의 세상을 재발명하라'는 명령의 목적은 무엇일까? 내 경우에는 여러 차원의 가치를 아우르는 통합된 책임, 탄력성 및 재생성을 가리킨다.

간단히 말해서 우리는 자기 자신, 자신의 팀과 조직, 지역사회 또는 더 큰 사회 및 경제를 재생해야 한다. 이러한 노력은 결국 지구의 대자연을 재생한다는 큰 목적에 기여하는 것이다. 현재 지구의 만년설이 녹아내리고 있는데, 이는 타이타닉 사건으로 발생한 인명 및 재산 피해와는 비교도 되지 않을 정도로 심각한 수준의 재난을 예고하는 것이다.

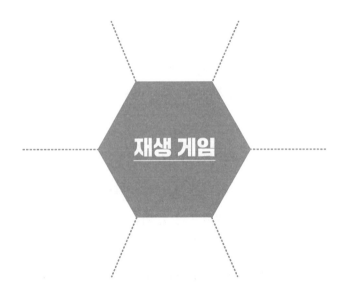

재생 게임

이제부터 생각해볼 점은, 그린 스완 특징이 뚜렷한 미래를 향해 어떻게 방향을 재조정할 것인가이다. 작가들은 종종 만약에 대비해 경계를 늦추지 말라는 조언을 듣는다. 그들이 애써 준비한 것이 공개되기 전까지는 내용을 잘 숨겨두라는 것이다. 일리가 있는 말이지만, 나는 결과가 좋든 나쁘든 간에 그 조언과 반대로 행동하기로 마음먹었다. 그린 스완 의제도 마찬가지였다. 이 책을 준비할 때, 블로그에 글을 올리고 사람들에게 그린 스완에 대해 적극적으로 이야기하고 심지어 그린 스완 의제를 활성화하기 위해 대규모 이벤트도 개최했다.[19]

대규모 이벤트란 전 세계적으로 유명한 재생 프로젝트 중 하나이자, 2000년에 시작한 반즈 습지 센터(Barnes Wetland Centre)에서 개최한 최초의 그린 스완 데이 행사였다. 헤드라인에 보도된 것처럼, 한때 런던 시민의 급수지였으나 쓸모가 없어진 저수지 네 곳을 거대한 습지 생태계로 바꿔놓았다. 이곳은 백조를 비롯해 다양한 야생 가금류가 쉴 수 있는 국제적인 생태거점이 되었다. 우리 집에서 멀지 않은 곳이기도 하고, 내가 개인적으로 매우 아끼고 즐겨 찾는 장소다.

핵심 참가자 중 한 사람은 싱귤래리티대학교 '글로벌 과학 난제'[20]의 교수진 대표를 맡은 닉 한(Nick Haan)이다. 그는 글로벌 난제가 기하급수적으로 진행되고 있으므로 우리의 솔루션도 기하급수적이 되어야 한다고 지적한다. 많은 기업은 점진적인 발전을 약속하면서 느릿느릿 움직일지 모른다. 하지만 시장에서 승기를 잡으려면 트리플 바텀 라인에서 기하급수적으로 확대된 가치를 제공하는 기업이 되어야 한다. 즉 미래의 시장에 기적을 일으키는 데 일조해야 한다. 새로운 기술은 이미 관련 방향으로 비즈니스 모델과 시장을 주도하고 있다. 우리의 사고방식과 문화가 이를 따르냐 마느냐는 이제 시간문제다.

그린 스완 데이 행사는 나의 칠순 축하 행사로 시작되었으나, 그 후로는 전혀 생각지 못한 방향으로 전개되었다.[21] 그 자리에는 각국 정부, 기업 및 금융계 인사, 민간 부문 대표자 백여 명이 모여 있었다. 창밖으로는 실제로 백조들이 유유히 떠다니는 모습이 보이는 곳이었다.

세계야생동물기금(World Wildlife Fund) 영국 지부의 CEO 타냐 스틸(Tanya Steele)은 영국 지부가 지구생명지수(Living Planet Index)를 통해 알게 된 점에 주목했다. 지구생명지수는 척추동물 개체 수를 기반으로 지구 생물의 다양성을 측정한 것이다. 여러 가지 주식의 변동을 기록하는 주식 시장 지수나 소비자 체감 물가를 추적하는 소매가 지수와 비슷한 방식이라고 보면 된다. 2018년 지구생명보고서(Living Planet Report)에 따르면, 1970년부터 2014년까지 4,005종의 1만 6,704마리가 60퍼센트나 감소했다.[22] 담수 동식물과 열대 지방에서 이와 같은 감소 현상이 두드러졌다. 담수 개체군은 평균 83퍼센트 감소한 반면, 열대지방 감소율은 23~89퍼센트의 분포를 보였다. 그중에서도 신열대 지방(89퍼센트)과 인도-태평양 지역(64퍼센트)의 감소율이 가장 가파르게 나타났다. 국제뱀장어보호단체(Sustainable Eel Group) 대표 앤드류 커(Andrew Kerr)에 의하면, 유럽 지역의 뱀장어 개체 감소는 이보다 더 심각한 수준이다. 문제는 장어가 번식을 위해 이동하는데, 유럽만 보더라도 장어의 이동을 방해하는 요소가 130만 가지나 된다고 한다. 이로 인해 수백만 마리의 장어가 이동 중에 죽고 만다. 암컷이 300만 개의 알을 품는 것을 생각해보면, 장어 한 마리가 죽을 때마다 어마어마한 손실이 발생하는 것이다.

수력발전은 오염을 일으키지 않는 에너지원으로 여겨진다. 유럽에 2만 5,000개의 수력발전소와 양수 시설이 있는데, 그중 2만 1,000개는 소형 발전시설이라서 생산전력이 유럽 전기 총생산량의 1퍼센트도 되지 않는다. 하지만 이러한 소형 발전시설은 연어, 송어, 장어 등 번식기에 이동하는 어종이 상류 서식지로 가는 2,100군데의 길목을 가로막고 있다. 이처럼 인간은 체계적으로 생각하지 못하는 실수를 자주 범하는데, 지속가능성이 매우 높다고 여겨지는 산업에서도 그러한 실수로 인해 부정적인 영향이 매우 크게 발생한다.

그린 뉴딜과
달라지는
시스템

최초의 그린 스완 데이로부터 몇 주가 흐른 뒤에, 로이즈 뱅킹 그룹
(Lloyds Banking Group) 이사회 및 집행위원회와 사무실이 아닌 외부에
서 회의를 하게 되었다. 임원 회의의 특성상 자세한 회의 내용을 공개
할 수 없지만, 그날의 회의 주제 중 하나가 '세대 간 부의 이동'이라는
점은 밝힐 수 있다. 나는 지금과 같은 방식으로 부를 창출할 때 발생하
는 의도치 않은 결과를 고려한다면, 기후 붕괴 및 그와 유사한 사건을
통해 의도치 않았지만 어마어마한 빚을 후세에 떠넘기게 된다는 점도
반드시 고려해야 한다고 지적했다. 특히 대다수 은행은 목표 성명서를
작성할 때 이 점을 충분히 고려해야 한다.

나는 프레젠테이션 무대에 서서, 변화 의제가 예전에는 트리플 바텀 라인 회계 및 보고에 초점을 맞추었으나, 이제는 기업 행동을 결정짓는 시장 요인 및 사회·정치적 요인 및 제약에 중점을 둔다고 설명했다. 휴식 시간에 로이즈 대표인 블랙웰 경이 내게 시스템 변화가 무슨 뜻이냐고 물었다. 나는 트리플 바텀 라인이라는 개념을 리콜한 뒤에 경제적, 사회적, 환경적 시스템을 포용하는 쪽으로 스포트라이트를 확장하는 것에 대해 계속 생각하게 되었고, 2020년대 변화 주제의 3가지 주요 대상은 자본주의, 민주주의 및 지속가능성 의제의 변혁이라고 말했다. 이제 결론을 내리기 전에 간단하게 각 분야의 문제점과 기회를 살펴본 다음, 리더와 리더십에 어떤 영향을 주는지 생각해보자.

하지만 한 가지는 분명하다. 효과적인 시스템 변화가 발생하려면 투자와 정치에 예상보다 긴 기간이 필요하다는 것이다. 이어지는 내용에서는 패널 1(서장)에 소개된 시간 범위를 살펴볼 것이다. 제1지평은 '2010년대'를 거쳐서 2020년 12월에 종료되고, 제2지평은 2021~2030년, 제3지평은 2031년~2100년을 뜻한다. 마지막 제3지평은 70년이라는 기간을 망라하는데, 내가 살아온 한평생과 거의 맞먹는다.

1. 그린 스완의 특성을 보이는 자본주의

현대 자본주의의 설계에 관한 주요 문제점은 이미 살펴보았다. 사실 처음에 많은 사람이 이 책에서 자본주의를 언급하지 말고 내일의 자본주의 탐구라는 브랜딩도 삭제하는 편이 나을 거라고 조언해주었다. 그런 염려는 별로 놀랄 일이 아니었다. 하지만 나는 대다수 사람이 적어도 그런 표현이 무슨 뜻인지는 알아야 한다는 이유로 그들의 조언을 정중히 거절했다. 이제는 유명 자본가조차 이러한 형태의 부의 창출에 대해 의문을 제기한다는 것이 흥미롭게 느껴진다.

자본주의를 개혁하려면 경제 변화를 가장 중점적으로 추진해야 한다. 이미 말했듯이, 나는 대학에서 1년간 지낸 후에 경제학을 포기했다. 당시의 시급한 사회적·환경적 문제에 대해 말해봐야 별로 소용이 없다고 생각했다. 그런데 최근에 와서 이제 고인이 된 노벨상 수상자인 게리 베커(Gary Becker)가 대학에 다닐 때 경제학에 대해 느낀 바를 표현한 글을 읽고 꽤 흥미롭다고 생각했다.

"경제학이 (…) 더는 중요한 사회 문제를 다루지 않는 것 같아서 이 과목에 대한 흥미가 떨어진다. 사회학으로 전공을 바꿀까 생각해봤지만, 사회학은 너무 어려운 학문인 것 같다."[23]

사실 나는 사회학으로 전공을 바꾼 후 그 분야에서 가장 높은 학위를 취득했다. 흥미롭게도 베커는 경제학 도구를 중독, 차별, 교육, 결혼 등의 사회적 문제에 계속 활용했다.

내가 존경하는 경제학자 니콜라이 콘드라티예프(Nikolai Kondratiev)는 1938년에 숙청되었다. 자본주의가 바닥을 친 대공황 기간에 스탈린에게 "자본주의가 회복될 것이며 대공황 전보다 더 활성화될 것"이라고 말한 것이 원인이었다. 그의 말은 틀리지 않았고, 스탈린에게 직구를 날린 것은 매우 용감했지만, 사실 자살행위나 다름없었다. 스탈린은 자본주의가 무너졌으며 다시 회복되지 못할 것이라는 말을 듣고 싶었을 것이다. 하지만 상황은 스탈린의 바람대로 흘러가지 않았다.

　콘드라티예프의 연구는 오스트리아 출신의 경제학자 조지프 슘페터 (Joseph Schumpeter)와 최근에는 칼로타 페레즈(Carlota Perez)를 통해 명맥이 이어지고 있다.[24] 조지프 슘페터는 개인적으로 나에게 큰 영감 을 준 학자다. 페레즈의 주장처럼 제6장에 나오는 토마스 미즐리의 이 야기와 같은 사례를 통해, 신기술이 주기적으로 우리 경제를 혼란에 빠트릴 수 있다는 점을 다시 한 번 상기하게 된다. 향후 수십 년 내에 신기술로 인한 경제 혼란이 발생할 가능성은 무시할 수 없다. 신기술 의 장점은 의문의 여지가 없지만, 이전과 전혀 다른 새로운 문제점이 만들어지는 과정에서 그러한 혼란이 발생할 수 있다.

　또 노벨 경제학상 수상자 조지 애컬로프(George Akerlof)는 '소프트' 보다 '하드' 리서치, 서술보다 수치, 상관관계보다 인과관계를 더 중시 한 것이 설계상 가장 큰 오류라고 말한다. 그의 관점에서 보면 사회학 은 소프트, 물리학은 하드에 속한다. 하지만 경제학자가 블랙 스완 궤 도를 제어하고 그린 스완 경로에 활기를 불어넣는 데 도움을 주려면, 환경·사회적 임팩트라는 '너무도 어려운' 세계를 포용하는 방법과 이 와 연결된 가치화를 파악해야 한다. 흥미롭게도 애컬로프는 하드 접근 법이 사일로(외부와 소통하지 않는 방식-옮긴이)를 선호하는 반면, 성공적 인 교차 수분 및 합성을 이룩하는 데 필요한 일반성은 너무도 자주 소 프트한 것으로 취급된다고 말한다. 합성이 더 잘 이루어질 수 있는 길 을 개척해준 노벨상 수상자가 두 명 더 있다. 심리학자 대니얼 카너먼 (Daniel Kahneman)과 고(故) 엘리노어 오스트롬(Elinor Ostrom)이다. 오스트롬은 희소자원의 사용에 대한 기존의 가설을 완벽히 뒤집어버린 정치경제학자다. 오스트롬의 노벨상 수상자 프로필에는 이런 표현이 있다.

"경제학자는 오래전부터 사용자 집단에 의해 소모되고 있는 천연자원이 장기적으로는 결국 남용되고 파괴될 것이라는 점에 대해 전적으로 동의하고 있다. 하지만 오스트롬은 중소 지역사회에 속한 사람들이 목초지, 어장, 삼림과 같이 여럿이 공유하는 천연자원을 어떻게 관리하는지 현장 연구를 수행해 경제학자의 만장일치 의견에 대한 반증을 찾아냈다. 그녀의 연구를 통해 여러 사용자가 공동으로 천연자원을 사용할 경우, 시간이 흐름에 따라 경제적·생태적으로 지속가능한 방식으로 그러한 자원을 관리하고 사용하는 규칙이 만들어진다는 점이 증명되었다."[25]

이는 매우 의미 있는 성과였으나 학계에 도전장을 내미는 것과 다름없는 연구다. 그밖에 이 분야에서 훌륭한 업적을 세운 경제학자로는 노벨 경제학상 수상자 조지프 스티글리츠(Joseph Stiglitz)가 있다. 그는 갈수록 악화하는 기후 위기의 심각성에 대해 이렇게 설명한다.

"그린 뉴딜을 옹호하는 사람들은 기후 위기에 대처하는 것이 정말 시급한 문제라고 하면서 이 문제가 얼마나 광범위한 것이며, 이를 해결하는 것이 얼마나 큰 문제인지 강조한다. 그것은 맞는 말이다. 그들은 프랭클린 D. 루즈벨트(Franklin Delano Roosevelt)와 미국 정부가 내세운 대공황 극복 정책을 연상시키려고 '뉴딜'이라는 표현을 사용하는 것이다. 어쩌면 제2차 세계 대전 당시의 국가 동원령에 비유하는 것이 더 나을지 모른다."[26]

스티글리츠는 이렇게 덧붙였다.

"기후 비상사태도 하나의 전쟁이다. 이 전쟁을 제대로 치른다면 사실 경제에 도움이 될 것이다. 실제로 제2차 세계 대전 이후에 미국 경제는 황금기에 접어들었으며, 공동 번영 속에서 역사상 가장 빠른 속도로 성장했다. 그린 뉴딜은 수요를 자극해, 모든 가용자원을 사용하게 될 것이다. 녹색 경제로 전환하는 과정에서 새로운 붐이 일어날 가능성이 높다. 풍력 발전 및 태양광 발전으로 눈을 놀리는 것이 훨씬 더 합리적인데도 트럼프는 석탄과 같은 과거의 산업에 연연하면서 훼방을 놓고 있다. 석탄을 등질 때 잃는 일자리보다 재생 에너지에서 훨씬 더 많은 일자리가 창출될 것이다."

엄밀히 말해 일자리는 물론이고 새로운 커리어도 많이 생길 것이다.

한편 이 부문에 여성이 진출하는 모습이 매우 고무적이다. 대표적 인물로는 케이트 레이워스와 마리아나 마추카토가 있다. 레이워스는 '도넛 경제학'으로 유명한데, 본인의 접근법에 대해 이렇게 말했다.

"인류의 21세기 과제는 지구라는 행성에 갖춰진 수단 내에서 모두의 필요를 충족시키는 것이다. 달리 표현하자면, 모든 사람에게 (식품과 거주지, 의료, 정치적 발언권과 같은) 삶의 필수요소를 갖춰주고, 동시에 안정적인 기후, 비옥한 토양, 튼튼한 오존층과 같은 지구의 생명유지 시스템에 인간이 집단적으로 지나친 해를 가하지 않는 것이다. 사람의 목숨도 결국 지구의 생명유지 시스템에 의존하기 때문이다. 사회적 경계와 행성 경계의 도넛은 장난스러우면서도 진지하게 이 문제를 구조화하는 접근법이자, 21세기 인류발전의 나침반 역할을 하고 있다."[27]

이미 말했듯이 집필을 마무리할 즈음에 UCL에서 마리아나 마추카토와 직접 대화할 기회가 있었다.[28] 나는 민간 부문만이 현재 우리에게 필요한 획기적인 혁신을 이끌 수 있다고 주장했고, 마추카토는 공공 부문만이 올바른 방식으로 시장을 형성할 수 있다고 반박했다. 놀랄 것도 없이 금세 격렬한 토론으로 이어졌으며, 결국 우리는 민간 부문과 공공 부문이 둘 다 중요하며 둘 중 하나가 없으면 다른 하나도 무용지물이 된다는 결론에 이르렀다. 그밖에 《주식회사 이데올로기(The Divine Right of Capital)》[29]를 저술한 마조리 켈리(Marjorie Kelly)와 《자본주의의 미래(The Future of Capitalism)》[30]의 저자 폴 콜리어(Paul Collier)도 우리의 생각을 자극하는 데 크게 공헌한 인물이다. 켈리는 "어떤 아이디어가 골동품으로 전락하는 과정이 너무 놀랍다. 한때 평범하다고 여겨졌던 아이디어도 나중에 말도 안 되는 것이라는 손가락질을 당할 수 있다"고 말했다. 오래전인 2001년에 그녀가 주장한 주주 우선주의가 바로 그렇게 전락한 아이디어라고 할 수 있다. 앞서 소개한 비즈니스 라운드테이블이 발표한 내용도 마침내 흐름이 달라지고 있음을 시사한다.

블랙 스완 궤적에서 그린 스완 궤적으로 옮겨가려면 상당히 많은 비즈니스 및 투자 개념을 버리거나 뜯어고쳐야 한다. 그동안 당연한 것으로 여겨졌으나 머지않아 쓸모없는 것으로 전락할 것들에 불과하다. 일례로 나는 내일의 자본주의 탐구의 초반 단계를 진행하면서 아비바인베스터스(Aviva Investors)의 최고투자책임자 스티브 웨이굿(Steve

Waygood)과 교류하면서 '현금흐름할인법(discounted cash flow)'에 대해 도움을 많이 받았다. 현금흐름할인법은 통상 DCF로 알려져 있다. 웨이굿은 이렇게 말했다.[31]

내가 보기에 DCF는 현실 세계에 매우 부정적인 결과를 초래하므로, 극도로 사악한 문제로 분류된다. 금융서비스 시스템은 사회와 실질 경제에 도움을 줘야 한다. 하지만 정책입안자, 정치인, 시민 사회 대표자 중에 다양한 금융 서비스 기관이 어떻게 협력해 현재 우리가 사는 세상에 자금을 공급하다가 미래에 사라질지 이해하는 사람은 거의 없다. 적절한 감독이 없으면, 금전적 이익이 사회와 실물 경제를 도와주는 것이 아니라, 사회와 실물 경제가 금전적 이익에 기여하게 된다.

이것은 여러 가지 이유로 위험하다고 할 수 있다. 가장 두드러진 이유는 시장 평가 기법에 단기적인 이익만 생각하는 경향이 있기 때문이다. DCF 평가는 현재 세계 시장의 모든 기본 분석을 뒷받침하기 때문에 매우 중요하다. 그렇지만 DCF는 기업의 손익계산서에 포함되지 않는다는 이유로 사회 자본을 무시하며, 미래 세대도 별로 중요하게 여기지 않는다. 그리고 모든 투자가 최종 가치(Terminal Value)와 함께 무한히 성장할 수 있다고 가정하기 때문에 자연 자본을 보존할 필요성에는 눈길을 주지 않는다.

우리는 자산을 대신 관리해주는 수백만 명의 전문 투자자의 손에 맡겨진 것과 같다. 그들은 수십조 달러 규모의 자산을 처리하는데, 이러한 자산은 대부분 하나의 행성 경계 조건을 무시한다. 정부는 시장 실패를 바로 잡고 자연 자본과 사회적 자본의 가격을 적절하게 책정하고 기업에게 자기가 소비하는 상품이나 서비스에 대해 충분히 대가를 치르게 한다. 이러한 정부가 우리에게 그러한 자산에 대해 생각해보라고 강요하기 전에는 하나의 행성 경계 조건에 관심조차 두지 않는다. 상황이 이렇다 보니 탄소세와 같은 재정 조치, 배출권 거래와 같은 시장 메커니즘, 각종 표준과 규제가 지속가능한 개발에 필수적이 된다는 것이다. 이러한 요소는 시장 가격이 기업 가치평가를 주도하는 요소인 사회 비용이나 환경 비용을 온전히 반영하게 도와준다. 모든 기업의 가치 평가는 시장가격 경쟁에 도움이 된다. 시장가격이 높으면 자본 비용이 낮다는 뜻인데 이는 경쟁에서 유리한 조건이다. 지속가능한 기업은 그렇지 않은 기업보다 낮은 비용으로 자본을 조달하는 능력을 갖춰야 한다.

이것이 전부가 아니다. 웨이굿은 이렇게 설명했다.

"이것이 얼마나 중요한지, 그리고 모든 학생이 저축을 하고 투자자가 되기를 열망한다는 점도 생각해봐야 한다. 지속가능한 금융 및 금융의식이 국가 교육과정에 포함되지 않은 이유가 무엇인가? 우리 모두가 문제의 근본적인 부분이라는 점은 깨닫지 못하고 기업의 지속가능성이 진부하다고 비판하는 경우를 너무 자주 보게 된다. 각자 어떻게 투표하고 소비하고 저축하고 투자하는지 생각해보라. 지방선거나 전국 선거에서 투표하는 것만 생각해서는 안 된다. 지금 연금을 받는 사람 중에서, 기업 연례 정기 총회에 참석한 주주들이 내가 원하는 가치를 위해 투표권을 행사하는지 확인하는 것을 귀찮아하지 않는 사람이 얼마나 되겠는가?"

웨이굿은 이렇게 결론내렸다.

"돈이 들어가는 대상이거나 돈을 쓰는 주체가 아닌 사람은 무시당한다. 미래 세대의 이익에 실제로 손해를 입히는 것이다. 인류는 이 지구가 무료 자원의 원천이자 아무리 채워도 채워지지 않는 쓰레기통이라고 생각한다. 간단히 말해서 지금 살아있는 사람 몇몇에게 유리한 쪽으로 미래 세대의 자산을 마음대로 가져다 써버리는 중이다. 그야말로 전 지구적인 폰지 사기극이다. 하지만 세계 자본 시장은 300조 달러 이상의 규모를 갖추고 있으며, 이 정도면 유엔의 지속가능한 개발 목표를 여러 번 달성할 잠재력이 있다. 자본은 부족하지 않다. 우리가 부족한 건 상상력, 열정, 평등한 기회다. 따라서 이제는 이러한 시장 실패에 대해 선전포고를 하고 양심에 호소하는 방식으로 자본주의를 치유해야 한다."[32]

자본 시장이 깨어나고 있음을 보여주는 여러 가지 징후가 있다. 우선 립 반 윙클(Rip Van Winkle, 워싱턴 어빙의 단편소설 제목이자 주인공의 이름—옮긴이)처럼 세상의 변화에 놀라워하는 사람들이 많다. 볼란스 자문위원회의 초기 위원이었던 로버트 G. 애클스(Robert G. Eccles) 교수는 이런 문제에 대해 누구보다 빠르게 눈을 뜬 사람이었다. 그는 원래 하버드 경영대학원과 옥스퍼드대학교 사이드경영대학원에서 교편을 잡고 있었다. 로버트와 공동저자 스베틀라나 클리멘코(Svetlana Klimenko)는 〈하버드 비즈니스 리뷰〉에 기고한 주요 기사에서 다음과 같이 언급했다.[33]

수많은 기업 리더가 기후 변화와 같은 시급한 문제 해결에 있어서 기업의 역할이 중요하다는 것을 잘 알고 있다. 하지만 그들은 지속가능성 의제를 추구하는 것이 기업 주주들이 원하는 것과 상충된다는 것도 파악하고 있다. 실제로 일부 대형 투자회사 경영자와 매도 측 애널리스트는 기업 임원에게 환경, 사회, 지배구조(ESG) 문제를 거의 관여시키지 않는다. 기업 리더들은 투자 커뮤니티에서 ESG가 주류에 끼지 못한다고 생각한다.

하지만 이것은 시대에 뒤떨어진 생각이다. 최근에 세계 3대 자산운용사(블랙록, 뱅가드, 스테이스트리트), 캘리포니아 공무원연금(California Public Employees' Retirement System), 캘리포니아주 교사 퇴직연금(California State Teachers' Retirement System), 일본, 스웨덴, 네덜란드의 정부 연금기관 등을 포함해 총 43개 글로벌 투자기관의 고위 임원 70명을 인터뷰했다. 대형 투자기관 위주로 이렇게 많은 고위 임원을 연구한 사례는 아마 없을 것이다. 인터뷰를 통해 이들 모두가 ESG를 굉장히 중시한다는 결론을 얻었다.

글로벌지속가능투자그룹(Global Sustainable Investment Group)에 의하면, 지속가능한 투자 부문은 현재 약 30조 달러의 자산을 관리하고 있다.[34] 그린 스완 데이 첫째 날에 참석한 금융인사 중에 탄소추적이니셔티브[35]의 마크 컴퍼닐리(Mark Campanale)와 유엔 환경 계획을 기반으로 지속가능한 금융 시스템으로 만든 닉 로빈스 교수가 있었다.[36] 이들의 업적은 자본주의를 재정비하는 데 크게 기여했다. 하지만 이들은 정치적 측면이 너무 자주 무시된다는 점을 인정한다. 이 점은 두 번째 중대한 문제와 관련이 있다. 두 번째 중대한 문제란, 현재 인류는 제2지평과 제3지평을 향해 이동하고 있으므로 민주주의를 미래에 적합한 모습을 개선, 변형하는 것이다.

2. 그린 스완의 특성을 보이는 민주주의

자본주의는 건강한 생태계, 건강한 사회, 그리고 가장 중요한 것으로 건강한 정치 체제를 기반으로 운영될 때만 비로소 유지되고 발전할 수 있다. 2019년 유럽연합 선거에 나타난 녹색물결(Green Wave)을 보면 한 줄기 희망의 빛이 보이지만, 전반적인 현재 상황은 그리 좋지 않다. 여전히 많은 사람은 매일 반복되는 뉴스에 중독된 것이나 다름없는 상태라서, 조금만 고개를 들면 미래를 볼 수 있는데도 고개 드는 것을 너무나 어렵다고 느낀다.[37] 사회학자 엘리스 볼딩(Elise Boulding)은 이렇게 지적한다.

"현재에 대처하느라 항상 정신적으로 숨을 헉헉거리는 사람에게 미래를 상상할 수 있는 에너지가 남아 있을 리 없다."

결과적으로 중국이 청정 기술을 적극적으로 추진하는 것을 보고, 일각에서는 민주주의가 갈수록 근시안적으로 되고 있으며 이 문제에 대응하려면 더 엄격하게 운영되는 감시 국가를 만들어야 한다고 주장한다. 나는 이러한 주장에 절대 동의하지 않는다. 시간이 지나면, 민주주의가 장기적인 복잡한 문제를 처리하는 데 가장 좋은 형태라는 것이 증명될 것이다. 물론 민주주의도 여러 가지 약점을 안고 있는 것은 사실이다. 지금의 민주주의는 강력한 충격과 근본적인 점검이 시급하다. 강력한 충격이 곧 발생한다는 것이 보장된 것이지만, 근본적인 점검은 모두가 나서서 노력해야만 가능한 일이다.

설계 실패로 점점 더 많은 현대 민주주의 국가가 고통받고 있다. 이렇게 뼈아픈 실패가 명백히 드러난 적은 지금까지 없었을 것이다. 나는 코트디부아르에서 집으로 돌아오는 길에 브렉시트 뉴스를 들었다. 브렉시트는 충분한 정보가 없는 상태에서 부패로 얼룩진 투표였고, 그로 인해 의회의 어머니라 불리던 영국은 실질적으로 붕괴한 것이나 다름없는 상태가 되었다. 이제 브라질, 영국, 필리핀, 러시아, 터키, 미국 등 여러 국가에서 포퓰리스트 리더가 주도권을 쥐고 있다. 종종 이런 정부는 나르시시즘과 편집증을 유발하는 향정신성 약물을 복용한 사람처럼 그동안 내걸었던 정치 공약이나 캠페인 등은 모두 무시한 채, 계획 기간이나 해당 업무 종사자의 인원을 대폭 줄여버린다.

현재 제2지평과 제3지평을 향해 진중하게 계획을 세울 수 있는 정부나 정책입안자는 거의 찾아보기 힘들다. 대부분 제1지평에 눌러앉아서 움직이려 하지 않는다. 우리가 현재 직면하고 있는 중대한 문제는 대부분 세대 간 사고, 우선순위 및 투자를 통해 해결될 수 있는데도 이런 태도를 보이는 것은 큰 골칫거리다. 이렇게 암울한 상황에서도 한 가지 희망적인 행보를 찾을 수 있다. 뉴질랜드 정부는 모든 정부 기관의 전략적 계획 및 보고에 세대 간 웰빙을 포함하려고 시도한다. 여기에는 정신 건강, 아동 빈곤과 같은 문제의 해결 방안이 포함된다.[38]

'도표 1. U자형 곡선'(소개의 말)에 제시한 것처럼, 우리가 현재 역사적인 U자형 곡선을 그리고 있으며, 따라서 믿기 어려울 정도로 짧은 시간 내에 기존과 전혀 다른 자본주의 및 민주주의가 등장할 가능성이 있다고 가정하고 있다. 당분간 우리는 많은 기업 리더의 장기적 사고에 점점 더 의존할 수밖에 없을 것이다. 하지만 기업 리더는 두세 달 이후의 상황을 내다보지 못한다고 생각하는 사람이 많다는 점을 감안할 때, 그들에게 의존해야 하는 우리의 처지는 상당히 역설적이다.

한 가지 확실한 점은, 제2지평으로 이동할수록 비즈니스에 대한 압력이 커지고 그로 인해 기업은 새로운 점을 깨닫게 될 것이다. 아비바의 스티브 웨이굿은 나에게 이런 말을 한 적이 있다.

"이성적인 사람이라면 이런 질문을 할 수 있죠. 대기업은 언제쯤 지속가능성이 기업이 필수적으로 고려해야 할 요소라는 것을 깨닫고 진지한 변화를 시작할까요? 지속가능성과 거리가 먼 기업 관행 때문에 기업의 장기적 생존에 위협을 느끼면 그제야 지속가능성의 필요성을 인정할 겁니다. 우리는 보험사이므로 기후 변화, 항생제 내성 문제와 같이 유엔의 지속가능한 개발 목표에 포함된 수많은 문제가 자사 관련 부문에 실존적인 위험을 뜻한다는 점을 잘 알고 있습니다. 가격과 가치 평가가 사회와 환경에 대한 진정한 비용을 반영할 때에만, 시장이 우리 기업의 미래를 보호해주고 진정으로 지속가능한 기업 활동을 촉진하도록 도와줄 겁니다. 정치가, 정책입안자, NGO는 지속가능한 금융의 눈부신 발전을 기뻐하는 동시에, 이러한 발전이 아직 충분한 상태가 아니라는 점을 인식해야 합니다."[39]

비즈니스 리더 외에도 도시, 특히 도시 운영을 맡은 시장에게도 관심을 기울여야 한다. 시장은 대부분 민주적으로 선출되는데, 이들은 각국 대통령이나 총리에 비하면 지역 정치를 더 중시하는 사람들이다. 나도 도시 계획가로 교육을 받았으며, 지금까지는 모든 일이 원만하게 진행되고 있다고 생각한다. 우리가 하는 일에서 도시의 중요성이 점차 커지고 있는데, 전 세계적으로 도시 인구가 증가하기 때문이다. 현재 전 세계 인구의 55퍼센트가 도심 지역에 거주하는데, 이 수치는 2050년까지 68퍼센트로 증가할 전망이다. 예측 자료에 따르면 전 세계 인구증가와 더불어 도시화 현상이 확대될 것이므로, 2050년까지 25억 명이 추가로 도심 지역으로 이동할 것이다. 이러한 인구 이동의 90퍼센트는 아시아와 아프리카 지역에서 발생할 것으로 보인다.

반면 일부 도시에서는 인구 감소 현상을 보인다. 아시아와 유럽의 저출산 국가에 있는 도시들에서 이런 문제가 나타나는데, 이런 국가에서는 전반적인 인구 규모가 정체되어 있거나 감소세로 돌아선 상태다. 경제 불황이 닥치거나 자연재해가 발생해 인구가 감소한 곳도 있다. 일본과 한국의 경우 몇몇 도시는 2000년부터 2018년 사이에 인구 감소세가 계속되고 있다. 동유럽에서도 폴란드, 루마니아, 러시아 연방, 우크라이나는 2000년 이후로 인구가 감소했다. 저출산 문제도 있지만, 일부 지역에서는 이민 때문에 인구가 줄고 있다.

그러나 도시는 민주주의가 탄생한 곳이며 21세기를 위해 대대적인 재창조 대상이다. 정치와 정책이 나아갈 방향에 대한 힌트를 얻을 수 있는 한 가지 흥미로운 장소가 있다. 아폴리티컬(Apolitical)이라는 온라인 플랫폼인데, 전 세계 모범 사례를 수집해 놓고 공무원이 이를 쉽

게 활용하도록 도와주는 역할을 한다.[40]

아폴리티컬 운영팀은 이렇게 설명한다.

"우리가 자국 정부를 좋아하든 싫어하든, 열렬히 지지하든 크게 실망했든 간에, 사악한 문제를 해결하는 면에서 정부가 구심점 역할을 한다는 점은 거의 모든 사람이 인정할 겁니다. 난민 문제, 도심화 현상, 기후 변화, 사이버 보안, 알고리즘의 등장으로 일자리에서 밀려날지 모른다는 불안감이 모두 사악한 문제로 분류됩니다. 하지만 혁신적인 해결책이 이미 존재하는 경우가 많아요. 전 세계적으로 공직에 종사하는 수백만 명은 이와 비슷한 문제를 붙들고 고심하고 있어요. 그러다가 해결책을 찾으면 서로 공유할 수 있죠. 그런데 공무원은 외부와 단절된 상태로 시간 압박에 쫓기며 일하기 때문에 좋은 아이디어가 있어도 다른 부문이나 외국에 알리는 것이 쉽지 않아요. 그러면 누군가는 비슷한 문제를 해결하려고 불필요한 시간과 노력을 낭비하겠죠. 그렇게 되면 납세자의 돈을 낭비하게 되고 시민들에게 우수한 서비스를 제공할 수 없어요."

지속가능성에 유리하도록 판도를 바꾸려면 어떻게 해야 할까? 일례로 노르웨이에 유독 전기차가 많은 이유를 한번 생각해보자. 가장 큰 이유는 바로 정부 방침이다. 노르웨이에서 전기차를 구입하면 버스 전용차선을 사용할 수 있고, 주차비가 무료이며 25퍼센트의 세금 혜택이 주어진다.[41]

앞서 언급한 로이드 이사회에서는, LSE의 데이비드 소스키스(David

Soskice) 교수와 담소를 나누었다. 나는 소스키스 교수와 이야기를 나누면서 자본주의와 민주주의의 중요한 연결고리를 정확히 이해하게 되었다. 그의 최신작인《민주주의와 번영(Democracy and Prosperity)》은 하버드 토빈 아이버슨(Torben Iversen) 교수와 공동 집필한 것인데, 그 책의 부제는 '격동의 세기를 통해 재창조된 자본주의'[42]다. 이들의 논지는 비교적 간단하다.

"민주주의와 선진국이 위기에 처해 있다. 세계화로 인해 민주주의와 선진국의 힘이 약해지고 있으며 전 세계적 자본주의가 이들의 근간을 흔들고 있다. 이러한 현상 때문에 불평등 문제가 악화되고 포퓰리즘이 확산하는 것이다. 지금 많은 사람이 바로 이렇게 생각한다. 하지만 실상은 그렇지 않다. 선진국의 민주주의는 회복력이 강하다. 또한 민주주의와 자본주의는 오랜 세월을 동고동락하면서 상호 이익을 구축해 왔다."[43]

20세기는 대규모 전쟁, 경제 위기, 거대한 사회 변화, 기술 혁신 등으로 인해 혼란과 격변이 끊이지 않았다. 아이버슨과 소스키스에 따르면, 그러한 격변 속에서도 민주주의 국가는 "연구 및 교육에 막대한 공공 투자를 감행해 경제를 지속적으로 재창조했다. 일터에 경쟁력 있는 제품 시장과 협력을 도입하고 경제의 선진 부문을 혁신하고 발전시키는 전제조건으로서 거시 경제 규율을 확립했다. 가장 중요한 지점으로 이러한 투자는 출세 지향적인 가족의 목표에 초점을 맞춘 것으로서, 중산층과 중산층 자녀가 거액의 연봉을 받을 수 있는 일자리를 많이 만들어 주었고, 그 대가로 정당의 선거 활동에 대한 지원을 약속받

앉다. 최상위 계층이 누리는 이익은 (최하위 계층까지는 미치지 못하더라도) 중산층과 공유될 수 있다."

두 사람은 세계화에 대한 사람들의 통념은 사실과 다르다고 반박하면서, 선진 자본주의는 자유분방하거나 어떤 제약도 받지 않는 것이 아니라고 말한다. 선진 자본주의는 민주주의하에서 번영할 수 있는데, 그 이유는 바로 자본주의가 민주주의를 쉽게 전복시킬 수 없기 때문이다. 미국의 경우 선거 자금의 영향력이 갈수록 큰 문제인데 이로 인해 체제 내부가 흔들리기 때문이다. 이러한 문제는 부인할 수 없다. 게다가 포퓰리즘, 불평등, 빈곤은 여전히 우리 시대의 고질적인 병폐이자 민주주의의 발목을 붙잡는 요소이며, 민주주의를 통해 해결해야 한다.

영국 전 내무부장관 닉 허드(Nick Hurd)가 그린 스완 데이 첫째 날에 언급했듯이 지금은 경제, 사회 및 생물권의 재생을 위한 선언문이 필요하다. 이 선언문은 우리 정치의 재생에도 필요한 것이다. 닉 허드는 런던이라는 도시의 책임자로서 다음과 같이 말했다.

"우리는 우수한 두뇌를 가지고 있지요. 자금도 있습니다. 이제 우리는 기후 비상 사태에 관한 긴박감을 느낄 필요가 있습니다."

그러면서 지금이 아니면 도대체 언제 긴박감을 느낄 거냐고 덧붙인다. 그리고 우리가 아니면 과연 누가 그렇게 해줄 수 있는가라고 지적한다. 이것은 근본적으로 정치적인 문제지만, 우리 각자는 저마다의 방식대로 이 문제에 대한 답을 찾아야 한다. 물론 각자의 해결방식은 올바른 방식이어야 한다.

3. 그린 스완의 특성을 보이는 지속가능성

블랙 스완이 발생하는 이유는 우리가 관련 사항을 철저히 검토하지 않았기 때문이다. 반대로 그린 스완은 우리가 관련 사항을 철저히 검토한 결과라고 할 수 있다. 돌이켜보면 트리플 바텀 라인을 철회하기로 선언한 것도 선종에서 말하는 화두(불교 선종의 수행법 중 하나—옮긴이)를 직관적으로 적용한 것이었다. 이것은 일반적인 비즈니스—이 경우에는 평소와 같은 변화—를 파괴적 혁신으로 이끌기 위해 만들어진 질문, 도전 또는 역설이다. 이러한 도발을 적절한 시기에 올바른 방식으로 사용한다면 우리의 생각을 바꿔놓을 수 있으며, 제대로 효과를 발휘한다면 우리에게 새로운 깨달음을 가져다줄 것이다.

자본주의와 민주주의의 관련성을 깊이 파고들수록, 이 둘을 자연스럽게 이어줄 수 있는 것은 지속가능성밖에 없다는 생각이 확실해졌다. 그것이 세대 간 형평성과 균형 있고 포용적이며 환경적으로 지속가능한 가치 창출과 장기적 분배에 초점을 맞추기 때문이다. 리콜 결정은 화두의 결과이기도 하지만 내가 도움을 줘서 만들게 된 트리플 바텀 라인 운영 체제에 본질적인 약점이 있다는 느낌이 들었기 때문이다. 사람들이 아무리 좋은 의도로 사용하더라도 단기적인 제1지평 목표에 과도하게 집중하는 인센티브 시스템에 종속되어 있기에 불가피한 약점이었다.

이런 사고방식을 받아들여서 비코프 인증을 받거나, 가치 창출 또는 가치 파괴의 3가지 차원을 모두 포괄하는 통합 보고서를 작성하는 기업이 점차 늘어나는 것은 매우 뿌듯한 일이다. 애플을 예로 들어보겠다. 나는 최초로 출시된 맥부터 그린 스완이 그려진 최신 맥북에 이르기까지 애플 제품을 애용하고 있다. 그렇긴 하지만, 나는 할 말은 하고야 마는 사람이다. 2013년 11월 15일에 전 미국 부통령 앨 고어가 이끄는 제너레이션 인베스트넌트 매니지먼트(Generation Investment Management)에서 주최한 행사에 참석했는데, 그 자리에서 나는 애플의 최고 디자인 책임자 조너선 아이브(Jonathan Ive)에게 중국의 공급업체, 특히 폭스콘의 근무 조건에 대해 날카로운 질문을 했다. 아이브는 자신이 폭스콘 직원 기숙사에서 자본 적이 있다며 근무 환경에 문제가 없다고 했으나, 얼굴에는 초조한 기색이 역력했다. 그래서 나는 저 사람이 분명히 뭔가 숨기고 있다고 생각하면서 물러났다.

그리고 나서 아이브가 애플을 떠난다고 발표하자 관련 기사가 쏟아져 나왔다. 상황이 흥미롭게 돌아간다는 생각이 들었다. 〈파이낸셜 타임스〉가 이 점에 대한 전면기사를 내놓을 정도로, 그의 행보는 애플과 같은 브랜드에 대한 기대치를 크게 흔들어 놓았다. 해당 기사에서는 보기 좋고 사용하기 편리한 제품으로는 더는 충분하지 않다고 지적하면서 다음과 같이 결론내렸다.

> "이제 많은 소비자가 중요하게 생각하는 것이 달라지고 있다. 새로운 세대의 소비자는 환경을 중요하게 생각하므로 맥북의 알루미늄 본체에 매혹되지 않으며 과거의 소비자처럼 최신형 아이폰이 사회적 지위를 대변해준다고 생각하지 않는다."[44]

신문에서는 애플의 아이팟이라는 소형 무선 헤드폰은 배터리 교환이 불가능한데, 헤드폰 크기를 최대한 줄이기 위해 부품을 한 덩어리로 접착시켜놓았기 때문이라고 알려준다. 디자인 업계를 주도하는 기업은 자신의 역할을 되돌아볼 필요가 있다는 것을 느낄 것이다. RCA 부총장 폴 톰슨(Paul Thompson)은 "우리 학생들에게 제품의 전반적인 내구성 문제가 가장 중요합니다"라고 말했다.

"대중은 사회적 목적을 원하죠. 그들은 순환 경제를 중시합니다. 물을 건너온 외국 제품이 아니라 현지에서 키우거나 생산한 제품 말입니다."

불과 몇 년 전만 해도 혁신 전략은 말도 안 되는 일이라고 여겨졌다. 하지만 이제 많은 대기업이 과감히 결단을 내리고 혁신 전략을 실행하고 있으며, 이러한 기업이 계속 늘어나는 추세다. 일례로 일론 머스크가 경쟁사에게 적잖은 위협을 가한 탓에 이제 많은 자동차 회사들이 테슬라를 따라잡는 데 혈안이 되어 있다. BMW는 2025년이면 전기자동차 수익이 기존 자동차의 수익에 버금가는 수준이 될 것으로 예상하고 있다.[45] 폴크스바겐은 70가지 완전 전기모델 자동차를 출시하려고 준비 중이다.[46] 전 세계가 그린 에너지에 손을 뻗고 있으며, 셸은 전세계 최대 규모의 전력 회사가 되는 것을 목표로 한다.[47] 덴마크의 오스테드(Ørsted)처럼 한때 석탄 전력시장의 거물이었다가 나중에 청정 에너지 기업으로 탈바꿈한 사례도 있다.[48]

본질적으로 오스테드는 블랙 스완 에너지 산업에서 방향을 돌려 점진적으로 그린 스완 대안을 찾아가고 있다. 그 과정에서 몇 차례 놀라운 반전이 있었을지 모른다. 어쨌든 최근 주식시장에서는 괄목할 만한 성과를 보인다.

유미코어(Umicore)는 20년 전까지만 해도 구식 제련회사에 불과했으나, 이제는 순환 경제의 선두주자로서 폐금속을 재활용하는 '도시의 광부'로 다시 태어났다.[49] 어떤 경우에는 회사가 살아남는 것이 아니라 근본적인 비즈니스 모델이 살아남아서 다른 기업이나 다른 부문으로 확대되기도 한다. 대표적인 예시로 우버의 다이내믹 프라이싱(dynamic pricing, 수요와 공급에 따라 실시간으로 가격이 달라지는 일종의 맞춤형 가격-옮긴이) 모델을 생각해볼 수 있다. 이 모델은 우버와 같은 기업에서 시작해 전혀 다른 부문으로 확산할 가능성이 크다.

그런 변화가 가져오는 임팩트는 상당할 것이다. 특히 독일처럼 자동차 부문에 치중된 국가에서는 임팩트가 매우 클 것이다. 소프트웨어와 수입 배터리의 비중이 늘어남에 따라 고급 엔지니어링 기술이 설 자리는 좁아질 수밖에 없다.[50] 다른 곳에서는 화석 연료 부문의 좌초자산에 관련된 위험성이 증가함에 따라, 탄소 집약적 자산을 파격적으로 할인 판매하고 있다. 캐나다은행 총재 스티븐 폴로즈(Stephen Polos)는 이러한 변화가 금융 체제를 불안정하게 만든다고 경고한다.[51]

그렇다면, 자동차를 설계하든 경제나 정치 시스템을 설계하든 간에, 미래의 설계자는 예전에 비해 지속가능성을 훨씬 더 폭넓게 고려해야 한다. 그 과정에서 제2지평과 제3지평을 보는 시각도 바꿔야 하는데, 회복력, 재생, 그리고 지속가능성의 본질인 세대 간 평등이라는 세 가지 측면을 중시하는 관점이 필요하다.

그들은 새로운 아이콘, 새로운 모델, 새로운 전문가를 필요로 할 것이다. 재생 부문에서 내가 오랫동안 존경해온 인물인 팀 스밋 경(Sir Tim Smit)은 첫 번째 그린 스완 데이 행사의 연설자이며 에덴 프로젝트(Eden Project)의 창시자다. 에덴 프로젝트 팀은 그들이 하는 모든 일의 핵심은 지속가능성이라고 말하며, 그 말대로 실천한다. 이 팀은 지속가능성을 에덴이라는 목표의 일부로 만들기 위해 최선을 다하고 있다.

그 프로젝트 덕분에 거대한 도자기 점토 구덩이가 복원되었다. 지역 경제에 쏟아부은 돈은 15억 파운드가 넘었다. 2010년 10번째 기념일에 75만 명의 방문객이 찾을 것이라고 예상했는데, 실제 방문객은 1,300만 명이 넘었다. 이 책을 집필하는 시점을 기준으로 하면 방문객 수는 2,000만 명을 넘은 상태다.[52] 스밋은 거기서 멈추지 않았다. 그는 중국을 포함해 세계 곳곳에서 새로운 에덴 프로젝트를 추진하려고 2017년에 새로운 회사를 설립했다.

한편 경제 주류로 다시 돌아가보자. 인류의 집단적인 경험은 현재 전 세계가 직면한 어려움에 대처하기에 턱없이 부족한 상태다. 이러한 문제에 맞서려면 민간 부문의 고위 경영진이 기존과 전혀 다른 방식으로 참여해야 한다. 가장 큰 어려움은, 대다수의 최고경영진이 기후 비상사태로 인해 기업, 시장, 자본주의가 느끼는 위협을 발견조차 못 한다는 것이다. 위협을 파악하지도 못하는 경영진에게 그러한 위협에 대처하는 행동을 요구하는 것은 무리한 기대일 것이다.

인간의 뇌는 즉각적인 위협에는 반사적인 반응을 보이지만, 서서히 다가오는 시스템 위기는 무시하거나 대수롭지 않게 여긴다. 이러한 시장 역학은 소용돌이처럼 움직인다. 회오리바람이나 소용돌이치는 물을 상상하면 이해하기 쉬울 것이다. 이러한 소용돌이는 이제 발생하는 단계지만, 주변 시야가 매우 뛰어나며 자신이 찾으려는 대상을 정확히 아는 사람이 아닌 이상, 이 소용돌이는 사실상 눈에 보이지 않는다고 할 수 있다. 이 단계에서는 모든 것이 너무나 느리게 진행되므로, 속아 넘어가기 쉽다. 그러나 아무리 잘 만들어진 선박이라도 위험 지대에 가차 없이 빨려들어가는 것처럼, 강건해 보이는 기업도 그렇게 속절없이 무너질 수 있다. 한번 소용돌이에 휘말리면 빠져나올 방법이 없기 때문이다.

이러한 역학은 매우 느리긴 하지만 궁극적으로는 기하급수적인 특성을 보이며, 내가 생각하는 탄소 소용돌이의 주요 특징을 이룬다.[53] NASA는 2017년 가을에 발생한 3개의 대형 허리케인을 우주에서 촬영한 사진을 공개한 적이 있다. 단 한 장이지만 비교 불가능한 충격적인 사진이었다. 이산화탄소 방출량이 줄어드는 것이 아니라 오히려 증가하고 있다는 보고에 대해서도 생각해봐야 한다. 그 이유 중 하나는 중국의 경제 성장이 대부분 석탄에 의존하기 때문이다.

이처럼 탄소 소용돌이에 탄력이 붙고 있지만, 다른 한편으로는 또 다른 소용돌이가 존재하며 그것이 우리를 전혀 반대 방향의 혁신과 지속가능성이 더 높은 미래를 향해 우리를 끌고 간다는 증거가 있다. 노르웨이 국부펀드(Sovereign Wealth Fund)는 석탄산업 주식 보유분 감축을 핵심적인 공약으로 내걸었다. 지멘스는 가스터빈 사업 부문의 대대적인 감원을 계획하게 된 이유 중에는 재생가능한 에너지의 호황이 포함된다고 설명한다. GE는 '에코메지네이션(ecomagination, ecology(생태학)와 imagination의 합성어—옮긴이)' 플랫폼을 자랑스럽게 내세운 후에도 석탄 사업을 2배 확장하기로 결정했지만, 지금은 시장의 거센 흐름에 휘말려서 울며 겨자 먹기로 전력 부문에서 수천 개의 일자리를 없애야 한다.

분명한 것은, 전 세계의 많은 지역이 시장 변곡점에 와 있다는 것이다. 즉 이전에 주변에 밀려나 있던 사안이 이제 급격히 주류로 흘러들고 있다. 제너레이션 인베스트먼트 매니지먼트는 2017년 백서인《성장의 변혁(The Transformation of Growth)》에서 다음과 같이 설명한다.

> "지속가능성 혁명의 규모는 산업 혁명이나 농업 혁명과 비슷하고, 속도는 정보 혁명에 비할 만한 수준이다. 과거에 있었던 세 가지 혁명과 비교해보면, 지속가능성 혁명이 경제 역사상 가장 중요한 혁명이 될 것이다."[54]

새로운 기술은 분명히 심오하고 새로운 방식으로 우리에게 어려움을 안겨줄 것이다. 인공지능은 수많은 직업과 일자리를 없애버리거나 강하게 압박할 것이다. 이 때문에 일각에서는 실리콘밸리와 런던, 뉴욕, 도쿄의 금융 중심지가 완전히 로봇화되면, (중요하고 새로운 전략적 이점인) 청정 에너지가 충분히 공급되는 곳이라면 세계 어디라도 갈 수 있을 것인지 궁금해한다.

그리고 과학, 기술 및 기업에는 말 그대로 지구상의 생명체를 변화시킬 힘을 가진 또 다른 새로운 분야가 있다. 제6장에 세계경제포럼 (WEF) 목록을 소개할 때는 강조하지 않았지만, 그 분야에는 다른 수많은 기술을 모두 합친 것보다 더 많은 변화를 주도할 잠재력이 있다. 그 것은 바로 합성생물학이다.

수십 년 동안 생명 공학 산업을 주시해온 사람으로서, 큰 기대를 받는 몇몇 아이디어가 과대광고 주기라는 지뢰밭을 통과하는 모습을 직접 보았다. 그중 몇몇은 폭파되어 산산조각이 났고, 어떤 것은 옆으로 날아가서 회생 불가능한 장애를 입었다. 그러나 생물학, 공학 및 데이터라는 새로운 조합을 보니 초기의 정보 기술이 생각났다. 당시에는 정보, 데이터 및 지능에 초점을 맞추고 있었으나, 합성생물학에서는 인간의 필요에 맞게 생명 자체를 근본적으로 다시 프로그래밍하는 데 중점을 둔다.

일각에서는 '생물학의 시대'라는 표현을 사용한다. 블랙 스완 시나리오에서는 합성생물학자의 도움을 얻어 히틀러나 푸틴이 꿈꾸던 놀라운 무기를 개발해, 스필버그의 뒤를 이은 영화감독이 다룰 만한 재난이 현실로 나타날 것이라는 결론이 나온다. 하지만 그린 스완 시나리오에서는 전 세계가 음식, 영양, 건강과 세계경제포럼의 지구를 위한 '4차 산업혁명'과 연결되는 환경 복원과 같은 분야에서 지속가능성이 더욱 강화된 상태가 될 것이다.

우리가 모두 이 과정을 추진하는 데 이바지할 수 있는 몇 가지 방법을 이어지는 제8장에서 집중적으로 살펴볼 것이다. 지난 세월을 돌이켜 보면, 나는 변화라는 의제에 45년간 매달렸으며 4개의 사회적 기업을 공동 설립하고 70개가 넘는 이사회와 자문위원회에서 활동했다. 하지만 이제 겨우 시작 단계라는 생각을 아직도 떨칠 수 없다. 내 생각에는 향후 10년에서 15년이 내 경력에서 가장 흥미진진하면서도 어렵고 위험한 시기가 될 것 같다.[55]

문제의 핵심은 세대를 서로 연결해주는 것이다. 그린 스완 데이 행사에서 팀 스밋은 전 세계 모든 사람이 목소리를 낼 수 있는 장소인 인터넷과 '인류 역사에서 가장 똑똑한 세대'가 결합한 것이 매우 의미 있는 일이라고 말했다. 앞으로 살펴보게 될 기하급수적 리더십의 5가지 원리는 우리가 지금까지 실험해온 요소에 기반한 것이다. 물론 실험 과정에서 우여곡절이 많았다. 소셜 증권거래소(Social Stock Exchange)처럼 내가 참여한 실험 중에는 실패로 끝난 것도 있었고, 에코바디스(EcoVadis, 전 세계 시장에서 활동하는 기업의 환경 및 사회적 성과를 평가할 수 있는 최초의 지속가능성 평가 협업 플랫폼을 운영하는 회사—옮긴이)처럼 기대 이상으로 매우 성공적인 결과를 거둔 사례도 있었다. 파리에 에코바디스라는 공급망 관리 회사를 처음 설립했을 때는 직원 수가 열 명이 조금 넘었으나, 지금은 전 세계에 열 개 이상의 사무소가 있으며 600명 이상이 근무하고 있다.

이어지는 제8장에 소개될 5가지 원칙이 성공을 보장하는 것은 아니지만, 분명히 우리에게 도움이 될 것이다. 그중 한두 가지라도 독자에게 도움이 되기를 바란다. 팀 스밋이 말한 것처럼 "문어는 우리를 끌어가려고 호시탐탐 기회를 노리고 있다."

제8장

기하급수적 이동

〉미래 자본주의의 형태가 잡히기 시작하다〈

우리 주변 어디를 보더라도 '전 세계적인 이상 징후'[1]를 발견하게 된다. 개인적으로 내가 좋아하는 도시인 시애틀은 자연과 관련해서 할 일이 많은 곳인데, 캘리포니아 남쪽과 브리티시 콜롬비아 북쪽 지역 산불 연기로 인해 숨쉬기 어려워하는 사람들을 돕고자 청정 공기 대피소를 건설해야만 했다.[2] 제8장 초안을 준비할 시점을 기준으로 할 때 길이는 550킬로미터가 넘고 전체 크기가 자메이카만 한 지역에서 해초가 썩고 있었으며, 이 지역이 계속 확장되어 멕시코 해안에 가까워지고 있었다.[3] 프랑스는 기온이 사상 최고치인 45.9도를 기록했고 멀리 떨어진 극지방과 알프스 고산지역에 내리는 눈을 조사해보니 미세 플라스틱이 예상치 못한 수준으로 높게 나타났다.[4]

사람들의 우려는 눈덩이처럼 불어나고 있다. 2019년에 입소스(Ipsos)가 전 세계 27개국의 1만 8,000명 이상의 성인을 대상으로 연구한 결과, 거의 모든 지역에서 시스템과 전통 정치에 대한 불만이 높게 나타났다. 전 세계적으로 10명 중 7명(70퍼센트)은 자국의 경제가 부유층과 권력자에게 유리하게 조작된다고 응답했다(이 수치는 2016년에 비해 불과 1퍼센트 증가한 것이다). 스웨덴(50퍼센트)을 제외한 모든 국가에서 대다수 응답자가 같은 반응을 보였다.[5]

우리는 대부분 눈을 가리고 마음의 문을 닫아 버린다. 포퓰리즘, 무역 전쟁, 탈세계화라는 문제가 어떻게든 저절로 해결되리라 생각하듯이, 자연 질서도 알아서 회복될 거라고 기대한다. 하지만 마지막 순간에 극적으로 문제가 해결될 가능성은 갈수록 희박해지고 있다. 어쩌면 우리는 스스로 역사상 가장 큰 규모의 문명 이주를 강요하는 것인지 모른다. 쉽게 말해서 기술적, 지리적, 정치적, 문화적으로 경제와 비즈니스를 전환하는 것 외에는 선택의 여지가 전혀 없는 상황이다.

우리는 정치 제도, 경제 구조, 사회 관행, 문화적 가치가 자연 법칙처럼 영구적이라고 자주 착각한다. 도미닉 호프스테터(Dominic Hofstetter)는 이런 질문을 사용한다.

"삼권분립이 없다면 국민국가는 어떤 모습일까? 자동차가 없는 교통수단? 기업이 없는 상업? 학교가 없는 교육?"

한 가지 분명한 사실은, 우리가 좋든 싫든 지금 당연하게 생각하는 수많은 제도와 구조는 앞으로 변형되어 더는 지금과 같이 인정받지 못할 것이다.[6] 우리는 그러한 변화를 반갑게 여겨야 한다.

스완은 오랜 기간 이동하고 있으며, 인간도 마찬가지다. 아마존의 제프 베조스나 테슬라의 일론 머스크처럼, 인간이 우주에 가는 모습을 보고 싶어 하는 사람도 있다.[7] 우주에 가려면 사람보다 로봇이 더 유리하겠지만, 어쨌든 우주로 뻗어나가는 것을 꿈꾸는 것은 좋은 생각이다. 지구에서 계속 살고자 하는 사람도 지금까지 없었던 이동을 준비하고 있다. 블랙 스완 영역으로 우리를 억지로 끌고가던 경로를 벗어나 한층 개선된 그린 스완 특성을 갖춘 미래를 만들어가는 경로로 10여 년에 걸쳐 꾸준히 이동하는 것이다.

이런 식으로 보자면, 최근에 발생하는 정치적 혼란과 분노에 휩싸인 포퓰리즘은 실존주의적인 스완의 노래, 자본주의와 민주주의 그리고 지속가능성의 낡고 병든 모습의 확실성에 대한 탄식이라고 할 수 있다. 하지만 이런 일로 놀라면 안 된다. 경제 및 사회가 '도표 1. U자형 곡선'(소개의 말)에 강조된 U자형 곡선에 가까워지면 이런 변화가 당연히 발생하기 때문이다.

그리고 블랙 스완 궤적이라고 할 만한 모델에 해당하는 도시가 있다면, 그것은 바로 인도네시아 수도 자카르타라고 할 수 있다. 자카르타는 현재 매우 빠른 속도로 가라앉는 중이다. 지하수를 너무 많이 뽑아내고 있는 데다 해수면 상승 문제가 겹치는 바람에, 2050년이면 자카르타 면적의 95퍼센트가 물에 잠길 것이라는 전망이 있다.[8] 이에 대해 인도네시아의 반응은 어떤가? 정부는 보르네오에 새 부지를 확보해 수도를 이전할 것이라고 발표했다.[9]

그래서 이제 두 가지 단순한 시나리오를 생각해보자. 하나는 우리가 모두 자카르타에 산다고 가정하는 블랙 스완 시나리오이고, 다른 하나는 그린 스완 시나리오다.[10] 첫 번째 시나리오에서는 우리가 일련의 하향 나선형 소용돌이에 휘말리게 된다. 그러한 소용돌이는 제2장과 제3장에서 살펴본 사악한 문제 및 극도로 사악한 문제로 분류할 수 있을 것이다. 우리의 정치 및 경제 시스템이 이러한 문제를 해결하려고 애써 보지만 결국에는 압도되어 소용돌이에 완전히 빨려 들어가게 된다. 우리가 무슨 짓을 해든 간에 이 지구의 미래도 일부 그러한 결과를 당할 것이다.

미래에 대해 남다른 열정을 가진 사람들이 뭐라고 하든 간에, 그린 스완 시나리오에서 유토피아는 고사하고 그와 비슷한 것조차 기대해서는 안 된다. 실망스러워도 어쩔 수 없다. 유토피아를 꿈꾸기에는 현실이 너무 인간적이기 때문이다. 현재 지구는 빠르게 회복할 방안을 전혀 기대할 수 없을 정도로 심각한 상태라는 점도 고려해야 한다. 그렇긴 하지만 그린 스완 시나리오는 적어도 미래 세대가 가치 있는 삶을 실제로 누릴 가능성이 있거나 그런 가능성이 점차 커질 세상으로 가는 길을 보여줄 것이다.

하지만 그런 길이 열리려면, 그리고 자본주의가 어떤 형태로든 살아남으려면, 시장 기반으로 가치를 창출하는 형태를 크게 발전시켜야 한다. 아주 기본적인 것부터 새로 설계해 생명이 유지되는 데 필요한 조건을 중시하고 증진하는 방향으로 개선해야 한다. 인간의 생명만 존중할 것이 아니라 모든 형태의 생명을 존중해야 하고, 지금의 삶만 생각하는 것이 아니라 '아주 먼 후대'까지 고려해야 한다.

'그건 좀 불가능한 일이 아닐까'라고 생각할지 모른다. 오늘날의 현실만 본다면 불가능하다는 생각이 드는 것도 이해할 만하다. 하지만 우리는 일단 그린 스완 미래가 불가피한 것처럼 보이게 만들어야 하고, 그다음에는 실제로 그러한 미래를 현실로 만들어야 할 범세대적 과제를 안고 있다. 이 책의 마지막 부분인 제8장에서는 오늘날 거의 불가능해 보이는 일이라도 미래에는 불가피할 정도로 확실하게 만들 수 있는 다섯 가지 핵심 원리를 집중적으로 살펴볼 것이다.

새로운 것을 만드는 힘이 아니라 파괴하는 세력은 미래에 대한 암울한 조짐과 같다. 정치는 이런 파괴하는 힘을 가진 세대를 끌어들이는 것처럼 보일 수 있다. 하지만 이것은 창조적인 파괴가 가속화되는 과정을 가리키는 징후라고 할 수 있다. 새로운 변화를 맞이하려면 기존의 질서를 무너뜨려서 정리하는 과정을 거쳐야 하기 때문이다. '파괴하는 세력'의 의도가 무엇인지는 중요하지 않다. 설령 나르시시즘에 도취해 있다 하더라도 상관이 없다. 그들은 자신도 모르게 숲에 존재하는 점균처럼, 오래된 것을 해체해 새것을 받아들일 공간과 양분을 준비해줄지도 모른다.

적어도 나는 이 문제를 이런 관점으로 보며, 이 책의 처음부터 끝까지 그 점이 뚜렷하게 반영되어 있다. 더 직접적으로 표현하자면, 지금부터 다룰 내용은 모든 부문의 리더에게 적용되는 조언이자, 개인적인 변화에 대한 강력한 선언 요소도 포함되어 있다. '의사여, 네 자신을 고쳐라'라는 정신에 입각한 일종의 스완 선언문이라고 할 수 있다.

이미 언급했듯이, 바로 이러한 목적을 위해 런던 교외에 재생된 넓은 습지가 내려다보이는 곳에서 세계 최초로 그린 스완 데이라는 행사를 주최한 것이다. 이어지는 내용은 혁신의 선두주자들이 공통으로 주장하는 내용에 초점을 맞출 것이다.

가장 중요한 질문은 어떻게 해야 2020년대까지 자본주의를 재정비할 수 있는가이다. 싱귤래리티대학교의 과학 난제 프로그램 의장인 닉 한은 10년이라는 기간을 강조하면서 이 기간이 '기하급수적 시간이 될 것'이라고 말했다. 간단히 말해서, 어떻게 해야 블랙 스완 및 그레이 스완과 몸싸움을 벌이면서 돌파구 나침반(도표 2. 돌파구 나침반, 서장)에서 상단 왼쪽의 '실패' 영역에 빨려 들어가지 않고, 우리 자신, 우리가 속한 조직 및 우리 경제를 우측 상단의 '돌파구' 영역, 즉 희망적인 그린 스완 영역으로 데려갈 수 있을까?

한동안 내 머릿속을 떠나지 않았던 한 가지 그레이 스완은 세계 곳곳에서 노화 인구가 급증하는 현상이다. 현재 전 세계 인구 중에서 65세 이상 인구가 가장 빠르게 늘어나고 있다. 그리고 2050년이면 80세 이상의 인구가 현재의 3배로 늘어날 것이라고 한다.[11] 이러한 변화는 노인을 대상으로 하는 공공 의료, 연금, 사회보장 등에 의미하는 바가 크다. 하지만 노년층은 나이가 들수록 더 보수적으로 되므로, 그린 스완 결과를 도출하는 데 필요한 위험을 감수해야 할 때, 그러한 위험을 거부하거나 그러한 위험에 관해 계획하는 정치가에게 표를 주지 않으려는 경향이 있다. 이러한 점도 우리가 고려해야 할 사항이다.

동유럽 빈곤 지역에는 이미 이런 추세가 발생해 지역 내에 버림받았다는 분위기가 퍼지면서 극우파가 급격히 성장하고 있다.[12] 일본은 인구 감소 현상이 가속화됨에 따라 매년 중소 도시 하나의 인구가 사라지는 현상이 조만간 일어날 것으로 보인다.[13] 일각에서는 전 세계 인구가 기하급수적으로 증가하는 것이 아니라 깜짝 놀랄 정도로 감소할 것이라고 경고한다. 《텅 빈 지구(Empty Planet: The Shock of Global Population Decline)》[14]의 저자 대럴 브리커(Darrell Bricker)와 존 이빗슨(John Ibbitson)도 인구 감소에 대해 깊은 우려를 표명했다. 이 문제는 그레이 스완을 거쳐 블랙 스완으로 악화할 수 있으나, 자연의 순리대로 일이 진행된다면 오히려 그린 스완으로 바뀔 수도 있다.

하지만 누구도 이 일이 쉬울 거라고는 장담하지 못한다. "내 말이 아니라 내 행동을 보고 따라 하라"는 정신을 기반으로 볼란스에서 지금 까지 테스트한 다섯 가지 원칙을 소개하고자 한다. 실생활 경험에 바 탕을 두고 있다는 점을 보증하고, 관련 자료를 찾을 수 있도록 가장 직 접적으로 관련된 몇 가지를 인용할 것이다. 그들의 야망과 변화에 대 한 욕구와 열정은 우리에게 좋은 동기부여가 될 것이다.

알고리즘이 되지 말고 리더가 되라

1980년대에는 개인 컴퓨터의 등장이 큰 화제였다. 컴퓨터는 바퀴의 발명 이후로 인간의 기술 중에서 가장 혁신적인 변화로 여겨진다. 나에게도 컴퓨터를 직접 사용하는 것은 매우 특별한 경험이었다.[15]

하지만 요즘은 흔히 이렇게 말한다.

"스마트폰 중에서 가장 저렴한 가격에 대량생산되는 휴대전화라도, 컴퓨터 초창기 모델에 비하면 연산 능력이 기하급수적으로 뛰어날 것이다. 인간을 최초로 달에 보낸 아폴로 미션에 사용된 소프트웨어는 사실 요즘 우리가 사용하는 휴대전화에 있는 앱 수준에 불과하다. 이모든 것의 기반은 현대판 프로세서의 놀라운 기능을 사용해 불가능해 보이는 것을 가능하게 만드는 알고리즘이다."

다시 한 번 말하지만, 언어는 미래의 가능성에 대한 가이드와 같다. 어느 이탈리아 정치가는 최근에 자신의 경쟁자를 가리켜 리더가 아니라 알고리즘이라며 비난을 퍼부었다.[16] 하지만 요즘은 알고리즘이라는 용어가 대세인 것 같다. 그래서 예전과 다른 새로운 의미로 사용되며 그러다가 종종 오해가 발생하기도 한다.

우선 알고리즘이 무엇인지 짚고 넘어가야 할 것 같다. 알고리즘이란 특정한 별개의 문제를 해결하기 위해 거치는 일련의 절차를 가리킨다. 구글의 검색 엔진, 도심 지역 러시아워 도로 관리, 지하철 시스템과 같이 우리가 사는 세상에서 알고리즘의 지배를 받거나 알고리즘 기반으로 운영되는 부분은 계속 늘어난다. 그러나 역설적이게도 알고리즘이 더욱 확대될수록 인간의 리더십이 더욱 절실하게 필요하다.

이러한 알고리즘의 정치적 의미는 제이미 서스킨드(Jamie Susskind)의 저서《미래 정치(Future Politics)》[17]에 자세히 설명되어 있다. 그 책의 결론 부분을 인용하자면 다음과 같다.

"우리는 새로운 세상을 만들어가는 중이지만, 지적·철학적·도덕적으로 그 세상을 맞이할 준비는 아직 부족하다."

그는 미래의 정치는 예전과 상당히 다를 것이라고 말한다. 지금 경제 상황이 바로 그렇게 이전과 전혀 다른 양상을 보인다.

자본주의에서 핵심 영역인 경제학은 지금 알고리즘과 함께 천천히 움직이고 있다. 여기서 말하는 알고리즘에는 사물의 가치를 측정하는 공식과 부의 창출에 대한 현재의 정의를 출발점으로 해서 점차 변화해가는 과정을 측정하는 공식이 포함된다. 제1장에서 언급한 것처럼, 경제학자 밀턴 프리드먼이 항상 긍정적인 영향만 준 것은 아니라는 점을 생각해보라. 사람들이 프리드먼의 주장을 제대로 이해했든 잘못 이해했든 간에 그는 여러 세대에 걸쳐 기업 리더와 투자자는 물론이고 규제 기관에도 큰 영향을 주었다.

주요 결과를 보자면, 자본주의 알고리즘 때문에 빈부격차는 더욱 심해졌고, 지구생명지수(Living Planet Index)는 60퍼센트나 하락했다. 지구생명지수는 세계야생동물기금(WWF)[18]이 계산하는 지구 생물권의 활력도를 말한다. WWF 영국 지부 CEO인 타냐 스틸(Tanya Steele)은 그린 스완 데이 행사에서 "우리는 자신이 직접 지구를 파괴하고 있다는 것을 자각한 첫 번째 세대이자, 이 문제에 대해 어느 정도 손쓸 여력을 가진 마지막 세대입니다"라고 말했다.

신경제 시대 이후로 경제학의 기하급수적 알고리즘화라는 현상이 나타났다. 실제로 이 표현 자체가 굉장히 촌스러운 것이다. 애플의 팀 쿡처럼 세계 경제를 주도하는 CEO가 나서서 현행 알고리즘의 상당수의 역기능을 지적하는 경우가 많으며, 이러한 알고리즘을 만든 당사자도 이러한 비판에 포함된다. 팀 쿡은 스탠퍼드대학교 졸업식 연설 중에 실리콘밸리에서 함께 일하는 동료를 겨냥해 이렇게 경고했다.

"혼돈을 만들어내는 공장을 짓는다면, 그 혼돈에 대한 책임을 결코 회피할 수 없을 것이다."[19]

이 중에서는 비교적 빨리 해결할 수 있는 문제도 있고, 감시 국가의 증가로 인한 영향처럼 세대 간 문제에 해당하는 경우도 있다. 결국 지구의 상태에 관해 많은 것을 해낼 수 있는 마지막 세대에 관한 논평으

378

로 다시 돌아가게 된다. 지속가능성 의제의 핵심은 언제나 세대 간의 형평성이라고 할 수 있다.[20] 실제로 내 작업의 대부분은 여러 세대를 연결할 수 있는 더 강하고 더 길고 넓은 다리가 필요하다는 인식이 확산된 덕분에 가능했던 것이었다.

때때로 이 다리를 만들려는 의지 때문에 곤란한 상황에 직면하게 된다. 하지만 그것은 불가피한 일이라고 생각한다. 한 번은 XR[21]이라고 알려진 멸종 저항에서 주도하는 의제를 지원할 목적으로 〈타임〉에 보내는 서한에 서명해달라고 20명이 넘는 기업 리더를 설득하기도 했다. 그 당시에 XR은 트래펄가 광장, 워털루 브릿지와 같은 상징적인 장소에서 평화 시위를 진행했고, 봉쇄로 인해 영업에 영향을 받은 소매업계에서 반발이 일어났다. 다음은 해당 서한 전문이다.

안녕하십니까? 이 편지를 드리는 목적은, 귀하의 예상과 달리 멸종 저항(XR) 의제에 대한 기업 지원을 요청드리는 것입니다. 멸종 저항 시위로 인해 기업이 수백만 파운드의 비용을 떠안게 되고 런던 시민에게 불편을 드려 유감스럽게 생각합니다. 하지만 기후 위기로 인해 우리 경제에 발생한 미래 비용은 이와 비교할 수 없을 정도로 심각할 겁니다.

강한 압박을 가하면 변화를 일으킬 수 있습니다. 하지만 아무리 헌신적인 기업이라 해도 그러한 압박에 반응할 시간을 허용해야 합니다. 우리는 멸종 저항이 발전시킨 새로운 플랫폼인 'XR 비즈니스'에 기업가와 투자자, 자문가를 모두 참여하게 된 것을 매우 기쁘게 여깁니다. 이러한 변화를 이끌어 나가기 위해 XR 행동주의자, 전문가, 기업가, 인플루언서가 모두 모이는 자리를 마련할 생각입니다.

대부분의 기업은 기후 비상사태의 징후가 나타나기 전에 설립되었습니다. 그러므로 과학 기반의 목표를 사용해 산업 전반과 모든 기업을 재설계하는 것이 시급합니다.

이를 시작하려면 우선 기업은 우리가 기후 비상사태에 직면했음을 선포하고 기업 이사회 내에 긴급 조치에 관한 책임 부서를 조직해야 합니다. 현재 우리가 소속되어 있는 고위 경영진도 그렇게 해주시기 바랍니다.

이 서한이 공개되자 많은 사람이 우호적인 반응을 보였다. 하지만 다른 한편으로는 XR 운동 내부에는 일종의 후폭풍이 발생했다. 프랑스나 독일에서 활동하는 사회운동가들은 XR이 코 옵션(그룹의 반대 의견을 관리하기 위해 외부 구성원을 받아들이는 것—옮긴이)을 두려워한 나머지 자본가와 동침하는 것처럼 보인다며 격분했다. 운동 내부에서 나온 아이디어인 'XR 플랫폼'이 정말 있을지 모른다는 생각에 논란은 더욱 격렬해졌다. 결국 상황은 어느 정도 진정되었지만 그 과정에서 드러난 반응을 관찰하는 것은 매우 흥미로웠다.

간단히 설명하자면, 어떤 CEO는 나에게 왜 정치를 하려는 거냐고 이메일을 통해 질문했다. 사회운동가를 초대할 수 있는지, 그리고 XR의 핵심 요구사항인 '기후 위기'를 어떻게 선언할 것인지 묻는 CEO도 있었다. 그러다가 상황이 전개되는 속도가 매우 빨라졌다. 몇 주 후에 바르셀로나에서 4명의 여학생과 토론회를 진행했다. 학생들은 사회운동가였는데, XR 대표가 2명이었고, 나머지 둘은 그레타 툰베리(Greta

Thunberg)의 '미래를 위한 금요일(Fridays For Future)' 운동에서 활동하고 있었다. 사실 어린 여학생이 많은 청중 앞에서 무대에 오르는 것은 매우 긴장되는 일이지만, 이 학생들은 아주 훌륭하게 토론을 마무리했다.

얼마 후에 그린 스완의 대명사[22] 툰베리와 미국 정치인이자 그린 뉴딜을 외치며 대선 토론에 불붙인 알렉산드리아 오카시오 코르테즈의 토론을 보고 큰 감명을 받았다. AOC라는 애칭으로 불리는 오카시오 코르테즈는 리더 역할이 만만치 않다는 점을 잘 알고 있었다. 그녀는 이렇게 말했다.

"의제를 설정하려면 리더가 되는 문제부터 해결해야 합니다. 사람들이 잘 모르는 것이 있는데, 리더십을 발휘하는 것을 엄청나게 어려운 일입니다. (…) 리더십이란 결과를 완벽하게 예측할 수 없는 상태에서 결정을 내리는 것이니까요."[23]

그러자 툰베리가 한 치의 망설임도 없이 이렇게 대꾸했다.

"정말 많은 사람이 아무런 희망이 없다고 생각해요. 그런 사람이 나에게 '이제 어떻게 해야 하죠?'라고 질문하면 저는 이렇게 말합니다. '행동하세요. 뭐라도 해봐야죠.'"

그렇다면 오늘날 어디에서 국가적 차원의 혁신적인 리더십과 획기적인 행동을 찾을 수 있을까? 세계 최초의 탄소 중립국이 되기로 결정한 코스타리카라는 작은 나라를 한번 생각해보자.[24] 이 나라 경제는 비행기를 타고 오는 관광객에 크게 의존하고 있는데, 이러한 관광객은 거대한 탄소 발자국을 남길 수밖에 없다. 〈뉴욕 타임스〉는 이 점을 지적하면서 외부 세계가 너무 빠른 속도로 탄소 중립 입장으로 전환하면 오히려 코스타리카가 불리한 상황에 놓일 수도 있다고 경고했다.

그런데 한 가지 분명한 것도 있다. 우리가 시민, 기업, 도시, 국가 중 어느 것에 중점을 두든 간에, 중요한 것은 모두가 사회운동가로 변신해야 한다는 것이다. 적어도 그렇게 할 용기를 내는 사람이 있다면 적극적으로 지지해줘야 한다. 바디샵 인터내셔널의 최고 지속가능성 책임자 크리스 데이비스(Christ Davis)는 그린 스완 데이에서, "기업가라면 무조건 사회운동가가 되어야 하며 힘들어도 핑계를 대지 말아야 한다"고 말했다. 또한 기업가는 당당히 앞자리에 나서서 목소리를 높여야 한다고 주장했다. 한 가지 흥미로운 점은, 더바디샵의 소유권이 10년간 프랑스 화장품 회사 로레알에 있었는데, 로레알은 더바디샵이 사회혁신 욕구가 강하다는 것을 알면서도 이를 강하게 저지했다는 것이다. 그러나 지금은 변화의 선구자로서 비코프 인증을 받은 브라질 기업 나뚜라(Natura)가 더바디샵의 소유주가 되었고, 그 결과로 기업 내부에서 변화와 행동주의를 주도하라는 압력이 매우 커진 상태다.

또 다른 사례로, 아마존에서는 수천 명의 직원이 CEO 제프 베조스에 대해 '기후를 지키기 위한 반란'[25]을 시작했다. 직원들은 기후 변화는 실존적인 문제이며, 아마존은 이 문제 해결에 도움을 줄 수 있는 자원과 능력이 있는데도 이 문제에 노력을 거의 기울이지 않는다고 주장했다. 더 심각한 문제는 아마존이 아직도 기후 대책 시행을 늦추는 입법자에게 기부금을 보낸다는 것이다.[26] 하지만 그런 식으로 불만을 표출할 때 결과가 항상 좋은 것은 아니다. 구글에도 이렇게 회사에 맞선 직원들이 있었는데, 그들 중 상당수가 경영진의 압박에 못 이겨 결국

회사를 그만둔 사례가 있다.[27]

사실 여부가 확인된 정보를 제공하고 거짓 정보에 맞서는 면에서 전문 언론의 역할을 과소평가하면 안 된다. 브라질 대통령 자이르 보우소나루(Jair Bolsonaro)는 환경운동가들이 자신의 평판을 망치려고 아마조니아(Amazonia, 아마존 열대우림 중에서 브라질에 해당하는 지역—옮긴이)에 불을 낸 것이라며 비난을 퍼부었다.[28] 놀랍게도 포퓰리즘 시대에 중국과 같은 국가에서는 침묵을 유지하는 언론인이 늘어나고 있다.[29]

그렇다면 홍콩 시위대처럼 민주주의를 옹호할 의향이 있는 사람이 우리 중에 얼마나 있을까? 우리는 모두 투명성과 책임성의 결여에 대해 대가를 치르게 될 것이다. 조정 기간이 있긴 해도 긍정적으로 마무리되는 경우는 거의 없다. 동요하는 순간이 있다면 이 점을 기억해야 한다. 대부분의 사람은 타인이나 다른 종의 장기적인 미래에 대해 생각하기 전에 일단 자신이 당장 원하는 것부터 해결하려는 경향이 있다. 이렇게 각자 원하는 바가 다른데, 이를 서로 연결할 방안을 제시하는 정치인은 찾아보기 힘들다. 그렇지만 이제는 어떻게든 연결 방안을 무너뜨릴 것이 아니라 만들어야 할 시점이다.

AOC가 자신의 정치 플랫폼을 설명한 것처럼, "의회를 지지하는 이러한 운동은 교육과 의료에 관한 것이며, 주택 문제, 취업, 정의, 시민의 권리와 관련이 있다. 이는 우리의 환경, 에너지, 사회 기반 시설의 미래를 준비하는 일이며, 우리 이웃의 존엄성을 옹호하는 것이자 정치에서 돈을 얻어내는 일이다."[30]

XR의 주장처럼, 사회운동가가 된다는 것은 자신과 타인에게 진실을 말한다는 뜻이다. 툰베리의 뛰어난 명료성, 긴급성 및 지나치다 싶을 정도의 솔직함이 매우 효과적인 이유도 바로 여기에 있다. 다보스에서 열린 WEF 행사에서 AOC는 기업 총수들에게 이렇게 말했다.

"어른들은 우리가 젊은 사람에게 희망을 줄 의무가 있다고 말하죠. 하지만 저는 기성세대에게 희망을 걸지 않습니다. 기성세대가 희망에 차오르기를 바라지도 않아요. 오히려 저는 여러분이 겁을 먹었으면 좋겠습니다. 제가 매일 느끼는 두려움을 여러분도 느끼셨으면 좋겠습니다. 그래서 당장 행동하시길 바랍니다. 아주 큰 위기에 봉착한 것처럼요. 집에 불이 난 사람이 어떻게 할지 상상해보세요. 실제로 현재 상황은 집에 불이 붙은 것만큼 급박합니다."[31]

OPEC에서 툰베리와 몇몇 젊은 기후 운동가를 가리켜 화석 연료 산업에 대한 '가장 큰 위협'이라고 선언하자, 그녀는 즉시 트위터에 '지금까지 들어본 최고의 칭찬'[32]이라는 말로 당당하게 받아쳤다.

이러한 트렌드에 따라 지속가능한 사업이나 투자 부문에 몸담은 사람 중에 기존의 사고방식을 되돌아보는 사람이 꾸준히 늘어나고 있다. 이러한 변화는 불가피한 것이다. 던컨 오스틴(Duncan Austin)은 지속가능한 비즈니스 활동이 그린워시(greenwash, 실제로는 환경에 해를 끼치는 사업을 하면서 마치 친환경 기업인 것처럼 광고 등을 통해 이미지를 포장하는 행위―옮긴이)가 아니라 그린위시(greenwhich, 지속가능성이라는 목표에 관해 현재 기울이는 노력이 충분하다고 생각하는 지나친 낙관주의―옮긴이) 쪽에 가깝다고 비난했다. 던컨을 처음 만났을 때 그는 제너레이션 인베스트먼트 무브먼트에서 근무했다. 또한 지속가능한 비즈니스 활동은 '세상의 지속가능성을 더욱 강화하려는 선의의 노력 덕분에 필요한 변화를 더 앞당겨지기를 바라는 진지한 희망'[33]을 담고 있다고 말했다.

U자형 곡선에 더 깊이 침투할수록 리더는 파괴의 세계와 돌파구의 세계로 들어가기 위해 동시에 노력해야 한다. 하나는 블랙 스완이고 다른 하나는 그린 스완이므로 서로 전혀 다른 세상이지만 사실 기하급수적 역학이라는 같은 뿌리에서 나온 것이다. 이 둘을 동시에 겨냥하는 것은 리더에게 정말 큰 골칫거리가 될 수 있다. 이미 언급했듯이 스콧 피츠제럴드는 두 가지 상반된 아이디어를 동시에 팽팽하게 유지하면서 효율적으로 사용하려면 비범한 두뇌가 필요하다고 말했다.

비슷한 맥락에서 짐 콜린스는 자신의 저서 《좋은 기업을 넘어 위대한 기업으로(Good to Great)》[34]에서 '스톡데일 패러독스(Stockdale Paradox)'를 강조했다. 제임스 스톡데일(James Stockdale)은 미군 고위 장교였는데 베트남 전쟁 중에 포로가 되어 7년간 감금되어 끔찍한 고문을 당했다.[35] 살아남을 가능성이 희박했지만 스톡데일은 자신이 처한 냉혹한 현실을 인정하면서도 낙관적인 태도를 잃지 않았다. 스톡데일은 후에 이렇게 설명했다.

"결국에는 자신이 이길 거라는 믿음을 절대 버리지 마십시오. 또한 그러한 믿음과 자신이 처한 상황에서 가장 냉혹한 현실을 혼동해서도 안 됩니다."

쉽게 말해서, 그린 스완 결과를 위해 오랜 기간 간절히 열망하고 꾸준히 노력하는 것은 합리적이라는 뜻이다. 그렇게 하면서 다른 한편으로는 그레이 스완이나 블랙 스완처럼 사악한 결과 또는 극도로 사악한 결과를 인정하고 대비해야 한다.

변화나 혁신을 논하는 것은 쉽지만, 실제로 이행하는 것은 매우 어렵다. 그렇기 때문에 변화의 뒤에는 종종 경제 불황이나 전쟁과 같은 뼈아픈 상황이 뒤따른다. 하지만 다행히도 지난 10년간의 '억제된 불황' 이후 혁신적인 시스템 변화에 대한 관심이 점차 커지고 있다. 그렇긴 해도 기업가 입장에서는 올바른 행동을 크게 장려하는 정치적, 정책적, 재정적 환경이 조성되어야 한결 숨통이 트일 것이다. 다행히도 녹색 채권이 이러한 환경을 조성하는 한 가지 방법이 될 수 있다. 우수한 지속가능성 성과를 보이는 기업에게는 매우 저렴한 대출 금리가 적용되므로 기업 내 회계 및 재무 관련 부서의 눈길을 끌 것이다.[36]

최근 우리는 지속가능한 개발을 위한 세계 비즈니스 협의회(World Business Council for Sustainable Development, 이하 WBCSD)를 지원하고 있다. 이 프로젝트는 2010년에 처음 시작된 비전 2050 프로젝트의 재생 버전이다.[37] 이는 또 한 번 변환 의제에 초점을 맞추고 있다. 프로젝트 디렉터 줄리안 힐-랜돌트는 이렇게 말했다.

"우리는 업무를 5가지 주요 버킷으로 분류합니다. 시스템 변혁에 대한 이해, 기존 경로 업데이트, 2020~2030 비즈니스 운영환경을 그림으로 표현하기, 변환의 장벽 및 조력자 탐색, 그리고 전 세계적 권고사항을 주요 지역에 맞춤화하기입니다."[38]

이를 통해 변화 의제의 핵심 부문이 어느 방향으로 나아가는지 알 수 있다.

인류세의 길을
선택하라

좋든 싫든 우리는 인류세 시대에 살고 있다. 많은 과학자가 생각하는 것처럼 인류세는 70년 전에 시작되었을 수도 있고, 제2장에서 살펴본 것처럼 수백 년 전에 시작되었을지도 모른다. 정보통신업계에서 많이 사용하는 비유를 사용하면 그 의미가 분명히 드러날지도 모르겠다. 컴퓨터나 기타 전자기기가 고장 나거나 먹통이 되면 재부팅할 수 있다. 자본주의, 민주주의도 바로 그렇게 재부팅해야 할 정도로 문제가 발생했으며, 더 최근에 등장한 지속가능성 의제도 재부팅이 필요한 상황이다.

이러한 상황은 두 가지 조건이 맞물릴 때 가장 빠르게 전개될 것이다. 첫 번째 조건은 새로운 질서가 가장 밑바닥과 시스템 경계에서 거품을 일으키는 것이고, 두 번째 조건은 전반적인 패러다임이 바뀌는 곳에서 새로운 질서가 모습을 드러내는 것이다. 앞서 제4장에서는 '쿤 주기'라는 것을 간단히 살펴보았다. 토마스 쿤의 《과학혁명의 구조》는 요즘 사람에게 다소 진부해 보일지 모른다. 하지만 내가 처음 그 책을 읽었던 1960년대에는 가히 혁명적인 책이었다. 그 책을 읽고 우리가 새로운 패러다임으로의 전환을 앞둔 마지막 단계, 즉 대다수 사람의 사고, 우선순위, 행동 방식에 혁신적인 영향을 미치는 과정을 겪고 있다는 것을 이해하게 되었다.

나의 세계관에 막대한 영향을 준 사람을 꼽자면 제임스 러브록 (James Lovelock)[39]을 들 수 있다. 그는 가이아이론(Gaia theory)을 제시했으며 20세기에 등장한 가장 핵심적인 기술 중 하나인 전자포획 검출기(electron capture detector)를 발명했다.[40] 이 기술은 합성 살충제가 어떤 영향을 미치는지 파악하는 데 큰 도움을 주었으며, 덕분에 레이첼 카슨의 《침묵의 봄》이라는 책이 출간되었고, CFC가 성층권에 어떤 영향을 주는지 알게 되었다. 그래서 그의 100주년 생일 파티에 참석하게 된 것은 개인적으로 매우 뜻깊은 일이었다. 그 파티는 이 책이 출판사에 넘겨져서 최종 편집이 시작된 직후에 열렸다.

러브록의 사고방식에 드러난 다양한 요소에 대해 오랫동안 논란이 이어져 왔다. 하지만 다윈이 생명 과학을 주도한 것처럼, 결국 러브록은 지구 시스템 과학 분야에서 다윈과 같은 존재가 될 것이다. 러브록의 도발적인 관점은 우리의 두뇌를 움직여서 미래의 블랙 스완, 그레이 스완, 그린 스완에 관해 생각하는 데 꼭 필요하다.

러브룩은 인류세가 이제 '신생세'라는 것에 추월당하고 있다고 본다. 사실 그는 인류세가 겨우 300년 만에 막을 내리고 있다고 주장한다.[41] 신생세는 이미 시작되었으며 기존의 인공지능 시스템에서 새로운 존재가 등장할 것이라고 결론 내린다.[42] 이렇게 등장한 존재는 현재 우리보다 생각의 속도가 1만 배 이상 빠르므로, 지금 우리 눈에 식물이 아주 느리게 변화하는 생명체로 보이는 것처럼, 그들에게 인간이 그런 식물처럼 느껴질 것이다. 현재 인공지능은 퍼즐의 원리를 전혀 모르는 상태에서도, 우리가 손가락을 까닥이는 것보다 더 빨리 루미큐브를 풀어낸다고 한다.[43] 하지만 미래의 인공지능 시스템 앞에서는 현재 인공지능의 업적은 어린아이의 장난처럼 여겨질 것이다.

그렇지만 러브룩은 수많은 공상과학 소설이나 영화에 나오는 것처럼 무자비하고 폭력적인 기계 같은 존재가 나타나서 지구를 장악하는 일은 없을 것으로 생각한다. 고도의 지능을 가진 존재가 나타나긴 하겠지만 그들도 현재의 인류처럼 지구가 건강해야만 살아남을 수 있을 것이다. 그들도 갈수록 뜨거워지는 태양열을 피하려면 '가이아'의 행성 냉각 시스템이 있어야 한다. 가이아는 즉 지구에 생명이 존재할 수 있는 조건을 지속하기 위해 모든 생명체가 협력하는 상태를 말한다. 가이아는 유기체에 의존하기 때문에 우리는 행성 관리 프로젝트에서 파트너 역할을 해내겠다고 마음먹을 수 있다.

1980년대에 《행성 관리의 가이아 아틀라스(The Gaia Atlas of Planet Management)》라는 책을 저술한 사람으로서, 나 역시 이 주제에 오랫동안 관심이 있었다. 1968년에서 1972년 사이에 〈지구백과(The Whole

Earth Catalog)〉[44]라는 잡지를 열심히 구독했는데, 그때부터 관심이 생긴 것 같다. 러브록 100주년 행사에서 〈지구백과〉를 창간한 스튜어트 브랜드(Stewart Brand) 옆자리에 앉았을 때 얼마나 흥분되었는지 말로 다 표현할 수 없었다. 스튜어트 브랜드 맞은편에는 그의 아내이자 리바이브앤리스토어(Revive & Restore)의 운영자 라이언 펠랑(Ryan Phelan)이 앉아 있었다.[45]

펠랑이 이끄는 팀은 제약업계에 착취당하는 투구게를 보호하는 일을 하는데, 알고 보니 업무 결과를 평가할 때 트리플 바텀 라인을 사용하고 있었다. 제약업계는 재조합 DNA로 만든 안전하고 효과적이며 저렴한 대안이 있는데도, 약품 안전성 테스트를 위해 매년 50만 마리에서 75만 마리의 투구게의 피를 뽑고 있다.[46]

다행히도 라이언 펠랑은 책임, 회복력, 재생을 뜻하는 3R 프레임의 가치를 즉시 알아보았다고 한다. 일라이 릴리(Eli Lilly, 미국 인디애나폴리스에 자리 잡은 대규모 제약회사—옮긴이)와 같은 기업이 그녀의 주장에 마음을 움직인 이유는 그녀가 책임과 비용 절감을 모두 고려했기 때문이었다고 한다. 그녀는 변화를 받아들이면 공급망과 하구 생태계의 회복력이 증가할 것이라고 설명했다. 또한 투구게가 약 4억 5천만 년이라는 오랜 세월을 생존한 놀라운 종이라고 강조하면서 이들의 재생에 도움을 주려면 투구게 수확을 대폭 줄여야 한다고 주장했다.[47] 약품 실험을 위해 피를 뽑은 투구게 중에서 5~30퍼센트는 결국 죽는다고 한다[48]. 일라이 릴리는 향후 몇 년 이내로 투구게에서 피를 뽑는 방식으로 추출한 활성 성분 사용량을 90퍼센트나 낮추겠다고 약속했다.

흥미로운 점이 하나 더 있었다. 라이언 펠랑은 털머매드 복원 프로젝트를 진행하고 있었는데, 나는 폴 허켄이라는 친구가 시작한 프로젝트 드로우다운(Project Drawdown)을 통해 그 프로젝트에 대해 들어본 적이 있었다. 털머매드 복원 프로젝트란 이미 멸종된 이 포유류와 유사한 동물을 다시 데려와서 광활한 북극 툰드라 지방에 살게 해주고 그 지역을 보호하는 것이다. 그렇게 하면 영구 동토층이 더는 녹지 않게 되며, 태양열을 흡수하던 숲이 태양열을 반사하는 눈으로 대체되기 때문에 지구의 알베도 효과(albedo effect, 지구가 태양에너지를 받아 반사하는 비율을 알베도라고 하는데, 이를 높이면 지구 온도를 낮출 수 있다—옮긴이)가 증가해 지구 온난화 속도를 늦출 수 있다.[49]

이런 계획은 창의적인 생각을 하는 사람에게는 설득력이 있을지 모른다. 하지만, 지금 무너지고 있는 경제를 미래의 재생 경제로 전환하는 과정이 빨라지는 것을 보면서 일자리를 잃을까 봐 두려워하는 사람은 어떻게 설득해야 할까? 산업 혁명을 통해 한 세대가 일자리를 잃어야만 다른 세대를 위한 '넉넉한 풍요로움'[50]을 창출할 수 있다는 점을 알게 되었다. 한 가지 확실한 점은, 새로운 러다이트 세대가 등장할 것이며 훨씬 더 파괴적인 힘을 발휘할 것이다.

이런 와중에, 주류 사업가와 투자자를 끌어들이려면 어떻게 해야 할까? 욕심을 부리는 것도 나쁘지 않다는 것을 보여주는 한 가지 방법이 있는데, 그것은 바로 2030년까지 연간 수십조 규모의 시장 기회가 확실하다는 것을 지적하는 것이다.[51] 핵심은 유엔의 지속가능한 개발 목표를 달성하는 것이다.[52] 이것은 맥킨지에서 파생된 시스테미크

(SYSTEMIQ)의 선임 파트너 제레미 오펜하임(Jeremy Oppenheim)이 그 린 스완 데이 행사에서 말한 것이다. 그는 유엔이 주도하는 17개 확장형 목표와 169개의 관련 목표는 매우 야심찬 것이라고 설명했다. 하지만 더 나은 비즈니스, 더 나은 세상(Better Business, Better World)[53]이라는 보고서에서, 오펜하임이 이끄는 비즈니스와 지속가능한 개발 위원회(Business & Sustainable Development Commission)는 60개 부문 중 4개 부문(식품과 농업, 도시, 에너지와 재료, 건강과 웰빙)에서만 목표를 달성하더라도 2030년까지 연간 최대 12조 달러의 시장 가치를 창출할 수 있다고 결론지었다.

이와 비슷한 것으로 헤이즐 헨더슨(Hazel Henderson)이 설립한 에티컬마켓(Ethical Markets)[54]에서 운영하는 녹색 전환 스코어보드(Green Transition Scoreboard)가 있는데, 이들은 최근 라운드에서 2009년부터 2019년까지 청정에너지, 친환경 건설, 식물성 단백질 식품과 같은 분야의 누적 투자액이 10조 3,900억 달러라고 밝혔다.[55] 이러한 변화를 보여주는 한 가지 지표는 비욘드 미트(Beyond Meat)가 공개 상장된 것이다. 이 육류대체품 생산업체는 자사가 수익을 전혀 내지 못할 수 있다고 공개적으로 밝혔는데도, 상장 직후에 주가가 135퍼센트 급등했다.[56]

내가 좋아하는 새로운 분야 중 하나는, 진정한 그린 스완을 위해 노력하는 식품 가공업체인데 이들은 식물성 육류, 닭고기, 계란, 생선 대체품을 생산한다. 생선 대체품을 생산하고 있으므로 '블루 스완'이라고 불러도 손색이 없을 것이다. 이 회사의 이름은 비욘드 미트다. 그

밖에도 주목할 만한 기업으로는 블루날루(BlueNalu, 생물반응장치에서 발효시킨 어류 세포를 사용해 어류가공품을 생산함), 굿캐치(Good Catch, 참치 남획 문제에 주목해 식물성 참치 대체품을 개발하고 있음), 임파서블푸즈(Impossible Foods, 식물성 햄버거로 유명한 기업이며 지금은 어류 대체품을 개발하고 있음), 저스트인코퍼레이션(Just, Inc., 이 회사의 창립자인 조시 테트릭은 트리플 바텀 라인에서 영감을 얻었다고 함), 뉴크랍캐피탈(New Crop Capital, 대체식품 부문의 투자업체), 뉴웨이브푸즈(New Wave Foods, 해초와 콩 단백질로 채식주의자를 위한 새우 대체품을 생산함), 오션허거(Ocean Hugger, 토마토로 참치회 슬라이스와 비슷한 제품을 생산하며, 가지로 장어 대체품을 생산함)가 있다.[57]

그렇지만 필요한 시장 돌파구가 적당한 시기에 알맞은 순서로 발생하려면, '평소와 같은 변화', 즉 점진적인 변화를 훨씬 넘어서야 한다. 점증주의도 분명 쓸모가 있다. 하지만 헌신적인 기업가들조차 유엔의 목적이 점진적인 변화 의제라고 생각하는 것을 보면 걱정스러운 마음이 앞선다. 그들은 분명 이렇게 가정할 것이다. '지금 잘하고 있으니 조금만 더 노력하면 될 거야. 조금만 더 개선하고 조금만 더 빨라지면 되겠지. 그러면 목표 시점인 2030년까지 주어진 목표의 대다수를 달성하지는 못해도 많은 부분은 해낼 수 있을 거야.' 하지만 그들의 예상은 빗나갈 것이다.

이제는 부의 창출 방식에서 가장 본질적인 부분인 비즈니스 모델과 경제 모델에도 주목해야 한다. 미래의 자본주의가 제대로 운영되려면, 비즈니스와 지속가능한 개발 위원회[58]에 제출한 보고서의 결론에서 설명한 것처럼, 비즈니스 모델이 기하급수적으로 더 사회화되고, 군더더기 없이 실속을 갖추고, 통합되고, 순환성을 높여야 한다. 우리의 공동 과제는 사용 지점부터 대기 및 생물권의 가장자리까지, 그리고 결정적으로 더 확대되는 순환경제까지 모두 통합하고 희소한 형태의 자본에 대해 허리띠를 졸라매면서도, 새로운 기술을 사용해 도달하기 어려운 사회적 목표를 이룩하는 것이다.

U자형 곡선을 만들고 방해 요소를 제거하라

전 세계 경제가 내가 서론에서 말한 '번데기 경제'에 이 모든 것이 이루어져야 한다. 그 시기에는 혼돈이 가중되는 가운데 기존 질서가 무너져내리고 새로운 질서가 빠르게 자리 잡히기 시작한다.

시스테미크의 제레미 오펜하임이 그린 스완 데이 행사에서 주장한 것처럼, 체계적으로 생각하고 행동하는 것은 미래의 핵심 기술이라고 할 수 있다. 오펜하임은 전체 시스템을 잘 살펴보면 '신기한 마술'이 일어날 수 있다고 말했다.

"갑자기 사방 모든 곳에서 기회가 보일 겁니다. 잠재적으로 기하급수적인 기회 말입니다."[59]

우리는 바로 그런 정신으로 2008년에 볼란스를 설립했다. 설립 의도는 사회적 기업, 임팩트 투자자, 비코프라는 미운 오리 새끼를 주류 비즈니스와 금융이라는 또 다른 미운 오리 새끼와 연결하는 것이었다. 그다음에 우리는 기하급수적인 혁신가와 젊은 기후 운동가를 차례로 참여시켰다. 하지만 그들을 서로 연결하려고 아무리 애써봐도, 전반적인 시스템이 관련된 변화를 장려하지 않는 한, 투자자와 기업과 손잡고 할 수 있는 일에는 한계가 있었다.

이 때문에 글로벌 뉴딜, 특히 그린 뉴딜의 창출 가능성으로 눈을 돌리게 되었다. 제대로 해낸다면 제2차 세계 대전 직후에 전 세계 경제가 호황을 누린 것과 비슷한 결과를 거둘 수 있다. 전설적인 존재인 레스터 R. 브라운(Lester R. Brown)은 수년간 플랜 B 작업을 이끌면서 이처럼 주장했으며, 그의 예상은 빗나가지 않았다. 플랜 B는 지금도 다시 살펴볼 가치가 있다.[60]

한편 내가 대학에서 처음 연구했던 장기 파동 경제 주기를 조사했으며 나의 사고방식에 큰 영향을 준 칼로타 페레즈(Carlota Perez)는 뉴딜에 대해 이렇게 말했다.

"(알렉산드리아) 오카시오 코르테즈 의원과 마키 의원이 하원에 제출한 그린 뉴딜(GND) 법안은 미국—그리고 미국의 뒤를 따르는 국가들—에 제2차 세계 대전 직후에 비할 만한 경제 호황을 가져다줄 것으로 생각한다. 그 법안을 적용하면 환경 문제를 미국—그리고 전 세계—이 직면하고 있는 사회적 문제에 대한 해결책으로 활용할 수 있다. 고용, 투자 및 성장을 이루어낼 수 있는 혁신과 투자에 '스마트'하고 친환경적인 방향을 제시하고, 그와 동시에 사회 복지 개선을 목표로 하는 정부 방침에 대한 가이드라인을 제시하면 된다."[61]

페레즈의 말은 U자형 곡선의 후반부에 초점을 맞춘다.

"지금까지 역사를 연구해본 결과, 초반에는 기술 혁명이 수십 년간 '창조적 파괴'를 일으킨다. 이 시기에 소득 양극화 현상에 기반한 거품 경제 성장이 이루어진다. 하지만 경제의 거품이 가라앉고 나면 부자는 더 부유해지고 가난한 사람은 더 빈곤해지며 혁신의 희생자들은 극단주의자들에게 손쉬운 먹잇감이 된다. 1930년대에도 그랬고 지금도 마찬가지다."

페레즈는 이렇게 결론을 내린다.

"경제 불황을 벗어나려면 사회적 양극화 현상을 역전시키면서, 동시에 수익성 있는 투자와 혁신의 기회를 열어주는 일종의 윈원 정책이 필요하다. 언제 어떻게 황금시대가 열릴 것인가라는 의문에 대한 해답이 여기에 모두 들어있다. 1929년에 대량생산 혁명의 거품이 가라앉고 대공황이 발생하자, 루스벨트 대통령은 여러 가지 조치를 제시했으나 이는 비즈니스 종사자와 정치가의 분노를 샀다. 사람들은 그런 정책을 시도하는 것은 파시즘과 공산주의에 해당한다며 루스벨트 대통령을 거세게 비난했지만, 시간이 흐르자 루스벨트의 정책 덕분에 역사상 유례없는 호황을 누리게 되었다. 오카시오 코르테즈 의원이 제출한 법안도 그에 못지않은 반대에 부딪힐 것으로 생각한다. 하지만 반대하는 사람들이 틀리고 법안을 제출한 사람이 옳다는 점이 증명될 것이다."

비범한 시대의 특징은 비범한 리더가 나타난다는 것이다. 윈스턴 처칠이 이 말을 처음 했는지는 확실하지 않다. 그 말을 누가 했든 간에 오늘날 이 말이 큰 의미가 있다는 점이 중요하다. 요즘 우리는 비범한 정치가를 볼 수 있다. 다른 의미가 아니라 심통 난 아이가 장난감을 집어 던지듯이, 정치적 선례를 과감하게 깨고 나오는 면에서 비범하다는 뜻이다. 어느 정도 충분한 혼란의 시기가 지나면 새로운 미래형 지도자가 기존의 체제를 타파할 기회가 크게 성장할 수 있다.

앞서 언급한 U자형 곡선에서 가파르게 올라가는 경사를 다시 생각해보자. 그리고 기하급수적 역학이란, 글라이더 조종사가 멀리 떨어진 곳에 있는 상승기류를 발견하듯, 어떤 새로운 성장 기회는 어느 순간에 갑자기 제 모습을 드러낸다는 뜻이다. 내가 십대 시절에 글라이딩을 했을 때 현기증이 나고 속이 울렁거리던 기억이 있다. 글라이딩 중에 급격히 상승할 때처럼, 경제가 갑자기 성장할 때도 어지러워서 방향 감각을 잃을 수 있다. 하지만 새로운 형태의 성장이 다가오는 것을 알게 되면, 그때부터는 새로운 문제에 집중해야 한다. 그것은 바로 지금의 미운 오리 새끼와 초기 단계의 그린 스완의 임계량을 미래의 확실한 시장 기적으로 바꿀 수 있는 레버리지 포인트(leverage point, 미래의 변화를 극대화할 수 있는 전략적으로 유리한 지점이나 순간—옮긴이)를 찾는 것이다.

하지만 이런 과정의 상당 부분이 매우 정치적이라는 점은 꼭 알고 있어야 한다. 무엇보다도 자본주의가 활력 넘치는 상태로 회복되려면 독과점 규제와 해체부터 시작해야 한다. 미국의 FAANG 기업들이 아마 가장 유력한 대상이 될 것이다.[62]

유럽연합의 기업독점금지법 위반 감시관 마르그레테 베스타게르(Margrethe Vestager) 같은 사람들이 하는 일은 유럽에서만 중요한 것이 아니라, 다른 지역의 본보기가 될 수도 있으므로 매우 중요하다. 마리아나 마추카토, 케이트 레이워스와 같은 경제학자들의 업적도 그린 스완 혁신의 발생과 성공 가능성을 높이는 체제상의 조건을 조성하는 데 필수적이다.

그린 스완의 등에
올라타라

블랙 스완, 그레이 스완, 그린 스완은 물론이고 심지어 블루 스완까지도 모두 기하급수적 생명의 형태다. 적어도 부의 창출이나 파괴에 관한 기하급수적 형태라고 할 수 있을 것이다. 소셜 미디어에서 밈이 어떻게 유명해지는지, 에볼라 바이러스와 같은 전염병이 어떻게 확산되는지에 대해서는 시간이 흐를수록 더 많은 것을 알게 된다. 하지만 기하급수적이면서도 긍정적인 변화를 설계하고 주도하는 능력에 관해서는 우리 중 대다수가 한참 뒤처져 있다.

그렇다면 이를 가장 잘 시행할 방법에 대한 최소한의 힌트라도 찾아야 할 텐데, 과연 어디에서 그런 힌트를 찾을 수 있을까? 불가능한 일을 불가피한 것으로 만드는 방법은 과연 어디에서 배울 수 있을까? 나는 국내에서 팀 스밋과 같은 인재를 찾을 수 있었다. 제7장에서 소개한 것처럼 팀 스밋은 에덴 프로젝트 책임자이며, 그린 스완 데이 행사에서 훌륭한 연설을 해준 사람이다. 물론 그런 인재가 이 세상에 많다는 뜻은 아니다. 아직은 그만한 인재를 찾는 것이 힘든 일이다.

국외로 눈을 돌리자면 미국을 빼놓을 수 없다. 특히 캘리포니아는 항상 새로운 아이디어가 샘솟는 곳인 것 같다. 나는 1970년대에 캘리포니아에 처음 가보았고, 그 후로는 정기적으로 그곳을 찾곤 했다. 그러다가 2016년에 유엔 글로벌 컴팩트[63]와 함께 하는 프로젝트 돌파구 이니셔티브의 초반 단계에 기하급수적−당시에는 돌파구라는 표현을 사용함−변화를 주도하는 방법에 관한 단서를 찾으려고 두 명의 동료와 함께 실리콘밸리 및 로스앤젤레스를 돌아다니게 되었다.

그때 우리는 구글이 마운틴뷰(Mountain View)에 설립한 싱귤래리티 대학교(SU)를 방문했다. 그곳에서는 갈수록 역동적이며 예측하기 어려워지는 이 세상을 파악하기 위해 군사 계획 수립에 사용하는 개념인 뷰카(VUCA)에 대해 열띤 토론이 벌어지고 있었다. 뷰카는 변동성, 불확실성, 복잡성 및 모호성이 끊임없이 작용해 예측하기 어려운 환경을 가리킨다.[64]

SU에서는 '왜 이렇게 많은 사람이 개인적 또는 집단적으로 눈 앞에 펼쳐지는 광범위하고 파괴적인 변화를 예상하기는커녕 감히 상상조차 하지 못하는가?'라는 질문을 고심하고 있었다. 기술은 하루가 다르게 발전하며 세계화 현상도 매우 빠르게 진척되고 있다. 그로 인해 변화가 가속화되고 있으며 사람의 두뇌는 변화를 뒤쫓는 것조차 녹록지 않은 상황이다. 놀라움, 불안, 불편한 감정이 드는 것도 당연하다. 하지만 이것은 이례적인 상황이라고 할 수 없다. 뷰카는 앞으로 사라지지 않을 것이다. 변화의 속도는 계속 빨라질 것이며, 결코 느려지는 일은 없을 것이다. '유일하게 변하지 않는 것은 변화가 일어난다는 사실뿐인' 이 세상에서 리더는 낡은 사고방식을 버리고 새로운 프레임워크를 받아들여야 한다.

기하급수적인 변화에는 기하급수적인 리더가 필요하다. SU는 기하급수적 리더란 네 가지 기준을 갖춰야 한다고 설명한다. 첫째, 기하급수적인 리더는 **미래학자(Futurist)**의 면모를 갖춰야 한다. 즉, '새로운 가능성을 과감하고 낙관적으로 상상하고, 이러한 가능성이 예상보다 빨리 나타날 수 있다는 것을 이해해야' 한다. 또한 '새로운 가능성을 발견하기 위해 아직 말로 표현하지 않은 가설에 대해 개방형 질문을 하는 것에 익숙해져야 한다. 그들은 미래에 대해 호기심을 갖고 전략적 예측, 미래 백캐스팅(backcasting, 원하는 미래의 비전을 설정한 다음, 그 비전에 도달하는 과정이나 목표를 단계적으로 설정하는 것-옮긴이), 공상 과학 디자인 및 시나리오 계획같이 풍부한 상상력이 요구되는 방법과 전통적인 비즈니스 계획을 통합할 필요가 있다.'

둘째, 그들은 '창의적인 발상과 엄격한 실험을 통해 새로운 아이디어를 찾아내는' **혁신가(Innovator)**가 되어야 한다. '요즘은 한 번의 트윗이나 고객과의 놀라운 상호작용에서 훌륭한 제품 아이디어가 발생하는 시대다. 그런 아이디어가 나오면 24시간 이내에 시제품을 제작해 테스트까지 끝낼 수 있다. 그래도 아직은 많은 기업이 비용을 낮추고 마진

402

을 높이는 동시에 기존 상품을 빨리 시장에 출시하는 데 주력하는 것 같다.' 깐깐한 혁신가는 '불확실성에 가려서 잘 보이지 않는 기회'를 발견할 수만 있다면 몇 번이고 반복하는 것을 당연하게 생각한다.

셋째, 혁신 속도가 빨라지면 기업가는 어느 기술이 자신의 기업이나 분야에 가장 직접적인 영향을 줄 것인지, 그리고 어느 기술이 관련 분야에 파괴적 혁신을 일으킬 것인지 파악해야 한다. 즉, 우리는 모두 일정 수준까지 **기술전문가(Technologist)**가 되어야 한다는 뜻이다. 최신 기술은 '물리적 상품과 서비스를 디지털화하고 조작하고 심지어 대체할 수 있으므로, 기존의 많은 기업의 현재 상태에 적잖은 위협을 가할 것이다. 기술 변화를 이해하는 가장 좋은 방법은 기술에 관한 책이나 기사를 읽는 것이 아니다. 코딩을 배우고 간단한 로봇을 직접 만들거나 조작해보고, 익숙하고 편한 제품이 아니라 새로 나온 제품이나 서비스를 직접 사용해보고 혁신과 실험에 사용할 자원을 찾아보는 등 직접 기술을 경험해보는 것이 가장 좋은 방법이다.'

이와 동시에 기하급수적 리더는 그들이 개발하는 기술의 윤리적, 도덕적, 사회적 의미도 고심해야 한다. 이것은 매우 중요한 사안이다. 여기에서 **인도주의자(Humanitarian)**라는 네 번째 기술이 등장한다. '기하급수적 리더는 미래학자, 혁신가, 기술전문가의 기술과 행동을 사용해 그들이 만나는 사람의 인생과 사회 전체를 개선해준다. 그들의 목표는 '개별 기업의 사회적 책임' 활동이라는 측면에서 좋은 성과를 내는 것이 아니라, 통합적인 기업 사명의 일부로서 선행을 한다는 의미에서 좋은 성과를 내는 것이다.'

이때 중요한 것은 제6장에서 소개한 미즐리 신드롬을 극복하는 것이다. 그래야만 '도표 8. 스완을 찾는 사람을 위한 가이드 1.0'(부록)에서 살펴볼 내용처럼, 미래의 자본주의로 인해 시스템 위기가 유발되는 일을 방지할 수 있다. 이러한 시스템 위기의 예시로는 '곤충계 멸종사태(Insectageddon)'[65]나 2016년 미 대통령 선거와 관련한 해킹을 다루는 넷플릭스 다큐멘터리 〈거대한 해킹(The Great Hack)〉을 들 수 있다.[66]

이런 문제는 기업이 혼자 해결할 수 없다. 정치, 문화적 변화는 물론이고 행동의 변화도 필요하다. 하지만 기업의 기여에 관해서는 새로운 형태의 법인이 필요하다는 점이 명백하다. SU가 강조했듯이, 비코프는 사회 및 환경 분야의 성과, 책임성 및 투명성에 관한 엄격한 기준에 따라 인증된 영리 기업을 뜻한다.

비코프 분야에서 오래 일했고 최초로 영국에서 비코프 인증을 받은 기업을 두 곳이나 창립했으므로, 나는 이 방법이 얼마나 효과적인지 누구보다 잘 안다고 말할 수 있다. 유능한 비코프 리더는 미래학자, 혁신가, 기술전문가, 인도주의자라는 네 가지 역할을 통합한다. 그들은 4가지 차원의 학습을 하면 '점점 복잡하고 역동적이 되어 가는 세상에 숨겨진 가치를 상상하고, 생성하고, 포착해 확장하는 것이 쉬워진다'는 것을 알고 있다.

그러나 이제는 도시에 빠르게 관심이 집중되고 있다. 도시를 가리켜 불평등, 이주, 기후 변화와 같은 인류가 직면한 가장 어려운 문제가 가장 많은 사람에게 영향을 주는 장소이자 몇 가지 가장 효과적인 해결책이 생겨나는 곳이라고 여기는 사람들이 점차 늘어나고 있다.[67] 그로 인해 도시도 창조적인 파괴력으로 고통받고 있다. 그렇지만 한때 '강철 도시'로 알려진 피츠버그와 같은 도시는 자율주행 자동차, 인공지능, 재생가능한 에너지와 같은 기술을 기반으로 새로운 경제를 건설할 때 도시 혁신이 어떻게 성공할 수 있는지 보여주는 사례가 된다.

그런가 하면, 산타페연구소(Santa Fe Institute)의 제프리 웨스트(Geoffrey West)처럼 도시 과학자라는 새로운 전문가가 등장하는 것도 보게 된다. 그들은 어떤 사람들이 '세계 도시'[68]라고 부르는 곳에서 지속가능성 효과를 높여주는 새로운 형태의 시스템 사고를 어떻게 활용할 수 있는지 보여준다. 웨스트는 자신이 이끄는 팀이 초반에 알게 된 점을 다음과 같이 설명한다. "도시 규모가 2배로 커질 때마다, 인구는 2만에서 4만으로, 혹은 200만에서 400만으로 늘어날지 모릅니다. 하지만 사회경제적 측면에서 (좋은 것과 나쁜 것과 아주 좋지 않은 것이) 1인당 약 15퍼센트 늘어난다고 할 수 있죠. 이와 동시에 도시의 모든 기반 시설과 관련된 비용은 15퍼센트 절감하게 됩니다."[69] 유기체와 도시, 기업의 생명과 성장 및 죽음에 관한 이 새로운 법칙을 이해하는 것은 미래의 도시형 블랙 스완과 그린 스완을 관리하는 데 매우 중요한 문제다.

한편 트럼프 정권이 미국에 어떤 피해를 초래했든 간에, 미국은 기하급수적 세계에서 일종의 등대 역할을 계속할 것이다. 우리가 처음으로 SU를 방문했던 날, 구글 엑스(Google X)의 시설도 찾아갔다. 구글에 따르면 그곳은 수백만 아니 수십억 인구의 삶을 개선해줄 기술을 구축하고 출시하는 다양한 발명가와 기업가로 구성된 집단이다. 이들의 목표는 "이 세상에서 가장 다루기 어려운 문제를 단 10퍼센트만이라도 개선하는 것이 아니라 그러한 문제에 10배의 영향을 주는 것"[70]이다.

〈아틀란틱(The Atlantic)〉은 "X는 전 세계에서 유일하게 부조리에 대한 정기 조사를 허용하는 데 그치지 않고 이를 장려하고 심지어 요구하는 기업일 것이다"라고 보도했다.

"X는 우주 엘리베이터와 상온 융합(cold fusion)을 조용히 조사하고 있다. 자기 부상 호버보드를 설계하고 해수를 사용해서 저렴한 연료를 만드는 프로젝트는 시도했다가 포기한 상태다. 그 밖에도 자율주행차를 제작하고, 공기역학 이론을 적용한 드론을 만들고, 당뇨병 환자의 눈물로 포도당 수치를 측정하는 콘택트렌즈를 설계하는 등 다양한 연구를 시도해 성공을 거두기도 했다."[71]

얼마 전에 런던에서 엑스 프로젝트의 공공정책팀 책임자인 사라 헌터(Sarah Hunter)를 만났다. 헌터의 업무는 각국 정부와 정책입안자에게 신기술이 무엇이며 그것이 어떤 영향을 초래할 수 있는지 이해하도록 도와주는 것이다. 그녀는 엑스 프로젝트가 현재 지속가능한 개발 목표에서 강조한 점을 핵심적인 미션으로 받아들이고 있으며, 세계경제포럼에서도 자체 지속가능성과 '4차 산업혁명'을 적극적으로 통합하고 있다고 언급했다. 그녀의 말에서 바로 지금 패러다임의 전환이 일어나고 있다는 확실한 증거를 찾을 수 있다.

이런 식으로 생각하기 시작하면 이 세상과 우리의 미래가 지금과 전혀 다르게 보일 것이다. 간단한 예시 두 가지를 한번 살펴보기로 하자.

하나는 런던과 실리콘밸리에 기반을 둔 리씽크엑스(RethinkX)에 관한 흥미진진한 내용을 담은 새 보고서다. 이것은 지금부터 2030년대까지 농업과 식품 부문이 어떻게 변화할 것인지 조명하고 있다.[72] '제2의 동식물 가축화, 소의 붕괴 및 산업 축산 농가의 몰락'이라는 보고서의 부제만 보더라도 보고서에 얼마나 극적인 내용이 들어있을지 짐작할 수 있다.

보고서를 쓴 제임스 아비브(James Arbib)와 토니 세바(Tony Seba)는, 기존 질서에서는 소를 키운 다음 아주 지저분하고 비인간적이며 사방으로 피를 튀기는 방식으로 도축해 여러 부분으로 나누었다고 지적한다. 하지만 이제는 정밀 생물학 및 정밀 발효라는 기술 덕분에 필요한 것을 훨씬 효율적이며 파격적으로 낮은 비용으로 생산할 수 있다. 그리고 시간이 흐를수록 비용은 더 감소할 것이다. 이러한 추세가 계속된다면, 2035년에는 미국의 축산 농가에서 키우는 소의 숫자가 최대 90퍼센트 줄어들 것이다.

이런 일이 2040년이나 2050년에 일어날 것이라고 해도 여전히 믿기 어려워하는 사람이 많을 것이다. 하지만 내가 현재 지속가능성 의제와 사고방식을 붕괴시킬 필요를 논의할 때, 바로 이런 종류의 궤적을 염두에 두고 있었다. 리씽크엑스에서는 이 점에 관해 다음과 같이 간략하게 설명한다.

"2030년이 되면 소와 관련된 제품에 대한 수요는 70퍼센트까지 감소할 것이다. 이렇게 되기 전에 미국의 소 산업은 사실상 파산하게 될 것이다. 2035년이면 수요는 80~90퍼센트 감소할 것이며, 닭, 돼지,

어류와 같은 다른 축산 시장에도 비슷한 현상을 겪을 것이다. 이로 인해 가축을 사육하거나 관련 가공업에 종사하는 사람들과 이를 지원하고 공급을 주도해온 분야(비료, 기계, 수의학 서비스 등)에서는 어마어마한 가치 붕괴가 일어날 것이며, 그로 인해 대략 1,000억 달러 이상의 손실이 발생할 것으로 추산된다. 하지만 현대 식품 및 재료 생산 부문에는 어마어마한 기회의 문이 열릴 것이다."

그렇다면 우리는 이러한 파괴의 물결에 동참하고 이 변화를 지지할 것인가 아니면 그러한 변화에 놀라서 어쩔 줄 몰라 하거나 압도될 것인가?

두 번째 예시는 여러 세대에 걸쳐 나타나지만 간단히 요약할 수 있다. 나는 이 책을 준비하던 중에 엑스프라이즈 재단의 전 수석과학자였던 폴 붕헤(Paul Bunje)에게 연락을 받았다. 우리는 2016년에 실리콘밸리와 LA를 여행하면서 친분을 쌓았고, 그 후에 나는 그를 볼란스 이사회에 합류하도록 초대했다. 시간이 지나고 보니 폴이 내가 베푼 호의에 보답하는 것을 알게 되었다. 그가 엑스프라이즈 재단을 떠나 멸종을 되돌리는 것을 목표로 하는 컨서베이션엑스랩(Conservation X Labs)[73]을 설립했기 때문이다. 그러한 목표가 너무 원대해서 주제넘은 것처럼 보일지 모르지만, 정말 중요한 목표라는 점은 부인할 수 없다.

지금은 모든 사람이 미래의 그린 스완에 히치하이킹이라도 해야 하는 시기다. 그런데 내가 어떻게 거절할 수 있겠는가? 컨서베이션엑스랩은 이렇게 설명한다.

"우리는 놀라운 변화의 시기의 한가운데에 와 있다. 여섯 번째 대멸종은 지구 역사상 최초로 단일 종의 활동이 주도하는 것이다. 우리가 아는 컨서베이션, 즉 보존은 속도를 더 높여야 한다. 컨서베이션엑스랩은 기술과 기업가 정신 및 열린 혁신을 적용해 인간이 유발한 멸종의 근본적인 요인에 대한 핵심적인 해결책을 마련, 개발, 확장할 것이다. 이러한 노력은 보존이라는 분야에 국한되는 것이 아니라, 다른 분야에도 모두 적용된다. 인간은 현재 여섯 번째 대멸종을 주도하고 있으며, 이를 저지할 힘도 가지고 있다."

이 말은 대멸종을 막아낼 존재가 인간뿐이라는 점을 다시 한 번 강조하는 것이다.

그린 스완
로드쇼에
합류하라

책임감과 회복력이 더 강하며, 궁극적으로 점점 더 탄력적인 자본
주의라면 조만간 발생할 호황에 준비해야 한다. 말은 쉽지만, 자본주
의 세상에서는 좋든 싫든 간에 특정 활동에 대한 자금을 조달할 때 진
가가 제대로 드러난다. 금융 부문의 운영 원리를 잘 모르는 사람을 포
함해 우리 대다수에게 '로드쇼'란 기업공개(IPO)를 앞두고 여러 지역의
투자자 및 재무 분석가에게 일련의 프레젠테이션(또는 '사업발표')을 하
는 것이다.

일반적으로 주식 제안을 지원하는 인수 회사가 사업발표를 하는데,
주로 주식을 상장하는 기업의 최고경영진이 이 일을 맡는다. 전기자동
차의 재생에너지처럼 일부 그러한 활동은 새로운 그린 스완 이야기와

분명히 연관성이 있다. 하지만 새로운 탄광이나 석탄을 사용하는 화력 발전소와 같은 활동은 블랙 스완 이야기의 일부로 간주하는 의견이 확대되고 있으며, 그 결과 처벌 대상이 될 가능성이 있다.

발전소 연료로 사용되는 석탄을 생각해보자. 이 자원은 시한부 선고를 받은 것이나 마찬가지다. 에너지 경제 및 금융 분석 연구소(Institute for Energy Economics and Financial Analysis)의 보고[74]에 의하면, 100여 개 이상의 대형 국제 금융 기관이 이 부문에 대한 자금 지원을 중단하고 투자를 줄이는 통에 운영 환경이 더욱 열악해졌다. 이와 같은 '점차적인 교살'은 석탄 회사가 확장, 합병 또는 인수 가능성을 바라보며 자본 시장에 접근하지 못하게 만들며, 보험에 도움을 청할 수단을 차단하거나 보험료를 인상해 버린다.

다른 산업도 영향을 미치고 있다. 유조선을 한번 생각해보자. 녹색 에너지로 본격적인 전환이 이루어지면 유조선의 가치는 거의 3분의 1 이상 하락할 가능성이 있다.[75] 현재 유조선 시장은 1억 6,000억 달러인데 화석 연료를 완전히 대체할 것이 없는 상황이므로 앞으로 좌초자산이 계속 늘어날 것이다. 그린 스완 데이 영화를 위해 인터뷰했던 사람 중에 카본 트랙커 이니셔티브의 공동 창립자인 마크 캄파날레(Mark Campanale)도 있었다. 그는 2011년에 '불연탄소-전 세계 금융 시장은 탄소 거품을 운반하고 있는가'[76]라는 보고서에서 '불연탄소' 자본 시장 이론을 제시했다. 그 보고서는 '전 세계 금융 시장은 탄소 거품을 운반하고 있는가'라는 질문에 대해 '그렇다'는 답을 제시했다.

일부 투자자는 좌초자산에 대해 걱정하지만, 정신력이 강한 사람은 어떤 일이 있어도 반드시 살아남는 '바퀴벌레 주식'을 찾아 나설 것이다.[77] 하지만 금융 시장에서 움푹 꺼진 부분에 변화 의제를 밀어 넣는 개척자들이 최상의 희망을 쥐고 있다. 푹 꺼져 보이는 부분에서 블랙 스완의 악몽이 생길 수도 있겠지만 그린 스완의 희망도 싹틀 수 있기 때문이다.

그린 스완 데이 행사에 참석해 인터뷰한 또 다른 금융 개척자는 닉 로빈스(Nick Robins)였다. 그는 2014년부터 2018년까지 유엔 환경 계획의 지속가능한 금융 시스템 연구소(Inquiry into the design a Sustainable Financial System)[78]의 공동책임자를 지냈으며, 브라질, 유럽연합, 인도, 이탈리아, 영국에서 관련 활동을 주도했을 뿐만 아니라 투자자, 보험 및 녹색금융 위주의 업무를 주로 처리했다. 더 지속가능한 금융 시스템을 구축하는 최종 로드맵에 의하면 "역사적으로 금융 시스템은 시대의 요구에 부응해왔다. 지속가능한 성장이 21세기 최대 난제 중 하나가 될 것이라는 점에 전 세계가 공감하고 있다. (…) 과거의 구조적 변화와 마찬가지로, 금융 시스템은 이러한 과정에서 중요한 역할을 맡을 것이다. 금융 시스템의 잠재력을 최대한 활용해 지속가능한 발전을 향해 전 세계 경제를 전환하는 엔진으로 사용해야 한다."

연구소의 목적은 "모든 금융 부문 이해 관계자(공공 및 민간 모두)가 사용할 수 있는 통합 접근법을 장려해 지속가능한 금융 시스템으로 전환하는 속도를 높이는 것이다. 이 접근법은 정부 부처, 중앙은행, 금융 규제 기관, 민간 금융 부문 참가자에게 정책적 일관성을 제공해 노력을 한데 집중시키는 데 도움이 된다."

또한 궁극적인 비전은 "지속가능성이 암시하는 긍정적 또는 부정적인 외부 효과의 전체 비용을 포함해 지속가능성에 대한 고려 사항을 운영과 통합하는 금융 시스템 형태이며, 보다 포괄적이고 지속가능한 활동을 향해 자원의 흐름의 방향을 재정비하게 될 것"이라는 점이다. 이러한 미래가 도래하면 트리플 바텀 라인이나 그와 비슷한 개념이 더는 추가 옵션으로 여겨지는 것이 아니라 시스템에 기본적으로 포함된 요소가 될 것이다.

시간이 흐르면 블랙 스완 특성을 가진 이니셔티브에 대한 자금 조달은 급격히 어려워지는 반면, 그린 스완 특성을 보이는 이니셔티브에 대한 자금을 확보하는 것은 더 쉬워질 것이다. 후자에 대한 최근 사례로 ZIF-8 분자를 생각해볼 수 있다. 이를 가리켜 대기에서 탄소를 포획하는 일종의 성배(聖杯)라고 생각하는 사람도 있다.[79] 이 세상이 블랙 스완 궤도에서 그린 스완 궤도로 이동할수록, 환호성을 지르는 순간도 많겠지만 실망하는 순간도 적지 않을 것이다. 실제로 실패율이 빠르게 증가하는 것은 획기적인 성공의 최종 확률을 가리키는 일종의 반대지표가 될 수 있다. 실패가 많을수록 실질적인 돌파구가 열릴 가능성은 더 커진다는 뜻이다.

불가피하게 어떤 사람, 기업 또는 경제는 상충하는 궤도 사이에 갇히게 될 것이다. 나는 2019년 후반기에 캐나다 앨버타에서 열린 주요 회의에서 기조연설을 한 적이 있다. 그 지역은 주로 지역 오일샌드 산업에서 자금이 나오는데, 많은 사람이 이 산업을 가리켜 화석 연료로 인한 블랙 스완 중에서도 궁극적인 블랙 스완이라고 여긴다.[80] 그 결과, 캐나다와 앨버타 오일샌드 산업은 점차 악화하는 기후 비상 사태에 정부와 기업이 어떻게 대응하는가에 대한 일종의 테스트 사례가 되었다.

캐나다는 이러지도 저러지도 못하는 입장이었다. 오일샌드 산업에서 수익을 늘리고 싶은 마음도 있지만, 기후 문제에서는 전 세계를 선도하는 국가가 되려는 욕심도 있었다. 장기적으로 보면 둘 중 하나는 깨끗이 포기할 수밖에 없는 문제였다. 그런데 요즘 캐나다가 주력하는 한 가지 중요한 부문은 그린 스완의 특징을 분명하게 드러낼 수 있는 기술, 비즈니스 모델, 이니셔티브에 공격적으로 투자하는 것이다. 내가 기조연설을 했던 스파크 2019(SPARK 2019) 콘퍼런스도 청정 기술 부문을 선도하는 혁신가와 투자자 수백 명이 '탄소를 재구성하려고' 모인 것이었다. 한 마디로 블랙 스완으로 번 돈으로 그린 스완 사업을 계획하는 사례라고 할 수 있겠다.

아직은 제대로 파악하기에 너무 이른 감이 있다. 그러나 자본주의의 미래에 있어서 기술, 규제, 표준은 모두 중요하지만, 이들보다는 돈과 더 관련이 있다. 그리고 CSR의 한계, 공유 가치, 순환 경제의 현재 개념에 대해서도 걱정이 많다. 이렇게 우려하는 이유는 각 운동이 현재 형태의 자본주의에 절대적으로 의존하고 있으며, 그에 대한 비판이 부족하기 때문이다. 사실 무형 자산 및 투자로의 전환이 점점 더 빨라지고, 자원 투입이 적은 경제 모델로의 전환되는 현상도 더 빨라질 것이다. 하지만 이것만으로는 우리에게 도움이 될 가능성이 거의 없다.[81]

따라서, 투자 방향을 조정하고 더 나아가 경제를 재창조하기 위해 고안된 이니셔티브 외에도 우리는 비즈니스 리더, 기업가, 투자자, 시장, 정책입안자, 정치가가 힘을 합쳐 '미래의 자본주의 로드쇼' 또는 그린 스완 로드쇼라고 할 만한 것을 공동 개발하는 방법을 연구하는 데 더욱 노력해야 한다.

이를 일련의 프레젠테이션이라고 생각할 수 있다. 더 자연 친화적이고 통합되어 있으며 순환적이고, 사회적으로 통합된 경제를 홍보하는 프레젠테이션 말이다. 이러한 프레젠테이션이라면 투자자, 금융분석가, 각급 기관, 정부 자금의 공급처 및 재단이 블랙 스완 위험을 관리하고 그린 스완 기회를 확대하는 데 도움이 될 것이다. 우리는 이제 다음과 같은 질문을 생각해봐야 한다. 누가 투자자에게 그러한 변화를 보여주고 있는가? 어떤 방식이 효과적이며, 효과적이지 않은 방식은 무엇인가? 어디에서 프레젠테이션의 효과가 드러나는가? 트리플 바텀 라인이나 세월의 흐름에 비춰 볼 때 어떤 영향이 있다고 말할 수 있는가? 관련 수익은 어떻게 측정하고 평가할 것인가? 관련 솔루션과 관련 시장을 확장하려면 무엇이 더 필요한가?

팀 단위로 반드시 고려해야 할 중대한 전략적인 질문이다. 제4장 초반부에서 핀란드 에너지 회사인 네스테 이사회를 언급했다. 네스테는 재생에너지 수용을 점차 확대하며 순환 경제에 참여하고 있다. 바이오 연료의 한 가지 출구는 빅터(Victor)라는 민간 제트기 회사인데, CEO 클리브 잭슨(Clive Jackson)은 자사 비행기가 상용 여객기보다 여객마일당 탄소 배출량이 20배나 더 많다는 점을 공개적으로 인정했다.[82] 빅터는 배출량을 이중으로 상쇄하는 비용을 충당해왔지만, 이제 잭슨은 고객에게 그 비용을 감당하도록 요청하고 있다. 그로 인해 비행 중인 여객기 안에서는 이전에 한 번도 없었을 새로운 대화가 일어날 것이다.

지금은 전 지구가 여러 세대에 걸쳐 재교육을 받는 중이라고 할 수 있다. 어떤 수준의 교육이든 간에 교육은 인간 사회가 시도할 수 있는 최고의 투자이며, (수익을 항상 예측할 수 있는 것은 아니지만) 장기적으로 놀라운 수익을 얻을 수 있다. 그린 스완이 궁극적으로 추구하는 것도 바로 이러한 결과다. 얼마 전에 런던의 버킹엄 궁전에서 케임브리지대학교의 지속가능성 리더십 연구소(Cambridge Institute for Sustainability Leadership, 이하 CISL)의 행사가 열렸다. CISL은 흔히 '시즐'이라고 불리는데, 지금까지 전 세계 약 1만여 명의 기업 임원들을 교육하고 있다. 나는 부푼 호기심을 안고 시즐의 30번째 기념일에 참석하게 되었다. 오랫동안 책임자로 일해온 폴리 코티스(Polly Courtice)는 그날 참석한 수백 명의 비즈니스 리더 앞에서 다음과 같이 말했다.

> 안전하고 안정적인 기후, 건강한 환경, 공정하고 번영하는 사회로 가는 길에 발을 들여놓으려면 지금 당장 혁신을 해야 합니다. 먼저 기업 부문은 전반적으로 혁신적인 솔루션을 제공하고, 강한 리더십을 통해 낡은 방식을 벗어버리고 새로운 방식을 창출해야 합니다. 또한 금융 부문은 기존의 운영 방식이나 관행을 재점검한 후에, 보다 장기적이고 미래 지향적인 전략을 도입해야 합니다. 마지막으로 지속가능한 경제에 필요한 시스템 변화를 주도하려면 기업과 금융 등 모든 부문이 긴밀하게 협업해야 합니다.[83]

기존 질서의 심장부에서 그것을 뒤엎는 혁신을 논한 것이다. 그 자리에는 지속가능성이라는 주제에 깊은 관심을 가지고 오랫동안 시즐을 후원해온 찰스 왕세자가 참석해 있었다. 모든 참석자는 미래, 멸종 저항, 미래를 위한 금요일과 같은 집단이 수용 가능한 방향이나 변화의 속도에 미치는 영향을 주제로 토론했다. 나와 같은 테이블에 있던 참석자들은 리더 자리에서 50세가 넘는 사람을 모두 배제하고, 이 주제를 더 예리하게 인식하며 더 열정적으로 임하는 젊은 사람에게 리더를 맡기자는 아이디어를 서슴지 않고 내놓았다. 그러자 남아프리카공화국에서 온 참석자가 아파르트헤이트 체제가 전복된 후에 남아프리카공화국에서 실제로 그런 상황이 벌어졌다고 덧붙였다.

물론 이것이 얼마나 도발적인 생각인지 잘 알고 있다. 이 정도 충격이면 지진이 발생해 궁정과 정부의 여러 부처와 다수의 기업 본사의 창문이 모두 흔들리는 수준이라고 할 수 있다. 포퓰리즘, 호전성, 무역 전쟁, 탈세계화 가능성이 혼재된 이 상황에서, 현대판 묵시록의 기사들에게 이름을 붙이려 해도 선택지가 너무 많아서 선뜻 결정하기가 쉽지 않다. 그렇지만 나는 테이블 토의에서 우리가 정말 필요한 것은 세대 간 작업을 근본적으로 개선하는 것이라고 주장했다. 다소 이기적인 발언이었을지도 모른다. 아무튼, 세대 간 작업이 제대로 이루어져서 장기적으로 성공하려면 집단, 경제, 교육 제도만 개선할 것이 아니라, 우리가 모두 사고방식을 근본적으로 달리해야 한다.

우리는 더 넓은 세상으로 연결되어야 한다. 뉴럴링크(Neuralink)가 '뇌-컴퓨터 인터페이스(Brain-Computer Interface, 생각만으로 기계를 마음대로 조작할 수 있는 기술―옮긴이) 기술'의 획기적인 진전에 관해 발표했을 때, 어떤 사람은 회사 대표인 일론 머스크야말로 이 문제를 곧 해결할 것이라고 생각했을지 모른다. 목표는 몇 년 안에 초당 2기가비트 속도로 인간의 두뇌와 클라우드를 무선 연결하는 것이다.[84] 하지만 내가 보기에 이런 생각은 혼란을 가중하고 배경 소음을 늘리고 분열을 초래할 뿐이다. 적어도 당분간은 그런 결과를 초래할 것이다.

그렇기 때문에 나디아 젝셈바예바와 같은 사람의 업적이 큰 영감을 준다고 생각하게 되었다. 특히 '타이타닉 신드롬'[85]을 피하려면 모두가 '최고 재발명 책임자'[86]가 되어야 한다는 말이 특히 마음에 와닿았다. 아무것도 지속, 파괴, 혁신, 재창조, 재생하지 않으면서도 지속가능성, 파괴, 혁신, 재창조, 재생과 같은 용어를 남발하는 유혹을 느끼는 것은 사람이다 보니 어쩔 수 없는 것 같다. 하지만 이제는 미래의 자본주의, 시장 및 비즈니스 그리고 그와 관련된 정치 역학이나 정부 및 공공정책 프레임워크가 모든 생명체의 이익에 진지하게 도움을 줄 수 있도록 마련해야 한다. 이것은 전 세계적 이상 현상에 억지로 등이 떠밀려서 기하급수적 이동을 하는 것이 아니라, 긍정적인 비전에 마음이 움직여서 기하급수적 이동을 받아들인다는 뜻이다.

그린 스완 데이 첫째 날에 검토한 문제점과 기회를 파악하려면, 아틀라스오브퓨처[87]와 공동 제작한 〈그린 스완(Green Swans)〉이라는 영화를 보기 바란다. 그리고 2020년대를 기점으로 해서 앞으로 어떤 종류의 그린 스완 또는 그린 스완 특징을 가진 어떤 이니셔티브가 개발되는 것이 좋을지 생각해보라. 그다음에 본인이 생각하기에 중요한 점이 무엇인지, 어떤 계획이 우선 실행되어야 하는지 알려주기 바란다. '스완을 찾는 사람을 위한 가이드'는 아직 구상 단계이므로 여러분의 아이디어가 큰 도움이 될 수 있다.

에너지가 우리의 경제 전환에서 얼마나 핵심적인지 생각해보자. 이 책의 출판 시점을 기준으로, 내가 개인적으로 가장 좋아하는 그린 스완 후보는 2050년까지 전 세계 143개국을 100퍼센트 청정 재생에너지에 연결되는 방법을 보여주는 스탠퍼드대학교의 제안이었다. 저비용의 안정적인 전력망 솔루션은 전 세계 에너지 수요를 57퍼센트 줄이고, 그로 인해 없어지는 일자리도 있지만 다른 한편으로는 2,800만 개 이상의 새로운 일자리를 창출하며, 일상적인 비즈니스 방식보다 에너지, 건강, 기후 비용을 91퍼센트까지 줄일 수 있다. 전 세계적으로 73조 달러를 초반에 투자하는 것은 불가능해 보일지 모른다. 하지만 지금 우리가 할 일은 그것을 불가피하게 보이도록 만드는 것이다.

그리고 이러한 결과를 산출하는 방법이 좁은 길 하나로 제한되는 것은 아니다. 수석 연구원 마크 Z. 제이콥슨(Mark Z. Jacobson)은 이렇게 설명한다.

"우리는 143개국을 대상으로 하는 하나의 시나리오를 제시하려고 합니다. 143개국은 물론이고 다른 나라에서도 이것이 가능하다는 확신을 드릴 것입니다. 물론 다른 솔루션이나 시나리오로도 비슷한 결과를 거둘 수 있을지 모릅니다. 아무도 앞일을 정확히 예측할 수는 없지만, 건초더미에서 바늘 하나를 찾으려고 애쓸 필요는 없다는 말입니다. 그 건초더미에는 바늘이 굉장히 많이 들어있으니까요."

한편, 트리플 바텀 라인이 어떻게 되었는지 궁금할 것이다. 트리플 바텀 라인을 철회한 것은 내가 주도하는 재창조 절차의 과정이었다. 제4장에서 설명한 5단계에 속하는 **책임**(Responsibility, 현행 관행은 대부분 책임을 중시하는 경향이 있다), **회복력**(Resilience, 아직은 회복력에 거의 노력을 기울이지 않고 있다), **재생**(Regeneration, 이제는 재생에 스포트라이트를 맞춰야 한다)에 트리플 바텀 라인이 적용되는 한, 이제는 트리플 바텀 라인을 사용해야 한다고 기쁘게 말할 수 있을 것 같다.

궁극적으로 진정한 그린 스완은 자연, 사회 및 경제가 재생하도록 – 거의 동시에 – 도와주게 될 것이다. 원시 사회에서 문명화 사회로 탈바꿈하는 것만큼이나 매우 부담이 큰 일이다. 하지만 우리에게는 다른 방법이 전혀 없다. 그나마 다행스러운 것은, 예측 가능한 미래를 내다볼 때 인류, 자본주의, 우리의 고향과 같은 지구라는 행성이라는 밀접한 운명 공동체에게 이것이 모험과 성장, 발전을 위해 단언컨대 가장 큰 기회가 될 것이라는 점이다.

나는 사람들과 대화할 때 머리 회전이 가장 효율적인 편이다. 그래서 여러 해 동안 우리 사무실에서 소파는 가장 중요한 장소였다. 그곳에서 수백 아니 수천 번의 대화가 이루어졌기 때문이다. 그뿐만 아니라 1970년대 초반부터 지금까지 거의 쉬지 않고 세계 곳곳을 방문했는데, 덕분에 어떤 항공사에서 골드 카드까지 받게 되었다. 하지만 멸종저항(Extinction Rebellion, XR) 운동과 청소년 기후행동(School Strike for Climate)이 이어지는 현 상황에는 항공기를 자주 이용한 것에 대해 죄책감을 느껴야 할 것이다. 하지만 이는 내가 일생을 바쳐 직접 찾아가지 않았더라면 변화 의제가 전달되지 않았을 지역을 부지런히 방문했다는 증거다. 최고 화분매개자(Chief Pollinator, 나비나 벌처럼 여기저기 날아다니며 수분시키는 역할을 했다는 뜻—옮긴이)라는 별명도 이 때문에 생긴 것이다.

이렇다 보니 《그린 스완》에 소개한 사고방식을 발전시키는 데 도움을 준 사람들에게 감사하는 일을 복잡해졌다. 내가 운영하는 웹사이트[1]에는 영향력에 대한 포괄적인 조사를 처음 시도한 흔적이 남아 있다. 그리고 참조 섹션에서 내가 참조한 자료의 출처를 빠짐없이 제시하려고 최선을 다했다. 그래서 여기에서는 이 책을 준비하고 그린 스완 캠페인에 도움을 준 사람들만 언급하려 한다.

항상 그렇듯이 내 책에 문제가 있다면 내가 모든 책임을 질 것이다.

우선 볼란스부터 시작해보겠다. 멋진 전무이사 루이스 캘러럽 로퍼와 지친 내색을 하지 않고 내일의 자본주의 탐구를 이끌어준 리처드 로버트에게 감사를 전한다. 그밖에도 우리 팀원들, 특히 잉카 아워잉카, 폴 번제, 톰 파랜드, 아만다 펠드먼, 얀 길버트, 고(故) 파멜라 하티건, 리처드 존슨, 로라 키블, 샘 라카, 차미안 러브, 제프 라이, 제니 폴터, 카비타 프라카시-마니, 노아 로퍼, 로레인 스미스, 나탈리 통, 록산 티버트, 케이트 울펜든에게 고맙다는 말을 하고 싶다.

이 책은 내일의 자본주의 탐구가 맺은 결실 중 하나이므로, 이 프로젝트를 지원해준 기업에 큰 빚을 진 기분이다. 그중에서 특히 아비바 인베스터스(스티브 웨이굿), 더바디샵 인터내셔널(데이비드 보인튼과 크리스 데이비스), 코베스트로(마르쿠스 스타이레만, 에릭 비쇼프, 스테판 코흐, 부르쿠 우날), 에코바디스(실뱅 기요통, 피에르 프랑수아 탈러, 프레드 트리벨), 스코틀랜드 환경 보호국(테리 에이헌, 로레인 라마니), 유니레버(폴 폴먼, 제프 시브라이트)에게 이 기회를 빌려 감사를 전하는 바다.

프로젝트 돌파구[2]의 협력사라고 할 수 있는 유엔 글로벌 컴팩트(UN Global Compact)의 리세 킹고와 잉빌드 소렌센에게도 감사를 전한다. 아틀라스오브더퓨처도 이 프로젝트의 전략적 협력업체였는데, 리사 골드애플과 캐시 런시먼에게 감사를 전하고 싶다. 그리고 이 책의 부제(The Coming Boom In Regenerative Capitalism)에 포함된 요소들과 재생이라는 개념을 포용하게 된 것은 캐피털 연구소와 존 풀러턴의 선구적인 역할이 크다고 할 수 있다.[3] 또한, 2014년에 내 생각에 큰 영향

422

을 주었던 책인《기하급수 시대가 온다(Exponential Organizations)》의 저자를 빼놓을 수 없다. 살림 이스마일, 마이클 S. 말론, 유리 반 헤이스트에게도 감사를 전한다.[4]

패스트컴퍼니와 그린리프북그룹에서는 아만다 휴즈, 에이프릴 머피, 젠 글린, 닐 곤잘레스, 캐리 존스, 다니엘 산도발, 제프리 커리와 이들의 동료에게 큰 빚을 졌다. 모두 이 책을 만드는 과정에서 다양한 방식으로 크고 작은 도움을 아끼지 않았다. 특히 패스트컴퍼니의 수석 편집장 모건 클렌다니엘에게 감사드린다.

1987년부터 서스테인어빌리티에 근무해온 모든 분께 감사드린다. 이 회사를 독립적으로 운영하기 위해 수십 년간 노력했지만 2019년 초에 결국 ERM에 인수되었다. 하지만 그 덕분에《그린 스완》작업에 꼭 필요한 자금을 적시에 손에 넣을 수 있었던 것은 늘 고맙게 여기고 있다.

책 표지(원서)의 그린 스완 삽화를 맡아준 실비오 레벨로와, 그린 스완 데이 행사에서 시각적인 요소들을 맡아준 트위스트 크리에이티브(Twist Creative)의 칼로 스키파노와 코너 다우즈에게도 고마움을 전하고 싶다.

이미 언급한 사람들 외에도 감사를 전할 사람이 정말 많다. 특히 다음 사람들에게 인사를 꼭 전하고 싶다. 살라 아호넨, 사이먼 안홀트, 제이미 아빕, 던컨 오스틴, 〈익스포넨셜뷰〉의 편집장 아짐 아자르, 올리 배럿, 재닌 베누스, 호세 루이스 블라스코 바스케즈, 데이비드 블러드, 게일 브래드브룩, 스튜어트 브랜드, 리처드 브랜슨 경, 사라 브런원, 톰 버크, 피터 바이크, 마크 캄파날레, 제이 코엔 길버트, 데임 폴리 코티스, 피터 디아만디스, 로버트 (밥) 에클스, 폴 에킨스, 피오나 엘리스, 토마스 에르마코라, 마리 게드, 존 길버트, 제임스 곰, 앨 고어, 데이비드 그레이슨, 사라 그린 카마이클, 닉 한, 줄리아 헤일즈, 소냐 하우트, 폴 호켄, 케이티 힐, 줄리안 힐-랜돌트, 도미닉 호프스테터, 시모 혼카넨, 사라 헌터, 닉 허드 의원, 아디 이그네이셔스, 제프 켄달, 앤드류 커, 클레어 커, 콜린 르득, 고(故) 데이비드 레이튼, 팀 렌튼, 재클린 림, 차미안 러브, 제임스와 샌디 러브록, 조엘 마코워, 조셉 마리아타산, 마리아나 마추카토, 마리아 오르티즈 드 멘디빌 슈워츠, 텔 뮌징, 고(故) 맥스 니콜슨, 고(故) 리처드 노스코트, 제레미 오펜하임, 샐리 오스버그, 칼로타 페레즈, 라이언 펠랑, 외르겐 랜더스, 에릭 라스무센, 베스 라트너, 마틴 레드펀, 마틴 리치, 톰 리핀, 닉 로빈스, 윌과 칼라 로젠츠바이크, 사머 솔티, 주디 새뮤얼슨, 존 소벤, 앨런 슈워츠, 고 피터 스콧 경, 로빈 스콧, 토니 세바, 제프 스콜, 테리 슬라빈, 팀 스밋, 개빈 스타크스, 타냐 스틸, 로라 스톰, 수잔 스토머, 파반 수크데브, 마이크 테넌트, 패트릭 토마스, 피터 바나커, 다이아나 베르데 니에토, 잔올라프 윌럼스, 요헨 자이츠, 쩡지에잉, 나디아 젝셈바예바.

이들 외에도 감사할 사람은 너무나 많다. 여기에 이름이 나오는 사람들의 생각이나 활동이 내가 이 책을 준비하는 데 도움이 된 것은 사실이지만, 그들이 이 책에 나오는 모든 아이디어에 동의하고 지지한다는 뜻은 아니다.

마지막으로 가장 중요한 사람들인 가족에게 감사를 전한다. 부모님인 팻과 팀, 그리고 두 분의 생이 끝나가던 시절을 곁에서 지켜 준 내 형제들, 캐럴린, 그레이, 테사에게 고맙다고 말하고 싶다. 그러나 지금까지 내가 가장 큰 빚을 진 사람은 1968년부터 지혜롭게 나를 보살펴주고 응원해준 나의 아내 일레인이다. 그녀는 내가 지금까지 20여 권의 저서를 출간하는 데 큰 도움을 주었다. 그리고 너무나 아끼고 사랑하는 내 딸들, 가이아와 하니아, 그리고 두 딸의 가족인 진, 제이크, 폴에게 사랑과 감사를 전하고 싶다.

나의 부모님, 형제, 아내, 자녀, 동료, 친구, 며느리, 손자는 하루가 멀다 하고 세계 곳곳을 돌아다닌 나에게 큰 인내심을 보여주었다. 그점을 정말 고맙게 생각한다. 나는 성장기에 자주 이사를 했기 때문에 가족과 우정을 누구보다 소중하게 여기게 되었다. 하지만 이제는 너무 위험할 정도로 많은 일을 한꺼번에 하고 있다는 점을 스스로 인정하게 되었다. 앞으로의 10년은 아마 달라지지 않을까?

존 엘킹턴은 작가, 사상가, 연쇄 창업가지만 그의 마음은 언제나 환경 운동에 쏠려 있다. '지속가능성의 대부'라는 말을 들을 정도로 현재 20여 권의 책을 집필하거나 공동 저술했으며, 그중에서 《그린 컨슈머 가이드 (Green Consumer Guide)》 시리즈는 100만 부 이상 판매되었다. 그는 1961 년에 11세에 불과한 나이로 새로 설립된 세계야생동물기금(World Wildlife Fund, 이하 WWF)을 지원하고자 모금 활동을 했으며 이후 WWF의 대사 협의회에서 오랫동안 근무했다. 그는 정보에 입각한 스토리텔링을 통해 비즈니스 리더에게 영향력을 행사하고 그들에게 영감을 주어 사고를 확장하는 데 평생을 바쳤다. 어느 고객의 표현을 빌리자면 존 엘킹턴은 '건설적인 불편함'을 전달하는 데 크게 공헌한 사람이다. 이러한 정신으로 그는 1994년에 '트리플 바텀 라인'이라는 용어를 만들었고 1995년에 "사람, 지구, 이익"이라는 용어를 대중화하는 데 성공했다. 이 용어들은 비즈니스 사전에 등재되어 있다.

존 엘킹턴은 금융 커뮤니티, 산업 단체, 정부, 언론사, NGO, 학계, 혁신가 및 기업가뿐만 아니라 많은 기업의 이사회 및 경영진과 함께 일했다. 그 과정에서 환경데이터서비스(1978년), 존 엘킹턴 어소시에이츠/카운터커런트(John Elkington Associates/CounterCurrent, 1983년), 서스테인어빌리티(1987년), 볼란스 벤처스(2008년) 등 1978년부터 지금까지 총 4개의 사회적 기업을 설립했다. 이들 모두 지금도 운영 중이며, 볼란스 벤처스는 영국 최초로, 서스테인어빌리티는 영국에서 두 번째로 비코프 인증을 받았다.

엘킹턴은 여러 해 동안 70개 이상의 이사회와 자문위원회, 자문 기업, 비영리 단체, 정책 결정 기관에서 근무했다. 현재 크랜필드경영대학원, 임페리얼칼리지런던, 유니버시티칼리지런던(UCL)의 초빙교수다.

2004년에 〈비즈니스위크〉는 존 엘킹턴이 '30여 년간 기업 책임 운동의 학장'이었다고 묘사했다. 그는 유엔(환경공로상, 1989년)을 포함해 많은 기관에서 표창을 받았다. 2005년에 패스트컴퍼니에서 '올해의 사회적 자본가'라는 상을 받았고 같은 해에 사회적 기업가 정신을 위한 스콜 재단에서 현장건설 보조금으로 100만 달러를 후원받았다. 2011년에는 미국 사회품질개선협회(ASQ)가 '뛰어난 리더십, 사회적 책임에 대한 지원, 긍정적인 사회 변화를 유도한 공로'를 인정해 스펜서 허친스 주니어 메달을 수여했다. 그리고 2014년에 칠레에서 레시클라/엘 머큐리오 인터내셔널 어워드(Recycla/El Mercurio International Prize)를, 2015년에는 에티컬코퍼레이션 평생공로상(Ethical Corporation Lifetime Achievement Award)을 받았다.

하지만 그는 평생공로상은 자신에게 너무 이른 감이 있다고 말한다. 향후 10년에서 15년간 자신의 패기, 아니 우리 모두의 패기가 극도로 시험받으리라 생각하기 때문이다. 이런 관점에서 볼 때 《그린 스완》은 자본주의, 민주주의, 지속가능성의 미래뿐만 아니라 책의 저자와 그가 이끄는 팀, 변화 주체와 시장 혁명가로 구성된 광범위한 생태계를 위한 선언문의 초안에 불과하다.

스완을 찾는 사람을 위한 가이드 1.0

블랙 스완, 그레이 스완, 그린 스완이 생성 단계일 때 우리가 이를 발견할 수 있을까? 이 책의 주제에 대해 사람들과 대화를 하다 보면 종종 이 질문을 받게 된다. 여기서 말하는 블랙 스완, 그레이 스완, 그린 스완은 나심 니콜라스 탈레브의 저서 《블랙 스완》에 비하면 훨씬 느슨한 의미로 사용되지만, 블랙 스완과 그린 스완을 구분하는 방법은 '도표 8. 스완을 찾는 사람을 위한 가이드 1.0'에 나와 있으니 참조하기 바란다.

표에 제시된 내용은 확정적인 것이 아니라 추정되는 사항일 뿐이다. 앵무새처럼 무조건 따라 하는 것보다는 간단히 살펴보는 것으로 만족하기 바란다. 첫 번째 행은 블랙 스완과 그린 스완의 주요 특징을 요약한 것이고, 두 번째 행은 전형적인 임팩트, 세 번째 행은 탄소 세계에서 관련 역학이 나타나는 영역을 보여준다. 탄소 수명주기는 우리 경제와 사회, 지구에 대해 갈수록 중요성이 커지고 있다. 네 번째 행에서는 탄소 외 분야의 다양한 예시를 소개한다.

그린 스완 솔루션이라는 이름에 걸맞은 가치가 있으려면 다차원적 문제를 동시에 해결할 수 있어야 한다. 물론 긍정적인 결과가 나타나는 시기는 저마다 차이가 있을 수 있다. 간단한 예시로 도심 녹지를 생각해보자. 국제자연보호협회(The Nature Conservancy)는 나무야말로 '지속가능성의 강력한 도구'[1]라고 말한다. 나무는 공기를 정화하고 미립자 물질을 제거해주며 온도를 조절해 도심의 '열섬' 현상을 상쇄해준다. 게다가 거리에 그늘을 제공하고 주변 소음도 줄여주고, 미관 효과도 있다. 그런데도 미국에서만 매년 도심에서 400만 그루의 나무가 죽어버리는 데다, 새로 나무를 심으려는 시도는 매우 미미한 편이다.

이제는 그린 스완 접근법을 적용해야만 하는 시기다. 경제 부문부터 살펴보자. 미국 산림청의 2016년 연구 결과에 의하면 도심에 나무를 심는 데 드는 비용 1달러당 약 5.82달러의 공공 혜택 효과가 창출된다.[2] 이전 연구에 의하면, 도심에 나무를 심으면 공기 오염이 크게 개선되므로 공공 보건 정책의 필요성이 감소한다고 한다. 어쩌면 도심 녹지화 사업 자금을 공공의료 예산에 포함하는 것이 합리적일지 모른다. 이런 이유로 몇 년 전에 캘리포니아에 본사를 둔 대형 보험사인 카이저 퍼머낸테(Kaiser Permanente)는 저소득층이 거주하는 지역에 공원을 조성하기 위해 200만 달러를 투자하겠다고 발표했다.

도심 녹지 부문에서 가장 대표적인 사례는 이탈리아 밀라노에 있는 보스코 버티칼레('버티컬 숲')[3]라는 쌍둥이 빌딩이다. 조경건축가 로라 가티(Laura Gatti)는 쌍둥이 빌딩 주변을 나무와 녹지로 장식해 놓았다.[4] 그뿐만 아니라 전 세계 여러 도시에서 벽을 세울 자리에 나무를 심어서 '살아있는 벽'을 만들고 있다. 중국을 비롯한 몇몇 국가에서 '스펀지 도시(sponge city, 홍수에 취약한 지역이라서 땅이 스펀지처럼 빗물을 빨리 흡

	블랙 스완	그린 스완
1. 특징	• 종종 퇴행적 행보를 보인다 • (예외도 있지만) 계획되지 않은 결과이다 • 기하급수적이다 • 대부분 예측할 수 없다 • 주로 악순환을 만들어낸다 • 회복력을 약화하고 취약성을 높인다 • 미래 세대가 누려야 할 것을 탈취한다 • 갈수록 지속 불가능한 상태가 된다	• 재생 효과가 있다 • (예외도 있지만) 계획에 따라 발생한다 • 기하급수적이다 • 어느 정도 예측할 수 있다 • 회복력을 강화하고 '취약성에 대한 내성'을 길러준다[6] • 미래 세대에 보상을 제공한다 • 갈수록 지속가능성이 커진다
2. 임팩트	• 실패와 고장을 일으킨다 • TBL(트리플 바텀 라인) 전반에 부정적 영향만 끼친다 • 비난과 실망의 악순환이 계속되고 사회 자본을 갉아먹는다 • 의도치 않게, 그린 스완 솔루션과 같은 긍정적인 결과를 유발할 수 있다	• 돌파구를 생산한다 • TBL 전반에 긍정적 영향만 준다 • 그린 스완을 달성하려면 강력한 사회 자본이 필요하다. 반대로 그린 스완이 사회 자본 구축에 도움을 주기도 한다 • 의도치 않게 미래의 그레이 스완 또는 블랙 스완과 같은 부정적인 결과를 유발할 수 있다
3. 탄소 관련 예시	• 온실가스, 생태계 파괴, 해양 산성화, 정해지지 않은 외부 효과, 과학 거부, 근시안적 태도, 이기심 등이 유발한 기후 이상 현상 • 블랙 스완 탄소 미래의 아이콘: 도널드 트럼프, 코흐 형제[7], 엑슨모빌, 자이르 보우소나루, 블라디미르 푸틴	• 탄소는 정책 인센티브와 순환 경제에 대한 투자를 통해 기술, 경제 및 생태적 루프로 점차 되돌려지고 있으며, 그 결과 탄력성과 재생을 촉진한다 • 그린 스완 탄소 미래의 아이콘: 제임스 러브록, 마르그레테 베스타게르, 테슬라, 알렉산드리아 오카시오-코르테즈(AOC), 그레타 툰베리
4. 기타 예시	• 제1차 세계 대전 발발; 1918~1920년 '스페인 독감'의 유행; DDT 등이 생태계에 미친 영향; 소비에트 연방의 해체로 인해 연방 내 거주자에게 미친 영향; 9/11 테러; 미국의 오피오이드 남용 위기; '거대한 해킹[8]'; 브렉시트; '곤충멸종사태[9]'; 전 세계 인구 증가 및 육류 위주의 식단; 화석 연료를 사용하는 차량 보급; 2019년 호주 산불로 5억 마리 이상의 동물이 사망한 사건	• (달이나 우주선에서 본) 지구돋이 사진의 영향력; 환경주의의 급속한 부상; 중국 황토고원 복원; 재생에너지의 부상; 전기 자동차; 녹색 채권; 덴마크의 '녹색전환'; 런던의 국립공원 도시 선언 • 달걀, 육류, 가금류, 생선을 대체할 식물성 식품; 143개국을 대상으로 하는 73조 달러 규모의 스탠퍼드대학교 그린 뉴딜 계획; 1조 유로 규모의 유럽연합 그린 뉴딜

출처: 볼란스, 2019년

그린 스완

수하도록 재개발한 도시—옮긴이)'가 증가하는데, 기후 위기로 인해 폭풍이 닥치거나 만조로 인해 바닷물이 밀려들 때 물을 빨리 흡수해야 하므로 나무를 심는 것이 매우 중요하게 여겨진다.

프랭크 로이드 라이트와 같은 건축가가 자연에 건축물을 조화시키는 방식을 추구하듯이, 21세기에는 도시와 커뮤니티에 자연이 다시 뿌리내리도록 길을 열어줘야 한다. 이러한 취지에서 내가 사는 런던은 세계 최초로 국립공원 도시로 지정되는 것을 추진하고 있다.[5] 그린 스완이라는 이름에 걸맞은 정책이라고 할 수 있다.

분명한 것은, 이것이 여전히 진행 중이라는 점이다. 이 표에 추가하거나 삭제할 부분이 있다면 언제든지 알려주기 바란다. 독자가 보내주는 의견은 그린 스완 어워드(Green Swan Awards, 다음 사이트를 참조할 것, https://volans.com/green-swans-2020) 대상자 선정에 반영할 것이다. 그린 스완 어워드 최초 수상자는 에덴 프로젝트를 설립한 팀 스밋과 국경없는보존(conservation Without Borders)의 사챠 덴치다. 어떤 의견이든 자유롭게 john@volans.com으로 알려주기 바란다. 세부사항에 대한 설명과 관련 링크도 첨부할 수 있다.

소개의 말 | 자본주의의 전복

1. For more on Taleb's books, including *The Black Swan*, 함께 참조 : http://www.fooledbyrandomness.com.

2. Nassim Nicholas Taleb, *The Black Swan: The Impact of the Highly Improbable*. New York: Penguin Random House, 2007.

3. https://www.ssga.com/blog/2019/01/gray-swans-for-2019.html

4. Camilla Cavendish, *Extra Time: 10 Lessons for an Ageing World*. New York: HarperCollins Publishers, 2019.

5. https://jembendell.com/about/

6. Andrew Edgecliffe-Johnson, "Capitalism Keeps CEOs Awake at Night," *Financial Times*, April 23, 2019.

7. Ray Dalio, "As most of you know, I'm a capitalist, and even I think capitalism is broken," @RayDalio, April 7, 2019, 1:26 p.m., https://twitter.com/raydalio/status/1114987900201066496.

8. Irwin Stelzer, "Save Capitalism from Capitalists," *The Sunday Times*, April 21, 2019.

9. https://en.wikipedia.org/wiki/Capitalism

10. https://www.theguardian.com/books/2017/sep/28/death-homo-economicus-peter-fleming-review

11. http://theageofconsequences.com

12. Taleb, *The Black Swan*.

13. https://en.wikipedia.org/wiki/Black_swan_theory

14. Stephen Gibbs, "Economy Shrinks by Half under Maduro," *The Times*,

May 30, 2019.

15. John Summers, *Black Swan Events*, Institute of Risk Management NW seminar, January 26, 2012. 함께 참조 : https://www.theirm.org/media/1120524/Popularmisconceptionsaboutblackswanevents-JohnSummers.pdf.

16. https://www.historynet.com/failed-peace-treaty-versailles-1919.htm

17. 한 가지 예외는 존 메이너드 케인스였다. 다음 사이트에서 자세한 점을 확인하기 바란다. https://www.history.com/this-day-in-history/keynes-predicts-economic-chaos.

18. Jana Randow, "'Green Swan' Climate Event Could Trigger Global Financial Crisis, BIS Warns," *Bloomberg Green*, January 20 2020. 함께 참조 : https://www.bloomberg.com/news/articles/2020-01-20/-green-swan-event-could-trigger-global-crisis-bis-warns.

19. 이 부분에 대해서는 코베스트로(Covestro)의 CEO인 패트릭 토마스(Patrick Thomas)에게 깊이 감사드린다.

20. *Green Swans: Sketching a Manifesto for Tomorrow's Capitalism*, Volans and Atlas of the Future, September 2019. 함께 참조 : https://volans.com/greenswans-video.

21. 예를 들어 Professor Jem Bendell, "Deep Adaptation: A Map for Navigating Climate Tragedy," *IFLAS Occasional Paper 2*, July 27, 2018.

22. Matt Simon, "Jakarta Is Sinking," *Wired.com*, May 2, 2019.

23. John Elkington and Pamela Hartigan, *The Power of Unreasonable People: How Social Entrepreneurs Create Markets That Change the World*. Cambridge: Harvard Business School Press, 2008. 함께 참조 : https://hbr.org/product/the-power-of-unreasonable-people-how-socialentrepreneurs-create-markets-that-change-the-world/4060-HBK-ENG.

24. 기업가 정신을 위한 스콜 재단(Skoll Foundation)의 많은 지원에 감사드린다.

25. The opening of this preface draws on my *Harvard Business Review* article, "25 Years Ago I Coined the Phrase 'Triple Bottom Line.' Here's Why It's Time to Rethink It," June 25, 2019. 함께 참조 : https://hbr.org/2018/06/25-years-ago-i-coined-the-phrase-triple-bottom-line-hereswhy-im-giving-up-on-it.

26. 다음 예를 참조: https://volans.com/project/tomorrows-capitalism-inquiry/.

27. Anand Giridharadas, *Winners Take All: the Elite Charade of Changing the World.* New York: Penguin Random House, 2018.

28. Hannah Kuchler, "Tech Entrepreneurs Attack Opioid Crisis," *Financial Times*, May 27, 2019.

29. Beth Mole, "DEA Tracked Every Opioid Pill Sold in the US. The Data Is Out—And It's Horrifying," Arstechnica.com, July 17, 2019.

30. Hannah Kuchler, "J&J: The Next Target of Anger over America's Opioid Crisis?" *Financial Times,* September 5, 2019. 함께 참조 : https://www.ft.com/content/c4eddc22-cd86-11e9-99a4-b5ded7a7fe3f.

31. Chris McGreal, *American Overdose: The Opioid Tragedy in Three Acts.* London: Faber & Faber, 2018.

32. Henry Mance, "Anand Giridharadas On the Fallacy of Billionaire Philanthropy," *Financial Times*, February 1, 2019.

33. Rick Wartzman, "America's Top CEOs Say They Are No Longer Putting Shareholders before Everyone Else," *Fast Company*, August 19, 2019. 함께 참조 : https://www.fastcompany.com/90391743/top-ceo-group-business-roundtable-drops-shareholder-primacy.

34. Irwin Stelzer, "Why We Need to Rescue Capitalism," *The Sunday Times*, May 26, 2019.

35. Marc Benioff, "We Need a New Capitalism," *The New York Times*, October 14, 2019. 함께 참조 : https://www.nytimes.com/2019/10/14/opinion/benioff-salesforce-capitalism.html.

36. John Elkington with Tom Burke, *The Green Capitalists: Industry's Search for Environmental Excellence*. London: Victor Gollanez, 1987.

서장 | 미래로 뛰어들다

1. L. Randall Wray, *Why Minsky Matters: An Introduction to the Work of a Maverick Economist*. Princeton, NJ: Princeton University Press, 2016.

2. Deborah Summers, "No Return to Boom and Bust: What Brown Said When He Was Chancellor," *The Guardian*, September 11, 2008. 함께 참조 : https://www.theguardian.com/politics/2008/sep/11/gordonbrown.economy.

3. Robert J. Walker, "Beware the 'Grey Swan'," *Huffington Post*, May 15, 2001.

4. Christina Lamb, "Congo's miners dying to feed world's hunger for electric cars," *The Sunday Times*, March 10, 2019.

5. 찰스 아이젠슈타인(Charles Eisenstein)과 그의 사고방식에 주목하도록 도와준 톰 리핀(Tom Rippin)에게 감사드린다.

6. https://charleseisenstein.org/essays/in-the-miracle/

7. 원본 영상은 다음에 있다. https://www.youtube.com/watch?v=cFEarBzelBs. And the background can be found here: https://en.wikipedia.org/wiki/Think_different.

8. http://thecorporation.com/film/about-film

9. James Gorman, "It Could Be the Age of the Chicken, Geologically," *The New York Times*, December 11, 2018. 함께 참조 : https://www.nytimes.com/2018/12/11/science/chickenanthropocene-archaeology.html.

10. Donald D. Hoffman, *The Case against Reality: How Evolution Hid the*

Truth from Our Eyes, London: Allen Lane, 2019.

11. *Natural Capital At Risk: The Top 100 Externalities of Business*, Trucost plc, April 2013, https://www.naturalcapitalcoalition.org/wp-content/uploads/2016/07/Trucost-Nat-Cap-at-Risk-Final-Report-web.pdf.

12. Simon Atkinson, "The Optimism Divide," Ipsos, 2018. 함께 참조 : https://www.ipsosglobaltrends.com/the-optimism-divide/.

13. Jonathan Foley, "Inflection Point," *Medium*, March 10 2018. 함께 참조 : https://globalecoguy.org/inflection-point-97d81c4ec445.

14. 안타깝게도 그는 2019년 2월 1일에 세상을 떠났다. http://johnelkington.com/2019/05/asalute-to-tim-elkington/. 이 책을 통해 그를 추모하는 바다.

15. https://www.stockholmresilience.org/research/planetary-boundaries/planetary-boundaries/about-the-research/the-nine-planetary-boundaries.html

16. http://www.igbp.net/globalchange/greatacceleration.4.1b8ae20512db692f2a680001630.html

17. Simon L. Lewis and Mark A. Maslin, *The Human Planet: How We Created the Anthropocene*, London: Pelican Books, 2018.

18. Verdantix, "Verdantix Forecasts The Global Sustainability Consulting Market Will Exceed $1 Billion In 2019, Far Below Expectations Of The Consulting Industry," February 18, 2015. 함께 참조 : http://www.verdantix.com/newsroom/press-releases/verdantix-forecasts-the-globalsustainability-consulting-market-will-exceed-1-billion-in-2019-far-below-expectations-of-theconsulting-industry.

19. John Elkington, "Saving the Planet from Ecological Disaster Is a $12 Trillion Opportunity," *Harvard Business Review*, May 4, 2017. 함께 참조 : https://hbr.org/2017/05/saving-the-planet-from-ecological-

disaster-is-a-12-trillion-opportunity.

20. "Triple Bottom Line," *The Economist*, November 17, 2009. 함께 참조 : https://www.economist.com/news/2009/11/17/triple-bottom-line.

21. John Elkington, "25 Years Ago I Coined the Phrase 'Triple Bottom Line.' Here's Why It's Time to Rethink It," *Harvard Business Review*, June 25, 2018. 함께 참조 : https://hbr.org/2018/06/25-years-ago-i-coined-the-phrase-triple-bottom-line-heres-why-im-giving-upon-it.

22. John Elkington, "Saving the Planet from Ecological Disaster Is a $12 Trillion Opportunity," *Harvard Business Review*, May 4, 2017. 함께 참조 : https://hbr.org/2017/05/saving-the-planet-from-ecological-disaster-is-a-12-trillion-opportunity.

23. https://kk.org/mt-files/books-mt/ooc-mf.pdf; http://kk.org/thetechnium/where-the-linea/

24. https://www.ted.com/talks/peter_diamandis_abundance_is_our_future#t-942829

25. C. Otto Scharmer, *The Essentials of Theory U: Core Principles and Applications*, San Fransisco: Berrett-Koehler Publishers, Inc., 2018.

26. John Elkington, *The Chrysalis Economy: How Citizen CEOs and Corporations Can Fuse Values and Value Creatin*, Oxford: Capstone Publishing/John Wiley & Sons, Inc., 2001.

27. https://volans.com/project/tomorrows-capitalism-inquiry/

28. Quote Investigator 사이트에서 *It Always Seems Impossible Until It's Done*을 검색한 결과, 2016년. 이와 비슷한 말을 한 사람 중에 기원 후 79년에 사망한 대(大) 플리니우스도 포함된다. 다음 사이트도 참고할 수 있다. https://quoteinvestigator.com/2016/01/05/done/.

1. https://charleseisenstein.org/about/

2. 다시 한 번 찰스 아이젠슈타인과 그의 사고방식에 주목하도록 도와준 톰 리핀에게 감사드린다.

3. Charles Eisenstein, Pachamama Alliance webcast: http://www.pachamama.org/webcast/charles-eisenstein?_ga=2.90634386.92140876.1565892412-248161406.1565892412.

4. Charles Eisenstein, Pachamama Alliance webcast: http://www.pachamama.org/webcast/charles-eisenstein?_ga=2.90634386.92140876.1565892412-248161406.1565892412.

5. Charles Eisenstein, *The More Beautiful World Our Hearts Know Is Possible*, Berkeley, CA: North Atlantic Books, 2013.

6. Eisenstein, *The More Beautiful World Our Hearts Know Is Possible*.

7. Charles Eisenstein on Twitter @ceisenstein: https://twitter.com/ceisenstein/status/1015928509858971648.

8. Eisenstein, *The More Beautiful World Our Hearts Know Is Possible*.

9. Edward Luce, "Declining US interest in history presents risk to democracy," *Financial Times,* May 3, 2019.

10. https://en.wikipedia.org/wiki/Loess_Plateau

11. Simon Lewis and Mark A. Maslin, *The Human Planet: How We Created The Anthropocene*, New York: Penguin Random House, 2018. 함께 참조 : https://www.penguin.co.uk/books/298/298037/the-human-planet/9780241280881.html.

12. Jacopo Prisco, "Illusion of Control: The World Is Full of Buttons That Don't Work," *CNN Style*, September 3, 2018.

13. Nick O'Donohoe, "What is the true business of business?," World Economic Forum, February 25, 2016. 함께 참조 : https://www.weforum.org/agenda/2016/02/the-business-of-business-is-what/.

14. This and other quotes and definitions of *Lexicon* from http://lexicon. ft.com/.

15. Ian Shuttleworth, "Where Did Capitalism Go Wrong?," *Financial Times*, July 16, 2018.

16. https://quoteinvestigator.com/2014/12/09/sand/

17. Martin Wolf, "Rethink the Purpose of the Corporation," *Financial Times*, December 12, 2018.

18. https://bcorporation.net/about-b-corps

19. Volans, *Breakthrough Business Models: Exponentially More Social, Lean, Integrated and Circular*, commissioned by the Business and Sustainable Development Commission, September 2016.

20. '재무 가외적'이라는 말은 현재 재무 회계에 포함되지 않은 가치 및 영향을 가리키는데, 현행 재무 회계는 주로 단일 재무 손익을 기반으로 운영된다.

21. "The Most Dangerous People on the Internet in 2018," *Wired.com*, December 31, 2018.

22.. Paul Mozur, "A Genocide Incited on Facebook, With Posts From Myanmar's Military," *The New York Times*, October 15, 2018.

23. John Elkington and Jochen Zeitz, *The Breakthrough Challenge: 10 Ways to Connect Today's Profits with Tomorrow's Bottom Line*. San Fransisco: John Wiley & Sons, Inc., 2014.

24. PUMA's Environmental Profit and Loss Account for the year ended 31 December 2010, PUMA, 2011. 함께 참조 : https://glasaaward.org/wp-content/uploads/2014/01/EPL080212final.pdf.

25. https://www.clubofrome.org/report/the-limits-to-growth/

26. https://www.stockholmresilience.org/research/planetary-boundaries/planetary-boundaries/about-the-research/the-nine-planetary-boundaries.html

27. https://timjackson.org.uk/ecological-economics/pwg/

28. https://www.degrowth.info/en/what-is-degrowth/

29. *Better Business, Better World,* Business and Sustainable Development Commission, 2017. 함께 참조 : http://report.businesscommission.org.

30. John Elkington, "Saving the Planet from Ecological Disaster Is a $12 Trillion Opportunity," *Harvard Business Review.* 함께 참조 : https://hbr.org/2017/05/saving-the-planet-from-ecological-disaster-is-a-12-trillion-opportunity.

31. Michael Liebreich, "The Secret of Eternal Growth," Initiative for Free Trade, October 29, 2018. 함께 참조 : http://ifreetrade.org/article/the_secret_of_eternal_growth_the_physics_behind_pro_growth_environmentalism.

32. https://www.kateraworth.com

33. https://marianamazzucato.com

34. Mariana Mazzucato, *Mission-Oriented Research and Innovation in the European Union,* Publications Office of the European Union, 2018.

35. *Novartis in Society,* 2018, https://www.novartis.com/sites/www.novartis.com/files/novartis-insociety-report-2018.pdf.

36. Tim West, "Sir Ronald launches an 'Impact Revolution'," *Pioneers Post,* October 15, 2018. 함께 참조 : https://www.pioneerspost.com/news-views/20181015/sir-ronald-launches-impact-revolution.

37. Chris Flood, "World Bank arm launches 'impact investment' standards," *Financial Times,* April 15, 2019.

38. https://www.clientearth.org/what-we-do/?utm_expid=131429874-4.svY3aZu0TaK2EzJKuf0OPQ.0&utm_referrer=https%3A%2F%2Fwww.clientearth.org%2Fwhat-we-do%2F

39. 일례로 메리 로빈슨(Mary Robinson)과 매브 히긴스(Maeve Higgins)의 '발명의 어머니(Mothers of Invention)'라는 팟캐스트의 첫 에피소드를 생각해 볼 수 있다. 이 팟캐스트는 기후 문제를 해결하기 위한 실질적인 법적 조처를 다룬다.

https://www.mothersofinvention.online/allrise.

40. Brian Kahn, "Exxon predicted 2019's ominous CO2 milestone in 1982," *Earther*, May 19, 2019. 함께 참조 : https://earther.gizmodo. com/exxon-predicted-2019-s-ominous-co2-milestone-in-1982-1834748763.

41. Chelsea Harvey, "CO2 Levels Just Hit another Record—Here's Why It Matters," *Scientific American*, May 16, 2019. 함께 참조 : https://www. scientificamerican.com/article/co2-levels-just-hit-another-record-heres-why-it-matters/.

42. Ucilia Wang, "New York Attorney General Files Suit against Exxon for Climate Fraud," *Climate Liability News*, October 24, 2018. 함께 참조 : https://www.climateliabilitynews.org/2018/10/24/new-york-attorney-general-exxon-climate-fraud/.

43. Nick Cunningham, "Global fossil fuel subsidies hit $5.2 trillion," *OilPrice.com*, May 12, 2019.

44. Alex Steffen, "Predatory delay and the rights of future generations," *Medium*, April 30, 2016. 함께 참조 : https://medium.com/@ AlexSteffen/predatory-delay-and-the-rights-of-future-generations-69b06094a16.

45. Myles McCormick, "Bayer to invest €5bn in alternative weedkillers," *Financial Times*, June 14, 2019. 함께 참조 : https://www.ft.com/ content/e3b985ea-8e73-11e9-a1c1-51bf8f989972.

46. Leslie Hook, "Energy groups to be sued over climate change," *Financial Times*, June 10, 2019.

47. Steffen, "Predatory Delay."

48. 이 댐은 베일(Vale)과 BHP 빌리턴(BHP Billiton)의 합작 투자였다.

49. Lena Lee, "Carlos Ghosn: From Private Jet to 108 Days in Jail to His Rearrest," *Bloomberg*, March 6, 2019. 함께 참조 : https://www.

bloomberg.com/news/articles/2019-03-06/from-private-jet-to-108-days-in-jail-carlos-ghosn-timeline.

50. https://su.org

51. https://leadersquest.org

52. http://lexicon.ft.com/

53. "Stranded Assets," Carbon Tracker, August 23, 2017. See: https://www.carbontracker.org/terms/stranded-assets/.

54. "Stranded Assets."

제2장 | 사악한 세상

1. 제2장의 '서서히, 그러다가 갑자기'를 참조하기 바란다.

2. 나는 살림 이스마일(Salim Ismail), 유리 반 헤이스트(Yuri van Geest), 마이클 S. 말론(Michael S. Malone)의 저서인 《기하급수 시대가 온다(Exponential Organizations: Why New Organizations Are Ten Times Better, Faster, and Cheaper Than Yours (And What to Do About It))》에서 큰 영향을 받았다.

3. https://futurism.com/arnold-schwarzenegger-climate-change/

4. Bethany McClean, "How Elon Musk Fooled Investors, Bilked Taxpayers, and Gambled Tesla to Save SolarCity," *Vanity Fair*, August 25, 2019. 함께 참조 : https://www.vanityfair.com/news/2019/08/how-elon-musk-gambled-tesla-to-save-solarcity.

5. Tim O'Reilly, "Gradually, Then Suddenly," *O'Reilly Next: Economy Newsletter*, republished in Exponential View, January 11, 2018.

6. 54개국이 모여 있는 큰 대륙으로서 경제적, 정치적, 문화적 다양성을 보유하고 있는 곳이므로 섣불리 일반화하지 말아야 한다.

7. John C. Camillus, "Strategy as a Wicked Problem," *Harvard Business Review*, May 2008 issue. 함께 참조 : https://hbr.org/2008/05/strategy-as-a-wicked-problem.

8. *Wicked Problems*, https://www.wickedproblems.com/1_wicked_

problems.php.

9. 가능한 단순하게 제시하고자 10가지 특성으로 요약했다.

10. World Economic Forum, "India Is Most at Risk from Climate Change," March 21, 2018. 함께 참조 : https://www.weforum.org/agenda/2018/03/india-most-vulnerable-country-to-climate-change.

11. http://citeseerx.ist.psu.edu/viewdoc/download?doi=10.1.1.464.5287&rep=rep1&type=pdf

12. "Welcome to the Anthropocene," *The Economist,* May 26, 2011. 함께 참조 : https://www.economist.com/leaders/2011/05/26/welcome-to-the-anthropocene.

제3장 | 블랙 스완 자본주의

1. John Elkington, "Why Wall Street Needs a WCKD Ticker," *GreenBiz,* May 21, 2018.

2. https://plasticoceans.org/who-we-are/

3. Susan Freinkel, *Plastic: A Toxic Love Story.* Boston: Houghton Mifflin Harcourt, 2011.

4. Susan Freinkel, *Plastic.*

5. https://www.plasticsmakeitpossible.com/about-plastics/types-of-plastics/professor-plastics-how-many-types-of-plastics-are-there/

6. University of Georgia, "More than 8.3 billion tons of plastics made: Most has now been discarded," *ScienceDaily,* July 19, 2017. 함께 참조 : www.sciencedaily.com/releases/2017/07/170719140939.htm.

7. "The known unknowns of plastic pollution," *The Economist,* March 3, 2018. 함께 참조 : https://www.economist.com/international/2018/03/03/the-known-unknowns-of-plastic-

pollution.

8. "WHO launches health review after microplastics found in 90 percent of bottled water." *The Guardian*, 15 March 2018. 함께 참조 : https://www.theguardian.com/environment/2018/mar/15/microplastics-found-in-more-than-90-of-bottled-water-study-says.

9. https://www.newplasticseconomy.org

10. Rob Dunn, "Science Reveals Why Calorie Counts Are All Wrong." *Scientific American*, September 1, 2013. 함께 참조 : https://www.scientificamerican.com/article/science-reveals-why-calorie-counts-are-all-wrong/.

11. "The Modern Diet Is Bad and Getting Worse: Study," *Newsweek via Reuters*, February 23, 2015. 함께 참조 : http://www.newsweek.com/modern-diet-bad-and-getting-worse-study-308794.

12. "The Modern Diet Is Bad and Getting Worse."

13. http://www.who.int/mediacentre/factsheets/fs311/en/

14. http://www.who.int/topics/obesity/en/

15. http://www.who.int/mediacentre/factsheets/fs311/en/

16. https://www.ncbi.nlm.nih.gov/pmc/articles/PMC2879283/

17. 나는 1989년부터 노보 노디스크와 여러 가지 방식으로 협업관계를 이어오고 있다.

18. "Cost of Global Diabetes Epidemic Soars to $850 Billion Per Year," *Fortune via Reuters*, November 14, 2017. 함께 참조 : http://fortune.com/2017/11/13/diabetes-epidemic-cost-850-billion/.

19. https://en.wikipedia.org/wiki/Choice_editing

20. *The History of Antibiotics*, Microbiology Society, 2018. 함께 참조 : https://microbiologysociety.org/education-outreach/antibiotics-unearthed/antibiotics-and-antibiotic-resistance/thehistory-of-antibiotics.html.

21. 데임 샐리 데이비스(Dame Sally Davies)와의 대화, Council on Foreign Relations, September 23, 2016. 함께 참조 : https://www.cfr.org/event/conversation−dame−sally−davies.

22. "Antibiotic Resistance," World Health Organisation fact sheet, updated November 2017. 함께 참조 : http://www.who.int/mediacentre/factsheets/antibiotic−resistance/en/.

23. 데임 샐리 데이비스와의 대화

24. "Antibiotic Resistance."

25. http://www.sciencemuseum.org.uk/superbugs

26. https://en.wikipedia.org/wiki/Hippocratic_Oath

27. Mohsin Hamid, *Exit West*. New York: Penguin Random House 2018. 함께 참조 : https://www.penguinrandomhouse.com/books/549017/exit−west−by−mohsin−hamid/9780735212206/.

28. Louis Klee, "Unthinking Modernity: On the Great Derangement," *Overland* (blog), May 18, 2018. 함께 참조 : https://overland.org.au/2018/05/unthinking−modernity−on−the−great−derangement/.

29. Amitav Ghosh, *The Great Derangement: Climate Change and the Unthinkable*. Chicago: The University of Chicago Press, 2016. 함께 참조 : https://www.press.uchicago.edu/ucp/books/book/chicago/G/bo22265507.html.

30. Klee, "Unthinking Modernity."

31. Ghosh, *The Great Derangement*.

32. Omar El Akkad, *American* War. New York: Penguin Random House, 2018. 함께 참조 : https://www.penguinrandomhouse.com/books/543957/american−war−by−omar−el−akkad/9781101973134/.

33. Hugh Lewis, "Trouble in Orbit: the Growing Problem of Space Junk," *BBC News*, August 5, 2015. 함께 참조 : http://www.bbc.com/news/science−environment−33782943.

34. Ruth Milne, "Antibiotic Resistance in Bacteria from Space," *Microbiology*, February 14, 2018. 함께 참조 : https://naturemicrobiologycommunity.nature.com/users/59876-ruth-milne/posts/30275-antibiotic-resistance-in-bacteria-from-space.

35. http://www.marketplace.org/topics/tech/junk-space-could-have-impact-earth

36. NASA, "Space Debris and Human Spacecraft," September 27, 2013, updated August 7, 2017. 함께 참조 : https://www.nasa.gov/mission_pages/station/news/orbital_debris.html.

37. Dave Mosher and Andy Kiersz, "These Are the Countries on Earth with the Most Junk in Space," *Business Insider*, October 20, 2017. 함께 참조 : http://www.businessinsider.com/space-debris-garbage-statistics-country-list-2017-10.

38. Mosher and Kiersz, "These Are the Countries on Earth."

39. "Frequently Asked Questions: Orbital Debris," NASA. 함께 참조 : https://www.nasa.gov/news/debris_faq.html.

40. Sarah Scoles, "The Space Junk Problem Is About to Get a Whole Lot Gnarlier," *Wired*, July 31, 2017. 함께 참조 : https://www.wired.com/story/the-space-junk-problem-is-about-to-get-a-whole-lot-gnarlier/.

41. "Observations of Increasing Carbon Dioxide Concentration in Earth's Thermosphere," *Nature Geoscience*, 5, 2012, pages 868-871.

제4장 | 기업 속 스완

1. The Kuhn Cycle: Thomas Kuhn's brilliant model of how scientific fields progress, *Thwink*. 함께 참조 : http://www.thwink.org/sustain/glossary/KuhnCycle.htm.

2. Sean O'Neill, "Oxfam Staff Still Offering Aid for Sex, Report Claims,"

The Times, June 29, 2019.

3. Andrew Lynch, "How Are the Mighty Fallen," *The Sunday Times,* December 30, 2018.

4. "Under the Hood: How the Market Leaders Have Changed in the Digital Era," *Financial Times,* August 25, 2018.

5. Rana Foroohar, "Disruption Threatens the 'Superstars' Too," *Financial Times,* October 22, 2018.

6. Mark Hertsgaard and Mark Dowie, Mobiles, "Cancer and Inconvenient Truths," *The Observer,* July 15, 2018.

7. Sing Jung-a, "Samsung Finally Apologises to Workers Laid Low by Disease," *Financial Times,* November 24-25, 2018.

8. Sing Jung-a, "Samsung Finally Apologises."

9. Hiroko Tabuchi, "A Trump County Confronts the Administration amid a Rash of Child Cancers," *The New York Times,* January 2, 2019.

10. Pilita Clark and Leslie Hook, "Tetra Pak Plans Fightback in War on Plastic Straws," *Financial Times,* May 25, 2018. 함께 참조 : https://www.ft.com/content/ee6b50d8-5f6a-11e8-9334-2218e7146b04.

11. Essential reading on this issue: Naomi Oreskes and Erik M. Conway, *Merchants of Doubt: How a Handful of Scientists Obscured the Truth on Issues from Tobacco Smoke to Global Warming.* London: Bloomsbury Press, 2010.

12. Ben Webster, "Green energy predicted to wipe trillions from global economy," *The Times,* June 5, 2018.

13. "Corporate Social Responsibility: Friedman's View," https://bfi.uchicago.edu/news/feature-story/corporate-social-responsibilty-friedmans-view.

14. Leslie Hook and Anjli Raval, and Ed Crooks, "Pope Francis Urges Oil and Gas Groups to Tackle Climate Change," *Financial Times,* June 11,

2018.

15. Ed Crooks, "CofE leads call for Exxon to set emission cuts targets," *Financial Times,* December 17, 2018.

16. Andrew Ross Sorkin, "BlackRock's Message: Contribute to Society, or Risk Losing Our Support," *The New York Times,* January 16, 2018.

17. McKinsey Global Institute, "Sustainability's Deepening Imprint," https://www.mckinsey.com/business-functions/sustainability-and-resource-productivity/our-insights/sustainabilitys-deepening-imprint.

18. Lauren Helper, "Volkswagen and the Dark Side of Corporate Sustainability," *GreenBiz,* September 24, 2015. 함께 참조 : https://www.greenbiz.com/article/volkswagen-and-dark-side-corporate-sustainability.

19. Ursula Weidenfeld, "Something Rotten at the Heart of German Industry," *Financial Times,* February 1, 2018.

20. Caitlin Morrison, "Carillion collapse: Who Was Behind the 'Recklessness, Hubris and Greed' That Led to the Demise of the Government Contractor?," *The Independent,* May 16, 2018. 함께 참조 : https://www.independent.co.uk/news/business/analysis-and-features/carillion-collapselatest-who-responsible-richard-adam-howson-philip-green-mp-report-a8353921.html.

21. Carillion plc, *Our Sustainability Approach.* 함께 참조 : https://www.carillionplc.com/about-us/sustainability/, taken down shortly after the collapse became public knowledge.

22. Hannah Kuchler, "Facebook Still in Dock After 'Tsunami of Crises'," *Financial Times,* January 2, 2019.

23. Max Fisher, "Inside Facebook's Secret Rulebook for Global Political Speech," *The New York Times,* December 27, 2018.

24. Rana Foroohar, "Activist Chiefs Fill the Vacuum Left by Government," *Financial Times,* January 24, 2018.

25. Foroohar, "Activist Chiefs Fill the Vacuum."

26. "How 100% Renewable Electricity Is Fast Becoming the New Normal—CDP," RE100, January 22, 2018. 함께 참조 : http://there100.org/news/14270139.

27. Ed Crooks, "Facebook sets 2020 deadline to cover 100% of electricity use via green energy," *Financial Times,* August 29, 2018.

28. Tom Hancock, "China's Recyclers Left Idle by Waste Import Ban," *Financial Times,* January 16, 2018.

29. Jamie Smyth, "Beijing Recycling Ban Leaves Australia Awash," *Financial Times,* December 31, 2018.

30. Ploy Ten Kate and Chang-Ran Kim, "Thai Floods Batter Global Electronics, Auto Supply Chains," *Reuters,* October 28, 2011.

31. "Kongjian Yu Featured in WEF Article," Terreform, August 28, 2019. 함께 참조 : https://www.terreform.info/news/2019/8/28/kongjian-yu-featured-in-wef-article.

32. 원래 '환경 재단'이었다가 나중에 '민주주의와 지속가능성을 위한 재단'이 되었다. 한 가지 업적은 '영국 자선 위원회(UK Charity Commission)'와 법적 투쟁을 벌인 것이다. 위원회는 재단이 지속 가능한 개발을 상업적 목적으로 채택하는 것을 허용해주지 않고 실제로는 상업적이라고 주장했다. 이제 고인이 된 스티븐 로이드(Stephen Lloyd) 변호사의 도움으로 3년간의 투쟁 끝에 승소했으며, 그 결과 지속 가능한 개발은 자선 목표가 되었다.

33. Ralph Atkins and Oliver Ralph, "Swiss Re Chief Warns That Market for Catastrophe Bonds Is Coming Under Increasing Strain," *Financial Times,* December 28, 2018.

34. Leslie Hook and Kerin Hope, "Scorched Earth," *Financial Times*, July 28-29, 2018.

35. David Faber, "California Utility PG&E Faces At Least $30 Billion Fire Liability, Sources Say," *CNBC*, January 7, 2019.

36. Peter Eavis, "Who Wins and Who Loses from PG&E Bankruptcy," *The New York Times*, January 29, 2019. 함께 참조 : https://www.nytimes.com/2019/01/29/business/dealbook/pgebankruptcy-winners-losers.html.

37. Accessed from: https://www.rockefellerfoundation.org/our-work/initiatives/100-resilientcities/, January 8, 2019.

38. Eilie Anzilotti, "Why Did the Rockefeller Foundation Just Unceremoniously End Its Successful Resilience Program?," *Fast Company*, April 2, 2019.

39. Roger L. Martin, "The High Price of Efficiency," *Harvard Business Review*, January–February 2019. 함께 참조 : https://hbr.org/2019/01/rethinking-efficiency.

40. Innovation Group/Sonar for JWT, *The New Sustainability: Regeneration*, September 2018. 함께 참조 : https://www.jwtintelligence.com/trend-reports/the-new-sustainability-regeneration.

41. 다음 예를 참조, https://www.cradletocradle.com.

42. A notable exception is Daniel Christian Wahl, for example in his book *Designing Regenerative Cultures*. Aberdour, Scotland: Triarchy Press, 2016.

43. https://www.drawdown.or.

44. 나는 자문위원 중 한 사람이었으며 책에도 자문위원으로 이름이 올라가 있지만, 실제로는 내가 별로 해준 것이 없다고 생각한다.

45. Involving design based on natural principles. 다음 참조 : https://biomimicry.org/janine-benyus/.

46. Interest declared: I served on Biomimicry 3.8's advisory board for a

number of years.

47. Merlyn Mathew, "Factory as a Forest: Reimagining Facilities as Ecosystems," *Interface* (blog), August 24, 2018. 함께 참조 : https://blog.interface.com/factory-forest-reimagining-facilities-ecosystems/.

48. Background extracted from http://capitalinstitute.org/director/john-fullerton/.

49. John Fullerton, "Capitals in Context: Regenerative economies for a regenerative civilization," ICAEW, March 2016. 함께 참조 : http://capitalinstitute.org/wp-content/uploads/2014/08/TECDIG148622-Capitals-in-context.pdf.

제5장 | 퓨처핏이 주도하는 변화

1. 나는 오랫동안 퓨처핏 재단의 전략적 고문위원이었다. https://futurefitbusiness.org/team_members/.

2. Anjli Raval, "BP Lobbied Against US Methane Rules Despite Green Public Stance," *Financial Times*, March 12, 2019.

3. 1단계 공급업자는 고려 대상에 속하는 주요 기업에게 공급하고 2단계 공급업자는 1단계 공급업자에게, 3단계 공급업자는 2단계 공급업자에게 공급하는 식으로 공급망이 이어진다. 따라서 4단계 공급업자는 주요 기업의 직접 또는 간접적 통제에서 어느 정도 벗어나 있다.

4. See *The Breakthrough Challenge: 10 Ways To Connect Today's Profits With Tomorrow's Bottom Line*, John Elkington and Jochen Zeitz. San Fransisco: Jossey Bass/John Wiley & Sons, Inc., 2014.

5. 나는 퓨처핏 재단의 정식 고문위원이다.

6. All quotations taken from http://futurefitbusiness.org.

7. Accessed from https://thenaturalstep.org, January 12, 2019.

8. Based on "What Is Break-even Point?" Corporate Finance Institute. 함

께 참조 : https://corporatefinanceinstitute.com/resources/knowledge/finance/break-even-point-bep/.

9. 나는 1989년부터 노보 노디스크와 여러 가지 방식으로 협업관계를 이어오고 있다.

10. 이는 1988년에 출간된 《그린 컨슈머 가이드(The Green Consumer Guide)》로 시작되었으며, 이후 다수의 책과 보고서를 통해 이어졌다.

11. "The Best-Performing CEOs in the World," *Harvard Business Review*, November 2015 issue. 함께 참조 : https://hbr.org/2015/11/the-best-performing-ceos-in-the-world.

12. Lars Fruergaard Jørgensen, "Finding Strength Though Change," Novo Nordisk Annual Report 2018.

13. Geoff Kendall, personal communication, June 5, 2019.

14. 나는 DJSI의 출발시점부터 9년간 고문위원으로 활동했다.

15. Global Reporting Initiative, the leading sustainability reporting platform, where I was on the board for several years.

제6장 | 미운 오리 새끼의 부화

1. 이 부분에 대해서는 당시 코베스트로의 CEO였던 패트릭 토마스(Patrick Thomas)에게 깊이 감사드린다.

2. Jane Wakefield, "Google's ethics board shut down," *BBC News*, April 5, 2019.

3. Amanda Lentino, "This Chinese Facial Recognition Start-up Can Identify a Person In Seconds," *CNBC*, May 16, 2019. 함께 참조 : https://www.cnbc.com/2019/05/16/this-chinesefacial-recognition-start-up-can-id-a-person-in-seconds.html.

4. Emily Dreyfuss, "Jack Dorsey Is Captain of the *Twitannic* at TED 2019," *Wired*, April 21, 2019. 함께 참조 : *wired*.com/story/ted-2019-jack-dorsey-captain-twittanic.

5. Dreyfuss, "Jack Dorsey Is Captain of the *Twitannic*."

6. Carole Cadwalladr, "Social Media Is a Threat to Democracy," *TEDBlog*, April 16, 2019. 함께 참조 : https://blog.ted.com/social-media-is-a-threat-to-our-democracy-carole-cadwalladr-speaks-at-ted2019/.

7. John Elkington, "Saving the Planet from an Ecological Disaster Is a $12 Trillion Opportunity," *Harvard Business Review*, May 4, 2017. 함께 참조 : https://hbr.org/2017/05/saving-the-planet-from-ecological-disaster-is-a-12-trillion-opportunity.

8. https://www.weforum.org/agenda/2016/01/the-fourth-industrial-revolution-what-it-means-and-how-to-respond/

9. https://www.weforum.org/centre-for-the-fourth-industrial-revolution/areas-of-focus

10. Associated Press, "Major Saudi Arabia Oil Facilities Hit by Houthi Drone Strikes," *The Guardian*, September 14, 2019. 함께 참조 : https://www.theguardian.com/world/2019/sep/14/major-saudi-arabia-oil-facilities-hit-by-drone-strikes.

11. "Bitcoin Mining Ban Considered by China's Economic Planner," *BBC News*, April 9, 2019. 함께 참조 : https://www.bbc.co.uk/news/technology-47867031.

12. "Synthetic Biology: A Whole New World," *The Economist Technology Quarterly*, April 6, 2019.

13. https://en.wikipedia.org/wiki/CRISPR

14. Jennifer Kahn, "Preparing to Unleash Crispr on an Unprepared World," *Wired*, March 19, 2019.

15. Clive Cookson, "Scientists Model 'Gene Drive' for Carrier Insect," *Financial Times*, April 29, 2019.

16. Olaf J. Groth, Mark J. Nitzberg, and Stuart J. Russell, "AI Algorithms Need FDA-style Drug Trials," *Wired*, August 16, 2019.

17. Karen Hao, "Training a Single AI Model Can Emit As Much Carbon As Five Cars In Their Lifetimes," *TechnologyReview*, June 6, 2019.

18. John Elkington, "The Elkington Report: Should Governments Make Emerging Technologies a Priority?," *GreenBiz*, March 23, 2015. 함께 참조 : https://www.greenbiz.com/article/governments-make-emerging-technologies-priority.

19. "Carl Sagan: 'Science Is More Than a Body of Knowledge. It's a Way of Thinking,' Carl Sagan's Last Interview—1996," Speakola. 함께 참조 : https://speakola.com/ideas/carl-sagan-science-last-interview-1996.

20. https://transformativetechnologies.org/about-us/

21. http://50breakthroughs.org/aboutthestudy/

22. Sam Brown, "An Agile Approach to Designing for the Consequences of Technology," *Medium*, February 13, 2019. 함께 참조 : https://medium.com/doteveryone/an-agile-approach-todesigning-for-the-consequences-of-technology-18a229de763b.

23. For this and following quotes see https://su.org/about/global-grand-challenges/.

24. https://exponentialroadmap.org

25. Mariana Mazzucato, *The Entrepreneurial Sate*. New York: Penguin Random House, 2018. 함께 참조 : https://marianamazzucato.com/entrepreneurial-state/.

제7장 | 그린 스완의 비상

1. https://ecohustler.com/culture/phil-kingston-the-82-year-old-rebel-arrested-11-times-for-climate-activism/

2. 애플의 "Think Different" 광고에서 인용.

3. "Obituary: ENDS Report founder David Layton," *ENDS Report*, October

28, 2009. 함께 참조 : https://www.endsreport.com/article/1569430.

4. Thomas S. Kuhn, *The Structure of Scientific Revolutions*. Chicago: University of Chicago Press, 1962. 함께 참조 : https://en.wikipedia.org/wiki/The_Structure_of_Scientific_Revolutions.

5. Lori Silverman, *Wake Me Up When The Data Is Over*. San Fransisco: Jossey Bass, 2008. 함께 참조 : https://www.wiley.com/en−gb/Wake+Me+Up+When+the+Data+Is+Over:+How+Organizations+Use+Stories+to+Drive+Results−p−9780470483305.

6. Our world in data, https://ourworldindata.org/internet.

7. Roberto Calasso, *The Unnamable Present*. London: Allen Lane, 2019.

8. Rachel Carson, Silent Spring. New York: Houghton Mifflin, 1962. 함께 참조 : https://en.wikipedia.org/wiki/Silent_Spring.

9. Theo Leggett, "What Went Wrong Inside Boeing's Cockpit?," *BBC News*, May 17, 2019. 함께 참조 : https://www.bbc.co.uk/news/resources/idt−sh/boeing_two_deadly_crashes.

10. Henry Grabar, "The Crash of the Boeing 737 Max Is a Warning to Drivers, Too," *Slate*, March 12, 2019. 함께 참조 : https://slate.com/technology/2019/03/boeing−737−max−crashesautomation−self−driving−cars−surprise.html.

11. John Gapper, "Boeing's Hubris Blinded It to a Lurking Danger," *Financial Times,* April 11, 2019.

12. Jared Diamond, Collapse: *How Societies Choose to Fail or Succeed*. New York: Viking Press, 2005. 함께 참조 : https://en.wikipedia.org/wiki/Collapse:_How_Societies_Choose_to_Fail_or_Succeed.

13. Jared Diamond, *Upheaval: How Nations Cope With Crisis And Change*. London: Allen Lane, 2019.

14. For this and following quote see Irwin Stelzer, "Why We Need to Rescue Capitalism," *The Sunday Times,* May 26, 2019.

15. Will Hutton, "The Boeing Scandal Is an Indictment of Trump's Corporate America," *The Observer*, April 7, 2019.

16. David Gelles and Natalie Kitroeff, "Boeing Believed a 737 Warning Light Was Standard. It Wasn't," *The New York Times*, May 5, 2019.

17. https://www.amfori.org

18. https://chiefreinventionofficer.com/about.

19. 2019년 그린 스완 데이 행사는 영국 런던의 WWT 습지 및 야생동물 센터에서 개최되었다. 이 행사에 관한 다큐멘터리는 다음 사이트에서 볼 수 있다. https://www.youtube.com/watch?v=TXBzC14aH4M&feature=youtu.be.

20. https://su.org/about/global-grand-challenges/

21. *Green Swans: Sketching a Manifesto for Tomorrow's Capitalism*, Volans and Atlas of the Future, September 2019. 함께 참조 : https://www.youtube.com/watch?v=TXBzC14aH4M&feature=youtu.be.

22. http://livingplanetindex.org/projects?main_page_project=AboutTheIndex&home_flag=.

23. Quoted in Tim Harford, "How Economics Can Raise Its Game," *Financial Times*, June 29, 2019.

24. 안타깝게도 그녀는 그린 스완 데이 당일에 몸이 좋지 않아서 참석하지 못했다. 하지만 다음 사이트에서 그녀의 업적에 대해 많은 점을 확인할 수 있다. http://www.carlotaperez.org. 제8장에서도 그녀에 대한 내용이 있다.

25. https://www.nobelprize.org/prizes/economic-sciences/2009/ostrom/facts/

26. Joseph Stiglitz, "The Climate Crisis Is Our Third World War. It Needs A Bold Response," *The Guardian,* June 4, 2019. 함께 참조 : https://www.theguardian.com/commentisfree/2019/jun/04/climate-change-world-war-iii-green-new-deal.

27. https://www.kateraworth.com/doughnut/#

28. https://www.ucl.ac.uk/bartlett/public-purpose/people/mariana-mazzucato

29. Marjorie Kelly, *The Divine Right of Capital: Dethroning the Corporate Aristocracy*. San Fransisco: Berret-Koehler Publishers, Inc., 2001.

30. Paul Collier, *The Future of Capitalism: Facing the New Anxieties*. London: Allen Lane, 2018.

31. Steve Waygood, personal communication, April 21, 2018.

32. Steve Waygood, personal communication, January 28, 2019.

33. Robert G. Eccles and Svetlana Klimenko, "The Investor Revolution," *Harvard Business Review*, May-June 2019 issue. 함께 참조 : https://hbr.org/2019/05/the-investor-revolution.

34. Richard Henderson, "Europe Leads $31tn Charge Into Sustainable Investing," *Financial Times*, June 1, 2019.

35. https://www.carbontracker.org

36. http://www.lse.ac.uk/GranthamInstitute/profile/nick-robins/

37. Roman Krznaric, "Why We Need to Reinvent Democracy for the Long-term," *BBC*, March 19, 2019.

38. Jieying Zheng, personal communication, June 26, 2019.

39. Steve Waygood, personal communication, April 21, 2018.

40. https://apolitical.co

41. https://www.bbc.co.uk/news/av/48404351/why-is-norway-the-land-of-electric-cars

42. Torben Iverson and David Soskice, *Democracy and Prosperity: Reinventing Capitalism Through a Turbulent Century*. Princeton, NJ: Princeton University Press, 2019.

43. https://press.princeton.edu/titles/14194.html

44. Tim Bradshaw, Shannon Bond, and Richard Waters, "Design for a New Generation," *Financial Times*, June 29, 2019.

45. Peter Campbell, "BMW Electric Margin to Rival Combustion by 2025," *Financial Times,* June 27, 2019.

46. Peter Campbell, "VW Plans to Roll Out 70 Fully Electric Models," *Financial Times,* March 13, 2019.

47. Ed Crooks and Anjli Raval, "Shell Aiming to Be Biggest Electricity Group As World Plugs Into Green Energy," *Financial Times,* March 14, 2019.

48. Eric Reguli, "A Tale of Transformation: the Danish Company that Went from Black to Green Energy," *Corporate Knights,* April 16, 2019.

49. Oliver Balch, "Umicore: from Smelter to Urban Miner," *Raconteur,* April 9, 2019. 함께 참조 : https://www.raconteur.net/business-innovation/umicore-business-transformation.

50. Guy Chazan and Patrick McGee, "German 'Carland' Braced for Electric Shock," *Financial Times,* June 13, 2019.

51. Carl Meyer, "Bank of Canada Warns 'Fire Sales' of Carbon-intensive Assets Could 'Destabilize' Financial System," *National Observer,* May 16, 2019.

52. Tim Smit, personal communication, August 17, 2019.

53. John Elkington, "Climate Change Is an Overwhelming Problem. Here Are 4 Things Executives Can Do Today," *Harvard Business Review,* January 5, 2018. 함께 참조 : https://hbr.org/2018/01/climate-change-is-an-overwhelming-problem-here-are-4-things-executives-can-do-today.

54. https://www.genfound.org/media/1436/pdf-genfoundwp2017-final.pdf

55. *Green Swans: Sketching a Manifesto for Tomorrow's Capitalism,* Volans and Atlas of the Future, September 2019. 함께 참조 : https://www.youtube.com/watch?v=TXBzC14aH4M&feature=youtu.be.

제8장 | 기하급수적 이동

1. https://en.wiktionary.org/wiki/global_weirding

2. Ben Hoyle, "Clean-air Shelters to Open in Smoky Seattle," *The Times*, July 9, 2019.

3. Jude Webber, "Vast Clump of Seaweed Heads for Mexico," *Financial Times*, July 4, 2019.

4. Clive Cookson, "High Levels of Tiny Plastic Specks Found in Snowflakes," *Financial Times*, August 15, 2019.

5. Ipsos, "Majority Worldwide Say Their Society Is Broken," September 13, 2019. 함께 참조 : https://www.ipsos.com/ipsos-mori/en-uk/global-study-nativist-populist-broken-society-britain.

6. Dominic Hofstetter, "The Perils of Imagined Permanence," *Medium*, March 28, 2019.

7. Peter Diamandis, "Musk vs. Bezos: The Great Migration Into Space," *LinkedIn*, May 19, 2019. 함께 참조 : https://www.linkedin.com/pulse/musk-vs-bezos-great-migration-space-peter-h-diamandis.

8. Matt Simon, "The Sea Is Consuming Jakarta, and Its People Aren't Insured," *Wired*, downloaded July 19, 2019. 함께 참조 : https://www.wired.com/story/jakarta-insurance/.

9. Jonathan Watts, "Indonesia Announces Site of Capital City to Replace Sinking Jakarta," *The Guardian*, August 26, 2019. 함께 참조 : https://www.theguardian.com/world/2019/aug/26/indonesia-new-capital-city-borneo-forests-jakarta.

10. 사람들은 하늘 아래 새로운 것이 없다고 말한다. 이 책을 마무리할 즈음에 에드라는 동료가 국가 보안 분야에서 듀크대학교의 찰리 던랩(Charlie Dunlap)이 '그린 스완'이라는 말을 이미 사용된 예가 있다며 링크를 보내주었다. https://sites.duke.edu/lawfire/2018/01/02/national-security-green-swans-for-2018/. 국가 보안 분야가 훨씬 더 큰 분야이긴 하지만 그린 스

완이 예상치 못한 긍정적 효과를 가져올 수 있다는 측면은 비슷하다는 생각이 들었다.

11. Rick Gladstone, "The Globe Is Graying Fast, U.N. Says in New Forecast," *The New York Times,* June 17, 2019. 함께 참조 : https://www.nytimes.com/2019/06/17/world/americas/un-population-aging-forecast.html.

12. Tobias Buck, "Eastern Germany in Grip of Population Collapse," *Financial Times,* June 10, 2019.

13. Robin Harding, "Japan's Rate of Population Decline Speeds Up," *Financial Times,* April 13, 2019.

14. Darrell Bricker and John Ibbitson, *Empty Planet: The Shock of Global Population Decline,* Robinson/Little Brown Group, London, 2019.

15. John Loeffler, "How Algorithms Run the World We Live In," *Interest Engineering,* April 29, 2019. 함께 참조 : https://interestingengineering.com/how-algorithms-run-the-world-we-live-in.

16. "Will Matteo Salvini Wreck the Euro?" *The Economist,* July 11, 2019. 함께 참조 : https://www.economist.com/europe/2019/07/11/will-matteo-salvini-wreck-the-euro.

17. Jamie Susskind, *Future Politics: Living Together in a World Transformed by Tech.* Oxford: Oxford University Press, 2018. 함께 참조 : https://www.un.org/sustainabledevelopment/sustainable-development-goals/.

18. http://livingplanetindex.org/home/index 19

19. Kara Swisher, "If You've Built a Chaos Factory, You Can't Dodge Responsibility for the Chaos," *The New York Times,* June 19, 2019.

20. https://www.un.org/sustainabledevelopment/sustainable-development-goals/

21. "Times letters: Business and the climate change rebellion," *The*

Times, April 22, 2019. 함께 참조 : https://www.thetimes.co.uk/article/times-letters-business-and-the-climate-change-rebellion-x2tfq0rsj. To see the signatories for free, see here: https://jeremyleggett.net/2019/04/22/letter-to-the-times-by-business-leaderssupportive-of-extinction-rebellion-of-which-i-am-proud-to-be-one/.

22. 개인적으로 그린 스완의 대명사라고 할 만한 사람들을 꼽자면 (《침묵의 봄》의 저자인) 레이첼 카슨(Rachel Carson), (흑인 여성으로는 최초로 노벨평화상을 수상한) 왕가리 마타이(Wangari Maathai), (가이아이론을 주창한) 제임스 러브록(James Lovelock), (오랫동안 기후 전문가 및 환경운동가로 활동한) 제임스 한센(James Hansen), 이제 고인이 되어버렸지만 지속가능성 투자의 선구자 역할을 했으며 나의 오랜 동료이자 친구였던 테사 테넌트(Tessa Tennant) 등이 있다.

23. Emma Brockes listens in to Alexandria Ocasio-Cortez and Greta Thunberg, "Show Up. Stand Up. Act," *Guardian Weekend,* June 29, 2019.

24. Somini Sengupta and Alexander Villegas, "Tiny Costa Rica Has a Green New Deal. It Matters for the Whole Planet," *The New York Times,* March 12, 2019.

25. Molly Taft, "Inside the Growing Climate Rebellion at Amazon," *Fast Company,* June 11, 2019.

26. "Open Letter to Jeff Bezos and the Amazon Board of Directors," Amazon Employees for Climate Justice, *Medium,* April 10, 2019.

27. Cory Doctorow, "Many of the Key Googler Uprising Organizers Have Quit, Citing Retaliation from Senior Management," July 16, 2019. 함께 참조 : https://boingboing.net/2019/07/16/good-luck-meredith.html.

28. "Take Action to Stop Amazonia Burning" (editorial), *Nature,* September 10, 2019. See https://www.nature.com/articles/d41586-019-02615-3.

29. Javier C. Hernandez, "Journalists in Xi era: 'We're almost extinct'," *The New York Times*, July 15, 2019.

30. https://ocasio2018.com

31. Greta Thunberg's 2019 Davos speech to CEOs, https://www.fridaysforfuture.org/greta−speeches#greta_speech_jan25_2019.

32. Ali Smith, "They See Us As a Threat Because We Are Having an Impact," *The Observer*, July 21, 2019.

33. Duncan Austin, *Greenwish: The New Challenge Facing Sustainable Business*, May 16, 2019. Confidential at the time, now shared here: https://capitalinstitute.org/blog/greenwish/.

34. Jim Collins, *Good To Great: Why Some Companies Make The Leap . . . And Others Don't*. New York: HarperCollins Publishers, 2001. 함께 참조: https://www.harpercollins.com/9780066620992/good−to−great/.

35. https://bigthink.com/personal−growth/stockdale−paradox−confronting−reality−vital−success?rebelltitem=1#rebelltitem

36. Libby Bernick, "Can Sustainable Companies Get a Lower Cost of Capital?," *GreenBiz*, March 4, 2019. 함께 참조 : https://www.greenbiz.com/article/can−sustainable−companies−get−lower−cost−capital.

37. https://www.wbcsd.org/Overview/About−us/Vision2050

38. Julian Hill−Landolt, personal communication, June 17, 2019.

39. 나는 1975년에 〈뉴 사이언티스트(New Scientist)〉에서 그의 글을 처음으로 읽어보았다. 당시에 나도 그 잡지에 정기적으로 기사를 써주었다.

40. https://en.wikipedia.org/wiki/Electron_capture_detector

41. Based on the sort of timings laid out in *The Human Planet*.

42. James Lovelock, *Novacene: The Coming Age of Hyperintelligence*. London: Penguin Random House, 2019. 함께 참조 : https://www.penguin.co.uk/books/313/313880/novacene/9780241399361.html.

43. Tom Knowles, "AI solves Rubik's Cube Quicker Than You Can Click Your Fingers," *The Times,* July 18, 2019.

44. https://en.wikipedia.org/wiki/Whole_Earth_Catalog

45. https://reviverestore.org

46. https://reviverestore.org/horseshoe-crab/

47. Ryan Phelan, personal communication, July 31, 2019.

48. https://www.hakaimagazine.com/news/synthetic-crab-blood-is-good-for-the-birds/

49. https://reviverestore.org/projects/woolly-mammoth/

50. John Thornhill, "The Return of the Luddites," *Financial Times,* July 13-14, 2019.

51. John Elkington, "Saving the Planet from Ecological Disaster Is a $12 Trillion Opportunity," *Harvard Business Review,* May 4, 2017. 함께 참조 : https://hbr.org/2017/05/saving-the-planet-from-ecological-disaster-is-a-12-trillion-opportunity.

52. https://www.un.org/sustainabledevelopment/sustainable-development-goals/

53. Business Commission & Sustainable Development, *Better Business, Better World,* January 2017. 함께 참조 : http://report.businesscommission.org/.

54. 나는 헤이즐 핸더슨(Hazel Henderson)의 고문위원으로 오랫동안 활동했다.

55. Ethical Markets, "Private green investing tops $10 trillion," media release, May 29, 2019.

56. Christopher Zara, "Investors Feast on Beyond Meat as Stock Skyrockets in NASDAQ Debut," *Fast Company,* February 5, 2019.

57. Emiko Terazono, "Vegan Backer Angles to Hook Fish Lovers with Plant-based Alternatives," *Financial Times,* August 19, 2019.

58. *Breakthrough Business Models: Exponentially More Social, Lean,*

Integrated and Circular, Volans for the Business & Sustainable Development Commission, September 2016. 함께 참조 : http://volans. com/wp−content/uploads/2016/09/Volans_Breakthrough−Business− Models_Report_Sep2016.pdf.

59. John Elkington, *The Chrysalis Economy: How Citizen CEOs and Corporations Can Fuse Values And Value Creation.* Oxford: Capstone Publishing/John Wiley & Sons Co., 2001.

60. See http://www.earth−policy.org/#. Les Brown, who I visited several times in Washington, D.C. at both the Worldwatch Institute and then the Earth Policy Institute, had a huge impact on my thinking over the decades.

61. Carlota Perez, "Why Everybody—Including Business—Should Support the Green New Deal," BTTR (Beyond The Tech Revolution), March 17, 2019. 함께 참조 : http://beyondthetechrevolution.com/blog/why− everybody−including−business−should−support−the−green−new− deal/.

62. See, for example, Chris Hughes, "It's Time to Break Up Facebook," *The New York Times*, May 9, 2019. 함께 참조 : https://www. nytimes.com/2019/05/09/opinion/sunday/chris−hughesfacebook− zuckerberg.html.

63. http://breakthrough.unglobalcompact.org

64. Lisa Kay Solomon, "How the Most Successful Leaders Will Thrive in an Exponential World," SingularityHub, January 11, 2017. 함께 참조 : https://singularityhub.com/2017/01/11/how−the−most−successful− leaders−will−thrive−in−an−exponential−world/.

65. "Is Insectageddon Imminent?" *The Economist,* March 21, 2019. 함께 참조 : https://www.economist.com/leaders/2019/03/21/is− insectageddon−imminent.

66. https://www.netflix.com/gb/title/80117542

67. "The Future of City Innovation," *Bloomberg Cities*, March 19, 2019.

68. See https://www.santafe.edu/people/profile/geoffrey-west. The best source for his thinking on cities is *Scale: The Universal Laws of Life, Growth, and Death in Organisms, Cities, and Companies.* New York: Penguin Random House, 2018. 함께 참조 : https://www.penguinrandomhouse.com/books/314049/scale-by-geoffrey-west/9780143110903/.

69. Geoffrey West, "Scaling: The Surprising Mathematics of Life and Civilization," *Medium*, October 31, 2014. 함께 참조 : https://medium.com/sfi-30-foundations-frontiers/scaling-the-surprising-mathematics-of-life-and-civilization-49ee18640a8.

70. https://x.company/press

71. Derek Thompson, "Google X and the Science of Radical Creativity," *The Atlantic*, November 2017. 함께 참조 : https://www.theatlantic.com/magazine/archive/2017/11/x-google-moonshot-factory/540648/.

72. "Rethinking Food and Agriculture, 2020-2030: The Second Domestication of Plants and Animals, the Disruption of the Cow and the Collapse of Industrial Livestock Farming," RethinkX.

73. https://conservationxlabs.com

74. http://power.nridigital.com/power_technology_jun19/the_big_exit_why_capital_is_deserting_coal

75. Anjli Raval, "Green Energy Switch Risks Leaving Oil Tanker Owners High and Dry," *Financial Times*, July 17, 2019.

76. https://www.carbontracker.org/reports/carbon-bubble/

77. Simon Edelsten, "The Investment Case for Cockroaches," *Financial Times*, July 20, 2019.

78. https://unepinquiry.org/publication/roadmap—for—a—sustainable—financial—system/

79. Mark Anderson, "A (Very) Close Look at Carbon Capture and Storage," *IEEE Spectrum*, July 16, 2019. 함께 참조 : https://spectrum.ieee.org/energywise/energy/environment/a—very—close—look—at—carbon—capture—and—storage.

80. https://www.nationalgeographic.com/environment/2019/04/alberta—canadas—tar—sands—is—growing—but—indigenous—people—fight—back/

81. Azeem Azhar, "Capitalism Without Capital," *Exponential View*, July 5, 2019. 함께 참조 : https://www.exponentialview.co/p/capitalism—without—capital.

82. Andrew Ellson, "High—flyers Must Save the Planet, Says Jet Boss," *The Times*, July 20 2019.

83. https://www.cisl.cam.ac.uk/about/news/cisl—hosts—economic—transformation—discussions—250—senior—leaders—30th—anniversary

84. Peter Diamandis, "Elon's Neuralink & Brain—Machine Symbiosis," Peter Diamandis's blog, July 21, 2019. 함께 참조 : https://www.diamandis.com/subscribe.

85. https://chiefreinventionofficer.com/titanic—syndrome/

86. https://chiefreinventionofficer.com/about/

87. *Green Swans: Sketching a Manifesto for Tomorrow's Capitalism*, Volans and Atlas of the Future, September 2019. 함께 참조 : https://volans.com/greenswans—video.

감사의 말

1. http://johnelkington.com/about/personal/others/

2. http://breakthrough.unglobalcompact.or.

3. https://capitalinstitute.org

4. Salim Ismail, with Michael S. Malone and Yuri van Geest, *Exponential Organizations: Why new organizations are ten times better, faster, and cheaper than yours (and what to do about it)*. New York: Diversion Books, 2014.

부록 | 스완을 찾는 사람을 위한 가이드 1.0

1. Eillie Anzilotti, "Cities Should Think about Trees as Public Health Infrastructure," *Fast Company*, February 10, 2017. 함께 참조 : https://www.fastcompany.com/40474204/cities-should-think-about-trees-as-public-health-infrastructure.

2. Anzilotti, "Cities Should Think about Trees."

3. Stefano Boeri Architetti, "Vertical Forest," https://www.stefanoboeriarchitetti.net/en/project/vertical-forest/.

4. Joy Lo Dico, "Breathing Life into the City," *Financial Times Weekend*, August 10, 2019.

5. http://www.nationalparkcity.london

6. https://fs.blog/2014/04/antifragile-a-definition/

7. https://en.wikipedia.org/wiki/Political_activities_of_the_Koch_brothers

8. The Great Hack, Netflix, https://www.netflix.com/gb/title/80117542.

9. "Is Insectageddon Imminent?" *The Economist*, March 21, 2019. 함께 참조 : https://www.economist.com/leaders/2019/03/21/is-insectageddon-imminent.

기타

그린 스완

초판 1쇄 인쇄 2021년 11월 23일
초판 1쇄 발행 2021년 12월 3일

지은이 존 엘킹턴
옮긴이 정윤미
펴낸이 신경렬

편집장 유승현
책임편집 최혜빈
기획편집부 최장욱 김정주
마케팅 장현기 홍보 박수진
디자인 박현경
경영기획 김정숙 김태희
제작 유수경
표지 및 본문 디자인 엔드디자인

펴낸곳 (주)더난콘텐츠그룹
출판등록 2011년 6월 2일 제2011-000158호
주소 04043 서울시 마포구 양화로12길 16, 7층(서교동, 더난빌딩)
전화 (02)325-2525 | 팩스 (02)325-9007
이메일 book@thenanbiz.com | 홈페이지 www.thenanbiz.com

ISBN 978-89-8405-420-2 03320

GREEN SWANS